遵义丛书续编

《遵义丛书续编》编委会 编

遵义丛书续编

明清实录遵义资料辑录

国家图书馆出版社

图书在版编目（CIP）数据

明清实录遵义资料辑录 /《遵义丛书续编》编委会编. —
北京：国家图书馆出版社，2023.10

ISBN 978-7-5013-7803-6

Ⅰ.①明… Ⅱ.①遵… Ⅲ.①遵义—地方史—史料—
明清时代 Ⅳ.① K297.33

中国国家版本馆 CIP 数据核字（2023）第 024582 号

书　　名　明清实录遵义资料辑录
著　　者　《遵义丛书续编》编委会 编
责任编辑　张爱芳　代　坤　靳　诺
助理编辑　张慧楠　汤红霞
封面设计　何　旸

出版发行　国家图书馆出版社（北京市西城区文津街 7 号　100034）
　　　　　（原书目文献出版社　北京图书馆出版社）
　　　　　010-66114536　63802249　nlcpress@nlc.cn（邮购）
网　　址　http:// www.nlcpress.com
印　　装　北京金康利印刷有限公司
版次印次　2023 年 10 月第 1 版　2023 年 10 月第 1 次印刷

开　　本　787×1092　1/16
印　　张　25.25
书　　号　ISBN 978-7-5013-7803-6
定　　价　128.00 元

《遵义丛书续编》编纂委员会

《遵义丛书续编》编辑部

前　言

　　《遵义丛书续编·明清实录遵义资料辑录》收入《明实录》与《清实录》中与遵义相关之资料计1446条（按日统计，有的同一日数事皆归于同一条中），其中前者654条，后者792条。

　　"实录"之称，《隋书·经籍志》中已有记载："《梁皇帝实录》三卷，周兴嗣撰，记武帝事。《梁皇帝实录》五卷，梁中书郎谢吴撰，记元帝事。"南北朝梁时的这两部"实录"因早佚而不得知其内容与体例。唐代每一新君嗣位，必敕史臣以前帝之起居注、时政记、目录等为依据，撰写前帝之实录。此举一直相沿至清末。此"实录"为每个皇帝统治时期的编年大事记。历代的实录，大多已亡佚或残缺，至今保存较为完整的，仅有《明实录》与《清实录》。

　　"实录"作为一代官方史料总汇，保存了大量原始资料，尤其是事件发生的时间和地点，一般都有准确的记录，其史料价值自然较一般记载为高。《明实录》2952卷，《清实录》4484卷，实为鸿篇巨制；内容涉及政治、经济、军事、文化、社会之诸多方面，广泛而丰富，为研究明、清两代不可或缺的重要依据。清初史学家万斯同即以《明实录》为主要依据历十余年写成《明史稿》五百卷。他说："长游四方，就故家长老求遗书，考问往事，旁及郡志邑乘、杂家志传之文，靡不网罗参伍，而要以《实录》为指归。""实录者直载其事与言而无可增饰者也。因其世以考其事，核其言而平心以察之，则其人之本末可八九得也。"（方苞《望溪文集·万季野先生墓表》）

　　明、清两朝，是遵义历史发展中的重要时期，有过数次重要的建置变革，有过经济、文化的长足发展；全国性的或在全国有影响的重大历史事件，有的就发生在遵义，或与遵义相关，如明永乐年间思南、思州两宣慰司之改土归流及贵州省的建立，明万历年间三大征战之首的平播战争及播州的改土归流，清代的多次农民起义、反洋教斗争等等。这些，在《明实录》与《清实录》中皆有相应的记载。此辑录对于遵义地域历史的研究，无疑具有十分重要的价值。《遵义丛书》及《遵义丛书续编·古籍卷》中所收书籍的一些作者，明、清时期活跃于历史的一些遵义籍人物，其名其行在《明实录》与《清实录》中也多有所见，对于后来人无疑也是一种激励。地域文化是民族文化的有机组成部分，对其了解并传承其优秀传统，必将起到助推遵义人民加强文化自觉、坚定文化自信的作用。

辑录对原内容有选择、有省略，但并未改变原文之文字表述，因此有的表述为当时时代与撰者立场所限，存有不妥之处，读者当明辨之。

凡　例

一、本书为《遵义丛书续编》之《明清实录遵义资料辑录》，刊载从《明实录》《清实录》中辑录出之有关今贵州省遵义市相关资料。

二、辑录内容。包括涉及今遵义市境域政治、军事、经济、文化、社会各领域之史事与人物资料。

三、所据底本。《明实录》依据版本为原国立北平图书馆藏"红格抄本"。《清实录》依据中国第一历史档案馆在线数据库原件。原件个别漶漫不清文字，用□表示。

四、资料排列。依据原书，以朝代帝王年号按时间排列。资料标题，显示年号、年份、月、日（干支）。末尾标注资料出处及卷次。

五、本书版式。以通用简体字横排编印。辑录以原书为准，略加标点。

六、正文前有全书《前言》。另分别在《明实录》《清实录》前撰写有《简要说明》。

目　　录

前言 ……………………………………………………………………………………… 1

凡例 ……………………………………………………………………………………… 3

《明实录》遵义资料辑录

简要说明 ………………………………………………………………………………… 3

一、明太祖实录 ………………………………………………………………………… 5

二、明太宗实录 ………………………………………………………………………… 14

三、明仁宗实录 ………………………………………………………………………… 19

四、明宣宗实录 ………………………………………………………………………… 19

五、明英宗实录 ………………………………………………………………………… 24

六、明景泰实录 ………………………………………………………………………… 29

七、明英宗实录 ………………………………………………………………………… 34

八、明宪宗实录 ………………………………………………………………………… 36

九、明孝宗实录 ………………………………………………………………………… 42

十、明武宗实录 ………………………………………………………………………… 46

十一、明世宗实录 ……………………………………………………………………… 54

十二、明穆宗实录 ……………………………………………………………………… 62

十三、明神宗实录 ……………………………………………………………………… 63

十四、明熹宗实录 ……………………………………………………………………… 133

十五、明崇祯实录 ……………………………………………………………………… 156

《清实录》遵义资料辑录

简要说明 159

一、世祖章皇帝实录 161

二、圣祖仁皇帝实录 164

三、世宗宪皇帝实录 171

四、高宗纯皇帝实录 176

五、仁宗睿皇帝实录 220

六、宣宗成皇帝实录 224

七、文宗显皇帝实录 239

八、穆宗毅皇帝实录 278

九、德宗景皇帝实录 343

十、宣统政纪 389

《明实录》遵义资料辑录

简要说明

《明实录》为明代朝廷逐代编纂之编年体史料长编。正、副本分别收藏。新君嗣位敕史官撰修前帝实录时，取前朝副本以作参考，阁臣史官得以私抄。明嘉靖十三年至十五年（1534–1536），因重抄实录，传抄者众。万历十六年（1588）重辑实录为小型本，抄本广布于外。清康熙诏修《明史》时，实录尚存。后正本及副本皆渺不可寻，得见者为错讹时现之各种抄本。民国年间中央研究院历史语言研究所据各种抄本整理而成之稿本，为目前之通行本。

《明实录》全书2952卷，涉及遵义之史料甚多，本辑录所辑计654条（按日统计，有的一日有数事皆归于同一条中）。其中，辑自太祖（洪武）实录58条，太宗（永乐）实录29条，仁宗（洪熙）实录3条，宣宗（宣德）实录33条，英宗（正统）实录34条，代宗（景泰）实录24条，英宗（天顺）实录10条，宪宗（成化）实录27条，孝宗（弘治）实录22条，武宗（正德）实录41条，世宗（嘉靖）实录46条，穆宗（隆庆）实录7条，神宗（万历）实录238条，熹宗（天启）实录79条，思宗（崇祯）实录3条。

辑录资料内容广涉政治、经济、文化之诸多方面，如建置变革、征战查勘、土司承袭、官员任免、朝贡赏赐、财政赋税、农林矿冶、茶马交易、设置儒学、钦赐四书等等。平播战争、奢安之乱等重大历史事件，占有较多篇幅。杨应龙承袭播州宣慰使前期，正常进贡履职，后与地方流官及朝廷矛盾逐步加深、摩擦不断，进而导致平播战争爆发，上述情事及战争进程与结果，在《万历实录》中均有相应记载，本辑录亦一一辑出。奢安之乱涉遵史料，辑自《天启实录》及《崇祯实录》。

《明实录》为当时所修官书，具有较高史料价值，局限也在所难免，阅读、运用时自当慎思妥处。

本辑录所据底本为原国立北平图书馆藏"红格抄本"。

一、明太祖实录

1. 乙巳年六月己丑（元至正二十五年）

置思南宣慰使司。时思南宣慰使田仁智遣其都事杨琛来归款，并纳元所授宣慰使告身。上曰："仁智僻处遐荒，世长溪洞，乃能识天命，率先来归，可嘉也，俾仍为思南道宣慰使。"授琛思州等处军民宣抚使兼新军万户，以三品银印给授之。

（《明太祖实录》卷一七）

2. 乙巳年七月乙丑（元至正二十五年）

元思州宣抚使兼湖广行省左丞田仁厚遣其都事林宪、万户张思温来献镇远、古州军民二府，婺州、功水（邛水）、常宁等十县，龙泉、瑞溪、沿河等三十四州，皆其所守地也。于是命改宣抚司为思南镇西等处宣慰使司，以仁厚为宣慰使。

（《明太祖实录》卷一七）

3. 丙午年二月庚辰（元至正二十六年）

明玉珍卒。玉珍，随州农家子。……壬寅春三月己酉，玉珍遂称帝，国号大夏，纪年天统。……乙巳春，更六卿为中书省枢密院，以戴寿为左丞相，万胜为右丞相，向大亨、张文炳为知枢密院，邹兴为平章，守成都，吴友仁为平章，守保宁，莫仁寿为平章，仍守夔关，邓元亨为平章，守通州，窦英为参政，守播州，荆玉为宣慰，守永宁，商希孟为宣慰，守黔南。

（《明太祖实录》卷一九）

4. 洪武四年十二月丙申

置永宁、贵州二卫及瞿塘关、汉中、阶州三守御千户所。时，曹国公李文忠理军务于四川，奏："贵州今隶湖广，而其地在成都西南，计成都水路至重庆三十六驿，重庆陆路至播南九驿，播南陆路至贵州五驿，凡五十驿。贵州路由播南、思州界至沅州以达辰溪二十一驿，……陆路少七驿。……今议以贵州卫属成都都卫，便于节制，而凡军务之急者，贵州一移文成都都卫，一移文武昌都卫，若民职有司则属湖广行省为便。"诏可之。

（《明太祖实录》卷七〇）

5. 洪武五年正月庚申

播南故元参政余仲方来朝，贡马。

（《明太祖实录》卷七一）

6. 洪武五年正月乙丑

播州宣慰使杨铿、同知罗琛，播州总管何婴、蛮夷总管郑瑚等来朝，贡方物，纳元所授金牌、银印、铜印、宣敕。诏赐铿等绮、帛、衣服，仍置播州宣慰使司。铿、琛皆仍旧职，改总管为长官司，以婴等为长官司长官。

（《明太祖实录》卷七一）

7. 洪武六年二月壬辰

贵州卫言："岁计军粮七万余石，本州及普宁（疑：普定）、播州等处岁征粮一万二千石，军食不敷，宜募商人于本州纳米中盐以给军食。"从之。

（《明太祖实录》卷七九）

8. 洪武七年三月甲戌

中书省奏："播州宣慰司土地既入版图，即同王民，当收其贡赋。请令自洪武四年为始，每岁纳粮二千五百石以为军需……"上曰："播州，西南夷之地也，自昔皆入版图，供贡赋，但当以静治之，苟或扰之，非其性矣！朕君临天下，彼率先来归，所有田税随其所入，不必复为定额以征其赋。"

（《明太祖实录》卷八八）

9. 洪武七年七月戊辰

置思州龙泉坪长官司。

（《明太祖实录》卷九一）

10. 洪武七年九月乙酉

播州宣慰使杨铿来朝。赐绮、帛各五匹。

（《明太祖实录》卷九三）

11. 洪武七年十一月丁亥

置播州黄平宣抚司。

（《明太祖实录》卷九四）

12. 洪武七年十二月壬子

播州江渡蛮黄安等作乱，贵州卫指挥佥事张岱讨平之。

（《明太祖实录》卷九五）

13. 洪武八年五月丙寅

播州宣慰使杨铿遣其弟锜来朝，贡马。赐铿及锜衣物有差。

（《明太祖实录》卷一〇〇）

14. 洪武九年八月乙未

播州宣慰使杨铿率其属张坤、赵简来朝，贡马。赐赉甚厚。上谕之曰："尔先世世笃忠贞，故使子孙代有爵土。然继世非难，保业为难，知保业为难则志不可骄，欲不可纵。志骄则失众，欲纵则灭身。尔能益励忠勤，永坚臣节，则可保世禄于永久矣。"

（《明太祖实录》卷一〇八）

15. 洪武九年九月戊午

播州宣慰使杨铿辞归。复赐绮、帛各四十匹。

（《明太祖实录》卷一〇八）

16. 洪武九年十月庚申

四川黄平、罗糜等寨蛮僚都麻堰聚众作乱，杀掠吏民。宣抚司以兵捕之，不克。黄平千户所复以兵讨之，反为所败。于是重庆等卫发兵合击，大破之，斩其乱酋，诸寨悉平。

（《明太祖实录》卷一一〇）

17. 洪武十年正月丙申

以成都中卫军士二千益贵州卫，及调前、后、左、右四卫军士七百守御黄平。

（《明太祖实录》卷一一一）

18. 洪武十一年正月甲申

置黄平守御千户所。初，黄平立安抚司，既而蛮人屡叛，宣抚司不能治。至是，改置千户所，调贵州千户张潮领兵守之。

（《明太祖实录》卷一一七）

19. 洪武十一年十月乙丑

播州宣慰使杨铿献马。赐文绮袭衣。

（《明太祖实录》卷一二○）

20. 洪武十二年七月癸亥

播州宣慰使杨铿遣镇抚谢德名奉表，贡马。

（《明太祖实录》卷一二五）

21. 洪武十二年十一月丁巳

命播州宣慰使司同知罗琛世袭其职。

（《明太祖实录》卷一二七）

22. 洪武十四年九月壬午

遣使赍敕符谕播州宣慰使杨铿曰："曩者元纲不振，乱兵四起，四海之民不遑安处。朕既混一寰宇，四征弗庭，蛮夷酋长罔不称臣入贡，其或志在侦伺，未笃事之大诚，徒取祸败。尔铿世守播州，作朕藩屏，然轻听浮言，易生疑贰，故积愆日深。今大军南征，多用战骑，尔当以马三千，率酋兵二万为先锋，以表尔诚。符至奉行，毋违朕命！"

（《明太祖实录》卷一三九）

23. 洪武十五年正月乙酉

城播州沙溪，以官兵一千人、土兵二千人戍之。

（《明太祖实录》卷一四一）

24. 洪武十五年正月丁亥

置云南左、右、前、后、普定、黄平、建昌、东川、乌撒、普安、水西、乌蒙、芒部、尾酒一十四卫指挥使司。

（《明太祖实录》卷一四一）

25. 洪武十五年二月癸丑

遣使敕谕播州宣慰使杨铿曰："朕以致仕武官分守云南，每官一人至，备甲兵五十五人卫送之。"

（《明太祖实录》卷一四二）

26. 洪武十五年二月辛未

增置湖广、四川马驿一十四。湖广九驿：卢溪县曰船溪，辰溪县曰山塘，沅州曰怀化、罗曰、冷水曰晃州，思州宣慰使司曰平溪，思南宣慰使司曰梅溪、曰相见。四川五驿：播州宣慰使司曰柳塘、地松、上塘，贵州卫曰平坝、新溪。

（《明太祖实录》卷一四二）

27. 洪武十五年二月己卯

以四川播州宣慰使司隶贵州都指挥使司。

（《明太祖实录》卷一四二）

28. 洪武十五年闰二月戊子

改黄平卫指挥使司仍为黄平千户所，平越千户所为平越卫指挥使司。

（《明太祖实录》卷一四三）

29. 洪武十七年四月壬午

论平云南功。……上将平云南，命友德巡行川蜀、永宁、雅、播等处，修治城郭关梁。于是金筑、普定、中坪、乾溪等寨酋长皆相率来降。还京，献马五百。上以内厩良马十五赐之。……每从大将军征讨，累有战功，已封侯爵。乃者率诸军越崇山，西取巴蜀，功尤著焉。洪武十四年，命率甲士三十万又西取云南，转战二年，今已平定，宜受上赏，特封颍国公，子孙世袭，食禄三千石。

（《明太祖实录》卷一六一）

30. 洪武十七年四月癸未

赏征南将校。先是诏礼部曰："赏赐，国之重事，所以报贤劳而励士气，权度毫发，一失轻重，则上为失礼，下无所劝。朕有天下十有五年，云南越在万里，负固不服，故命大将率师讨之。诸将士冒瘴疠，逾险阻，雾雨薄肌体，沾汗濡甲胄，而能效忠宣力，搴旗斩将，登城拔垒，使天诛无留，良善附顺，甚者身委矢石，为国效命，《司马法》曰：'军赏不逾月，欲民速得为善之利也！'尔礼部其核实定议行之。"至是议上。上以为赏薄，曰："将士甚劳苦，此非所以报有功也，其重赏之。"……至贵州普定、盘江、黄平、平越者，人钞五锭，布二匹。

（《明太祖实录》卷一六一）

31. 洪武十七年四月丙申

播州宣慰使杨铿来朝，贡马。上谕之曰："尔与田弘正皆世守思、播，而尔之忠勋视弘正为多。"命赐以织金文绮，并其属赏赉有差。

（《明太祖实录》卷一六一）

32. 洪武十七年六月甲戌

播州宣慰使杨铿子震以疾卒于京。命有司归其柩于播州。

（《明太祖实录》卷一六二）

33. 洪武十七年六月丁丑

以播州土酋宋思义为草塘安抚使。

（《明太祖实录》卷一六二）

34. 洪武十七年六月癸未

以播州土酋谢德轩等二十三人为蛮夷长官。

（《明太祖实录》卷一六二）

35. 洪武十七年十一月庚寅

播州宣慰使杨铿，遣其侄彝贡马。赐以绮帛、钞锭。

（《明太祖实录》卷一六八）

36. 洪武二十年十月壬子

播州宣慰使杨铿以被征入朝，贡马十匹。

（《明太祖实录》卷一八六）

37. 洪武二十一年五月戊子

播州宣慰使杨铿遣弟孟仁等贡马。赐孟仁以下钞有差。

（《明太祖实录》卷一九〇）

38. 洪武二十一年十月庚午

置泸州、赤水、层台三卫指挥使司。时陕西都指挥马烨征南还，言泸州与永宁接壤，乃诸蛮出入之地，宜置守兵。遂从其言，调长安等卫官军一万五千二百二十人分置各卫。

（《明太祖实录》卷一九四）

39. 洪武二十二年二月甲辰

诏思州宣慰使田琛、播州宣慰使杨铿："自今凡有朝命至，即行之，每季则遣人奏知。"

（《明太祖实录》卷一九五）

40. 洪武二十二年六月癸亥

置兴隆卫，隶贵州都指挥使司。初，其地属狼洞黄平安抚司。至是，蛮民作乱，颍国公傅友德讨平之。遂置卫，命府军左卫指挥金事胡质领兵守之。

（《明太祖实录》卷一九六）

41. 洪武二十三年正月乙酉

赏延安侯唐胜宗钞一千锭，以平苗蛮之功，仍命同凤翔侯张龙往黄平、平越、镇远、贵州诸处训练军士，提督屯田，相机征剿余蛮。

（《明太祖实录》卷一九九）

42. 洪武二十三年五月己酉

播州、贵州宣慰使司并所属宣抚司官各遣其子来朝，请入太学。上敕国子监官曰："移风善俗，礼为之本，敷训导民，教为之先，故礼教民于朝廷而后风化达于四海。今西南夷土官各遣子弟来朝，求入太学，因其慕义，特允其请。尔等善为训教，俾有成就，庶不负远人慕学之心。"

（《明太祖实录》卷二〇二）

43. 洪武二十三年五月辛酉

播州宣慰使杨铿遣其弟杨张等贡马。

（《明太祖实录》卷二〇二）

44. 洪武二十四年十一月辛丑

播州宣慰使杨铿遣同知罗钦贡马及方物。赐以钞锭。

（《明太祖实录》卷二一四）

45. 洪武二十五年正月癸未

播州宣慰使司土官罗钦、麓川平缅军民宣慰使司宣慰使思伦发等贡犀、象及马。

（《明太祖实录》卷二一五）

46. 洪武二十五年六月乙丑

播州宣慰使杨铿来朝，贡马。诏赐白金三百两，锦、绮各十匹，钞五十锭，长官舍人而下五十六人钞有差。

（《明太祖实录》卷二一八）

47. 洪武二十五年十一月丙戌

……自国初创置贵州、黄平、松茂等卫，营造蜀府，征讨云南禄肇诸处，积年劳役，请从末减。

（《明太祖实录》卷二二二）

48. 洪武二十六年正月丁未

……四川播州宣慰使杨铿……各遣使贡马及方物。……诏赐宴于会同馆，仍各赐文绮、钞有差。

（《明太祖实录》卷二二四）

49. 洪武二十六年九月庚申

播州宣慰使司宣慰使杨铿遣其从兄杰、建昌土官贾哈剌遣其弟剌撒，各进马。

（《明太祖实录》卷二二九）

50. 洪武二十六年十二月己亥

……播州宣慰使司宣慰使杨铿……各贡马。俱赐以绮、帛及钞。

（《明太祖实录》卷二三○）

51. 洪武二十七年四月庚辰

更定蕃国朝贡仪。是时，四夷朝贡，东有朝鲜、日本，南有暹罗、琉球、占城、真腊、安南、爪哇、西洋、琐里、三佛、渤泥、百花、览邦、彭亨、淡巴、须文、达那，凡十七国。其西南夷，隶四川者军民府凡六：乌蒙、乌撒、芒部、邛部、普安、东川。安抚司一，曰金筑。宣抚司一，曰西阳。宣慰司三：曰贵州、播州、石柱。……凡蕃国王来朝，先遣礼部官劳于会同馆，明日各服其国服，如赏赐朝服者则服朝服，于奉天殿朝见，行八拜礼毕，即诣文华殿朝皇太子，行四拜礼，见亲王亦如之，亲王立受后答二拜。其从官，随蕃王班后行礼。凡遇宴会，蕃王班次居侯伯之下。其蕃国使臣及土官朝贡皆如常朝仪。

（《明太祖实录》卷二三二）

52. 洪武二十八年四月辛卯

是月，播州宣慰使杨铿遣其弟瑾等贡马。赐瑾绮、钞。

（《明太祖实录》卷二三八）

53. 洪武二十八年九月甲辰

监察御史裴承祖言："四川贵、播二州，湖广思南宣慰使司及所属安抚司、州、县……诸种苗蛮不知王化，宜设儒学使知诗书之教，立山川社稷诸坛场，岁时祭祀，使知报本之道。"从之。

（《明太祖实录》卷二四一）

54. 洪武二十八年闰九月壬申

遣行人林英赏播州宣慰使司及兴隆等卫所征进有功将士并土兵凡二万三千三百六十一人，钞一十二万三千四百四十一锭。

（《明太祖实录》卷二四二）

55. 洪武二十九年五月丁丑

播州宣慰使杨铿，遣其弟恕祥等来朝，贡马。赐以文绮、钞锭。

（《明太祖实录》卷二四六）

56. 洪武三十年三月乙卯

播州黄平安抚杨光祖卒，以其子昌贵袭职。贵州龙里长官司长官何友善卒，以其子九住袭职。

（《明太祖实录》卷二五一）

57. 洪武三十年七月辛酉

命户部于四川成都、重庆、保宁三府及播州宣慰使司置茶仓四所贮茶，以待客商纳米中买及与西番商人易马，各设官以掌之。

（《明太祖实录》卷二五四）

58. 洪武三十一年五月庚申

置成都、重庆、保宁三府及播州宣慰司茶仓四所。命四川布政使司移文天全六番招讨司，将岁输茶课仍输碉门茶课司，余地方就近悉送新仓收贮，听商人交易及与西番市马。

（《明太祖实录》卷二五七）

二、明太宗实录

1. 洪武三十五年（建文四年）九月癸卯

播州宣慰使杨昇、思南宣慰使田大雅、贵州宣慰使宋斌来朝，贡水银、朱砂等物。赐昇等白金、锦绮、彩帛，赐其兼从有差。

（《明太宗实录》卷一二）

2. 洪武三十五年（建文四年）九月乙巳

四川播州宣慰使司请设僧刚、道纪二司。从之。

（《明太宗实录》卷一二）

3. 永乐元年四月壬戌

湖广、四川、云南、广西所隶宣慰使杨昇等并西北诸夷，各遣人朝贡马及方物。上以其远至，且旧所定马直薄，命礼部第马之高下增给之。上马每匹钞千贯，中马八百贯，下马五百贯。

（《明太宗实录》卷一九）

4. 永乐二年九月辛丑

播州宣慰使杨昇、湖广永顺宣慰使彭源、四川芒部等军民府长官程番等十二长官司，各遣人来朝，贡方物，贺立皇太子。赐之钞币。

（《明太宗实录》卷三四）

5. 永乐二年九月甲寅

赐播州宣慰使杨昇……爪哇国使者阿烈于都万等宴。

（《明太宗实录》卷三四）

6. 永乐三年四月壬申

播州宣慰使杨昇遣弟杨孟瑄贡马。赐之钞锭、彩币。

（《明太宗实录》卷四一）

7. 永乐四年正月乙未

播州宣慰使司宣慰使杨昇、贵州宣慰使司宣慰使安卜苊遣人贡马各四十匹。俱赐白金、锦绮。

（《明太宗实录》卷五〇）

8. 永乐四年正月庚申

赐爪哇国使臣及播州宣慰司、云南丽江军民府等处朝贡使臣及女直野人头目宴。

（《明太宗实录》卷五〇）

9. 永乐四年二月癸酉

四川成都等府及贵、播二宣慰司，酉阳、永宁二宣抚司奏："官民田荒芜二千六百七十余顷，乞蠲其租赋。"上谕户部臣曰："田土荒芜皆缘人民雕耗所致，若复征其租赋，则雕耗愈甚，荒芜愈多矣，可并其岁额除之。但人民蕃息，则土地自辟，赋税自充矣。"

（《明太宗实录》卷五一）

10. 永乐四年十二月己亥

播州宣慰使杨昇等各遣人贡马及方物。俱赐钞币，遣还。

（《明太宗实录》卷六二）

11. 永乐五年三月庚申

设四川播州宣慰司僧纲司。

（《明太宗实录》卷六五）

12. 永乐五年十一月辛酉

播州宣慰使杨昇遣弟珪贡方物。赐钞币有差。

（《明太宗实录》卷七三）

13. 永乐六年六月壬寅

命镇守贵州镇远侯顾成率贵州都司官军，及泗城州土兵征剿播州等处叛蛮。

（《明太宗实录》卷八〇）

14. 永乐七年四月庚子

四川播州宣慰使杨昇言："招谕草塘、黄平二安抚司，重安长官司所辖当科、笃雍等十一寨蛮人，皆向化。先是，昇言其梗化不服，聚众劫掠，请发兵剿之。"上敕昇曰："蛮夷反侧，其来久矣，如遽调军，即一方之人并受荼毒。宜再遣人抚谕，若果不从，当令镇远侯顾成经略之。"昇如上旨，遣官赍敕，宣朝廷恩德，遂皆归化。

（《明太宗实录》卷九〇）

15. 永乐八年五月丁卯

播州宣慰使司宣慰使杨昇遣长官王珪……来朝，贡马。皇太子赐赏有差。

（《明太宗实录》卷一〇四）

16. 永乐九年夏四月庚子

朝鲜、爪哇诸国各遣使，及四川、湖广、广西土官宣慰使杨昇等来朝，贡马及方物，贺万寿圣节。赐赏有差。

（《明太宗实录》卷一一五）

17. 永乐十年正月甲辰

播州宣慰司宣慰使杨昇遣兄亮贡马。赐昇白金百两，金织绮衣一袭，锦绮十匹。别赐亮白金、文绮袭衣。

（《明太宗实录》卷一二四）

18. 永乐十一年二月辛亥

设贵州等处承宣布政使司。初，思南宣慰使田宗鼎，凶狠淫虐，生杀任情，与其副使黄禧构怨累年，互有奏讦。朝廷虽恶宗鼎，然以田氏世守其地，曲予保全，而改黄禧为辰州府知府。思州宣慰使田琛，亦与宗鼎有怨，禧暗结琛使图宗鼎。宗鼎及琛数相攻杀。禧既得志，肆横虐民，民甚苦之。琛自称天主，妻为地主，长官文得、杨光海等称文武臣，禧为大将，与琛连兵攻思南，宗鼎挈家走，琛杀其弟，发其祖宗坟墓而戮其母尸，尽掠其人畜资财，所过残害其民。宗鼎诉于朝。屡敕田琛、黄禧赴阙自辨，皆拒命不至。自知不为朝廷所容，遂有逆谋，潜使奸人张胜依托教坊司官史勉，得出入祇应，将伺便为变。事觉，命行人蒋廷瓒往召之，而敕镇远侯顾成以兵五万压其境，凶党叛散，琛等就擒，与黄禧相继械送京师，皆引服。琛妻冉氏尤强悍，复遣人招诱台罗等寨蛮人苗普亮等为乱，冀朝廷遣琛还招抚，因得免死。上闻之，诏有司禁锢琛等，以宗鼎虽横恣，然穷蹙自归得末减，使复职归思南。而宗鼎奏言："必得报怨家以绝祸根。"上以其素凶恶，今幸免祸，犹不自惩，而欲逞忿，民将有不胜其害者，遂留之京师，月给俸禄。宗鼎怨望，出诽言，因发其祖母阴事，谓始与黄禧奸，实造祸本，而窃损其衣食，欲杀之。祖母亦发宗鼎缢杀亲母、渎乱人伦等事。上命刑部正其罪，谕户部尚书夏原吉等曰："朝廷初命田琛、田宗鼎分治思州、思南，正欲安其土人，乃皆为土人之害，琛悖逆不道，构扇旁州，妄开边衅，屠戮善良，抗拒朝命，已正其罪。宗鼎尤为凶鸷，绝灭伦理，罪不可宥。其思州、思南三十九长官司，宜加意抚绥，可更置府州县而立布政司总辖之，其原设长官司及差税悉仍旧。所当行之事，卿等详议以闻。"原吉等议以思州二十二长官司，分设思州、新化、黎平、石阡四府；思南十七长官司，分设思南、镇远、铜仁、乌罗四府。其镇远州、婺川县，亦各随地分隶，而于贵州设贵州等处承宣布政使司以总八府，仍与贵州都司同管贵州宣慰司，其布政司官属俱用流官，府以下参用土官。从之。遂命吏部选授布政司及府县官，以行人蒋廷瓒、河南左参政孟骥俱为右布政使，改河南右参政陈俊名为右参政，山西左参议王理，河南按察司副使张焘、江英俱为左参议，副使邹锐、佥事丘陵、进士周宗保俱为右参议，授进士崔彦俊、王恭等为府州官，令廷瓒等率至贵州随缺定注，廷瓒尝与擒田琛等之谋，故升用之。

（《明太宗实录》卷一三七）

19. 永乐十一年八月癸丑

播州宣慰使杨昇遣人贡马。赐之钞币。

（《明太宗实录》卷一四二）

20. 永乐十一年十月庚戌

敕贵州总兵官镇远侯顾成等曰："前命尔等征讨蛮寇，兵力不足，于贵州添调一万。今武当发回辰沅、五开等九卫官军万二千余人，亦可选用。又令播州宣慰使杨昇，选调土军六千，如选不及数，必得四千，听尔调用。尔等宜同心画策，必以今冬平除此寇，毋执偏见，以误事机。"

（《明太宗实录》卷一四四）

21. 永乐十二年三月乙亥

以贵州布政司所辖思南、思州两宣慰司地方，分隶八府。都坪峨异溪、都素二蛮夷长官司，黄道溪、施溪二长官司隶思州府。蛮夷长官司，水德江、沿河祐溪、思印江三长官司，并婺川县及板场、木悠、岩前、任办四坑水银场局，隶思南府。施秉、镇远、金容、金达、邛水一十五洞三蛮夷长官司、偏桥长官司并镇远州，隶镇远府。苗民、石阡、龙泉坪、葛彰葛商四长官司隶石阡府。铜仁、省溪、提溪、大万山四长官司并鳌寨苏葛棒坑朱砂场局、大崖土黄坑水银朱砂场局隶铜仁府。朗溪蛮夷长官司、乌罗、答意、治古、平头著可四长官司隶乌罗府。湖耳、亮寨、欧阳、新化、中林验洞、龙里六蛮夷长官司，赤溪湳洞长官司隶新化府。潭溪、曹滴洞、古州、八舟、福禄永从、洪州泊里、西山阳洞七蛮夷长官司隶黎平府。

（《明太宗实录》卷一四九）

22. 永乐十二年十二月庚辰

播州宣慰使杨昇……各遣人贡马。赐钞币有差。

（《明太宗实录》卷一五九）

23. 永乐十三年三月丁未

贵州布政司右布政使蒋廷瓒言：“去年北征班师诏至，思南府婺川县闻大岩山有声连呼万岁者三，咸谓皇上恩威加山川效灵之征。礼部尚书吕震请率群臣上表贺。”上曰：“人臣事君当以道，阿谀取容非贤人君子所为。呼噪山谷之间，空虚之声相应，理固有之，岂是异事。布政司官不察以为祥，尔为国大臣，不能辨正其非，又欲进表媚朕，非君子事君之道。遂已。”

播州宣慰使司宣慰使杨昇遣兄杨孟庄等贡马，贺平胡。赐钞币，遣还。

（《明太宗实录》卷一六二）

24. 永乐十五年十一月庚午

四川播州宣慰使杨昇来朝，贡马三十匹。赐白金、袭衣、钞币。

（《明太宗实录》卷一九四）

25. 永乐十九年四月甲寅

贵州宣慰使宋斌、播州宣慰使杨昇等来朝，贡马。赐袭衣、钞币。

（《明太宗实录》卷二三六）

26. 永乐二十一年四月戊辰

播州宣慰使杨昇遣安抚罗宗昭等贡方物。

（《明太宗实录》卷二五八）

27. 永乐二十一年四月丁丑

朝鲜国陪臣李湛、播州宣慰司安抚罗宗昭等辞还。赐币有差。

（《明太宗实录》卷二五八）

28. 永乐二十一年十二月己巳

时播州宣慰使杨昇子鬓自北京回,卒于途。其妻田氏闻之,哭泣不食,暨柩至,自经死……俱表曰"贞烈"。

(《明太宗实录》卷二六六)

29. 永乐二十二年正月戊戌

播州宣慰使杨昇、贵州宣慰使安中各遣人进马。赐昇、中各钞二百五十锭,锦二段,彩币八表里。仍给其马直,赐所遣人钞币、表里有差。

(《明太宗实录》卷二六七)

三、明仁宗实录

1. 永乐二十二年九月戊戌

四川播州宣慰使杨昇,遣草塘安抚司同知宋珪等……贡马。赐钞币、表里有差。

(《明仁宗实录》卷二)

2. 洪熙元年二月己未

四川播州宣慰使杨昇等来朝,贡马及方物。各赐钞币、表里。

(《明仁宗实录》卷七)

3. 洪熙元年四月甲子

四川播州宣慰使杨昇等率所属土官及石砫宣抚司土官马应仁等来朝,贡马。赐钞、文绮有差。

(《明仁宗实录》卷九)

四、明宣宗实录

1. 洪熙元年七月辛卯

四川播州宣慰使杨昇……等来朝,贡马。

(《明宣宗实录》卷四)

2. 洪熙元年闰七月己酉

赐……四川播州宣慰使杨昇……等钞币有差。

(《明宣宗实录》卷五)

3. 宣德元年三月甲寅

四川播州宣慰使杨昇来朝,贡马及方物。

(《明宣宗实录》卷一五)

4. 宣德元年四月辛巳

赐四川播州宣慰使杨昇……等钞、彩币、表里、袭衣有差。

(《明宣宗实录》卷一六)

5. 宣德元年五月乙卯

四川播州宣慰使杨昇遣长官杨福通……来朝,贡马。

(《明宣宗实录》卷一七)

6. 宣德元年六月庚午

赐四川播州宣慰司长官杨福通等……钞币有差。

(《明宣宗实录》卷一八)

7. 宣德二年三月丁未

四川播州宣慰使杨昇遣黄平安抚司土官同知杨胜显……等来朝,贡马。

(《明宣宗实录》卷二六)

8. 宣德二年三月丙辰

赐……播州宣慰司所遣土官同知杨胜显……等钞、彩币、袭衣有差。

(《明宣宗实录》卷二六)

9. 宣德三年二月庚辰

四川播州宣慰使杨昇遣正长官郑钊等贡马。

(《明宣宗实录》卷三七)

10. 宣德三年三月庚子

赐四川播州宣慰使杨昇所遣长官郑钊等钞、彩币、表里。钊等来贺万寿圣节，后期。行在礼部援例奏减半赐之。上曰："边方道远，不足与较，不可减。"

（《明宣宗实录》卷四〇）

11. 宣德三年六月丙戌

四川播州宣慰使杨昇遣弟钦……来朝，贡马。

（《明宣宗实录》卷四四）

12. 宣德三年六月丁酉

赐……播州宣慰司杨昇弟钦……等钞、彩币、表里有差。

（《明宣宗实录》卷四四）

13. 宣德三年八月壬午

贵州兴隆卫经历陆昇言："本卫官军俸粮计二万余石，除收四川播州等处税粮支给外，余于重庆等府支，相去二十八驿，皆高山峻岭，不通舟楫，每岁差官总支，变易物货回卫，给与官军，所得十不及一。本卫去湖广偏桥、镇远二卫陆行止一百二十里。即通舟楫，下至沅州、辰州才十一驿，俸粮乞于彼支给为便。"命行在户部议行之。

（《明宣宗实录》卷四六）

14. 宣德四年四月癸卯

四川播州宣慰使杨昇遣长官冯添祺……等贡马。

（《明宣宗实录》卷五三）

15. 宣德四年五月己未

赐四川播州宣慰司土官长官冯添祺……等钞、彩币、表里有差。

（《明宣宗实录》卷五四）

16. 宣德四年六月癸巳

四川播州宣慰使杨昇遣侄九成贡马。

（《明宣宗实录》卷五五）

17. 宣德四年六月辛丑

赐四川播州宣慰使杨昇侄九成等钞、文锦、彩币、表里有差。

（《明宣宗实录》卷五五）

18. 宣德五年三月乙丑

……四川播州宣慰使杨钦遣长官李钦……等来朝，贡马及金银器皿、方物。

（《明宣宗实录》卷六四）

19. 宣德五年四月壬午

赐……四川播州宣慰司长官李钦……等钞、彩币、表里及绢有差。

（《明宣宗实录》卷六五）

20. 宣德六年二月己亥

……四川播州宣慰使杨昇遣副长官陈恕……等进马及方物，贺万寿圣节。

（《明宣宗实录》卷七六）

21. 宣德六年二月丁未

赐……四川播州宣慰司副长官陈恕……等九十九人钞、彩币、表里、金织袭衣有差。

（《明宣宗实录》卷七六）

22. 宣德七年二月壬寅

四川播州草塘安抚司所属谷撒等四十一寨蛮长箇常徒等作乱，聚众二千余人，将攻牛场、乾溪等堡。事闻，敕总兵官都督陈怀遣人抚谕，如其不从，发兵剿之。

（《明宣宗实录》卷八七）

23. 宣德七年三月丙寅

四川播州宣慰使杨昇遣侄忠……等来朝，贡马。

（《明宣宗实录》卷八八）

24. 宣德七年四月己亥

四川总兵官都督陈怀奏："播州草塘安抚司所属谷撒等四十一寨蛮长箇常徒等皆招抚复业。"上谓行在兵部尚书许廓等曰："蛮人亦好生恶死，彼其梗化，必有所激。宜令所在官司宽抚之。"

(《明宣宗实录》卷八九)

25. 宣德八年二月壬辰

四川播州宣慰使杨昇遣副使杨昰……等来朝,贡马。

(《明宣宗实录》卷九九)

26. 宣德八年二月乙巳

赐……播州宣慰司土官副使杨昌建……等钞、彩币、绢布及金织袭衣。

(《明宣宗实录》卷九九)

27. 宣德八年五月壬申

四川总兵官都督陈怀奏:"番蛮叛服不常,请调陕西官军进讨,于四川起军民运粮饷。"上重惜人力,敕怀还京师。别敕参将都指挥蒋贵曰:"兴师动众,古人所慎。今专以命尔,尔宜熟计,果番蛮帖服,则择所领壮兵守备而以其老弱运粮,庶几省费。果复猖獗,必须用兵,则于四川行都司、贵州都司、播州宣慰司量调进剿,事平即遣还,毋令久劳役也。"

(《明宣宗实录》卷一〇二)

28. 宣德九年二月戊辰

四川播州宣慰使杨昇遣长官杨威……等来朝,贡马。

(《明宣宗实录》卷一〇八)

29. 宣德九年三月己丑

赐四川播州宣慰司长官杨威……等钞币有差。

(《明宣宗实录》卷一〇九)

30. 宣德九年五月己卯

行在刑部奏贵州纳米赎罪事例。时,贵州按察使应履平言:"贵州所辖地方悉是蛮夷,刀耕火种,纳粮不多,军卫屯田储积亦少,官仓所贮不支半年,虽四川播州等处、重庆等府转输馈给,不能依期而至,且累年逋负甚多。请敕刑部,凡贵州三司并所属官吏军民,除真犯死罪、强盗不在赎例,其余笞杖徒流杂犯死罪,依在京事例减轻,纳米于本处官仓赎罪,不分军民职官就令发落。仍具奏拟罪名赎纳米数,备送上司。候积米三年之上仍依常例论断。"

(《明宣宗实录》卷一一〇)

31. 宣德九年七月戊子

贵州乐平长官司舍人宋瑄……等来朝，贡马及方物。

（《明宣宗实录》卷一一一）

32. 宣德九年八月戊申

赐贵州乐平长官司舍人宋瑄等钞币、绢、布及金织袭衣有差。

（《明宣宗实录》卷一一二）

33. 宣德九年九月丁丑

贵州都司奏："贵州宣慰司所管谷王舟等六寨，乖西蛮夷长官司所管十四坪、崖底等十三寨及四川播州草塘安抚司留坪等处苗贼，数聚出劫，杀虏人口，抢掠马牛，烧毁房屋。"上敕总兵官都督萧授及贵州三司各遣官体覆抚谕。若终不服，调兵剿之。

（《明宣宗实录》卷一一二）

五、明英宗实录

1. 宣德十年二月甲寅

四川播州宣慰司……遣人来朝，贡马。赐彩币等物有差。

（《明英宗实录》卷二）

2. 宣德十年七月丁酉

四川播州宣慰使杨昇遣人……来朝，贡马。赐彩币等物。

（《明英宗实录》卷七）

3. 宣德十年十二月癸亥

四川播州宣慰司安抚犹恭……来朝，贡马。赐彩币等物有差。

（《明英宗实录》卷一二）

4. 正统元年十二月戊寅

四川播州宣慰使杨昇遣长官杨胜宗等……来朝，贡鹰、马及方物。赐宴，并赐彩币等物有差。

（《明英宗实录》卷二五）

5. 正统三年正月壬寅

四川播州宣慰使司土官宣慰使杨昇遣子纲……来朝，贡马。赐彩币等物有差。

（《明英宗实录》卷三八）

6. 正统三年正月丁未

命四川播州宣慰使司宣慰使杨昇孙炯代职。

（《明英宗实录》卷三八）

7. 正统三年六月丙辰

命山西潞州判官李茂、贵州婺川县知县冯翊、江西浮梁县知县曾真保、顺天府潞县管马主簿鲍鲤俱复任。茂、翊、鲤俱升俸一级，真保以有过故不升，皆以任满部民保留也。

（《明英宗实录》卷四三）

8. 正统三年十一月己丑

四川播州宣慰使司土官宣慰使杨炯遣安抚宋忠诚……来朝，贡马。赐宴，并赐彩币等物有差。

（《明英宗实录》卷四八）

9. 正统四年四月辛丑

四川播州宣慰使司土官宣慰使杨炯……遣人来朝，贡马。赐宴，并赐袭衣、彩币等物有差。

（《明英宗实录》卷五四）

10. 正统四年十二月己亥

四川播州宣慰使司遣长官夏大成……等俱来朝，贡马及铜佛像、舍利子。赐彩币等物有差。

（《明英宗实录》卷六二）

11. 正统五年三月丙辰

革四川播州宣慰使司长官司茶仓。以本司茶课折收钞故也。

（《明英宗实录》卷六五）

12. 正统五年五月戊辰

命故四川草塘安抚司土官同知宋珪子广秀袭职。

（《明英宗实录》卷六七）

13. 正统五年十一月戊申

四川播州宣慰使杨炯遣长官韩仁寿等俱来朝，贡马及方物。赐宴，并赐彩币等物有差。

（《明英宗实录》卷七三）

14. 正统六年六月丁卯

四川播州宣慰使司土官舍人杨纲等来朝，贡马。赐绒锦、彩币、钞锭有差。

（《明英宗实录》卷八〇）

15. 正统六年六月戊辰

命四川播州宣慰使司故宣慰使杨炯叔纲袭职。

（《明英宗实录》卷八〇）

16. 正统六年十月辛巳

行在户部员外郎高佑奏："四川重庆府巴县及播州宣慰使司每岁定拨税粮一万余石，运赴贵州供给军士，路远艰难，乞将应拨粮米折收银布运去给军为便……"事下行在户部议。悉从之。

（《明英宗实录》卷八四）

17. 正统六年十一月己未

四川播州宣慰使司遣长官张瑾……等贡马及方物。赐绢钞如例。

（《明英宗实录》卷八五）

18. 正统六年闰十一月戊辰

赐……播州宣慰使司长官张瑾等钞锭、彩币表里有差。瑾过期到京，如例减半。

（《明英宗实录》卷八六）

19. 正统七年六月丙辰

赐四川播州宣慰使杨纲诰命。

（《明英宗实录》卷九三）

20. 正统七年十一月甲子

四川播州宣慰司……遣长官杨镇等贡马。

（《明英宗实录》卷九八）

21. 正统九年正月己卯

贵州都指挥同知张锐等奏："本处接连夷境，征调缺马，请将四川、贵州土官袭替进贡马匹给与旗军领养骑操，以备征调。其东川、芒部、乌蒙、乌撒、永宁宣抚司等处马匹给与附近赤水、永宁、乌撒、毕节、普安、安南、普市七卫所。播州、贵州二宣慰司，思南等府，金筑安抚、贵竹等处长官司马匹给与兴隆等一十三卫所，实为军民两便。"从之。

（《明英宗实录》卷一一二）

22. 正统九年六月甲辰

四川播州宣慰司宣慰使杨纲……各遣人贡马及方物。赐彩币等物有差。

（《明英宗实录》卷一一七）

23. 正统九年七月癸丑

四川播州宣慰使杨纲遣侄铭等贡马。赐钞、彩缎、绢、布有差。

（《明英宗实录》卷一一八）

24. 正统十年九月癸未

擢进士林廷举、王允、徐行、童存德、周鉴、全智、姚恭、申祐、张洪、宋璘、李宾、吴中、罗篪、柴文显、何琛、周瑜、齐让、黄绶、陆厚、曾蒙、简常茂、崔玙、邵进为监察御史。先是，右都御史王文言："御史缺员数多，旧以知县、教官选授，多有不称，今请于各衙门办事、进士内从公考选，照缺除授，事下吏部。至是，吏部以考得廷举等堪任，疏名以闻，故有是命。"

（《明英宗实录》卷一三三）

25. 正统十年十一月丙戌

四川播州宣慰使杨纲遣副长官陈昂等来朝，贡马、驼。赐宴并彩币、表里等物。

（《明英宗实录》卷一三五）

26. 正统十二年九月甲午

四川草塘安抚司安抚宋忠诚以疾乞致，使命其子景春代之。

（《明英宗实录》卷一五八）

27. 正统十三年十一月庚寅

四川播州宣慰司宣慰使杨纲遣人贡马，贺万寿圣节。赐以钞币。

（《明英宗实录》卷一七二）

28. 正统十四年四月壬子

四川播州宣慰使杨纲老疾，以其子辉代之。

（《明英宗实录》卷一七七）

29. 正统十四年五月癸未

贵州参将都指挥同知郭瑛奏："镇远等府洪江等处苗头苗金台等纠集苗类，伪称顺天王等号，敌杀官军，攻围城堡。四川播州所属翁谷龙等寨苗僚亦相扇作恶，延蔓侵掠，缘贵州都司卫所官军数少，捍御不敷，乞敕四川、湖广二都司各调官军并土军前来会同剿杀。"

（《明英宗实录》卷一七八）

30. 正统十四年五月癸卯

云南右参议陈鉴初为监察御史巡按贵州，奏以四川播州安抚司并隶贵州。兵部劾奏违法司，论变乱旧章，当斩。从之。

（《明英宗实录》卷一七八）

31. 正统十四年八月甲戌

令升四川成都前卫指挥同知陈贵为署都指挥佥事，仍于播州地方剿捕苗贼。

（《明英宗实录》卷一八一）

32. 正统十四年八月丁丑

征南总兵官都督宫聚言："苗贼滋蔓，西至贵州龙里卫，东至湖广沅州卫，北至湖广武岗州，南至四川播州地界，夷众不下二十余万，俱已叛逆，围困贵州、湖广所属地方……"

（《明英宗实录》卷一八一）

33. 正统十四年九月丙午

总督军务靖远伯王骥奏："贵州平越卫被苗贼围困已久，乞添调四川精兵一万，云南精兵二万，共辖七八万人，选委重将统领，会合东西夹攻，并力剿杀。"从之。

（《明英宗实录》卷一八三）

34. 正统十四年十二月甲寅

命辽东都指挥佥事刘深充参将，往播州调度官军、土兵剿贼。

（《明英宗实录》卷一八六）

六、明景泰实录

1. 景泰元年二月癸未

巡按四川监察御史成始终奏："四川都司官军已调拨二万二千六百人往贵州、播州听调杀贼。其所属一十四卫各城池关堡，见在官军止有一千六百余人，宜留守城，不必再调。"从之。

（《明景泰实录》卷一八九）

2. 景泰元年十二月己亥

贵州布政司等衙门奏："平越、清平、都匀三卫实苗贼出没之地，军士守备用粮数多，乞将明年淮、浙、云南、四川盐召商于贵州在城并三卫仓纳米。"事下户部，覆奏："云南、四川盐俱已中尽，止有淮盐二十万引，浙盐一十万引，宜相兼定拟则例，不分四品以上官员之家，俱听于所拟卫仓纳米，不次关支。"从之。

（《明景泰实录》卷一九九）

3. 景泰二年二月癸酉

巡抚四川右佥都御史李匡奏："比奉敕俾录诏书备榜抚谕播州苗民，缘无印信，苗民致疑。乞给巡抚印。"从之。

（《明景泰实录》卷二〇一）

4. 景泰二年二月丙戌

诏四川所属州县运粮五万石至贵州龙里等卫给军。

巡按贵州监察御史汪琰奏:"贵州所属,累被苗贼劫掠,军民不得耕种,米价腾涌。乞出榜晓谕湖广、四川、云南各处州县吏典并殷实军民之家,有能自备粮米一百石,湖广运至镇远府,四川运至播州……完日,吏典冠带办事,依资格出身,军民就彼冠带以荣终身。"从之。

(《明景泰实录》卷二〇一)

5. 景泰二年七月甲辰

征进贵州、湖广总兵官,保定伯梁瑶等奏:"官军既克香炉山寨,遂移军清平,分调诸将及行巡抚四川佥都御史李匡,并进都匀、草塘、王都保等寨。诸苗闻大军至,具酒食迎于道左。诣军门来降者数千人,悉令复业。伏候敕旨旋师。"诏兵部议一、二大臣镇守抚民,余召还京。

(《明景泰实录》卷二〇六)

6. 景泰二年七月辛亥

刑部左侍郎罗绮奏:"臣奉命于四川督运粮储二十万往贵州饷军,切见四川之民劳瘁已极,请先令挽运十万,其他宜别区画。欲令各司典吏有能运米七十石赴播州,或运三十石赴贵州者,送吏部授以冠带,照资格选用。军民能如例运米者,授以冠带,俾荣终身。……外境客商年久潜住四川者,各令运米一石赴播州……"从之。

(《明景泰实录》卷二〇六)

7. 景泰二年七月丁巳

左参将都督陈友奏:"官军欲往平越、草塘等处抚捕苗贼,有原调南京锦衣卫并应天府带管鞑官头目等八十五员,畏惧脱逃。"兵部议:"宜行南京锦衣卫应天府作急挨捕,追要原关马匹军器,遣人拘送贵州总督等官处量情惩治,仍调杀贼。"从之。

(《明景泰实录》卷二〇六)

8. 景泰三年二月戊子

四川播州宣慰使杨辉等奏:"湖广、贵州所管辖臻剖、五岔等处苗贼,纠合本司所属草塘、江渡苗贼黄龙、韦保等,杀害官民,流劫人财,虽经招抚,仍复叛逆。乞调兵剿杀,以除民患。"奏上,命贵州总督总兵官等右都御史王来、保定伯梁瑶等会同四川巡抚左佥都御史李匡等,随宜招抚剿灭。

(《明景泰实录》卷二一三)

9. 景泰三年五月己未

总督贵州，湖广军务右都御史王来言："……今贵州止有平越、都匀、普定、毕节四卫缺粮，所用有限，止宜召商中盐，减其则例，中纳者众，粮亦足用矣。"事下户部，覆奏："宜从来请。四川盐七万一千八十余引，召商于平越等四卫米，仙泉井盐每引纳米二斗五升，上流等九井盐纳米三斗。"从之。

（《明景泰实录》卷二一六）

10. 景泰三年八月戊辰

镇守四川奉御陈涓奏："巡抚佥都御史李匡立心奸险，处事多私，擅作威福，肆行欺罔。凭播州宣慰司舍人杨钦取出苗贼所虏军民子女五十余口，各分入己。勒要土官土军金银一千五百余两。"事下兵部，覆奏："先已奉旨取匡回京别用，宜遣人通行提问。"诏姑免提问，俟匡到京劾奏。

（《明景泰实录》卷二一九）

11. 景泰三年十月乙未

户部奏："贵州平越、都匀、普定、毕节四卫见缺军粮。请以四川盐课提举司景泰五年盐十万九千余引定拟则例，召商于四卫中纳其盐，配搭均平。叶池、上井兼黄市漳下井，每引米四斗，通海、新罗、永通、上井兼云安、罗泉下井，每引米三斗五升，福兴、富义、广福上井兼仙泉、郁山，大宁下井，每引米三斗。"从之。

（《明景泰实录》卷二二二）

12. 景泰三年十一月壬戌

户部奏："四川都司布政司及所属府县掌印管粮官，不以边储为重，应起运贵、播等州秋粮负欠三十三万有奇。请住俸完粮。"从之。

（《明景泰实录》卷二二三）

13. 景泰三年十一月戊辰

贵州右副总兵右都督方瑛奏："臣等累率官军攻剿白石崖等处苗贼，擒斩二千五百人，招降四百六十寨，地方遂宁。然虑贼情叛服不常，议留云南、四川土连官军一万二千，分守平越、都匀、威清、永宁诸处。其余悉令还卫休息，更番调守。"事下兵部，议行。

（《明景泰实录》卷二二三）

14. 景泰三年十一月癸未

逮巡抚四川左佥都御史李匡下狱。初，四川镇守内官陈涓衔匡行事不与谋，遂同三司交疏匡为播州反贼诒以讲和，遂致其愈肆劫掠，索都指挥徐海赂不得，削海部伍，收被虏子女逾五十人，勒取土官金银累千百两，草塘战败，妄以功报。于是征匡至京，少保兼兵部尚书于谦、六科十三道交章劾匡素行不矜，弄权舞智，旁若无人，三法司鞫之。匡具伏，但不伏贪污罪，命锢之刑部而移文兵部右侍郎李贤复焉。时，贤考官于四川也。

（《明景泰实录》卷二二三）

15. 景泰三年十二月丙辰

户部郎中徐敬奏："贵州贼情宁息，商旅流通，今年收成正宜积粮备用。乞将两淮运司盐五万引召商纳米。"事下户部，议："宜从其请。例纳贵州在城仓并平越卫仓每引米三斗，都匀、毕节二卫仓每引米二斗五升，普定卫仓每引米三斗五升。"从之。

（《明景泰实录》卷二二四）

16. 景泰四年六月己丑

户部郎中徐敬奏："播州被贼窃扰，官军剿捕，必用粮饷，缘今四川之民财殚力乏，乞以前所停纳米参吏等例，仍复拟数出榜召人上纳为便。"事下户部，言："宜准其请，移交四川布政司，令吏与军民人等能自备粮米七十石到播州，三十石到贵州者冠带，文官退非赃罪。欲请给诰敕者二十石，僧道欲给度牒者五石。收参知印盐课提举司司吏一百石，都行布按四司承差八十石，都布二司吏典五十石，役满升参通吏三十石，令史二十石，理问所断事司广济库，各盐课司、税课局及叙、重、夔三府，嘉、泸、忠三州并万县七递运所，武宁、临江二巡检司典吏四十石，升参司吏二十石，府、州、县司吏典五十石，阴阳、医士、僧道起送部冠带授职者一百石，收役阴阳医生一十石。俱自备米赴播州缺粮仓分交纳。然路有远近，粮有贵贱，或增或减，俱听本司会同郎中徐敬及都、按二司官，酌量民情以行。"从之。

（《明景泰实录》卷二三〇）

17. 景泰四年七月甲申

四川播州宣慰司土官宣慰使杨辉，遣办事长官赵暹……等来朝，贡马。赐彩币、钞锭有差。

（《明景泰实录》卷二三一）

18. 景泰五年四月辛卯

四川草塘苗贼黄龙、韦保伪称平天大王，聚众攻劫播州西坪、黄滩等处屯寨营堡。贵州提督军务右佥都御史蒋琳、总兵官都督方瑛率官军会四川官军、土兵，进剿黄龙、韦保据地泡山寨。其叔黄定千伪称都总兵，据水坪大寨，击败之，擒韦保及定千等，尽焚其巢穴。分兵破中潮山及三百罗等寨，其党族潜伏者，遂搜捕之。贼皆据沿江崖箐抗敌。先克乖西，次克谷种，次克乖立，擒贼首伪王谷蚁汀等，余寨望风逃遁。凡斩首七千九百六十二级，生擒二百三十八人，追复所虏男妇一千七百三十四人，回军贵州。械韦保等送京师。

（《明景泰实录》卷二四〇）

19. 景泰五年七月癸丑

提督贵州军务佥都御史蒋琳等，遣人献所俘草塘等处贼首伪称平天大王黄龙、韦保等至京师。

（《明景泰实录》卷二四三）

20. 景泰五年九月甲子

四川播州宣慰使司遣土官令狐昂等贡马及方物。赐彩币等物有差。

（《明景泰实录》卷二四五）

21. 景泰五年十月甲午

巡按四川监察御史徐瑄劾按察司副使欧阳洙受畏守松潘指挥沈逵嘱，调之播州。及逼逵同卫指挥发达私者易其讼牒为脱赃罪。洙被旨自陈。都察院奏："洙所犯不可宥。"时洙已闻丧归江西和泰县。会江西巡按御史逮治之。

（《明景泰实录》卷二四六）

22. 景泰六年十二月己巳

贵州副总兵都指挥佥事李贵等奏："平越等处黎从等寨贼首阿拏、王阿榜、苗金虎等伪称苗王，造妖言惑众，攻劫诸处寨堡，实与湖广铜鼓等处贼势相倚。乞调云南、四川原征汉达官军会合剿除。"兵部请敕总兵官南和伯方瑛等亟往，相度二处贼情缓急，先后进兵。从之。

（《明景泰实录》卷二六一）

23. 景泰七年六月癸丑

以铜鼓、五开、黎平等处苗贼生发，敕湖广保靖军民宣慰使司宣慰使彭捨怕，俾四川播州宣慰使司宣慰使杨辉……添调土兵协助杀贼。赍送银一千两、彩缎一百表里赴总兵官南和伯方瑛处，令给赏各官并头目人等。

（《明景泰实录》卷二六七）

24. 景泰七年十月癸丑

……播州宣慰使司土官同知罗昱遣长官都忠……等来朝，贡马及方物。赐彩缎表里、绢纱有差。

（《明景泰实录》卷二七一）

七、明英宗实录 *

1. 天顺元年二月癸丑

升山东按察司副使王裕为四川按察司按察使。裕在正统间任副使，贪酷害民，发充大同、威远卫军。后以总兵官石亨保举，冠带立功，随亨办事。至是遇赦，复原职，亨又荐之，故得是命。

（《明英宗实录》卷二七五）

2. 天顺元年四月乙巳

命四川播州黄平安抚司安抚罗僑子赞代职。

（《明英宗实录》卷二七七）

3. 天顺二年正月辛巳

四川播州宣慰司宣慰使杨辉遣长官夏琛等……来朝，贡马。赐宴并彩币、表里、袭衣等物有差。

（《明英宗实录》卷二八六）

4. 天顺二年四月癸酉

敕湖广、贵州总兵官南和侯方瑛等："得奏，东苗十三番贼首干把猪等僭称伪号，攻劫都匀等处，已敕云南、四川都司及蜀府各调原征官军来尔处听调，复命

---

* 注：原书从卷三一六至卷三二五作《英宗正统实录》，现按前后各卷统一改作《明英宗实录》。

右副都御史白圭赞理军务。尔等即将所在官军及量调湖广、贵州并播州等处原调官军、土兵严督操练，候各处军马至日一同进剿，或分或合，相机取胜，克期殄灭，以除边患。"

（《明英宗实录》卷二九○）

5. 天顺二年七月乙亥

敕谕……四川播州宣慰司宣慰使杨辉……曰："近因贵州东苗丑类负固据险，僭称伪号，聚众截路，攻劫城堡，已命镇守湖广、贵州总兵官南和侯方瑛等调集大军克期进剿，以除边患。敕至，尔等即便选集精壮土兵各带器械，躬亲统率；或委的当头目、管领前赴方瑛等处听调杀贼，不许延缓误事。有功之日重加升赏，贼平之后即放宁家。朕复念尔累效忠勤，特赐银两、彩缎表里。至，可领也。"

（《明英宗实录》卷二九三）

6. 天顺三年十一月辛卯

……四川重庆、顺庆泸等府、州、卫，播州宣抚使司各奏五月、六月不雨；直隶广平府奏今夏淫雨河决；陕西行都司奏今夏多雨，初秋早霜，禾稼伤损，租税无征。命户部覆视以闻。

（《明英宗实录》卷三○九）

7. 天顺四年正月壬寅

吏部言："四川播州宣慰司余庆长官司等衙门土人头目刘宽等朝觐失期后至，当论罪。"上以夷人，置不问。

（《明英宗实录》卷三一一）

8. 天顺四年六月丙午

四川播州宣慰使司宣慰使杨辉遣长官张钦贡马。赐彩币等物。

（《明英宗实录》卷三一六）

9. 天顺五年正月戊申

播州宣慰司宣慰使杨辉遣长官杨胜宗等各来朝，贡马及方物。赐宴并彩币表里等物有差。

（《明英宗实录》卷三二四）

10. 天顺七年十二月丁酉

楚府通山王季垟奏："弟镇国将军季涂故女汉川郡君仪宾方规，素凶恶，已戴罪革冠带，仍长恶不悛，夜潜入婺川郡君家伺隙为奸，为仪宾陈瑛所获；又数逼将军为请复官，每言欲刺杀陈瑛，将军恐其无赖，已收系之。上命锦衣卫械以来。"

（《明英宗实录》卷三六〇）

八、明宪宗实录

1. 成化二年五月壬午

四川播州宣慰使司宣慰使杨辉遣长官程善等……来朝，贡马，赐彩缎等物有差。

（《明宪宗实录》卷三〇）

2. 成化三年七月己巳

国子监学录黄明善陈征剿夷寇事宜：一、宋时多刚县夷为寇，用白芳子兵破之。白芳子者，即今之民壮；多刚县者，即今之都掌多刚寨也。前代用乡兵平夷，既有明效，今宜选熟知道路、识达民隐官一员，驰驿赴彼，招募民壮，协助官军，有功者依例升赏，无功者，仍复为民。则壮士争奋矣！一、都掌所种水稻至十月大熟，若夷人收谷上寨，则难于围困。今宜差官督兵，速赴江安等县取其田禾，则不过三月间，可使蛮贼为馁鬼矣！一、大军宜分三路：南路从金鹅池进攻大坝；中路从戎县进攻箐前；北路从高县进攻都掌。凡小寨易攻者先取之，则大寨亦从而破矣！一、大坝南百余里为芒部军民府界，西南二百余里为乌蒙军民府界，宜急颁敕二府土官，严守地方，毋党恶助奸，且量拨官军截其险要。一、夷人素无差徭，止纳税粮，今募民壮及差通事入寨，绝不宜用戎县，一人在内，恐其漏泄军机，沮坏兵务。一、夷人所据高崖峭壁，虽有火器，难于施用。今宜用毒球、行烟、药矢以攻其寨，毒球所熏，口眼出血，行烟所向，咫尺莫辨，顺风而烧，自下而上，则寨门不守，大军可上矣！乌头药箭以射虎豹，中之即死，夔州、保宁等府皆善造之，今宜募工造用。一、播州、天全、永宁、芒部、乌蒙、乌撒、东川诸土官皆常调用，迩来总戎者，处置失宜，多致推调减少。今宜赍敕奖谕，俾其加倍进兵，躬听调约。……奏上，命行总兵等官参用之。

（《明宪宗实录》卷四四）

3. 成化五年正月癸未

四川播州宣慰使司宣慰使杨辉遣头目赵景等……各来朝，贡象、马并金银器皿，赐宴并衣服、彩缎等物有差。

（《明宪宗实录》卷六二）

4. 成化五年十一月癸卯

南京右军都督佥事张锐卒。锐，临淮县人……正统十三年充右参将征云南，景泰中征播州草塘等处有功……

（《明宪宗实录》卷七三）

5. 成化十年八月己丑

敕责贵州镇守总兵等官并四川镇守巡抚等官令抚捕苗贼，以播州贼齐果等累岁为患也。

（《明宪宗实录》卷一三二）

6. 成化十年九月戊寅

四川播州宣慰使杨辉奏："准赴京朝贡。"巡抚都御史夏埙等会议："播州地连诸夷，辉专守土，难以远离。"辉复具请，事下礼部覆奏。上曰："既巡抚官议留，不必朝贡。"

四川播州宣慰使司遣长官张渊等、石砫宣抚司遣舍人陈刚等……各来朝，贡马及方物。赐彩段表里等物有差。

（《明宪宗实录》卷一三三）

7. 成化十一年二月戊申

四川播州宣慰使杨辉……各遣人来朝，贡马及银器。赐彩缎等物有差。

（《明宪宗实录》卷一三八）

8. 成化十一年六月壬午

命四川播州宣慰使杨辉子爱袭父职。旧制，土官袭职必先三司按实奏请而后许。正统末，苗蛮聚众寇边，时辉父纲不任职，朝廷因土官安抚犹恭等请，特命辉越制袭职。至是，土官同知罗宏奏辉有疾，欲援例，令爱就彼袭职。兵部以其夷人宜俯顺所请。上乃命爱袭职，仍敕爱与宏率土兵从总兵官剿贼。

（《明宪宗实录》卷一四二）

9. 成化十二年正月壬申

四川播州致仕宣慰使杨辉遣长官蒋信等……来朝，贡马并银器。赐彩缎、宝钞有差。

（《明宪宗实录》卷一四九）

10. 成化十二年三月癸丑

敕巡抚四川右副都御史张瓒抚捕播州苗贼，起播州致仕宣慰使杨辉暂管事。先是，辉等奏："所属夭坝干地五十三寨及重安长官司湾溪等寨屡被苗蛮占据，乞令湖广、贵州移军征之。"事下兵部，请敕镇守、巡抚等官勘报，至是报至如辉等言，但辉已致仕，其子宣慰爱年幼不堪重寄，请起辉俾选调本司土兵，俟湖广、贵州征剿诸苗之际相机夹击。兵部覆奏以为："辉土官难独任，宜敕右副都御史张瓒亲至播州理其事，并敕辉等暂起土兵振扬威武，遣人谕贼俾还占据之地，若不从命，进兵讨之，调度方略，悉听瓒裁处。"从之。

（《明宪宗实录》卷一五一）

11. 成化十二年十二月丙申

四川播州宣慰使杨爱遣长官郑旭等……各来朝，贡马。赐彩缎、绢、钞有差。

（《明宪宗实录》卷一六〇）

12. 成化十三年二月戊戌

巡抚四川右副都御史张瓒奏："湾溪、夭坝干等处苗贼占据田寨，抚谕不服。成化十二年十一月，督同都、布、按三司官及播州致仕宣慰使杨辉调兵进剿，败之。通计攻破山寨一十六，斩首四百九十六，抚出大小男妇九千八百三十七。"事下兵部，尚书项忠等以为苗蛮听抚数多，宜量为处分。请降敕奖劳瓒等，务令招安苗众，镇靖地方，以绝后患。从之。

设四川安宁宣抚司并怀远、宣化二长官司，以二司隶安宁属播州宣慰使司管辖，从巡抚都御史张瓒等议也。

（《明宪宗实录》卷一六二）

13. 成化十三年八月辛丑

升贵州总兵官都指挥同知吴经为右军署都督佥事。先是，四川播州宣慰司杨辉等奏，经在贵州得边夷心，乞升京秩。兵科给事中参驳，以为经品秩已崇，而为土官所保，必有营谋之弊，事遂寝。至是巡按贵州御史吴祚复奏保之，事下兵部，议以为："兵科之驳为名器惜，而祚等之奏为地方计。乞自圣裁。故有是命。经，吴绶之兄也。"

（《明宪宗实录》卷一六九）

14. 成化十四年七月壬申

初议建播州安宁宣抚司，怀远、宣化二长官司，靖南、龙场二堡，命致仕宣慰使杨辉董其役。辉调度军兵，益以家丁、土兵人等五千余众起立治所，定委所属黄平等司分甓城垣，至是将毕，辉以闻，因谓："各寨苗夷自区画以来颇知畏惧，但讫工之日军兵必还，蛮性不常，难保无虞。本司额设操守土军一千五百人，令拟拨守怀远、靖南、夭漂、龙场各二百人，宣化一百人，安宁八百人，其家属亦宜徙之同居，以为固守之计。其工之未毕者，则宜命臣子爱董之，而听臣致仕如故。"诏从之。

（《明宪宗实录》卷一八〇）

15. 成化十五年九月辛酉

贵州黑苗赉果等叛，命起致仕播州宣慰使杨辉会兵讨之。先是，辉因夭坝干既平之后，即其近地湾溪奏立安宁宣抚司，烂土诸夷恶其逼己，至是赉果等既攻陷夭漂、靖南城堡，遂围安宁宣抚司。时，辉子爱袭宣慰未久，力弗能支，求援于川、贵二镇，各奏至。于是兵部请起辉统播州土兵剿杀，而以川、贵二镇附近兵为助。从之。

（《明宪宗实录》卷一九四）

16. 成化十五年十一月庚子

四川播州宣慰使司……各遣把事人等来朝，贡马。赐彩缎及钞有差。

巡抚贵州右副都御史陈俨等奏："播州苗贼赉果等转（专）横，乞调湖广、四川、广西附近官军共五万五千，克期同会贵州听臣等节制，直抵贼巢，以除后患。"兵部尚书余子俊等言："贼作于四川，而贵州守臣自欲节制诸军，恐有邀功之人主之，且四川、湖广连遭凶荒，岂可重手足而轻腹心。兴师五万，以三月计之，则用军储六万七千五百石，以半年计之，则用一十三万五千石。况两藩山路，舟楫不通，肩担背负，必得二十七万之众，俟其运至，则天时渐热，瘴疠方盛，此心腹之忧也。"上是其议，令行贵州守臣不得轻率。

（《明宪宗实录》卷一九七）

17. 成化十六年十一月辛卯

湖广保靖军民宣慰使司、四川播州宣慰使司，贵州卧龙番等长官司各遣头目来朝，贡马及方物。赐彩缎等物有差。

（《明宪宗实录》卷二〇九）

18. 成化十七年二月癸亥

四川播州土官宣慰使杨爱，贵州土官宣慰使安贵荣各遣人来朝，贡马。赐彩缎、钞锭有差，仍令赏文锦、彩缎回赐土官。

（《明宪宗实录》卷二一二）

19. 成化十八年十一月壬寅

四川播州宣慰司……各遣人来朝，贡马及方物。赐彩缎、绢、钞有差。

（《明宪宗实录》卷二三四）

20. 成化十九年九月壬寅

四川播州宣慰使杨爱……各遣头目人等来朝，贡马。赐彩缎、宝钞有差。

（《明宪宗实录》卷二四四）

21. 成化二十年三月壬辰

四川播州土官宣慰使杨爱……等各遣人来朝，贡马及金、银器。赐彩缎、钞锭有差。

（《明宪宗实录》卷二五○）

22. 成化二十年十一月辛亥

旌表……节妇阎氏等十人……田氏，四川播州宣慰使杨炯妻……夫亡俱守节无玷，并旌表其门曰"贞节"。

（《明宪宗实录》卷二五八）

23. 成化二十一年十二月己丑

四川播州宣慰使司宣慰使杨爱遣白泥正长官杨玉等……各来朝，贡马及方物。赐彩缎、宝钞有差。

（《明宪宗实录》卷二七三）

24. 成化二十二年四月戊戌

巡抚贵州右副都御史谢昶等奏："今年二月，苗贼拥众万余，杀掠人畜，焚毁庐舍，占据土田，势甚猖獗……乞量调四川、湖广、播州等处近卫官军、土兵四万余人，俟秋成之时，因粮于彼，协力进剿……"

（《明宪宗实录》卷二七七）

25. 成化二十二年八月戊戌

遣监察御史邓庠、兵部员外郎费瑄勘处贵州边事。时，贵州总兵官吴经、巡抚右都御史谢昶及巡按三司等官各奏："烂土等处苗贼洛道等负险稔恶，不听抚谕，比纠众称王……乞调……播州土兵五千，期今年九月内会合剿之。"

（《明宪宗实录》卷二八一）

26. 成化二十二年九月乙丑

刑部左侍郎何乔新等以播州宣慰使杨爱为其兄宣抚友所奏，奉命往勘，因奏："播州本古夜郎、牂牁之地，自唐乾符间太原杨端据之，历五代、宋、元以至圣朝，子孙相承，世袭其职，敦庞固淳，虽慕华风而顽犷暴戾，终为夷俗。今友因家财不均，奏其弟爱奢僭淫暴妖言等事，命臣等往勘其情，重者使监候处治。窃惟杨氏据有播州五百余年，蛮夷服从久矣，奢僭淫暴之罪盖或有之，历代抚以恩信，宽以文法，盖治之以不治也。今欲以友、爱之事勘问具奏，情重者于本州监候，则狱卒皆其部下，难于防守，使移于重庆府则道途辽远，夷人惊疑，日久互相扇诱，恐生他变，宜抚提二人面对虚实，即省发听候，免其监禁为便。"从之。

（《明宪宗实录》卷二八二）

27. 成化二十三年三月癸丑

刑部左侍郎何乔新、锦衣卫指挥刘纲勘奏播州宣慰使杨爱父辉溺爱其庶兄友，欲授以职。长官张渊阿顺之。安抚宋韬等谓杨氏家法，立嗣以嫡，辉所亲信吏颜珪亦以言，议乃定。辉既致仕，爱代其职，辉欲割地，授友以官，谋于渊，言夭坝干本州怀远故地，今被生苗占据，请兵讨之。容山长官韩瑄以土民安辑日久，不可。渊与辉计执瑄，杖杀之。前巡抚都御史张瓒受辉嘱，以其地奏设安宁宣抚司，冒以友任宣抚，辉立券以所积金玉器用、锦绮服饰并庄田，召诸子均分之。辉既殁，渊乃与友潜谋刺爱，渊弟深亦与谋，不果。友奏爱房屋、服饰、器用僭拟朝廷，而又交通唐府，密书往来，私习兵法、天文，潜谋不轨。事皆诬。奏上，诏以渊捏造妖言，谋害人命，深奸占妇女，诬奏亲王，俱斩；友烝淫谋嫡，侵盗官钱，爱信谗薄兄，因公擅杀，俱当重治。但世系土官，犯在革前，姑从轻典。爱赎罪复任，友迁发保宁府，羁管闲住，原分产业照旧供给，爱毋得昏占。都指挥杨纲，参政谢士元、副使翟廷蕙勘事不谨，各赎杖还职。仍敕乔新等从宜处治。

（《明宪宗实录》卷二八八）

九、明孝宗实录

1. 成化二十三年十二月甲午

四川播州宣慰使杨爱遣安抚犹溥等庆贺并谢恩……俱赐彩缎、钞锭有差。

（《明孝宗实录》卷八）

2. 弘治元年二月甲寅

增设贵州重安守御千户所，命四川播州宣慰司岁调土兵一千以助戍守。

（《明孝宗实录》卷一一）

3. 弘治二年七月丙寅

四川播州宣慰司宣慰使杨爱及越巂卫邛部长官司……各遣通事、峒长人等朝贺，贡马。赐宴并彩缎、钞锭有差。

（《明孝宗实录》卷二八）

4. 弘治三年八月辛卯

四川播州宣慰司，湖广容美、忠峒二安抚司……各遣头目、把事人等贡马。赐彩缎、钞锭有差。

（《明孝宗实录》卷四一）

5. 弘治四年八月戊午

四川播州宣慰使司土官宣慰使杨爱……等各遣头目朝贺，贡马并银器等物。赐彩缎、衣服、钞锭有差。

（《明孝宗实录》卷五四）

6. 弘治五年七月戊子

四川播州宣慰司土官宣慰使杨爱遣长官蒋辅等贺万寿圣节。赐彩缎、钞锭有差。

（《明孝宗实录》卷六五）

7. 弘治六年正月癸巳

四川播州宣慰使司……各遣头目、把事等谢恩庆贺，进贡马匹。赐彩缎、钞锭有差。

(《明孝宗实录》卷七一)

8. 弘治六年四月戊戌

初，贵州将有征苗之役，户部请命湖广、四川各发银万两，易米于偏桥、播州以备军饷。贵州抚臣虑远不能及，请先发贵州清平诸仓米三万余石，以布政司折粮银雇人运之都匀仓……从之。

(《明孝宗实录》卷七四)

9. 弘治七年二月癸未

命楚府故婺川郡君弘治四年支过禄米免还官。

(《明孝宗实录》卷八五)

10. 弘治七年八月庚申

贵州镇巡等官奏："近者剿平苗贼，土官宣慰彭世麒、杨爱等皆与有劳，然难于加秩，请各赐敕奖谕。"从之。

(《明孝宗实录》卷九一)

11. 弘治八年六月壬戌

四川播州宣慰使司宣慰使杨爱……各遣使来贡。赐彩缎等物如例。

(《明孝宗实录》卷一〇一)

12. 弘治九年五月戊辰

致仕都察院右副都御史马驯卒。驯，字德良，福建长汀县人，中正统十年进士。授户部主事，……又值时有事于播州而能给赡军需，复被玺书褒奖。

(《明孝宗实录》卷一一三)

13. 弘治十年三月庚午

增设贵州黄平、普市二千户所，兴隆仓，平夷、摩尼等所，赤水仓副使各一员，普安州普济仓副使二员。

(《明孝宗实录》卷一二三)

14. 弘治十二年六月己亥

巡抚贵州都御史钱钺等奏："都匀残贼作乱，杀掠人民五百七十余人，据民寨

• 43 •

六十九处。请调川、广土兵合贵州番汉兵五万讨之。"兵部覆奏，谓："都匀自弘治八年用兵至今甫四年，闻各贼止因田土争夺，未有攻城截路大患，兼贵州去岁旱疫，民困未复，储积未充，兵难再举。即今苗贼方务农业，亦非出没之时，请令协守清浪参将赵晟选所部官军三千，以八月初旬赴都匀屯驻，钱钺及总兵官焦俊，选平越等卫官军三千，并驻都匀邻近处所操候，遣通事诣贼寨招抚。若不听乃议进兵，止剿首恶，其余宜以次抚捕。若果贼势猖獗，宜调大兵进讨，令速奏取旨。"从之。

（《明孝宗实录》卷一五一）

15. 弘治十二年七月戊寅

四川播州宣慰使司遣长官张楷等来贺万寿圣节。赐彩缎、钞锭有差。

（《明孝宗实录》卷一五二）

16. 弘治十二年七月丁亥

四川西阳宣抚司土民冉通等并保靖、永顺二宣慰司彭仁珑、彭世麒并奏："邑梅副长官杨胜刚父子谋据西阳结构俊倍等洞长杨广震等，号召宋农、后溪诸蛮聚兵杀掠，荼毒夷民，请发兵讨之。"兵部先据西阳宣抚冉舜臣奏，已遣抚谕发兵。至是再议，谓："西阳苗蛮溪洞连络，易相扇动，不蚤为区处，恐各洞蜂起，卒难剿平，请行镇巡官谕之。如不听，仍如前奏，发重庆等卫官军并播州、西阳宣慰司土兵，耀武以威之。终弗靖，则行令湖广守臣发永顺、保靖二宣慰司土兵合剿。"从之。

（《明孝宗实录》卷一五二）

17. 弘治十三年三月乙丑

四川平茶司长官司吏目许瀚陈四事："……一、处边务以成防御之策，切见贵州一省，中涉四川播州宣慰使司所辖地方，生夷出没，无御之者，先年城重安要冲之地设置宣抚司等衙门，官军以防御之，时号宁靖，其后革罢，复肆抢杀。每调官军，动费巨万，及大军一回，奄忽而至，则用兵不如处置之善也。乞将重安城守衙门仍前设立，选择能干强力有礼土官用之，责其防御，一有不称，重加谴罚。仍将地方衙门割隶贵州管核，以正疆界。"下其奏于所司。

（《明孝宗实录》卷一六〇）

18. 弘治十三年七月壬申

四川播州宣慰司使宣慰使杨斌遣安抚犹浦等贡马谢恩。赐彩缎、绢、钞等物有差。

（《明孝宗实录》卷一六四）

19. 弘治十四年七月丁未

四川播州宣慰使司宣慰使杨斌遣头目郑銮等来贺万寿圣节。赐宴并彩缎、衣服等物如例。

（《明孝宗实录》卷一七六）

20. 弘治十四年七月癸亥

贵州镇巡等官调军往剿贼妇米鲁及福佑等营于阿马坡，为贼所败，官军死者三十四人，虏都指挥吴远，放兵剽劫普安州，几陷。镇守太监杨友、总兵官丰润伯曹恺、巡抚都御史钱钺请发湖广永顺、保靖、四川酉阳、播州，……克期进讨。既而杨友复奏："……今湖广苗寇未宁，其保靖、永顺及泗城土兵方在调用，不可再调。请止调播州土兵五千，酉阳及湖广两江口长官司土兵各三千，与贵州宣慰使司土兵两万讨之。"……上从之。

（《明孝宗实录》卷一七六）

21. 弘治十四年十二月乙丑

贵州贼妇米鲁及福祐等，自官军失利于阿马坡之后，日肆猖獗，劫屯堡，攻城池，云、贵道梗。至是，拥众万余，劫官军营，虏统兵镇守太监杨友以去，右布政使间铤、按察使刘福并都指挥李宗武、郭仁、史韬、李雄、吴达等俱被害。提督军务尚书王轼既至以闻，因言："贵州汉、土官军数少，且疲敝不足用。其宣慰安贵荣止助驮粮马匹，宣慰宋然亦无兵可调。云南军官又止依原拟屯于二界之间，不敢过界杀贼。今总兵官丰润伯凯称病不出，臣谨从便宜，调广西泗城州土舍岑接自领土兵二万来营于砦布河，并调守备湖广清浪参将赵晟领兵营于盘江东岸，又行云南镇巡官移镇平夷卫，而选委谋勇官领原调汉土官兵四万刻期过界，与播州、酉阳、西江口三吐官之兵万五千四面夹攻，庶克有济。"事下兵部，集廷臣议，谓："轼所拟调遣土兵俱得宜，但岑接等未奉朝廷明文，恐不乐于趋赴。请敕岑接并播州宣慰杨斌、酉阳宣慰冉庭甫、永顺宣慰彭世麒、保靖宣慰彭仕珑并云南镇巡官皆如轼奏，各督官兵刻期往赴，听轼节制。岑接、杨斌令自备粮饷两月，即准其本土该纳税粮之数，云南自备所遣官军行粮，以省贵州挽运之苦，其余粮饷赏犒之需，令贵州所司自处。致仕都督王通习知贵州夷情，请敕赴军中助轼赞画。仍别差监军纪功御史一人，按其首祸偾事者；总兵曹恺临事畏避，请革其岁禄之半；兵备副使周凤等八人设备不严，俱停俸戴罪杀贼。"命并如议行，仍敕轼用心调度剿杀。

（《明孝宗实录》卷一八二）

22. 弘治十六年七月丙子

四川播州宣慰使司杨斌遣长官赵本等进马，庆贺万寿圣节。赐彩缎、钞锭等物如例。

（《明孝宗实录》卷二〇一）

十、明武宗实录

1. 正德元年十月丙午

四川播州宣慰使杨斌遣长官刘彬等贡马，贺万寿圣节。赐宴，赏彩缎、钞锭各有差。

（《明武宗实录》卷一八）

2. 正德二年五月甲寅

免贵州所属镇远、龙里、镇宁、婺川等卫、府、州、县及宣慰、安抚二司正官朝觐，以地方旱疫故也。

（《明武宗实录》卷二六）

3. 正德二年八月丁酉

升播州宣慰使杨斌为四川按察使，仍莅宣慰事。旧制，土官有功惟赐衣带或旌赏部下人，无列衔方面者。斌狡横不受两司节制，讽安抚罗忠等上屡平普安蛮贼功，阴重赂瑾，故有是命。后数年卒，致友、爱凯离之乱。

（《明武宗实录》卷二九）

4. 正德三年正月甲子

四川播州宣慰使司遣长官都勋等贡马……各赐宴并彩缎、钞锭有差。

（《明武宗实录》卷三四）

5. 正德三年十月丁卯

四川播州宣慰使司差长官何烜等贡马。赐彩缎、钞锭有差。

（《明武宗实录》卷四三）

6. 正德四年六月己卯

诏四川镇巡等官覆勘播州宣慰司地方旱灾，蠲其应免粮税，从户部覆请也。

（《明武宗实录》卷五一）

7. 正德四年九月丙申

先是，革罢安宁宣抚杨友与其弟播州宣慰爱有隙，发保宁府城中羁管，后逃回。知府崔侃等以羁管不严逮问，且欲系之，候获友具狱以请。至是四川守臣奏友难遽获，诏复侃等职，各输赎罪米二百石，仍命抚拘友到日并以闻。后友纵兵攻劫播州，镇巡官奏请会剿，竟以四川鄢蓝盗起而寝其事。

（《明武宗实录》卷五四）

8. 正德四年九月己酉

四川播州宣慰使司土官杨斌遣人贺万寿圣节，贡马匹、方物。赐钞锭、彩缎等物有差。

（《明武宗实录》卷五四）

9. 正德四年十月癸卯

降除兵部主事苏民为四川桐梓驿驿丞，以经过关隘多带徒从殴人也。

（《明武宗实录》卷五六）

10. 正德五年七月辛巳

免贵州铜仁、石阡、思南、思州四府，婺川、印江二县正官朝觐。时，湖广镇箪等处苗贼为乱，铜仁等府县与之密迩故也。

（《明武宗实录》卷六五）

11. 正德六年正月戊辰

盗陷江津县，按察佥事吴景死之。初，重庆人曹弼为盗，亡命播州，复纠众近千人，寇南川，将与蓝贼合。时，佥事郝绾领兵追捕，未至，御史俞缁在江津，闻贼且至，遂趋重庆，士民留之不得，因委景及都指挥庞凤御之。凤要景与俱亡，景不可，率典史张俊迎敌，手杀三贼，矢被面，收兵入保，而城已陷，乃大呼曰："宁杀我，毋杀百姓！"贼强之跪，景不屈，遂被害。县学生傅礼委金于贼，得景尸敛之，俊亦死。既而绾兵至、食尽，又为贼所绐，被执。知府何珊以金赎之，得释。至是，巡抚都御史林俊以景死事闻。诏赠景按察副使，赐祭葬，录其子为国子生，仍立祠江津祀之。

（《明武宗实录》卷七一）

12. 正德六年正月甲戌

初，四川成都后卫指挥使陆震、播州宣慰使杨斌常贿刘瑾，震授署都指挥佥事，斌授按察使。至是，为巡按御史俞缁奏劾。诏皆裁之，仍原职。

（《明武宗实录》卷七一）

13. 正德六年正月乙亥

升四川左布政使高崇熙为都察院右副都御史，巡视四川，征剿江津、播州蛮寇。

（《明武宗实录》卷七一）

14. 正德六年二月乙未

巡按四川监察御史俞缁奏："四川自正德四年以来盗贼群起，副都御史林俊奉命剿抚，行且十月，虽累报功次，然蓝五之党尚万余人。势犹猖獗，保顺州县奔窜殆尽，陈三等贼数千随抚随叛，乐至、洪雅、青神、彰明、大邑所获贼徒真伪相半，崇宁、金堂、双流者督捕未获。而播州杨友尤为难制，各府、州、县仅存居民，役无虚日，或运粮饷，或载军器，一夫出力，举家出钱，卖田鬻产，供输无度。……量发钱粮补助以苏民困，选进士、举人以补守、令，严限赴任抚恤伤残，仍命风力大臣一人亲莅播州抚勘。杨友事情从长议处，以释远人疑惧……"礼部尚书费宏覆奏："四川连年不靖，蓝五、杨友相继杀掠官军，流劫乡落，民特调瘵，远近惊扰。……仍督令各该地方官员一体修省，拯患弭灾，务期贼类殄除，以回天变。"从之。

（《明武宗实录》卷七二）

15. 正德六年二月乙巳

致仕太子少保工部尚书刘璋卒。璋字廷信，福建延平人……成化二十年升右副都御史……逾年改抚治郧阳，寻改巡抚四川。时……播州宣慰使杨辉庶子友谋夺嫡弟爱官，以反诬之，璋偕刑部侍郎何瑙新验治，得友奸状，竟裁以法。二十三年召入为工部右侍郎……

（《明武宗实录》卷七二）

16. 正德六年四月戊申

巡抚四川都御史林俊以贼未平自劾，且请下廷臣别议长策及听总制洪钟便宜升赏优恤，以期成功。于是，兵部集议，谓："自四川用兵，庙谋已悉。往者贼势渐衰，使俊不掣兵，岂有营山、苍溪之失？若钟肯躬临督剿，安有梓潼、剑州之祸？况调集土兵而制驭无方，徒增骚扰，以致师老无功，咎其谁归？宜降敕切责。令钟即赴保宁，会俊及总兵杨宏并力攻守。播州土官之乱，暂以委之太监韦兴、都御史高崇熙。其升赏优恤条格议拟上请：一、官旗军舍有能擒斩剧贼一人者升一级世袭，从贼三人亦如之，不及三人者给赏。一、军民人等能擒斩贼首蓝廷瑞者授世袭指挥使，赏银五百两。鄢本恕者世袭正千户，赏银三百两。有官者于原职上加升。贼党自相擒斩者，升赏亦如之。一、生员廪膳获功五增附十，俱充贡入监。监生获功三，依亲者免坐监即与拨历，候选者即选用。一、吏典、承差、省祭官获功三，吏典准一考，承差免外役送部。省祭官即选用，阴阳、医生获功同者，需次补官，里老人役随军有功，不愿升赏者，给与冠带。一、擅杀平人冒报功次三名以上者，凌迟处死。二，枭首示众，一，抵命。一、阵亡者，子孙照近例升一级，不愿升者给冠带，复其家。"诏如议，钟、俊俱降敕切责。

（《明武宗实录》卷七四）

17. 正德六年六月庚辰

升四川茂州卫指挥同知邹庆、会州卫指挥同知李燧俱为署都指挥佥事，庆四川都司、燧行都司佥书管事。

（《明武宗实录》卷七六）

18. 正德六年六月己丑

四川盗方四等自江津之败奔綦江，众仅四百人。流入贵州石阡李崖井，抚之不从，复奔花水与盗任俸舟合，纠诸亡命者遂至二千人，号万人，其势复张。指挥李辕及土官杨再珍、汪誉与战不利，遂陷婺川、龙泉坪，焚乌江屯寨凡四十，巡抚湖广都御史陈镐奏调永顺、保靖土兵征之。时，以官兵弱，有警辄征土兵，然所至剽掠甚于流贼，故贼尝谓居民曰："我来梳汝，兵来篦汝矣。"盖谓其取之密也。

（《明武宗实录》卷七六）

19. 正德六年七月己巳

贵州镇巡官奏："贼首蓝么、方四等转入石阡掠据屯寨，将趋凯离，则播州罹其荼毒，若出偏桥则辰沅岂能固守？请令四川、湖广镇巡官督土兵应援及助军饷。"兵部议从其请。

（《明武宗实录》卷七七）

20. 正德六年八月戊寅

四川贼任俸舟、罗万等合贼首蓝三、蓝四等二万余人，入贵州营李崖井，攻破婺川县龙泉坪长官司及烧毁乌江屯寨……

（《明武宗实录》卷七八）

21. 正德六年八月癸巳

贵州守臣奏："地方多事，兵食艰乏。请以贵州各卫并川、湖附近卫所、官旗照例纳米，指挥五十石，千户、镇抚四十石，百户所镇抚二十石，总旗十石，小旗五石，输石阡、思南二府，或兴隆、清平诸仓，免其比试并枪。应袭土官，量其贫富，如宣慰安贵荣、孙万钟一千石，宋然俺储五百石。其余视职崇卑，五品以上二百石，六品以下百石，令其冠带管事。"兵部覆议，诏暂许之，不为例。

（《明武宗实录》卷七八）

22. 正德六年九月乙丑

贼方四等既败于江津，散入贵州思南、石阡，复入四川境攻劫。镇巡官议令播州宣慰使杨爱等进讨，破之，奔贵州。都御史高崇熙以捷闻，赐敕奖励，升赏奏捷者如例。

（《明武宗实录》卷七九）

23. 正德六年十月甲申

四川播州宣慰司杨斌遣长官郑鋆等……各贡马朝贺，赏彩缎、钞锭有差。

（《明武宗实录》卷八〇）

24. 正德六年十月戊戌

贼方四等四千余人自贵州石阡逾马瑙关复入四川境劫掠。巡抚都御史林俊奏请调总兵杨宏会都御史高崇熙剿贼。兵部议请，从之。仍令总制及各巡抚官协谋以靖地方，马瑙关失事官查奏处治。

（《明武宗实录》卷八〇）

25. 正德七年正月癸酉

巡抚四川都御史林俊奏："贼方四等自江津之败，亡命思南，复乌合数万，伪称总兵、御史、评事名号，攻南川、綦江以窥泸、叙。臣会巡抚都御史高崇熙、镇守太监韦兴、御史王纶等，益调西阳、石砫、播州建始土兵。令副使何珊、李钺等由合江、江津分道以进。贼屡败走綦江。追至东乡坝摇撸关，乘隘击之，多坠崖以死，余党复走思南。凡斩首千四百五十余级，俘获千八百余人，踣死者又几万人。"俊、崇熙、纶俱赐敕奖励，奏捷人授之官，及赏如例。仍令兵部查有功及阵亡者以闻。

（《明武宗实录》卷八三）

26. 正德七年三月丙辰

贼方四复犯贵州婺川等处，都指挥洛忠等坐降一级，魏纪等降二级，镇守太监孙叙、总兵官李旻、都御史魏英俱有之。

（《明武宗实录》卷八五）

27. 正德七年闰五月庚辰

获贼首方四磔于市。方四，四川仁寿县人。本王姓，佣于同里方克古，因冒其姓，徙居贵州思南业耕贩。避杨友兵，复徙石阡之龙泉坪。后与曹甫等作乱，为土官所击，奔真州及南川江津，盗汪长孙应之，其势益张，遂破江津县，伪称行军都督，营于鹤山坪。施州土兵与战失利，乘胜破綦江，佥事马昊率罗回土兵击败之。奔婺川，复劫梁山，阴与甫不协，相攻，众遂散，乃变姓名潜走开县，义官李清获之。总制尚书洪钟以闻，赐敕奖励，清授土官巡检，赏银百两，昊以礼奖劳。

（《明武宗实录》卷八八）

28. 正德九年正月壬午

四川播州宣慰使司宣慰使杨斌差长官都勋等来朝，贡马。赐彩缎等物有差。

（《明武宗实录》卷一〇八）

29. 正德九年十月庚子

四川播州宣慰使杨斌遣长官冯俊等来朝，贡马。赐宴并彩币、钞有差。

（《明武宗实录》卷一一七）

30. 正德十年五月庚子

授播州土舍杨弘冠带。弘，故革职宣抚友之子。初，宣慰使杨辉嫡子曰爱；友，其庶也。辉既令爱袭其职，复溺爱友，奏析凯离之地以居之，授为宣抚，俾分理苗寨。由是，兄弟交恶，奏讦不已。朝廷遣大臣勘处，革友职，置之保宁城。及辉没，爱横敛以贿刘瑾，得加授按察使衔。又怨友，征取于凯离者独苛。同知杨才居安宁，乘之股剥尤甚，诸苗皆愤怨，凯离民为友奏复官，弗得，乃潜入保宁。以友还纠众作乱，攻播州，焚爱居第及公私廨宇略尽，遂杀才，多所残戮。爱屡奏于朝。上乃命四川镇巡等官调兵征之，会友死而川兵方征蓝鄢，总制尚书洪钟及贵州镇巡官俱请缓师抚处。兵部议："友虽已死，而其子弘尚存，宜敕川、贵镇巡等官先调兵食，示以必征之威，继加抚谕开其自新之路，若弘束身归罪，具奏上裁。至是，四川镇巡等官勘奏弘父友构乱，法固难宥，但友构乱时弘尚童稚，今年渐长，能悔过自新，且善抚驭。诸苗夷

· 51 ·

愿听其约束，况友前所焚杀死者俱已随土俗折偿，及还所侵夺于官。乞授弘以冠带，名为冠带土舍，协同播州经历司抚辑诸夷，其家众安置保宁者俱还之，仍隶播州管辖，且谕宣慰杨斌与弘协和，不得追仇相残。兵部议覆。"从之。

（《明武宗实录》卷一二五）

31. 正德十年六月戊午

四川播州土官安抚宋淮奏："贵州凯口烂土夷婚于凯离草堂，诸寨阴相构结，诱山苗为乱，乞赐宣慰使杨赟敕令每年巡视边境，会湖贵镇巡官抚处。兵部议，土官旧无领敕出巡例。乃命镇巡官谕赟以优待至意，从宜奖劳，继今果能抚绥土民，辑睦亲族。许复以请。"

（《明武宗实录》卷一二六）

32. 正德十年六月庚午

加授四川播州致仕土官宣慰使杨爱昭毅将军，给诰命，仍赐麒麟衣一袭。时爱之子宣慰使杨斌为其父请进阶及服色，礼科驳之。礼部因奏："服色等威所系，不可假借。"兵部以爱旧有剿贼功为言，遂皆许之。既而斌复为其子相请入学，得赐冠带云。

（《明武宗实录》卷一二六）

33. 正德十一年七月乙酉

贵州车椀寨苗贼阿傍等纠各寨苗为乱于清平、平越卫地方，杀指挥王杞，遂盘据香炉山，转掠湖广偏桥等处，道路阻绝，守臣以闻。命湖广总兵官杨英、巡抚都御史秦金诣湖、贵境上会贵州镇巡官，督各参将、守备、兵备三司官整备兵粮，仍调永顺、保靖、播州、酉阳土兵剿之，以贵州巡按御史纪功。

（《明武宗实录》卷一三九）

34. 正德十一年九月丁未

播州宣慰使杨斌遣长官并把事都勋等来贡马，贺万寿圣节。赐宴并赏彩币等物有差。

（《明武宗实录》卷一四一）

35. 正德十二年正月辛巳

播州土官安抚罗忠、宋淮等，以宣慰使杨斌有父丧，欲如文臣例守制，奏斌素得夷心，乞勿令守制，以弭边患。诏斌仍旧掌印管事，且降敕奖励之。

（《明武宗实录》卷一四五）

36. 正德十三年八月庚寅

追谥故刑部尚书何乔新曰："文肃乔新，字廷秀，江西广昌人……成化辛丑升右副都御史，巡抚山西，虏寇边，乔新设伏与战，多所斩获，召为刑部右侍郎。播州宣慰使杨爱之庶兄友欲夺爱官，奏其不法，且云有异谋，乔新奉命即讯得其情，迁友他郡……"

（《明武宗实录》卷一六五）

37. 正德十三年九月癸亥

四川播州宣慰使司宣慰使杨斌遣长官李镜等贡马，贺万寿圣节。赐宴并赏彩缎等物有差。

（《明武宗实录》卷一六六）

38. 正德十四年十月甲子

赏四川播州宣慰使差来长官胡渊等彩缎并钞有差。

（《明武宗实录》卷一七九）

39. 正德十五年二月庚午

四川播州宣慰使杨斌遣长官把事王祐等贡马。赐锦绮、钞、币有差。

（《明武宗实录》卷一八三）

40. 正德十五年七月丁酉

初，四川凯里土舍杨弘与重安土舍冯纶等有怨。弘卒，纶等诱苗夷攻之，更相仇杀，侵轶贵州境。巡抚贵州都御史邹文盛言状，且请移文四川会官抚处，逾岁不报。文盛乃遣参议蔡潮入播州督致仕宣慰杨斌抚平之，因言宜复安宁宣抚司，俾弘子弟袭之。斌未衰，宜仍起任事以制诸夷寨，潮抚夷有劳，宜量旌擢。兵部尚书王琼议："安宁宣抚裁革已久，不可更复，以启争端。斌子既代职，亦不可复起。土官应袭与否属之四川，潮不俟会勘专之，且方以诱杀失事逮问，宜令四川镇巡等官戒谕斌父子及弘子弟，各畏法安分，毋信奸人，妄起事端。如潮抚处乖方，听据实劾奏，报可。文盛所请虽难行，而抚夷之功实不可诬。琼责四川守臣避难坐视，顾以专擅为潮罪，且因以撼文盛，其任情无忌如此。"

（《明武宗实录》卷一八八）

41. 正德十六年三月甲寅

赐播州宣慰司致仕宣慰使杨斌蟒衣玉带。

（《明武宗实录》卷一九七）

十一、明世宗实录

1. 嘉靖元年四月乙未

赐播州宣慰司儒学《四书集注》一部，从宣慰使杨相奏也。

（《明世宗实录》卷一三）

2. 嘉靖元年八月癸未

四川播州宣慰使杨相，遣长官韩晞等来朝贡马，贺万寿圣节。赐彩缎、钞锭有差。

（《明世宗实录》卷一七）

3. 嘉靖二年正月庚午

四川播州宣慰使杨相贡马。赐相文锦、彩缎及差官钞币有差。

（《明世宗实录》卷二二）

4. 嘉靖二年七月乙酉

赐四川播州宣慰司宣慰使杨相母俞氏祭。相乞如文臣例守制，礼部议："土官无守制例。"诏从部议。

（《明世宗实录》卷二九）

5. 嘉靖三年八月戊午

四川播州宣慰使司宣慰使杨相，差长官令狐爵贡马进贺。赐彩缎、钞锭如例。

（《明世宗实录》卷四二）

6. 嘉靖三年十二月己酉

四川江口强贼一百余人劫婺川等县，守臣以闻。上命提问守备都指挥李宗祐，夺思南府知府周举俸三月。

（《明世宗实录》卷四六）

7. 嘉靖四年八月乙未

四川宣慰司宣慰使杨相，遣长官冯俊等来贺圣节贡马。赐钞锭、彩币有差。

（《明世宗实录》卷五四）

8. 嘉靖五年正月壬寅

四川播州……各宣慰、安抚俱遣使入贡，赏赉如例。

（《明世宗实录》卷六〇）

9. 嘉靖六年十一月庚寅

成化时，四川播州宣慰使杨辉爱其庶子友，冒功授宣抚使，分居凯里。民夷杂处，辄相构怨，遂开边衅。朝庭因徙友于保宁，正德时友亡命死。至是其子张求袭父职，时盗边劫得白泥司印信，复与宣慰使杨相仇杀，守臣乞改凯里属贵州，以张为土知州以解释之，事久不决。至是，兵部与廷臣会议："张习父兄之恶，幸免于辜，而敢肆然劫印以要君，且其所争田庄及椎埋杀人等罪尚未得，安可勿问？当命川、贵二省守臣案诸罪状置之理，若张悔过输情，还所获印及所夺诸寨苗，可量授一官，听调杀贼自效，倘怙终不悛，必诛，以为诸夷玩法之戒。"得旨如议。

（《明世宗实录》卷八二）

10. 嘉靖八年二月甲午

兵部覆提督云、贵、川、广军务尚书伍文定议处播凯三事：一、凯里旧属播州，自杨氏兄弟分事互相仇杀，且地距四川二千余里，势难遥制，宜改隶贵州清平卫，则地近民便，且别疏其兄弟可以息争。一、凯里土舍杨张权轻无以服众，宜署为安抚，以流官吏目佐之，使得抚驭五种蛮夷，永绝后患。一、凯里流苗杨阿美等原占草塘等处地土及播州原占夭漂、夭坝等寨，俱宜归还以杜争端。惟黄平安抚司久驻夭苗，专隶则争，兼统则乱，当再行彼处镇巡官勘处。命如议行。

（《明世宗实录》卷九八）

11. 嘉靖九年八月乙亥

四川播州宣慰使杨相遣长官杨守等贡马，贺万寿圣节。赐赉如例。

（《明世宗实录》卷一一六）

12. 嘉靖十年七月己卯

贵州抚按官刘士元、郭弘化议："以贵州界连别省，苗贼不时出没，宜以威清等处

·55·

兵备副使分巡安平道兼制泗城、霑益；以佥事一员改毕节等处兵备分巡贵宁道兼制乌撒、镇雄、永宁等府；都清等处兵备副使分巡新镇道兼制广西南丹等州，平清、偏镇、铜鼓、五开等卫以佥事一员改思石兵备兼制镇箪、平茶、播州等处，各领敕行事。仍添设贴堂副使一员，专理清军。"吏部覆请，从之。

（《明世宗实录》卷一二八）

13. 嘉靖十年十月戊子

先是，四川真州盗周天星、王打鱼、张东阳等皆蓝鄢余孽，有众数万，剽掠真、播，转攻南川。守臣招降之，不听，巡抚都御史宋沧乃督都指挥丘岌、参议林豫等调兵剿之。斩天星等，贼党悉平。凡斩贼首千七百余级，俘贼酋三百余人及男女五百八十余人，马牛器械称是。沧等以捷闻，上嘉其功，赐敕奖励，晋沧右副都御史如故。太监萧通，御史熊爵及他领兵督饷者皆赏赉有差。仍令巡抚御史查核功罪以闻，死事官军皆优恤之。

（《明世宗实录》卷一三一）

14. 嘉靖十年十月辛卯

诏免凯里安抚司贡马七年。时贵州抚按以凯里新土官苗夷初附，请止令岁进表文，免其贡马，以示柔远之德。上乃许暂免。令七年后如例通贡。

（《明世宗实录》卷一三一）

15. 嘉靖十一年六月辛丑

巡抚四川都御史宋沧以真、播等处剧贼平，条陈善后事宜："一、设墩堡。谓地方旷远，大盗屡发，宜于诸要害之地建堡编夫，使间伍有等，守望相助。一、移巡司。谓綦江县东溪巡检司地非总隘，宜移置赶水镇便。一、明统属。谓播州、酉阳、平茶等司宜仍旧制属四川重庆府抚民官管辖，不当令贵州思石兵备等官兼制。"兵部悉覆如拟，惟明统属一事，下二省抚按官酌议，报可。

（《明世宗实录》卷一三九）

16. 嘉靖十二年九月癸卯

四川播州宣慰使杨相……等四长官司遣使贡马。各赏赉如例。

（《明世宗实录》卷一五四）

17. 嘉靖十三年十一月丁亥

升威远守备指挥佥事贾英、叙泸守备指挥沈德元俱署都指挥佥事充游击将军。英，宣府。德元，四川松潘东路。

（《明世宗实录》卷一六九）

18. 嘉靖十五年九月丙辰

四川播州宣慰使杨相遣把事吴廷炬等贡马，贺万寿节。赏给如例。

（《明世宗实录》卷一九一）

19. 嘉靖十七年三月甲申

四州播州宣慰使司土官杨相遣把事程致等……朝贡。诏各给赏如例。

（《明世宗实录》卷二一〇）

20. 嘉靖十九年六月庚辰

添设贵州思南府婺川县儒学，掣回见在府学生员实之，额贡如例。从巡按御史倪嵩请也。

（《明世宗实录》卷二三八）

21. 嘉靖十九年九月乙巳

四川播州宣慰使杨相差长官张焕等……各补贡贺万寿圣节。宴赍如例。

（《明世宗实录》卷二四一）

22. 嘉靖二十三年三月甲辰

四川播州宣慰使司舍人杨烈……各遣人贡马。给赏如例。

（《明世宗实录》卷二八四）

23. 嘉靖二十五年正月己卯

四川播州宣慰使杨烈差官贡马，补贺万寿圣节。给赏如例。

（《明世宗实录》卷三〇七）

24. 嘉靖三十三年十二月庚午

四川播州宣慰使杨烈差官都春来朝贡马。给赏如例。

（《明世宗实录》卷四一七）

25. 嘉靖三十四年三月庚子

先是，贵州台黎等寨苗贼苗关保首乱，四川之容山苗高伏等，广西之洪江生苗，相煽并起，流劫三省。守臣屡行抚剿，未定，至是三月余矣。贵州总兵官石邦宪等督调湖、贵二省官兵分部雕剿，俘斩七十八人，遂檄谕十八寨苗，许其执渠首赎罪。于是诸苗听抚，设盟受约束而还。事闻，诏赏邦宪银三十两，纻丝二表里；总督冯岳、巡抚张鹗翼各二十两，一表里；兵备副使刘望之而下，各赏银币有差。诏简山东河南两班民兵，止留精健三千人为一班入卫，汰去老弱三千，令每名岁征银三十六两，输部以备修边。从给事中甄成德、御史黄国用议也。

（《明世宗实录》卷四二〇）

26.嘉靖三十四年七月己酉

　　初，四川播州宣慰杨烈仇杀长官王黻，黻党李保等治兵相攻，剽掠民夷，为害且十年，至是总督川贵侍郎冯岳督总兵石邦宪讨平之，岳俱以闻，且陈播州善后事宜有四："一、建立哨堡以扼险阻。欲于三省接壤民苗之冲，若四川余庆之是马坪，播州之三渡关，贵州石阡之龙泉司，各立哨堡一座，于重庆、偏桥等卫委指挥三员督兵防守。一、更置参将以便统驭。欲移铜仁参将于石阡，移思石守备于龙泉，控扼播州，犬牙相制。一、添设流官以肃政纪。言播州土民苦所司掊克，请增设重庆府通判一员，驻扎龙泉，抚顺该州民夷，督理粮税。一、责成该道以时巡历。谓重夔兵备、川东守巡宜更番时按播州弹压边镇。"兵部议覆。上嘉岳功，诏荫一子为国子生，贵州巡抚张鹗翼升俸一级，并四川巡抚张皋、湖广巡抚汪大受各赏银三十两、纻丝二表里，邦宪及副使刘望之、佥事刘景韶、都指挥何自然各升一级，副使赵希夔升俸一级，余俱如拟。

（《明世宗实录》卷四二四）

27.嘉靖三十四年八月庚午

　　四川播州宣慰使杨烈……等差长官张裔……贡马及方物。贺万寿圣节。宴赉如例。

（《明世宗实录》卷四二五）

28.嘉靖三十四年八月癸酉

　　以灾伤免贵州铜仁、石阡、思南、镇远、黎平、都匀六府，独山、麻合、镇宁、婺川、印江五州县及凯里安抚司，龙泉等十四长官司正官朝觐。

（《明世宗实录》卷四二五）

29.嘉靖三十五年四月丙午

　　革铜仁守备张铉职，下总督按问，以贵州平越卫千户安大朝代之。先是，二月十一日，川贵叛苗千余人攻瓮必、猫儿等寨，铉婴城自守，独大朝与战，却之。于是，贵州抚臣言大朝素为诸夷畏服，宜使代铉，而按铉罪。兵部覆请，从之。

（《明世宗实录》卷四三四）

30. 嘉靖三十五年九月辛酉

四川播州宣慰使杨烈遣人贡马，贺圣节。给赏如例。

（《明世宗实录》卷四三九）

31. 嘉靖三十五年十月丁酉

论川贵湖广讨平播州苗贼卢阿项等功。升总督军务侍郎冯岳为右都御史兼兵部右侍郎，总兵官石邦宪署都督同知，总督镇守如故。湖广参政林懋和、四川副使雷迸各一级，贵州副使刘望之等、参将李英等各俸一级，参将徐效节、宣慰安万铨而下各赏银币有差。

（《明世宗实录》卷四四〇）

32. 嘉靖三十六年十月丙午

四川播州宣慰使杨烈差长官杨宠等贡马，补贺万寿圣节。给赏如例。

（《明世宗实录》卷四五二）

33. 嘉靖三十八年五月丙戌

裁省……播州宣慰司……儒学训导一员。

（《明世宗实录》卷四七二）

34. 嘉靖三十八年十一月丙申

先是，四川抚按官黄光昇等言："播州各司并贵州兴平等卫所军屯夷寨，自嘉靖年间起苗拨寨之后，分隶凯里属贵州，播州属四川。及真州盗贼剿平以来，军夷安靖，若复分隶贵州，一苗两属，终不输服。今分巡川东道，驻扎重庆，与播州相近，宜令不妨原务带管该州并所属黄平等八司地方，另请不坐名敕书一道，以便行事。"于是，巡抚贵州都御史高翀争之曰："播州与贵州思石兵备地方犬牙相制，封疆密迩，坐派额办贵州税粮一万六百余石，每年恃居异省，逋欠数多，军饷告乏。所以思石兵备奉敕有兼制播州之说，若缴回兼制之敕，别给川东分巡以不坐名之敕，令往来于此，是犹恕斗者舍同室而求救于千里之远，此则狙公之术以愚黔首者，贵州边防自此决裂矣。请仍隶本省便。"事下兵部，覆议以为四川之奏止恐夷情未服，贵州之奏则拳拳以地方参错、钱粮关系为言，且兼制颇久，似应仍旧，但事难遥度，请行总督侍郎石永会同各官议处。从之。

（《明世宗实录》卷四七八）

35. 嘉靖四十年三月乙酉

播州宣慰使杨烈献大木四十株。诏赐二品武职服色，给诰命。

（《明世宗实录》卷四九四）

36. 嘉靖四十年闰五月戊午

四川容山土舍张问、韩甸等纠合川贵生苗为乱，侵掠湖广境。贵州总兵石邦宪督诸军讨之，斩获百余人，问潜出探军被执，我军乘胜入甸巢，会暮大雨迷失道，守备叶勋、百户魏国相等俱陷伏中死之。于是湖广抚按官劾邦宪及参将郭元失事罪。章下兵部，覆："邦宪先有擒张问功，宜准赎罪，仍责以督擒韩甸等诸苗乃并论其功，元褫职待勘，勋、国相各袭升其子二级。"报可。

（《明世宗实录》卷四九七）

37. 嘉靖四十一年二月癸亥

播州宣慰使杨烈、土舍安国亨及程番长官司、凯里安抚司舍人安个等各遣人来朝贺，给赏如例。

（《明世宗实录》卷五〇六）

38. 嘉靖四十一年三月庚寅

初，四川播州容山长官司副长官土舍韩甸与其正长官土舍张问治兵相攻，甸屡败，问兵夺其印，遂无畏忌，纠众横行湖贵境中，官司不能制，为害且二十余年。至是总兵石邦宪始大破平之，擒甸并其妻子。捷闻论功，诏复听调总督都御史董威任候用，升邦宪右都督，赏贵州、湖广前后巡抚鲍道明、赵钺、张雨，新任总督罗崇奎等银币，守巡官李迁、李心学等十七人，张廷柏等十二人各给赏升俸有差，甸等各斩首枭示，甸妻子定发安置。

（《明世宗实录》卷五〇七）

39. 嘉靖四十一年五月戊子

兵部覆："贵州巡抚都御史赵钺议处地方三事：一、施秉县旧无城池，止以哨军二百五十人守之，请移偏桥哨军属之，清浪守备专驻其地。一、容山长官司原系张氏为正，管大江，韩氏为副，管小江，迩者二族相仇，土官张问遂至失职播越，而宣慰杨烈坐视不理，请治烈罪，将二族原定职守通行改正。一、铜仁木桶等处营哨官军五千，先因镇算之变权时增设，后遂不减，以致兵多粮缺，请行总督镇巡官议处。"从之。

（《明世宗实录》卷五〇九）

40. 嘉靖四十一年六月甲子

户部覆："巡抚贵州都御史赵钺言二事：一、言贵州额粮仅及十万，一切军需尽仰于四川、湖广，而有司自分彼此，无悉心催办者。乞行两省抚按官严督所司，校其多寡完欠，以定赏罚。一、言重庆府添设通判专驻龙泉督催播州税粮，迩来不乐夷地，动求别委，请行抚按官申严职掌，毋复他委升迁之日，查其任内粮完，方许离任。"报可。

（《明世宗实录》卷五一〇）

41. 嘉靖四十一年九月丙午

初，播州土司原属四川统辖征税，而其地多在贵州之境。嘉靖初诏改属贵州思石兵备矣，已而夷情以为不便，二省守臣各异议，有诏下总督罗崇奎勘处，至是用崇奎议，仍以播州隶四川，分属川东守巡重夔兵备三道，而贵州思石兵备道照旧兼制播酉平邑等土司，仍改给敕书，重事权以弹压之。

（《明世宗实录》卷五一三）

42. 嘉靖四十二年十一月壬辰

诏以贵州思石参将改属四川，移镇播州兼制思石等处，仍与重庆、思石二兵备道联络防守，控制苗夷。从巡抚都御史赵钺奏也。

（《明世宗实录》卷五二七）

43. 嘉靖四十三年正月癸卯

……四川播州宣慰使杨烈各差人贡马，贺万寿圣节。以过期给半赏。

（《明世宗实录》卷五二九）

44. 嘉靖四十三年九月庚申

……四川播州宣慰使杨烈各遣人贡马，贺万寿圣节。以过期给半赏。

（《明世宗实录》卷五三八）

45. 嘉靖四十五年九月甲午

四川仁寿县盗二百余人，夜入城劫库杀人，寻趋永、播遁去。巡抚谈纶、巡按李廷龙以闻。因劾佥事吕荫、知事周大绣等各失事罪。且言永、播实为盗主，请切责永宁参将安大朝讨贼自效，而令播州参将周表改驻川、贵适中之地，毋使偏累播州一司。得旨："夺荫俸一月，下大绣等于御史问守土事宜，令纶悉心计处以闻。"

（《明世宗实录》卷五六二）

46. 嘉靖四十五年九月癸丑

改设整饬荆夔兵备湖广按察司副使一员，专驻施州，以湖广、荆州等处，四川重庆、夔州等处属之，兼听川、湖、贵州抚按官节制。仍分重庆、夔州二府为上、下川东二道，以整饬下川东道副使即兼守巡，仍驻达州，专辖夔州府卫州县并石柱土司。分巡上川东道金事即兼兵备，专辖重庆府卫州县并播州、酉阳等土司。其分守涪州参议，令兼理忠州、长寿、垫江、南川、丰都、彭水、武隆、黔江、九州县。初，土寇黄中既平，吏部已覆湖广抚按官谷中虚等奏添设兵备金事于施州矣。既而给事中邢守庭、主事罗青霄，贵州巡抚陈洪濛俱请复设川、湖、贵州总督，洪濛又请改添设金事为副使，重其事权。独给事中何起鸣以为设总督不如专设兵备副使便，事下兵部，行四川巡抚谭纶会议，竟从起鸣言。

（《明世宗实录》卷五六二）

十二、明穆宗实录

1. 隆庆元年九月己巳

录贵州剿平白泥司土番杨赟等功。赏巡抚都御史杜拯、总兵石邦宪及布政使姜廷颐等、守备薛守宸等各银、币有差。

（《明穆宗实录》卷一二）

2. 隆庆元年十二月丁未

四川酉阳宣抚司、贵州凯里安抚司各遣人朝贡马。赏赉如例。

（《明穆宗实录》卷一五）

3. 隆庆二年正月丙辰

……播州宣慰使杨烈遣土目赵士贤等各来朝，贡马。宴赉如例。

（《明穆宗实录》卷一六）

4. 隆庆二年六月己卯

贵州抚按官杜拯、王时举言："……四川酉阳、播州、永宁三土司，皆去省城甚远，而贵州兼制亦不便，宜专隶贵州……"章下兵部，请以分割川、湖州卫。事下川湖抚按官议，其他皆如所请。从之。

（《明穆宗实录》卷二一）

5. 隆庆五年正月癸未

贵州宣慰司土舍安国亨、程番等长官司，凯里安抚司、四川镇雄府、乌撒军民府、宁戎巡检司、平夷等长官司、酉阳宣抚司、广西那地等州，各遣人来朝贡马。国亨仍贺圣节，各给赏如例。

（《明穆宗实录》卷五三）

6. 隆庆五年二月戊申

……四川播州宣慰司……各遣人来朝贡马。给赏如例。

（《明穆宗实录》卷五四）

7. 隆庆五年二月己酉

四川播州宣慰使杨烈……各贡马，贺圣节。给赏如例。

（《明穆宗实录》卷五四）

十三、明神宗实录

1. 隆庆六年十二月丁丑

以播州宣慰司舍人杨应龙承替宣慰使，仍不世袭。

（《明神宗实录》卷八）

2. 万历元年正月辛丑

四川播州宣慰司应袭土舍杨应龙差献马匹，贺上登极。

（《明神宗实录》卷九）

3. 万历元年二月乙卯

播州宣慰使司应袭杨应龙差杨美等进马二匹，贺登极。赏表里、钞锭如例。

（《明神宗实录》卷一〇）

4. 万历元年二月甲子

给播州宣慰使司新袭宣慰使杨应龙敕书，统抚夷民。

（《明神宗实录》卷一〇）

5. 万历四年十二月壬午

四川播州宣慰使杨应龙备马匹，差官赵凤鸣等赴京进贡及庆贺万寿圣节……赏彩缎、钞锭如例。

（《明神宗实录》卷五七）

6. 万历八年正月癸卯

播州宣慰司杨应龙差长官杨正芳进马匹，庆贺万寿圣节。赏给钞缎。

（《明神宗实录》卷九五）

7. 万历八年六月丙午

赐播州故宣慰使杨烈祭葬，从其子杨应龙请也。

（《明神宗实录》卷一〇一）

8. 万历九年十一月甲子

播州宣慰使杨应龙遣长官赵仕贤等三员贡马，贺万寿圣节。赏赉如例。

（《明神宗实录》卷一一八）

9. 万历十年二月壬寅

兵部题："贵筑一区，蜀之播州八司襟带于前，楚之平、清、偏、镇四卫联络于中，而贵、思、石、铜、镇五府反环抱于外，黎平一府又在辰沅间，与五开卫同城，颇有鞭长不及腹之虑。今巡按马呈图欲割播州八司，平、清、偏、镇四卫尽隶贵州，及镇雄、乌撒、东川、乌蒙四府官吏悉入贵州巡按考察举劾，乞行湖广、四川各抚按勘议会奏后及雕剿事宜。"报曰可。

（《明神宗实录》卷一二一）

10. 万历十一年八月癸亥

兵部言："湖广平、清、偏、镇四卫与贵州接壤，实系全楚藩篱，改隶贵州，事多牵制，播州八司虽在贵州平溪襟带之前，实在重庆綦南腹心之内，改隶贵州亦属不便。况系国初建设旧制，岂可变更？既经湖广、四川抚按官勘议前来，均应依拟照旧。"从之。

（《明神宗实录》卷一四〇）

11. 万历十一年十一月乙未

四川播州宣慰使司宣慰使杨应龙贡马，庆贺万寿圣节。给赏如例。

(《明神宗实录》卷一四三)

12. 万历十三年十月甲申

先是，巡抚四川都御史雒遵言："松潘等处大小粟谷诸寨番人攻堡，戕职官，找架七稍炮，依险为乱，请讨之。"而蜀于是乎用兵，既遵调任，代者未至，声息寂然。兵科给事中王致祥奏："番人乱者止麦儿一寨，遽用大师，未免张皇。总兵李应祥以新将御悍卒，所征播州、天全诸土司兵未易集，亦调度需人。"部覆以为失策。于是大学士时行等言："松潘、叠茂即古维州吐蕃地，本朝置戍屯兵，略示羁縻之意。然山谷险远，粮运艰难，丑夷聚如蜂蚁，散如鸟兽，其道在以剿为先声，抚为权术。如一种作恶，则整架镇军，出其不意，歼厥渠魁，或毁其碉房，或烧其青稞，名曰雕剿。其余各种并不搜求，故番人怀德畏威，虽小有草窃，旋即底定，此制御诸番之要术也。今该省官轻率寡谋，一闻有警，辄欲征调大兵，番人闻知，得以为备。且四川近有采木之事，民间骚动，军饷又已空虚，若兵连祸结，为患非小。谨拟进传帖一道。"明日谕兵部曰："前日四川抚按官奏称松潘等处番贼为患，即今有无宁息，一应剿抚事宜，新推抚镇其相机制置，务保万全。无生事贪功，无匿情养乱。尔部马上差人传彼中知之。"

(《明神宗实录》卷一六七)

13. 万历十三年十二月庚午

四川宣慰使杨应龙遣长官何邦卿等来朝，贡马三十匹。赐锦二段、彩币六表里及其长官钞币如例。时应龙又以开采献巨材六十。

(《明神宗实录》卷一六九)

14. 万历十五年四月庚午

工部覆："宣慰杨应龙地方进献大木七十根，内多美材，先经赏赐飞鱼彩缎，加升职级亦云厚矣。乃复比例陈乞委属过求，所引伊祖杨斌得赐蟒衣，原系克服叛苗，出自朝廷特恩，未可为例。"上以应龙既赏过，服色准升授都指挥使职衔，仍给与诰命。

(《明神宗实录》卷一八五)

15. 万历十五年八月丙寅

户科给事中李廷谟奏："往者松潘大举选将练兵，如林之士非不足用，第募兵所习者行伍成列，而不闲于升陂走峻。惟土兵生长箐峒，视险如夷，蜀之制夷，兼用汉土，势则然也。全蜀土司错置森列，若播州、酉阳、天全诸种，号称忠勇，松叠荡平曾用其力，今当失事，仍宜调而用之……"章下兵部议覆。从之。

（《明神宗实录》卷一八九）

16. 万历十五年九月甲辰

以分守思仁道移驻思南府，改拟兼管抚夷并兼制播州夷司地方，将分巡思仁道移驻铜仁府，添入兼抚苗照旧兼制镇箪、平茶、酉阳等处地方，将平、清二卫改属思仁道，兼制偏、镇二卫，仍属新镇道管理。

（《明神宗实录》卷一九〇）

17. 万历十五年九月戊申

兵部覆："贵州巡抚舒应龙题四川永宁宣抚司土妇奢世统、奢世续构兵仇杀，水西土舍安国亨、播州土酋杨应龙贪贿助兵，原任迤西参将马呈文巡捕防守无禁戢之能，乞行勘处。"上命抚按官勘奏。

（《明神宗实录》卷一九〇）

18. 万历十五年十月己未

四川播州宣慰使杨应龙差长官何汉良等贡马二匹，庆贺万寿圣节。给赏如例。

（《明神宗实录》卷一九一）

19. 万历十六年闰六月壬寅

四川播州宣慰使杨应龙进献大木，土夷安国亨闻之，亦具本献木。四川巡抚官具疏参之，安国亨遂参抚臣委商抢木。上怒，欲加切责，大学士申时行上疏理之："夫国亨一待罪土夷耳，前疏自称安慰，而再疏复称土舍，贵州三运验无本酋大木，半年之后方云起运在途，且商人深入土司采木，则前后左右皆为土人，商人何能肆抢，乃巡抚参论土司原有弹压之体，而土司遽参巡抚，可谓辱宪体轻朝廷矣。矧国亨凶狡之迹，详《隆庆实录》献木情形，应令彼地查问。"奏上，如阁臣议。

（《明神宗实录》卷二〇〇）

20. 万历十六年七月壬子

总督四川兵部尚书徐元泰奏平腻乃诸夷功次。谓："腻乃久据凉山，地近马湖，黄郎、雷坡皆马湖编氓，为之羽翼，又有瓜姓数支，实其党与。瓜夷中最狡黠者曰白禄，与西姑摆杨九乍结姻，共掠马湖诸处，杀边将，侵入西宁堡、流黄川、两河口，猖獗已极。会经具题准剿而不立诛者，缘九丝甫平，重于再举。姑设堡屯兵，潜修战具，彼当悔过远遁矣。顾乃出没无常，鸱张益甚。且当建越用兵之时，复有结党藏叛之状，议待邛师克捷，方整旅夹攻。不意偏将轻进以败。因议用兵五万，分三哨：一自马湖，一自中镇，一自建昌。及播州、酉阳、平茶、邑梅、天全、乌蒙诸土司，并行调集。马湖将郭成、朱文达、万鳌、田中科，中镇将周于德、滕国光。建昌将边之垣、宰调元、王之翰、杨师旦。而总兵官李应祥随马湖营居中调度，道臣则李士达、武尚耕、周光镐、张孙绳、周嘉谟分路统之。自十五年十一月二十三日兵进，白禄惊觉，率倮众迎敌。中镇兵夜袭之，斩阿额等，白禄遁。二十五日周于德分天全兵攻官寮河，酉阳兵击西鸡坪，大败之。十二月十三日至马蝗，山势险峻，夷倮聚守于上，下垒石，我兵不得上。持五日，营西河，搜其窖藏以益军实。进据大鹰崖、杀马溪，险益甚，将士攀藤上，倮众亦解。十九日，杨九乍与撒假率众万人据山接战，播州官兵奋勇斩贼首一人，战益力，贼走。明年正月八日，中镇营进攻木瓜夷，白禄从大赤口约众千余来拒，中矢死，兵败，腻乃始惧。二月初七日，中镇兵发木瓜，进至利济山，雪深数尺，道将悬赏以激之。周于德率先士众，直达山顶。而万鳌一枝攻大木瓜东，冉维屏一枝攻大赤口，中路兵至二道水，皆捷。西姑摆凶瓜一带夷巢悉为我有。十一日建昌兵宰调元一枝直冲梅古河。十二日，朱文达攻凉山，破撒假于大田坝，斩普咱等。中镇四面围捕，大赤口诸巢并破，群倮皆伏深箐。于是周于德密檄滕国光潜扎木瓜，绝其归路，身由虎背崖进，杨应龙破深沟，王嘉言擒阿咱，盗魁皆授首。独马水二营凶尚逸及万鳌探知撒假挈妻子据鼠囤，发禄荣、乌蒙兵攻之，擒撒假妻子并其亲信。至四月十九日，郭成督兵直抵三宝山大战，郭进忠斩撒假，平其地。二十六日，郭必德擒西姑摆等。安兴自度势穷，聚众袪里密等巢为固守计。朱文达、万鳌督同土汉兵于二十九日分路直捣其巢，悉擒其母妻亲属。安兴沿路掷金以缓追者，故得脱。自五月初九至二十日连战深入，各路兵会溪喇古，擒安兴以下，平其巢穴。是役也，斩撒假，擒安兴、白禄，首恶既得，惟杨九乍存亡未卜耳。计群倮擒斩俘获为类颇多。役经二载，兵协数路，亦西偏之快捷也。乞敕查叙。"章下兵部，覆请得旨："行巡按御史查核具奏。"

（《明神宗实录》卷二〇一）

21. 万历十八年十二月癸未

先是，贵州巡抚都御史叶梦熊疏论播州宣慰杨应龙凶恶诸事，并参川东道副使朱运昌容情故纵，不行会勘。巡按御史陈效则历数杨应龙十二大罪，而复次其怙凶阻勘之状。及四川抚臣李尚思议防御松潘，宜调宣慰司土兵令备协守。而按臣李化龙亦疏请暂免勘问，俟征兵御虏之后再为议处。部覆以应龙革职，仍戴罪立功，会勘改限，朱运昌罚俸。久之，两省抚按各疏奏辩，在四川则谓应龙无可剿之罪，在贵州则谓四川有私昵应龙之心，于是都给事中张希皋、给事中陈尚象各具疏，以事属重大，两省利害亦岂漫不相关者，乞敕下从公会勘，或剿或宥，毋执成心，俱下部议。

（《明神宗实录》卷二三〇）

22. 万历十九年正月戊申

以游击张世爵管分守辽东宽奠等处参将事，佟养直升平虏堡备御，詹鞠养升中前所备御，各以都指挥体统行事。

（《明神宗实录》卷二三一）

23. 万历十九年二月戊子

贵州抚臣叶梦熊与按臣陈效疏劾杨应龙逆恶，已奉旨会勘，而四川按臣李化龙欲宽应龙之罪，复题："应龙罪犯必诛，其所辖五司与土同知俱背之来归，愿属重庆，众叛亲离，何至有不测之虞？且五司等既无归路，将驱而归之应龙，保无悉怛谋境上之惨，乞特遣科臣公勘。"章下，部覆以应龙未见抗命而不服会勘，四川按臣未尝庇应龙而执不会勘，查勘还属之两省科臣，可无议遣也。其五司等苗果否愿属重庆，作何安插，相应详加议处。上曰："杨应龙已有旨了，归附人众安插改属事宜，著该抚按从长计议，停当具奏，毋得推诿。"

（《明神宗实录》卷二三二）

24. 万历十九年四月戊戌

议勘播州杨应龙事宜。时，贵州抚臣叶梦熊主议五司改土为流，悉属重庆。而四川按臣李化龙意与相左，遂因小嫌求斥。部覆："化龙比士计史及期，不得引嫌思去，其会勘杨应龙并改属五司，从长计议。"报可。

（《明神宗实录》卷二三五）

25. 万历十九年十月壬寅

兵部奏："四川斩获白泥、杨柳等番，宜将差来韩邦宁等引至御前宣读捷音，并赏奏捷员役衣服。"从之。

（《明神宗实录》卷二四一）

26. 万历二十年四月乙巳

兵部覆："科臣王德完题称杨应龙罪在嗜杀，非叛也。宜令解职听袭，待以不死。主谋冯时熙、李斌等宜服上刑，归附之众宜酌量安插改属，请行川贵抚按勒限勘奏。"从之。

（《明神宗实录》卷二四七）

27. 万历二十年十二月辛丑

兵部题:"辽东征倭边腹,大兵渐集,播州宣慰司杨应龙家丁五千,不必调遣。报可。"

(《明神宗实录》卷二五五)

28. 万历二十一年七月庚午

兵部覆四川巡按王象蒙参土官杨应龙。上以应龙既无叛逆重情,彼处抚按行提,酌量情法具奏,不必差官往谕。

(《明神宗实录》卷二六二)

29. 万历二十一年七月庚午

南京监察御史萧如松申论杨酋罪恶,自言为贵阳府推官时,曾以公委往勘播事,稔知之者,下所司议。

(《明神宗实录》卷二六二)

30. 万历二十一年八月壬辰

兵部议将杨应龙提到官,逐一查勘。从南御史萧如松言也。

(《明神宗实录》卷二六三)

31. 万历二十一年十一月丙寅

四川巡抚王继光等题杨应龙抗拒不出听勘,大张虐焰,监奏民家属造各色兵具。旋贵州抚臣称其招集恶苗,杀虏人畜,前恶既盈,后恶愈炽,乞会同贵州抚臣相机酌处,止擒首恶,不及无辜。上以凶首既不服勘问,难再姑息,该抚按官便宜擒治正法,朝廷为民除害,罪止一人,胁从自归者,咸与更始,不许贪功妄杀。

(《明神宗实录》卷二六六)

32. 万历二十一年十一月戊辰

兵科右给事中吴应明言:"杨应龙残杀多命,纵恣欺罔,贿赂公行,此其罪已不容诛矣。明旨屡奉听勘而迁延愆期,官司亲谕祸福而扼险誓众,诚自取天诛者也。第兴兵大事而服戎要在攻心,其不赴勘綦江而犹住插旗山,虽屡闭门托疾而犹令子朝栋出见,则其逆命之中,实乃畏死之意,与哮贼未可同日语也。苟处之者弗当,则兴师动众,虽足纾目前之忧,即改土为流,容或有意外之患。为今计,固不得专务姑息以成不掉,亦不得径事扑灭以致俱焚,所宜集兵境上以夺其气,不厌委官单车诣州以察其情。如果俛首服罪,则姑从末减,抑或党类缚献,则诛止元俘。若今拥兵设卫,伤敌王师，则彼之不听苴勘，再复何辞？而我之爱整其旅，要非得已，重兵压境，明慎用刑，固今日处应龙之道也。大抵天下事，最不可狃近虑而忘远忧，方应龙羁勘重庆时，明正其罪，不过一吏足矣，奈之何听调征倭，纵虎出匣？今日议释，明日议征，举棋不定，何以胜耦，徒为么魔之窃笑耳！臣又闻川有杨酋，贵有安酋，夷狄内讧，庶几相制，今无一外惧，难免后忧，则拒虎进狼之说不可不知。若果灭此朝食，置余党于编民，臣又恐非我族类，其志终异。两川从兹多事，善后事宜又不可不长虑却顾之也。"下所司议。

（《明神宗实录》卷二六六）

33. 万历二十二年三月戊子

播酋杨应龙拒杀官兵，四川巡按吴礼嘉查参失事以闻，部议参将郭成、游击丁光宇戴罪，副使胡应辰、同知汪京重罚，总兵刘承嗣甫任非辜，巡抚王继光候代宜免，然未离地方，责难委卸，仍促新抚谭希思刻期赴任，檄问罪酋，务得真情转奏，军中一切，悉听便宜。上以巡按所报与本酋奏辩悬殊，仍令查确，川省会同贵州抚镇相机征剿，余如议行。

（《明神宗实录》卷二七一）

34. 万历二十二年四月辛亥

兵部以贵州抚按林乔相等请严责四川抚按协剿杨应龙，因言应龙初本效顺，后乃暴虐，四川以功故而援之，贵州以罪故而窘之，本犯有可宽之条，朝廷无必诛之意，只缘再提结案，遂尔计出无聊，将谓负险，可幸脱樊，不思行赂，反塞解网，王师既抗，剪灭何疑。并谕土司安疆臣等共效忠献，如应龙父子悔祸，许自缚请罪，即与奏闻定夺，否则罔赦。上命两省会兵擒治，惟除首恶，以靖地方。

（《明神宗实录》卷二七二）

35. 万历二十二年八月丁巳

四川播酋杨应龙奏："何恩之愆，七姓之词，皆属仇陷，乞戴罪立功。"不允。

（《明神宗实录》卷二七六）

36. 万历二十二年十月辛亥

先是，命川贵协剿播州土司杨应龙，久无结局，黔抚林乔相称："自西路违制失律，遽而撤兵，酋势益獗，屡谕不从，终不悔祸，势必动兵。贵州仓库有限，军困民窘，若协应再举，则军士嗷嗷，何以鼓其戮力？若不协应，则责臣秦越相视，何以自解？惟大柄握自朝廷，庙谟独断，臣下可以遵行。"巡按薛继茂称："贵州贫瘠，兼以饥馑师旅，民何以堪？况播州原辖于川，未尝侵及于贵，何苦劳民伤财，剜腹心而事肘腋？且远道移会，必误军机。宜令川省自为收局。而贵州量调土兵防守要害。"川抚谭希思称："杨应龙所居之地虽辖四川，其部内五长官司钱粮兵马则俱贵州总之，两省军士皆朝廷赤子，财物皆朝廷积贮，合则兵力全而奸酋之向风有日，分则大体亵而反侧之归命难期，必须贵州抚臣协力共济。"礼科给事中杨东明谓："应龙负固纵杀，问罪之师诚不可罢。然向者两调征剿，所在血战，及部民讦告拘之即至，械系经年，甫释缧囚即请征倭，进退惟命。第重庆之狱，未结即放，既放旋提，我多反复，致生其疑，非真有叛状而遽请用兵，遂据险出掠，冒难逭之诛，皆处置失宜之过也。两省之事宜责两省之臣，乃在黔已无同心共济之义，而在蜀又无独立敢任之能，则专制之臣所宜蚤遣，速令就近省分整备兵马刍粮，以应缓急，特选才望大臣一员往勘，事有可原即赦其死，不悛，即总督军务调发川、湖、云、贵之兵，便宜行事，更立赏格以募酋部之能斩应龙出献者，将不数月悬首阙下矣。"部覆："如科臣议。"上以杨应龙负固拒敌，罪无可赦，令川贵抚臣整兵备饷，协心剿除，以安地方。刘綎、李如柏星夜前去，并推才望大臣以为总督。

（《明神宗实录》卷二七八）

37. 万历二十二年十一月壬午

四川巡抚谭希思、巡按吴礼嘉言："土酋杨应龙负固抗拒，已入不赦之条，乃两次差官诘谕，而本酋再四申说，恳究诬枉，请官临勘，潜遣人奏辩。臣等尽得其状，如集总镇将士岂难殄灭，独念一人作孽，万姓何辜，大军所至，宁无横罹锋镝者，惟先将应龙宣慰衙门职衔削除，再行化谕。如本酋缚赴綦江，俾五司无改旧业，七姓悉还故区。祖宗原锡土田入册者，照前赴管，未入者清丈均粮，招良民佃种。该司表贡文移止写播州土司，姑将伊子杨朝栋降充为事土舍，督催粮马，俟五年后能守法奉公，听保举袭职。如或谕之不出，首恶不献，即会同贵州合兵进剿，以涤妖气，以彰国法。"诏如拟行。

（《明神宗实录》卷二七九）

38. 万历二十三年正月丙戌

兵部议覆："倭寇朝鲜，刘綎以五千川卒请行，窃嘉其勇敢，遂因经略疏题升加府衔。令綎戍守朝鲜，已奉旨撤兵。适播酋抗拒王师，四川缺镇守，綎旧为川将，谙播事。复升四川总兵官。乃綎觊勘功优叙，私馈按臣宋兴祖，随被参劾，法应褫革，第念其朝鲜二年苦戍，功难尽掩，相应候旨将綎革去原征云南岳凤功级，仍旧管事。其王京以后功次亦不准收录，以示惩罚。按臣宋兴祖举发私馈，有裨风纪，并乞敕吏部纪录。"上报可。

（《明神宗实录》卷二八一）

39. 万历二十三年正月丁酉

四川道监察御史綦才奏三事:"一曰抑武臣。平壤王京之捷,李如松不可谓无功,然叙功以来每遇总兵员缺即推如松,且即推其所亲信刘綖、张世爵,今刘綖以贿闻矣。五侯贵显末路难期,臣愿救李氏自为计,而刘綖赃私狼籍,是宜亟行罢斥,以示贪戒。一曰惩贿臣。闻官之失德,宠赂章也,许茂橓多赍珠宝,公行贿赂,一经投获,竟从末减,此风一倡,自后爵以贿进,罪以贿免,复何忌惮?臣谓许茂橓仍应提问,以示行贿之戒。一曰究勋臣。国家所恃以驱使人群,此诏令与三尺法耳。武尚耕将旧鲊解进,特奏请稍迟,皇上赫然震怒,夺其原职,谪以边方。何物刘世延不许潜住南京之旨,奉之久矣,恬不回籍。尚耕未违玩,已有显罚,世延实违玩,辄置不问。臣恐奸雄得以窥朝廷之浅深矣。臣谓世延宜亟行重处以绝祸萌。"疏入,上命议处刘綖、张世爵各有差,而綦才因事党救尚耕削籍,綦才罚俸六月。

(《明神宗实录》卷二八一)

40. 万历二十三年正月辛丑

兵部尚书石星题覆御史綦才参论邪媚三臣:"内李如柏、张世爵救朝鲜。时按臣核勘斩级,功多题叙,大将员缺准用,已推如柏贵州总兵,世爵昌平总兵矣。继因山西套虏入犯,世爵屡经战阵,改调山西。刘綖统领川兵,远戍朝鲜。撤还时值播酋抗命,本部复以久谙播事改四川,此三臣推用之由也。綖以私馈按臣参处,相应议革征岳凤功次,降充副总兵管事。世爵原以征倭获功推用。若以綖故波及,恐将士解体,似难别议。"诏从之。

(《明神宗实录》卷二八一)

41. 万历二十三年二月辛酉

兵部奏辽东镇武之捷斩馘获级至五百四十有奇,生擒莽吉唤气,大酋伯言把兔被伤而死,乞破格优议。上诏董一元升左都督加太子太保荫一子世袭指挥,督抚孙矿、李化龙各加升荫子,其守巡王邦俊、刘三才等,副参游李平胡、张世爵等皆升级,赐银币有差。而石星以调度有功,加宫宝赏赉特厚。

(《明神宗实录》卷二八二)

42. 万历二十三年二月乙丑

巡按四川监察御史王慎德议剿播酋宜蚤。先是,慎德奏播酋杨应龙抗杀将领,叛逆已彰,特列征播三议:一曰国体当重。奸徒徐宗达兵部念与应龙有旧,差同赵梦龙等往播州宣谕,大似讲(调)解,辱国非宜。一曰赞画宜罢。杨酋虽负固川贵间,一孤雏耳，设总督已属张皇，至赞画将安用之。一曰党与宜剪。贵州宣慰司西阳宣抚司原与播司相唇齿，阳顺阴助，岂能得其死力？宜有以离其势而绝其援。奏入，尚书石星因言：徐宗达为应龙入京打点，律有明条，臣何敢庇？惟是赞画二员业已奉命前驱，遽为议罢，似亦非体，张国玺资俸既深，相应查有川省兵备员缺就近铨补，刘一相赞画事毕，查缺另用为便，若乃催邢玠之赴任，责土司以大义，悬封赏以分茅，相应一听按臣从宜处置。上诏勘剿播酋，著抚按官相机行，余如拟。

（《明神宗实录》卷二八二）

43. 万历二十三年三月乙亥

户科都给事中杨恂疏论大学士赵志皋四事："一、许茂樆之馈遗，事露不问；一、捉获奸徒徐宗达为播人行金求元辅票拟；一、吏部推升创专擅之说以惑圣听，或正或陪，任意颠倒；一、言官朝廷耳目，忝来进朋党之说以激圣怒。非显斥于正言直指之时，则阴中于迁除建白之际，且词连次辅张位，请罢志皋，谨防张位。"奏入，上怒其诬诋，令降一级调外任。于是元辅志皋疏辩许茂樆之馈遗："臣曾揭请敕法司严鞫，而恂反指为贿臣。杨应龙之议抚议剿，原听抚按相机处置，而恂乃谓播人行金贿臣票拟，点用天子之权。近因间点陪推，而恂且咎臣为专擅升降吏部之职，试召问吏部，有无干预，而恂且毁臣为侵权？此皆系臣名节，不敢不言。至言官论事，是其职掌，向疑臣等进朋党之说，阴沮中伤，复蒙降谴，益重臣罪。乞俯霁天威，仍复恂官，兼赐矜放，以免误国。"上温谕慰留之，次辅位亦引罪，乞俯宥杨恂，以彰虚受。是日，辅臣陈于陛、沈一贯复连章申救恂，请免其降调，以安二辅，特降御札：谕元辅与卿等同寅协理，朕所鉴知，狂妄小臣将朕独断之事猜疑诬捏，本欲重处，因卿等申救，姑照原级调外。

（《明神宗实录》卷二八三）

44. 万历二十三年三月戊戌

总督川广邢玠题："臣依限入川，传闻土酋杨应龙借口官兵仇害，不肯听勘。臣一面宣谕朝廷恩威，一面牌催两省刻期整饬兵粮，如其负固自当议剿，仍俟臣等细察情形，临时具奏。"

（《明神宗实录》卷二八三）

45. 万历二十三年四月壬子

国子监博士杨景淳奏："杨应龙历代土司，淫纵杀戮，固其常态。当事诸臣过听七姓奏讦，后先屡误。一误于勘，再误于纵，又再误于剿。误之故有三：以喜事误，以纳贿误，又以避嫌误。乃今之议者，惟抚与剿，而未及处分。夫应龙，负隅之虎也，广幅千里，四面皆山，食足兵强，非可旦夕下，即使需之岁月，无不成擒；而所伤实多，国家何利？于此，督臣邢玠猥云：令杨酋速出听勘。夫彼原以听勘逮系百计脱去，今尚肯复出以就死乎！臣谓今日之事，不过一使人任而诸臣未之及也，诚下一诏，明正其罪，从宽治之，贬其爵削其土，仍袭其子，治其首恶，拨置之人，彼无不俛首听命。今督抚奉命而往，功必欲己收，地方诸臣并力经营，又皆视以为奇货，而必俟滋蔓以图之。若然，则人臣之利，岂国家之福哉！伏乞皇上下询贵州有无杀虏之状，如臣所云，酌量行之，仍敕诸臣以不战而屈之者受上赏，而严贪功喜事之戒。"诏下兵部议。

（《明神宗实录》卷二八四）

46. 万历二十三年五月己卯

御史周希圣疏言："蜀地传造扇柄，倍溢往额。窃思蜀民经黑番之跳梁，播酋之驾驽，奔走于征兵运饷，力既不支，而又以午夏所用一物穷极雕饰，殚竭膏脂。恐为圣德之累，乞赐罢免。"上以希圣沽直要名，罚俸一年，进解造扇如故。

（《明神宗实录》卷二八五）

47. 万历二十三年五月庚寅

兵部覆："宣大总督萧大亨参论总兵张世爵贪倨状，请罢其职，另推以代。报可。"

（《明神宗实录》卷二八五）

48. 万历二十三年九月乙未

兵部覆："川贵总督邢玠处置播州事宜。一、议处五司节制以杜侵陵。黄平、草塘、白泥、余庆、重安五司旧隶播州，袭替表贡必假该司印信，不若将五司改隶黄平通判管理。一、议处七姓奏民以安流离。七姓自奏讦以来，恐杨酋加害，远徙川贵，而无辜播民，惧天讨或加，亦因转徙，今拟罢剿，则当分别忧恤，令有司给照安插。一、增设安边抚官以资弹压。娄山以北，松坎以南，颇称乐土。顷以播司构难，相率逃移，非设官拊循，民将何归？应将重庆府捕盗通判改为抚夷同知，移驻前项地方，听其不时巡历，设法招抚。一、议发避住土官以复故业。播州土同知罗时丰与应龙同籍同官，仇隙未深，因去岁议剿，移驻贵竹土司。今应龙已俛首听勘，时丰当听督抚差官押送故土。诏悉从之。仍谕以夷性无常，详慎善后，敕邢玠作速勘处。"

（《明神宗实录》卷二八九）

49. 万历二十三年十月丁巳

贵州督抚邢玠等勘问播酋杨应龙罪状，照昔年安国亨例，令其纳银赎罪，革职为民。伊子杨朝栋姑以土舍署印管事，候善后四事与其赎银完日，方许次子杨可栋放回。

其首恶黄元、阿羔等如律处决。兵部覆请，上曲意从之。

（《明神宗实录》卷二九〇）

50. 万历二十三年十月甲子

升重庆府知府王士琦为四川副使分巡上东川道。裁重庆府捕盗通判，改设抚夷同知，驻松坎。移安溪巡检司于松坎，听抚夷同知管辖改为松坎巡简司。

（《明神宗实录》卷二九〇）

51. 万历二十三年十二月甲辰

以播酋受勘，升总督邢玠都察院右都御史，仍与巡抚谭希思、林乔相各赏银币有差，其文武将吏各升赏有差。

（《明神宗实录》卷二九二）

52. 万历二十四年二月己亥

四川抚按谭希思等奏播酋已勘，敬陈处置事宜，加升开封府通判。蒲林重庆府同知职衔，重庆府通判李培根以原官改住黄平。章下吏部。

（《明神宗实录》卷二九四）

53. 万历二十四年六月戊戌

通政司田蕙奏参杨应龙差人杨鳌送银一百两，乞赐究问。得旨："田蕙发奸守己，宜用心供职，杨鳌下法司。"

（《明神宗实录》卷二九八）

54. 万历二十四年六月辛丑

浙江道御史何尔健题："捉获播州宣抚司杨应龙下贼目张文在京窥伺踪迹，下法司。"

（《明神宗实录》卷二九八）

55. 万历二十四年六月癸卯

命南京法司扭解小教场把总朱印来京，问以杨应龙用事，张文、杨鳌供称央求转升故也。

（《明神宗实录》卷二九八）

56. 万历二十四年闰八月癸未

四川播州土司杨应龙、子杨朝栋各进大木二十根，以备大工之用。下兵、工二部。

（《明神宗实录》卷三〇一）

57. 万历二十五年十月甲戌

先是，播酋杨应龙经勘革职，至是复肆行杀掠，缚去官舍，烧砍木厂，按臣以闻，并参游击瞿孔开、张本不能禁戢。得旨："降革开、本，其应龙事著查勘具奏。"

（《明神宗实录》卷三一五）

58. 万历二十六年二月壬戌

四川巡抚谭希思乞罢，不许。先是，播酋杨应龙之犯合江也，抚臣意主勘抚，以安地方，委道臣勘实呈详以闻，而按臣王明密疏先发，颇张大其事，且语侵抚臣，故希思以病请。上以川中事务繁重，留之。

（《明神宗实录》卷三一九）

59. 万历二十六年十一月丁酉

四川巡按赵标上言："大工肇兴，采办方始。须材于蜀，多在夷方。往年止携盐、茶、绢布给赏，任我出入，无复阻搪。近者，西南诸夷酋在在离心解体，无论播酋负恩稔恶，杀掳内地，所有木枋闭关，禁绝往来。即建昌、永宁素称产木之地，原派木植全未完解。倘当事竟尔因循，狂酋藐无畏惮，攘臂雄据，不惟阴阻大工，亦且明弃疆宇。臣所以腐心蒿目，不容不直陈也。"章下该部。

（《明神宗实录》卷三二八）

60. 万历二十六年十二月壬子

先是，播酋杨应龙梗化构乱，屡经诸臣具题，奉旨勘处，迄无定议。巡按赵标乃直陈逆酋杀掳之实据，及处置之机宜，大略不过剿、防、抚三策，而吃紧尤在足饷。今川省当采办之时，竭膏尽髓不能更有所出以养兵，所可处者议抽民兵、弓兵工食，即留以为防播之饷，则饷不加而兵可敷。及查綦江，播之大门户，当添一参游。合江与播错壤，亦当添一游守。

（《明神宗实录》卷三二九）

61. 万历二十六年十二月丁卯

贵州巡按应朝卿奏："夷酋杨应龙稔恶不悛，蓄谋日久，招九股生苗张其爪牙，复诱五司夷目自相鱼肉。夫夷性好劫，又得逆酋为主，遂云合响应，弥山遍野，因粮于我，所到为墟。五司尽则及北连之屯塞，屯塞尽则及府卫之腹心，流离塞路，血肉膏涂，乃谬宣言曰：'我非叛朝廷，第为五司复仇也。'其谁信之？黔中饷微兵寡，所恃四川协同防御，使有畏忌。今秋冬以来，羽书狎至，川中当事之臣，竟不闻发偏师以禁遏，亦不闻遣一官以晓谕之，虽经该省新旧按臣参题，俱置不理，以至此酋无虑于西，而益并力于东，攻围我城邑，虔刘我民人，非独民生之荼毒堪怜，而国体之陵夷已甚。臣在镇远月余，微报一日四五至，未尝不怒发上指，恨此逆酋，并恨夫纵逆酋者，窃谓四川巡抚谭希思可罢也。"下兵部。

初，播酋目把何汉良统兵万余到本卫教场扎营围城。指挥陈天宠、陶应龙等开门延入，守备伍万钟策应后时，该部题准陈天宠著巡按御史提问具奏，伍万钟革任戴罪立功。

（《明神宗实录》卷三二九）

62. 万历二十七年二月甲戌

大学士沈一贯题："近日杨应龙肆害三省，抚按告急，乞允部议改四川巡抚为总督兼辖川、贵、湖广三省，以一事权，仍从部会推，刻期赴任。"

（《明神宗实录》卷三三一）

63. 万历二十七年三月乙酉

兵部覆："四川抚按会题防播事宜：一、设将领以固要害。议于綦江、合江各设游击，驻扎安稳、冈门二处以防贼冲。一、议兵饷以资战守。二江既设将领，一切兵食，綦江责之上东道，合江责之下南道，核实训练，该游多方侦探，遇警驰援。一、分疆界以便责成。川黔接壤播界，其中川东、思南二道各有信地，失事不得他诿，近议改设总督兼制川、贵、湖广三省，正虑两地推诿之故，方在奉行，无庸再计矣。其杨酋乘机窥探所宜严防，内地官民有仍前勾引作奸，悉如所议擒拿治罪。上然之，令著实举行，不得因循误事。"

（《明神宗实录》卷三三二）

64. 万历二十七年三月丁亥

以郭子章为都察院右副都御史，巡抚贵州，兼督理湖北等处。

（《明神宗实录》卷三三二）

65. 万历二十七年三月己亥

起李化龙以原官总督川、湖、贵州军务兼理粮饷，巡抚四川地方。

（《明神宗实录》卷三三二）

66. 万历二十七年四月庚午

兵部题请行查贵州用兵失事缘由。先是，贵州巡抚江东之欲复五司，遣都司杨国柱等率兵营牛场等处，为播酋所袭，国柱被虏，全军皆没，抚臣以失事闻，而语多隐匿。兵部言："臣等详疏内失事重大，大都狃小胜忽万全，皆侥功之心为之，乞行贵州按臣备查有无隐情，及应参处议恤者速奏，以凭复请。仍求天语叮咛新任督抚李化龙、郭子章星夜驰赴，倘新任未能猝至，旧任者尚难弛担，宜责令查照，先今题议事理，益简兵选将加谨防御，以保无虞，及咨川、湖抚臣移近调度应援。上可其奏。"

贵州按臣宋兴祖上言："昔年总督西事者，好大寡谋，以五司属黄平通判，夫五司在彼为必争之地，在我无尺寸之益，迄今官民杀逐殆尽，张虚名而贾实祸，不可不虑。"又言："安疆臣颇守臣节，臣至其部，迎谒甚恭，虽土司形迹难凭，而中国驾驭贵善，且彼自谋杀安定，何与中国事，而必以汉法绳之? 宜赦陈恩、王嘉猷以结疆臣之心，仍催新督抚李化龙等兼程视事。"疏下兵部，覆议上请。上命按臣严勘启衅失事情由，具奏定夺；李化龙、郭子章、刘綎俱催令刻期赴任，其有区处未尽者，酌议以闻。

（《明神宗实录》卷三三三）

67. 万历二十七年闰四月壬午

四川巡抚谭希思奏："乞留余积及抽减民兵岁银为防播采木之费。"许之。

（《明神宗实录》卷三三四）

68. 万历二十七年闰四月己亥

直隶巡按御史萧重望条陈安黔五策，事关兵部者三，部覆以闻。一、清尺籍。谓贵州所辖有上下各六卫、西四卫，宜将各卫额军核实清查，简壮勇，汰老弱，务收实用。一、议督镇。原议督臣平时驻扎四川，上游遇警，移驻邻近有事去处调度，则黔蜀皆得随便驻节，无容更议矣。惟是移铜仁总兵于偏桥，移清浪参将于铜仁，普安增兵将以备应援，龙泉设府佐以资协守，事体既属更张，举动不厌详慎，应行总督抚按会议具奏。一、拓疆圉。谓黔省蕞尔单弱可虑，拟待事定，割楚之偏、镇、平、清以专黔辖，又割蜀之永宁、乌镇以拓黔壤，但版图久定，恐有窒碍，应通行三省总督详加商确。上然之。

（《明神宗实录》卷三三四）

69. 万历二十七年六月己亥

……以刘綎为四川总兵，率兵赴蜀，不得迟延。

大学士沈一贯题："臣惟东征川兵不服发回，四散东行，闻其内土官多姓杨，必应龙之族，其兵必应龙管下之兵。夫应龙今方议剿，而此辈精健矫捷，腾跃如飞，流入畿辅，又无纪律，今大工正兴，军匠喧杂，倘此辈中有乘机混入，或为细作，或肆狂图，惊动宸严，大非细便。伏乞皇上慎重起居，申严门禁，京城内外，倍加戒严，至若兵部堂上见在止一本兵，京营之中兵皆市徒，官皆债帅，无一足恃，臣愿皇上加意于此，多选谋略文臣入为侍郎，以备督抚不时之用；多选忠勇武臣入补京营，以备将帅不时之用。而又明正赏罚，大肃纪纲，使人有所严畏遵守。其厂卫缉事，乃国家紧要衙门，官尉人等别无恩泽，仅藉三年类奏升赏，使之鼓舞效力，乃今久各不与，无以为激励之资，乞循例推恩。"上览奏褒嘉，命传示各衙门申饬举行。一贯复上言："臣此揭原为杨酋而发，事关军机，宜加密秘，今若显传，嫌示此酋以弱，倘蒙皇上特发一谕，俾兵部遵行，尤见圣明孜孜夙宵图治至意。"上然之。

杨应龙陷綦江，参将房加宠、游击张良贤死之。时，綦江新募兵不满三千，应龙以兵八万奄至，张良贤率家丁五十人入其大众之中，杀大酋鹿罕一人，兵百余冒围突出，仅损家丁十二人，援绝城破，独巷战以死。贼遂移檄重庆，守臣恐，缚送奏民何邦卿等，归其质子尸，厚贿之，仅诿罪于一指挥以自解云。

（《明神宗实录》卷三三六）

70. 万历二十七年七月戊辰

大学士沈一贯揭奏："臣接四川巡抚及巡按各揭言：'杨应龙已叛。'臣面审各承差皆言綦江已破，重庆危急。此酋久雄三巴，汉兵胆落，土兵狐兔有情，必须调募陕、浙马步万余以为主兵。又工部侍郎赵可怀系重庆人，昨同本兵会臣言：'酋实劲敌，蓄志不小，为今之计一曰兵，二曰饷，川中皆乏，户、兵二部宜破格区处。三曰官有事，地方不可但用文墨之士，宜将各司道府县官就近选调谙练机宜者充之，庶群材毕集，地方可保。'惟皇上加意密谕遵行。"上曰："朕居深宫，倚任文武将吏平治天下，何乃倭方退遁，虏即侵犯，今杨酋又大肆跳梁，官民被其惨害，中国兵饷何以连年堪此，其彼处督抚镇巡等官职任安在？卿忠君爱国，可益竭心思筹画缓急，即便拟一传谕来行。"

（《明神宗实录》卷三三七）

71. 万历二十七年七月己巳

兵部上言："近据川、贵总督李化龙揭称：播酋大举入犯，綦江、合江所在危急，向奉旨募兵已经半载，綦江道臣吴睿已如数募完。合江道臣王贻德一兵未募。贼锋已近，刘綎尚未入蜀，乞严敕刘綎刻期赴任，毋得逗遛误事，一切防剿兵饷处治方略，听督抚便宜举行，紧要司道，令吏部就近遴选以佐分猷。"上曰："应龙狂逞，彼处抚镇文武等官何故任其窃发，不早侦报？原议招兵，何故至今未备？欺蔽玩纵，莫此为甚。该科便参看来。李化龙许便宜行事。刘綎世受国恩，今叙功在迩，特寄重任，待之不薄，何为迁延逗遛？其驰骑催之。司道官凡系用兵处所，吏部就近遴才更调，府县官许抚按于本省内拣选调用。"

（《明神宗实录》卷三三七）

72. 万历二十七年七月辛未

左都御史温纯等陈防播六事："一、慎择司道，一、搜罗异才，一、简收将领，一、厚集兵饷，一、多炼火器，一、广悬重购。"上嘉其筹国忠猷，令该部议行。

（《明神宗实录》卷三三七）

73. 万历二十七年七月癸酉

张辅之等参四川听调抚臣谭希思怠玩军情，一筹莫展，贵州致仕抚臣江东之贪功浪战，毒众生戎，均应褫夺，以为奉职无状之戒。王贻德奉旨半年不募一兵，忽简书而轻民命，当置削籍之条；莫睿城虽阽危，兵尤尽募，宜以不及重加降处。上命谭希思、江东之俱褫职为民，永不叙用，逮王贻德来京究问，降莫睿三级调用，以后各官不论升迁降黜丁忧署管，凡未经交代，一日不许推诿，误事责有所归。

（《明神宗实录》卷三三七）

74. 万历二十七年七月甲戌

大学士赵志皋上言："臣伏枕服药，间接四川揭报，知綦江已陷，两蜀危在旦夕，不觉愤懑欲绝。何物杨酋，敢于悖逆至此，彼盖窃窥中国之虚耳！及今若不早收人心以固根本，将来诚不忍言。然所最吃紧者，无如简用阁臣，广开言路，体养民生，裁省糜费。盖简阁臣则帷幄运筹之有资，开言路则耳目聪明之有托，养民生则内地久安之不摇，节糜费则帑藏备用之不乏。其云南、川、陕、全楚等处，一概榷采额外之征，俱乞罢免，以安人心，则圣政一新，王威孔赫，无论杨酋鼠窜之不遑，即西南诸夷无不仰颂中国之有圣人矣！"

（《明神宗实录》卷三三七）

75. 万历二十七年七月乙亥

户科李应策、姚文蔚各疏言："川省播患方殷，收拾人心为急，乞召回中使，停止矿税。"不报。

兵部陈防播六议："一、申明节制。谓三省用兵，节制参差，难以联属，宜并假川、贵督臣事权。一、储用盐司。议于川、贵各设监军二员，敕下吏部就近推调，或于田间有才望者起补勒限任事。一、备用兵将。将则原任总兵李应祥、参将李经等，兵则河南之毛兵，天津之壮士，宜檄令赴黔，以备折冲。一、增置中军，谓贵州总兵，向无中军，似非事体，宜如例添设。一、慎重战守。谓播虽小丑，但我兵未集，宜扼险保境，俟厚集其阵，相机图之，毋轻举浪战，致堕贼狡计。一、悬购赏格。谓应龙背逆，华夷共愤，请悬购募之令，无论吾人土人，有杀贼立功者，或宠以世爵，或界之分土，仍督责有司，于各关津去处设法稽查，但有播贼奸细，即便擒拿，获功人役，报部以凭优赏。"上俱如议，仍令该部明白开列擒斩播酋赏格，风示天下，兵部复条议，凡汉人，土人，或擒斩应龙父子，或斩将破敌，各以轻复位封爵有差。上命通行颁示。

（《明神宗实录》卷三三七）

76. 万历二十七年七月丙子

大学士沈一贯题："前者贵州矿税，蒙皇上涣发天心，即赐停止，今四川尤急。杨酋界在湖广、川、贵之间，腹心之患，若猖獗不休，则无川、贵，无川、贵即无云南，三省若失，则内地震动危矣。故川省内使所宜早罢，顾臣犹有忧焉。姑毋论中原民心摇动，将有乱虞，而大可忧者，又已形之云南矣。云南孤悬天末，自唐宋不入版图，而我朝乃比于内藩，第以处置得宜故也。今皇上遣中使往，夷夏交被其殃，臣初犹恃彼抚按或能善加调停，不意中使与抚按大相牴牾，彼远地之民既无抚按足恃，而夷獠之性又苦中使诛求，若一旦变告，尤难措手，播方烦兵，又安能以余力余财越贵州一线路，而为万里云南计乎？必不暇矣。臣中夜绕床而走，不敢不为皇上早言也。"

（《明神宗实录》卷三三七）

77. 万历二十七年八月丁丑

四川綦江既陷，用督臣李化龙议，急征诸道兵。科臣张辅之上言："征发虽多，顾逗遛不时至，犹于蜀无救也，宜各镇笃同心之义，朝廷严后至之诛。计今征兵地方，量度道里，责限日期，某省近，某省远，近当某日发兵某日至，远当某日发兵某日至，发遣迟罪地方官司，到日迟罪各该将领官司。自督抚而下，听臣等查参；将领自副总而下，听督抚重处无已。尚方之剑不可特赐，如宁夏、朝鲜故事乎！盖事大则权不得不重，势急则法不得不严。至于刘綖、吴广、陈璘等各兼程入蜀，后期者必罪不宥。"上然其言，命兵部驰骑守催诸镇精兵，违玩者罪之，刘綖等督令兼程前进，总督李化龙赐剑以重事权，不用命者以军法从事。

诏蓟辽副总兵戴延春、游击叶邦荣、山西参将卢应亮、陕西都司丁尚智、原任代州参将余德荣、固原参将陈松等，各率亲丁赴川贵总督听用。有愿往贵州自效者，所在给廪，传遣之，将领应更应补，俱听督臣便宜行事。

兵部覆左都御史温纯等条陈防播四事："一、搜罗异才。军旅之兴，需才为亟，宜通行各省抚按一体咨访，果有智谋摧锋之选，破格收罗。一、简收将领。所议增设中军及急调将领，已经臣部列名上请外，至刘綎屡奉催督，明旨森严，毋论綎不敢遽欲弛担，即臣部亦何敢临事易将，以长避难之风也。一、多练火器。中国长技惟三眼枪，大将军锐涌珠炮为最，近闻各边多有，应如议移文查取解用，仍令川、贵多方募工制造，以收全胜。一、重悬重购。臣部近已题开赏格，乞明旨颁示遵行。"诏如议。

兵部言："播酋逆恶滔天，惟陛下独断恭行天讨，顾兴师之费必为预处，乞令户部先发四十万，兵部二十万，酌给川、贵收贮，臣亦曾与督臣李化龙、抚臣郭子章约，将士可调则调，无妄调以糜费饷财赋；可用则用，毋滥用以困国有。不足者，或于近省拨发，或明白开请。其五司七姓奏民赴诉，日久留之无益，似当悉发川、贵督抚衙门，令其号召各血属亲识之陷在贼中者，或就中取事，或相率附降，或为我向导，或间彼腹心，亦攻心伐谋之一策也。"上曰："应龙怙恶，亟宜问罪，朕心独断，更无矜疑，一切兵饷事宜，不时开请裁夺，军中用人务求实用，谈士游徒，糜财无益，勿得滥收，奏民俱发回，听督抚从宜鼓舞，仍密防诈冒反复等情，有潜留京师者，禁之。"

（《明神宗实录》卷三三八）

78. 万历二十七年八月辛巳

工部侍郎赵可怀条陈防播事宜内一款请亟练土著以备缓急。兵部覆言："臣观近日承平日久，讳言兵事，及卒然有变，束手无策。今播事危急，督臣分投议调事势难已，而要非经久之策，应如所议责成督抚行各该有司于地方民丁设法挑选，各以州县之大小定为差等，取其里籍年貌造册，送道转解军门收练，不许滥用脆弱市滑充数，即以汰退之多寡，定该道州县之贤否，不月余而可得壮丁数万。其领兵之将，即用练兵之官，厚其粮饷，利其器械，则人自为防，家自为战，而且地利便，物情宜，足以持久，而无老师匮财之虞矣！抑臣等因是而推广之，天下之无兵者，不独蜀也，卫所额军仅充武弁占役之资，州县民壮止供有司呼拥之役，卒有不虞，蜀事可为殷鉴，请通行各省将领设官军民壮，查汰老弱，易以健卒，军有军操印官，与操官主之；民有民操正官，与补官主之。府道不时稽核，通将清过名数立营分伍，造送督抚衙门，近者限三月内，远者限年终，册报本部，以凭有事按册征发。巡按御史各于巡历之日，核实严查，违者从重参处。"诏如议。

兵科右给事中刘道隆上言："蜀方用兵，大将不宜逗遛，乞敕兵部严催刘綎、陈璘赴任，各经过地方有司具出境入境时日驰报，以凭稽考。"

（《明神宗实录》卷三三八）

79. 万历二十七年八月乙酉

兵部尚书田乐家任丘。播酋杨朝栋遣人密投贿揭，乐子尔耕捕其人送县，驰状白乐，乐具以闻，且乞罢斥。上优诏褒嘉，令乐益殚猷略以肃邦政，所获人犯逮京究问，党与潜伏者厂捕严缉，毋令漏网。大小官员及军民人等有能觉查告捕者，倍加酬赏，纵容者一体治罪。乐复再疏求罢，上慰留之。

（《明神宗实录》卷三三八）

80. 万历二十七年八月丙戌

兵科都给事中张辅之上言："杨酋区区幺么，一面分兵以扰贵州，一面投贿以溷司马，纵横颠倒，真不知有天日也。黔蜀方用兵而苦于乏饷，近议兵部处二十万，户部四十万，酌以三十五万济贵州，而以二十五万济四川，所议诚当，顾势若救焚，无容缓步，猥曰取偿于滇之十二万，误矣！堂堂天朝，司农岂不能多方设处，以赡三军？至大司马当逆酋舍沙溅血之日，政宜主张挞伐，如裴度之誓不与贼俱生，无忧累自阻而堕贼计中也。"上曰："兵饷著料理实济急用，本兵业已奖谕，以后有拿发贼人都以功论，不得言累。"

（《明神宗实录》卷三三八）

81. 万历二十七年八月戊子

户部言："臣顷者议处征播兵饷，将湖广应解京库银及川省解陕年例，云南原借川银总计共五十余万，俱系解部正赋，名虽外解，实出帑额，既省跋涉转输，又便邻近接济，但恐滇楚司道等官，秦越相视，起解濡迟，缓不及事，合再请旨严催，如有支吾推诿致误军机者，指名参奏。"从之。

（《明神宗实录》卷三三八）

82. 万历二十七年八月壬辰

命广西抚按动支饷银十万接济贵州，其四川运粮，编派照丁出办，毋以优免亏损小民。户部覆工部侍郎赵可怀之议也。

贵州巡抚郭子章疏言："军饷不敷，乞于福建动支贮库银十万两，以济急需。"部覆，从之。

（《明神宗实录》卷三三八）

83. 万历二十七年八月甲辰

先是，缉获杨应龙投贿人犯，内有赵春台，系辅臣赵志皋族人，科臣桂有根因疏劾志皋，且言应龙系重庆时，以数千金遗志皋得脱，今复受应龙行贿……

（《明神宗实录》卷三三八）

84. 万历二十七年九月己酉

兵部覆："御史涂宗濬征播四议：一、正辞伐罪以彰天讨。杨酋众叛亲离，第缘议剿未决，尚属观望，今虽一意专征，而犹恐有改土为流之说，坚其狐兔之心，乞明诏诸夷以讨逆大意，诛止首恶，尺地不爱，若安氏及七姓五司、沿播诸苗，有擒杨酋以献者，即裂分其地，使各世守。一、议移抚臣以便策应。平、清、偏、镇等处，乃入黔要害之区，且白泥、飞练，正播门户，自辰沅转输，必经其地，非得重臣，无以弹压，乞命湖广抚臣移驻沅州。一、酌调土兵。我兵新练未习地利，而山岚溪涧步骑之所不可驰骋者，非藉土兵未易得志。议行广西抚臣于南丹、东兰、泗城诸土司选其精壮者，每州三千，合之可得万人，听四川督臣调发进征，以夷攻夷，深为便策。一、宽假便宜。播虽弹丸，险阻足恃，今欲进剿，迟速之间，皆当酌量，且阃外机宜，难以遥度，乞行督抚悉心料理，图上方略、进止俱听便宜，不为中制。"上曰："杨应龙负恩犯顺，自干天顺，诛止首恶，更不诛连土司。自我朝开设以来，因俗而治，世效职责，上下相安，何必改土为流，方是朝廷疆宇，其宣谕朕意，共鼓忠愤，有能俘应龙以献，即许代其世职，若合谋成功，各裂土酬赏，一切用兵机宜，俱听督抚便宜行事，余如拟。"

（《明神宗实录》卷三三九）

85. 万历二十七年九月辛亥

兵科都给事中张辅之等上言："臣近接川贵督抚疏揭：在四川则綦江蹂躏、重庆震邻，一时镇道府县诸臣不闻出一奇，乃怵于虚声，归尸棺，献钦犯，惟酋之所索是听，即加货与之勿惜焉，是畏酋甚于畏法也。在贵州则镇道守备寥寥无人，新总兵童元镇在途不前，旧总兵沈尚文杜门不出，捧赍者还镇无期，升任者裹足莫往，是宁干天子之法，而不敢冒杨酋之难也。乞明查勘之实，严观避之条，申饬诸臣或令戴罪自赎，或令刻期前往，有不如诏者，三尺绳之勿贷。"疏下该部。

（《明神宗实录》卷三三九）

86. 万历二十七年九月癸亥

南京监察御史王藩臣陈防播四议："一曰申军令以作将士之气。谓自应龙叛逆以来，庙议遣将至亟，而总兵刘綎犹然托病濡缩，宜申严号令，风示诸阃，果能奋不顾身，建立奇功，即封拜不吝；如仍前推诿，三尺具在。二曰严近幸以塞奸细之门。谓迩来四方不职官民，猬集辇下，表里中官，窥测意旨，甚至有不由通政司经彻御览，气焰烜赫，踪迹诡秘，遐方奸细，突焉而入。切恐皇上举动，枢臣筹画，皆得窥伺透漏，可不为寒心哉？乞丕振乾纲，重疾谗说，凡上书不由通政司，援引内臣言利希宠者，即付法司推鞫，庶几憸壬敛迹，禁地肃清。三曰循故策以收土司之用。谓土司虽声势相倚，而夷性情猜忌，假令应龙得志，如黔之安、蜀之奢，岂甘心出其下乎？诚智而使之，谋而间之，如沈希仪之于岑璋甚善，即不尽然，亦见朝廷不以应龙之故遍疑诸土司，阳收我羽翼之用，而阴离彼唇齿之盟，亦一策也。四曰明大谊以服远人之心。谓朝廷之讨应龙非利其土地，而郡县之直以逆天残人，法不容赦耳，宜宣明此旨，播告远近，凡邻近土司及所属头目能擒杀应龙归命者，即以应龙之爵爵之。又或应龙诸子不肯助父为逆，束身归命，更宜优给廪食，待事平之日，令其袭职故土。尺土一民，我无利焉。若然，则其邻必有韩魏肘接之谋，其下必有藩镇易帅之举，其骨肉间必有安史之祸，或者大兵不烦而渠魁授首，未可知也。"疏上留中。

（《明神宗实录》卷三三九）

87. 万历二十七年十月丁丑

兵部言："川贵督按题称重庆缚献奏民，贿送尸柩，媚贼损威，辱国已甚。乞查当日系何官主持，及綦江失事有罪人役勘明具奏。"上曰："逆酋敢行称乱，亦缘处置失宜，今各官但知畏贼，不知畏法，何由讨逆正罪，其令立限严查，不得徇情欺隐。"

（《明神宗实录》卷三四〇）

88. 万历二十七年十月丙戌

以征播乏饷，从户部议，命四川、湖广地亩权宜加派，总督于三省通融支用。仍禁有司豪右巧避侵渔等弊，毋累穷民，兵罢之日，即行蠲免。

命总督李化龙相机移驻重庆，调度三省镇道官兵，所需兵饷，户部亟行处发。仍禁漏泄处播军情。时万鳌所部建武兵多有虚冒，道府以法绳之，鳌怒，与尚仁纵家丁鼓噪分剽，几酿大变。督按以状闻，并纠其通夷纳贿事情。刘綎受命赴蜀，逗留不进，建议征播必用精兵二十万人，倍其饷，不计损伤，不限年月，不由中制，不许指摘，隆权重体，惟其所为。于是科道交章论之，且言兵贵精不贵多，今督臣以兵少迟留，恐误疆事，乞催令移驻重庆。兵部覆议上请，故有是命。

（《明神宗实录》卷三四〇）

89. 万历二十七年十一月戊申

四川按臣赵标疏言播事大略，谓杨酋穷凶稔恶，有不赦之罪，且众叛亲离，有可乘之机，乞朝廷独断进剿，委托督臣以讨贼削平之效，一切攻守机宜，进止迟速，俱勿遥制，文武诸臣有不用命者，听以尚方从事。而疏中复参新任总兵刘綎，与原任抚道邢玠、王士琦等。谓綎跋扈，玠等酿衅，均不可不问。疏下兵部，覆议，以为刘綎业奉处分，邢玠姑免议外，其委任督臣，责成文武，悉当如按臣所陈。至播酋惯行贿赂，有黩货通贼者，尤宜廉实重处，以肃人心。上曰："朕以西事付督臣，进止机宜原不中制，诸将吏有逗留失机者，听以军法从事。朝廷赏罚明信，责在按臣，毋徇情偏听，致有参差。逆酋善贿，举首者功之，隐匿不发，即以通贼论如法。"

兵部上言："督臣李化龙议调各处兵马，除宁夏尚未报发，延绥、甘、固三镇各已报发二千，浙三千，山东及王芬所统者凡四千，吴广原带之兵不下数千，庄志傅调广西土司兵三万，安疆臣闻已奉诏出兵，云贵选练调遣数亦逾万，陈璘、钱中选、王鸣鹤诸将分布犄角，湖广抚臣亦已移驻沅州。夫以调集者如彼，简募者如此，苟能矢志审机激发地方之同仇，鼓舞地方之豪杰，以四五省之材官，制此弹丸一隅之小丑，似不必尽天下而骚动之。臣以为所议南兵可缓调也。惟是应发粮饷共计一百五十万有奇，半欲取之同库，半欲取之中都、南直、闽、广等处，顾同藏所贮几何？且东请西发，日不暇给，乌可执以为常？况户七兵三之例已经停止，臣等前疏已明言之，乞敕户部从长酌处，臣部毋与焉。上命调兵如议，协助饷银，二部屡次互执，恐误军需，其会同都察院虚心定议以闻。"

（《明神宗实录》卷三四一）

90. 万历二十七年十一月乙丑

诏征播机宜，悉皆责成督臣，各官宜协谋共济，有妄生机械，流言游说，颠倒是非，荧惑耳目者，在内听部院科道，在外听总督抚按，不时参处。兵部覆总督李化龙之请也。

（《明神宗实录》卷三四一）

91. 万历二十七年十一月己巳

兵部覆："湖广抚按会题征播二事：一、调募兵士。南兵可调与否，应行查议。其施州、麻驿、镇筸等处募兵三万，及调集本处各土司土著官兵俱如所议，听陈璘统领督抚布置，但在遴选精壮，申严纪律，毋令虚糜骚扰。一、荐用将领。原任都司吴时乔、游击柳邦奇、王一桂等，据称谋勇素裕，堪置行间，应如议起用，功成之日，分别叙擢。"报可。

（《明神宗实录》卷三四一）

92. 万历二十七年十一月乙亥

四川督按举刺采木官员，分别劝惩。仍以播酋煽乱，乞暂停采办。上从之。

（《明神宗实录》卷三四一）

93. 万历二十七年十二月戊寅

命总督邢玠照旧供职，王士琦褫职回籍，张与行、莫睿行巡按御史，勘明具奏，以按臣赵标追论勘播前罪也。

（《明神宗实录》卷三四二）

94. 万历二十七年十二月乙酉

大学士沈一贯上言："人主于天相去甚近，天心仁爱，则出灾异以儆之，不可不敬承也。迩岁之灾甚多且大：今年雷击太庙树，辽东军器火，浙江邑漂，福建石飞，以至陕西、山西山崩地涌之变，尤为罕绝；荒歉半天下，人民流离，不忍见闻，守边军士嗷嗷待哺，播酋肆螫，勤兵四方，临清民变，建宁士叛，皆非细故。近日火星一逆禁内，随火感应之速如此，可畏殊甚。臣记万历十三年，火星入南斗，占为天子下堂走，此非吉语，而皇上是时特发睿心，躬亲步祷，应天若此，遂为千古传诵之圣德，岂但弭灾致祥而已哉。今灾异甚多，忧危不少，皇上但宽仁广义，受谏亲贤，恤军民之怨咨，勤边腹之隐忧，整理初御远大之志，罢改顷岁近小之图，则社稷之庆毕臻，福履之绥日集矣。"

（《明神宗实录》卷三四二）

95. 万历二十七年十二月壬辰

贵州黄平镇盘获杨应龙奸细郭大禄等，供系浙江龙游人，搜囊中有天文、地理、火器、攻城、大明一统诸书，按臣以闻。兵部言："应龙奸党四布，此其志不小，请敕内外严加访缉，其从逆之家，仍行原籍抚按查审有无知情。"上然之。

（《明神宗实录》卷三四二）

96. 万历二十八年正月庚戌

户科都给事中李应策历陈播州开隙失事诸臣，始应龙之系狱，则抚臣艾穆不应借议调赴讨赃以致脱放，继又不应因拘其子激成反叛，是抚按既失于防闲，司道又昧于调剂，有不止叶梦熊改土为流，发大难端者，甲午之役，王继光轻率招尤白石之殃，林乔相依违失援，邢玠复幸功急就，朦胧结局，乃将刘綎数万川军调取征倭，益启戎心，加以谭希思之庸懦无为，江东之之轻躁致败，飞练舆尸，祸延綦江，流血百里，不此之诘而他问，盖百足之不僵，而苇苕之易摧也。而刘綎之要挟逗遛，王鸣鹤之临敌畏缩，陈璘之且行且止，俱应从重分别议处。上命部院看议具奏。

（《明神宗实录》卷三四三）

97. 万历二十八年正月壬子

贵州巡按宋兴祖条奏六事："一、严期限。总兵童元镇违限，今后用兵官员限外不赴任失事与见（现）任同罪。一、责立功。临敌易将，兵家所忌，綦江城陷，全蜀震惊，方用刘綎，复调南京，且綎善练兵，为贼所畏，应留与童元镇犄角进兵。一、一将心。须严明约束，令倖功者不得躁进，巽懦者不得退缩，儇巧者不得观望。一、假便宜。兵家之变，应在呼吸，道里险远，难待禀复。一、停木运。土薄民穷，不堪两役，乞暂停，专力讨贼。一、重成命。原旨云南镇守驻霑益，广西镇守驻泗城，乞趣二镇亟移信地，互为唇齿。"不报。

（《明神宗实录》卷三四三）

98. 万历二十八年正月癸丑

兵部题："贵州巡抚郭子章揭称播酋四出劫掠，羽书沓至，贼势重大，动号数万，连营结寨，窥我卫城，塞我官路。而我兵通省不及三万，分布之则一城不过数千，众寡相悬已甚。且分理在司道，而各道空虚无人；统领在主帅，而主帅多观望不至；捍卫在卒伍，而卒伍军弱不振；兵士既集，所需在粮饷，而粮饷每缺乏不继。以此用兵，鲜不偾事者也。惟湖广原调三万之兵，并总兵陈璘、副使王应霖速赴偏桥；云南、广西原调一万七千之兵速赴贵阳；云南总兵沐睿速驻霑益；广西总兵李如樟速驻泗城；湖广抚臣移驻沅州，各该道并移近地；贵州总兵童元镇速赴贵阳，以资弹压。其畏怯不前者，从重参处，则师中之气联为一心，我之声灵克壮，贼之授首可期矣。"奉旨："贼日肆狂梗，各官著作速移驻部属地方协力进剿，如有观望逗遛误事，国法凛然，有沈尚文例，督抚部科从重参处。"

（《明神宗实录》卷三四三）

99. 万历二十八年正月丙辰

兵科左给事中桂有根题："川贵总督李化龙揭称：播酋狂逞未已，贵州物力难支，乞处懦将，给饷金以图全胜。贼锋四出，道路阻塞，童元镇、陈璘、吴广尚未履信地，楚抚支可大高坐省城，前疏调兵四万，见在偏桥止五千人，单弱如此，难与争衡，然总督已移驻重庆，黔抚亦移驻兴隆，即诸将或有迁延，而彼中如李应祥智勇可用，故无将犹非所患也。至于户部之饷，原议须蜀二十万者竟属乌有，即广西、福建之银安能朝发夕至，以济枵腹？惟有发帑金一十万，或暂借老库银，星速给发至黔，则三军尚可激励耳，不然驱饿民当强贼，将不可胜讳也。"不报。

（《明神宗实录》卷三四三）

100. 万历二十八年正月丁巳

户部题："贵州巡抚郭子章以播寇突出，需饷甚急，闽越之银，路远到迟，欲就近于滇蜀借银二十万，即以闽粤照数解补。倘再不敷，凡邻省堪动钱粮，听总督先动后题，各省官不许支吾推诿。"从之。

兵部题："四川巡按崔景荣参刘𫄧骄恣侮慢，观望逗留，因诛其心。一、与应龙通家两世，不忍操兵相向。一、因东征叙功，居陈璘之下，升赏不满，初心缺望心𬌇。一、恃身称宿将，用兵非彼不可，以故多方要挟。一、应龙惯于用贿，或起行之日，先通厚贿以续旧盟，罪不容诛。按臣宋兴祖顾欲留之治兵，𫄧岂甘处人下，不阴图相倾耶？宁不速合播酋并吞蚕食耶？如谓应龙所惧惟𫄧，又安知不用间而以连衡处事邪？故𫄧断不可留，所当革任回卫者也。"上从之。

（《明神宗实录》卷三四三）

101. 万历二十八年正月戊午

阁臣沈一贯题："川贵总督李化龙以同舟之义责成楚抚是也，但楚地辽远，其民轻心易动，移驻西偏不无顾此失彼之虞。陈璘拥重兵于偏桥，亦非一二道臣所能制，不如特命大臣一人视师，事平与总兵一同裁撤为便。"

（《明神宗实录》卷三四三）

102. 万历二十八年正月己未

兵部题："川贵总督李化龙揭：贼自残破綦江，皇上赫然震怒，大发海内之兵，责臣以讨贼。臣竭驽钝东向以图之，以土兵难全恃也，故请大发边腹之兵，以三省难自给也；故请多发内外之饷，以招苗之路宜绝也；故请置偏桥之师，以黔省之力不足也；故请责全楚之供，盖庶几出于万全。又一面行二省镇道严为备御，一面令安疆臣、奢世续直捣其巢，黔抚亦发安民省城防守之兵万余，令王嘉猷将之往援，播非水西之敌，贼势似已少敛，道路似已渐通。外省兵河南二千，陕西六千及浙江、云南、广西兵俱已次第入境矣。乃尚有所当请者三：则懦帅之当处也，黔饷之当议也，楚省之当同心也。沈尚文、童元镇俱黔帅也，尚文畏懦，重处固宜，元镇新帅而蹈旧帅避事之，登何可不革职而令带罪自续也？黔中惟无饷故，未敢多募兵，今云南、广西之兵旦募且至，其能枵腹而应敌乎？则必闽、广二十万俱为寇数，更益以别省见银一二十万而后不虞脱巾也。夫偏桥走全省之道，偏桥不守，则祸中于楚，今戮才会剿为黔即为楚也，非舍己耘人之比也。"奉旨："川贵总督抚道俱已近播弹压，惟湖广兵将不济，饷又未备，倘致失期，巡抚岂能逃其责？楚地辽远，抚臣顾管难周，欲添差一员督理监视，该部院议处来看。童元镇逗遛太久，著戴罪管事，俟杀贼后题复，如再推诿懦怯，不待失事，总督便扭解来京，副将以下不用命者即以赐剑立斩徇众，总督无得疑畏致误事机，罪有攸归。"

（《明神宗实录》卷三四三）

103. 万历二十八年正月庚午

兵部覆："贵州巡抚郭子章题：黔省僻在西南，为通滇一线之路，地方辽远，在在邻贼而兵微饷寡，单弱已极。自播贼煽虐以来，议兵议饷，累牍连章，亦既虑竭思殚矣。无奈调兵不能骤齐，转饷不能卒至，兼之将领玩愒不急趋事，彼贼见孤黔之可乘，纠结生苗分道突犯于许花王巇，盘踞于三跳、翁岩，孤危之势诚岌岌矣。抚按欲于原议之外，再行募兵三万，分屯东坡、烂桥、重安以固要害而通喉舌。急催湖广、滇、粤、永、保之兵，救偏桥、思石、兴、黄、贵阳一带，以卫地方而壮声援。且虞粮饷之难处，必欲如数解发，将领之规避逗遛，查参究治，此其心良苦矣。第无兵则攻守之难，有兵则供亿之难，议行多募恐一时难集，亦未必精且练也。童元镇逗遛半年，交代逾月鼠伏铜仁，怯愒偾事，若不究惩，岂复知有三尺法哉！今如已任事，容令戴罪自效，或尚观望，听督臣解扭赴京治罪，其员缺即以听用总兵李应祥补之。"奉旨："贵州孤危，著总督与镇抚上紧应援，兵马若少，准再酌量调募，另给粮饷与他。广西、云南、湖广各兵俱要齐赴信地战守，不许逗遛观望。童元镇堪否策励及应拿应换，总督务遵屡旨从宴行，不得姑息。陈寅等如再不到参来重处，朝廷不中制，该督抚宜协心力任，相机行事。"

（《明神宗实录》卷三四三）

104. 万历二十八年正月辛未

兵部题："播酋猖厥，势所必诛，调兵集饷，急如星火。不得已将庐、凤、淮杨万历二十年分应解马价六万七千两，又将二十八年折色马价扣除三万三千两，凑足十万暂济川、贵之急。今淮抚李三才称候马价解发必误事机。先借漕库船料三万两，盐课五万两，并庐州府二十七年马价二万两起解，而以前议未解马价抵补，此权宜之计也。"上从之。

（《明神宗实录》卷三四三）

105. 万历二十八年正月壬申

都察院左都御史温纯题："云南巡按御史刘会报满，请以浙江道李以唐代差。因言播酋豕突于兴隆、黄平之间，将断贵州之道为图云南之计，云南内有二心之顺宁，外有垂涎之播酋，实危急存亡之秋。以唐此行，道经贵州而察贼势之强弱，入云南而建备御之长策，其有裨于国，不亦多乎！又力请考选行取诸臣。"俱不报。

（《明神宗实录》卷三四三）

106. 万历二十八年二月乙亥

吏部覆：“贵州巡抚郭子章等题：分守思仁副使陈与相，整饬都清兵备副使袁应文，整饬威清兵备副使简继芳久未到任，已经本部严移文严限督促，但简继芳由浙赴黔路远到难，恐误军机，拟将原任山东参议王邦俊起补，而以继芳调云南副使，分守普安。并以原任按察使梁云龙起补湖广右布政兼佥事，整饬岳州、九永兵备；原任副使袁弘德起补湖广副使，整饬荆西兵备；原任副使张天德降补湖广右参议兼佥事；职方员外郎冯应京升湖广佥事，整饬武昌兵备……”从之。

户部以征播之兵大集，黔省粮饷不支，且道路阻塞，飞挽无从，应于楚蜀库藏现银那借凑用，间关万里，寇贼梗路，数数奏请，耽延岁月，乞严饬川湖各省遵照接济。奉旨：“粮饷用兵紧务，难待奏报转展，邻省应解的，著总督严行催取，该抚按不许执留短少，致误军机，以后不敷，任总督便宜征发，不必一一奏请。”

（《明神宗实录》卷三四四）

107. 万历二十八年二月丙子

兵部尚书田乐以偏桥接轸播界，逆贼素所垂涎。先，该总兵专驻以资弹压，特设巡抚督理，第官系新设，事无专责，乞酌议详明以便注措，因上六事：“一、议驻扎。抚臣之设，原为督兵理饷，湖广通省尽属提辖，远驻偏桥鞭长不及马腹，况偏桥地僻城小，既驻总兵衙署，供亿力必不支，宜令抚臣移镇沅州而守，巡历清、平、偏、镇，以便就近策应。一、议分辖。黔地界在楚、蜀之间，湖北、川东犬牙相错，抚臣建节偏沅，则湖省与川贵附近等处悉应分辖，庶画地而守，不致推诿误事。一、议节制。抚臣既已裂疆定界，凡调到各处兵将，俱当会同总督分布调发，随宜应援，其有执拗逗遛抗违不用命者，悉以军法从事。至于军民词讼有关兵饷者，俱得听理，其余不必侵越。一、设中军。巡抚标下例有亲兵，一切饬整戎旅，传布号令，职在中军，此臂指之义也。偏抚新立，合于所属，挑选精锐才兵千余以资护卫，添设中军游击一员以便承宣，事宁之日并行裁革。一、议严期限。礼君命不宿于家，况播贼匪茹，义当灭此而后朝食，今新抚江铎见任易州参政，伏望严饬就道，刻期上任。一、议供应，闽广任重体崇，将较胥吏、员役必多廪给，纸札犒赏等项岂容猥琐，溪刻合行湖广督抚预为计处，派解听用，无致临时缺乏。”奉旨：“俱依拟。偏沅用兵，原是湖广巡抚之责，朝廷念其地广难遍，特设经理以分其劳，除征播军机系专责外，其一切合用兵马钱粮取给通省，著该巡抚与经理同心上紧催攒接济，不许推诿误事，所辖文武官吏如有抗违，著不时参来重处。”

（《明神宗实录》卷三四四）

108. 万历二十八年二月辛巳

总督蓟辽经略尚书邢玠奏辩科臣李应策追论播事失策不剿始末，因乞休，上谕留之。先是，杨应龙为讨贼放还，廷议遣玠往，先勘后剿，谓悔罪出勘，情法并伸，如仍负固，方行剿灭。后应龙三具文请勘，一出播川，再出松坎，三出綦江之安稳驿。应龙认纳赎银四万两，质其子可栋于重庆。后因可栋死于非命而再叛。则玠复命后事也。

（《明神宗实录》卷三四四）

109. 万历二十八年二月乙酉

总督宣大、山西都御史梅国桢题："将各项节省见在银一千九百九十余两共凑二万解发贵州充饷。"奉旨："不准解发川、贵，著太仓莫除山西年例，以省脚价。"

兵部覆："川、湖总督李化龙题：贼破綦江以来，锋不可当，今汉、土诸兵各有擒斩，寨长生苗望风投降，腹心已溃，道路渐通。但师以久玩，兵以胜骄，新抚未到，湖广抚臣自宜急趋偏沅，督率诸将并力前进，歼彼贼党，救民水火。以后投降人众，仍当察其真伪，勿致轻信中贼奸计，方保全胜。"奉旨："西师既有擒斩俘降机会，宜乘著督抚率领镇将分道进捣，务要齐心并力，不许违误节制，偏桥系支可大候地，著遵旨前住督兵，待江铎到分督兵饷，共成大事，不得推诿。如有失期，重罪勿饶，投降人等，还审察真伪安插，毋堕狡谋，亦不失招徕分势之计。"

（《明神宗实录》卷三四四）

110. 万历二十八年二月己丑

兵部尚书田乐……又题："督臣李化龙称：刘綎父为名将，立功蜀中，綎结发从戎，屡有战功，播人惮其威名，况经改南以来深切愧悔，思得自效以雪前耻，且其部伍整肃，器仗精利，欲以川东一路属之，与吴广分道并进。科臣则以綎骄蹇逗遛，悻悻恃功，快快失志，无人臣礼，且闻其在荆州受杨酋六扛之馈，心迹叵测，必欲用綎，亦应照童元镇例，革衔受事，以观后效；如其狡狯观望，偾军误国，尚方剑在，何辞杜邮之诛，庶不负朝廷使过之仁，并不负督臣破格之举。"奉旨："刘綎已经参论革任，既总督说进兵在迩，分布已定，一力保来，准充为事官，领兵剿贼，报效有功，一体叙赏。如再负恩骄纵，误事观望罪不饶。"

又题兵科桂有根具题二事："……一谓播事既许应龙自缚，倘得首恶，余民深当抚辑，闻应龙蓄养形貌肖己者甚多，必其预防势穷力屈，辄施纪信之计，若幸功心多，防奸意少，致元凶诡脱，不惟见笑丑夷，抑恐留蔕将来。又湖广抚臣支可大应移驻偏桥，新设抚臣江铎宜刻期赴任。"奉旨："辽东先调西兵，便著分队撤还，一面亟选本镇军人充称，以备不时战守，毋得推诿，致误边计。西征机宜，朝廷既不中制，著督抚审度处置，毋贻后悔。江铎限一月内星驰赴任，此系权设衙门，一切应付著各官预与处给，不必待他请讨。"

兵部覆："四川巡按御史崔景荣条奏六事：一、重间赏以省杀戮。杨贼狡黠，如先年白石之役，遣人诈降，声言应龙已逃，又言被仇执缚，诱哄各军乱进无次，入于伏中尽被杀害。昔狄青不认衣金龙衣者为侬智高，正防其诈，故间不可不审也。一、禁骚扰以安内地。各兵聚集，土汉杂处，土民犷悍，好斗轻生，切宜禁约。一、议应援以防伏兵。播境险阻，恐贼出间道，势须策应。一、宽文法以杜欺隐。法重难行，人怀顾忌，事鲜实闻，惟当不狃小胜，不责小败，务令据实奏报。一、禁杀虏以散逆党。临阵斩级，登簿升赏，若原非战斗而持级报功，即系妄杀，立斩以徇。一、议赡养以抚降人。宜严禁吓诈以广招徕之路。给仓谷以息争夺之风。"奉旨："用兵深戒妄杀，尤当敬慎终始，不但进取之时须相犄角，即克胜之后亦宜整队肃防，毋徒姑息疏脱致堕狡计，仍禁戢各将毋得争妒参差，纵暴扰掠，违者虽有功亦以罪论。督臣还须定方略，详申法禁，使人有所遵守，但不得过为掣肘，令失机会，威福朝廷，大权自有斟酌。功必不遗，罪必不宥，以得罪首为期，苛细亦所不计。"

（《明神宗实录》卷三四四）

111. 万历二十八年三月甲辰

户部题："贵州巡按宋兴祖称：克日进兵，粮饷至急，今福建十万尚无影响，广西十万方到沅州，恐后不继，致脱巾之变。"奉旨："协助兵粮，著火速严催接济，有再借口支吾的，总督抚按指名参来重处。"

又题："贵州巡抚郭子章咨：总督李化龙已于正月十五日誓师，贵州亦以二月初三日誓师，进兵有期，而总兵李应祥、副总兵陈寅、王鸣鹤俱未到，今副总兵陈良玭守偏桥二月，调度有方，可摄婺州参将，督兵从龙泉进。原任参将杨显，魁梧勇武，为永顺所信服，可起游击摄兴龙参将，督永顺兵从黄平进。"从之。

（《明神宗实录》卷三四五）

112. 万历二十八年三月乙巳

户部题："偏沅巡抚江铎，以大兵云集，恐楚中加派钱粮，一时遽难完解，请以该省见征条鞭银两，权宜借用，候征补完，仍将应运黔省充饷钱粮，先朝督解以济紧急，如有迟缓，听抚臣查核参处提问。"从之。

（《明神宗实录》卷三四五）

113. 万历二十八年三月壬戌

兵部题:"贵州巡抚郭子章报称:播酋督率马步兵数万,于正月初五日杀破龙泉司,将土官安民志、吏目刘玉銮绑虏去,守备杨惟中先期托言参谒守道,潜避鹦鹉溪。据惟中称,龙泉切近播境,系贼出入之路,贼所必争,职兵不满二千,贼兵动称数万,众寡难支。但惟中以公出思南为解,而恳留不允,事不避难之忠未尽。又副总兵陈良玭以急守偏桥为词,而屡催不至,同舟共济之义则疏。今据总兵陈璘未到,良玭犹属代庖,难以苛责。龙泉原无城郭可守,而惟中坚守二年,微有斩获,故论其惟怯,善弃信地,即拟重辟非过,特今元凶未扫,或开使过之门,尤得戴罪自效。"奉旨:"童元镇、陈良玭姑记过,候事完通议。杨惟中本当拿问,姑革职取死罪,招由戴罪管事。近来军纪不严,明旨申饬,不啻再三,各兵将通不遵守,何望克敌成功?李应祥等是何缘故?至今未到,著各抚按严查飞奏,不许循情回护。"

总督侍郎李化龙题报:"分布八路进剿形势部署官将名目,并录神誓文与军誓以进。"上深然之。其誓神之词曰:"春秋之义,人臣无将,汉法所诛,大逆不道。逆贼杨应龙,本以夷种,世厕汉官,被我官裳,守被爵土。辄敢忘天朝豢养之恩,恣鬼国凶残之性。初但殃及骨肉,继乃祸遍蒸黎。婴儿孕妇,概被诛夷,杀将屠城,以为常事。虐焰燔于五司七姓,淫毒渐于九溪三危。天地不容,神人共愤。皇帝痛兆人之失所,杜列辟之效尤,遂伐暴以安民,乃兴师而问罪。某等共以职守,咸在戎行,坚除凶雪耻之图,奋戮力同心之谊。庶几共奖王室,乃可必得罪人,兹将鞫义旅以徂征,敢用对明神而作誓:夫惟忠可以报主,惟公可以服人,惟敢死不二,可以徇国家之急,惟精白无欺,可以树掀揭之勋。凡在行间请事斯语,若督抚、镇、道,及副参、游、守、府县衙所大小文武等官,有怀奸饰诈,罔上行私,干没军资,枉残民命;或假公事以报私仇,或介小嫌而妨大计;或以是为非;或以非为是,任一己之见而失三军之心;或当进不进,当援不援,偷一时之生,而戕万民之命;或怀忠不尽,退有后言;或临事避难,转生枝节,或赏罚功罪之不明;或南北汉土之异视;或挟机械变诈之术以利己;或造疑似影响之说以倾人。有一于斯,即为负国,明神殛之,死不旋踵,永绝其嗣。夫神护国佑民,以食其报者也。神不明,则士不奋,贼不灭,民不安,不能充礼于神,亦有不利焉,惟明神实图利之。其誓军禁约各官及条诫各兵,临阵俱恳切详明。"闻者感动。

(《明神宗实录》卷三四五)

114. 万历二十八三月戊辰

吏部题:"贵州巡抚郭子章以播贼残破土司,查参失事将官,因认罪求去。"上以兵事方殷,不许。

(《明神宗实录》卷三四五)

115. 万历二十八年四月乙酉

川湖总督李化龙题:"广兵、陕兵因事忿争,互相杀伤,总兵吴广不能约束,全无纪律,欲并其赴任违限,从重罚治。"上仅夺其俸三月。

总督蓟辽尚书邢玠以先奉旨勘播,乃因人言咎其不剿,引罪乞休。上曰:"邢玠勘处播酋,奉敕行事,何必自陈,著照旧供职。"

(《明神宗实录》卷三四六)

116. 万历二十八年四月己丑

贵州宣慰使安疆臣奏:"播警方殷,会剿在即,谨陈忧谗畏讥之私以息群猜。"奉旨:"推诚布公,赏罚明信,微功必录,岂负忠义之臣?安疆臣奋忠讨逆,奉公灭私,朕方嘉悦,谁敢妄生谗毁,有何嫌忌?著他上紧进兵报效,毋得自生疑阻,成功之日,一依原格行赏。"

湖广巡抚支可大揭称:"两省定约合兵共捣,今楚兵一进辄有斩获,而贵州兵将迁延不赴,恐贼渡江设伏,大兵无路可进,乞敕诸将并力一心以图灭贼。"奉旨:"两省既约合兵,贵州何为不赴?以后著首尾相应,以图万全,不许借托迁延,长奸玩寇,著各巡按移扎近境,纠察奸弊奏闻。各路官兵众多,恐有推诿争妒等情,各官务要同心协力,功成同赏。若互分彼此,致误事机,决行重处不宥。"

(《明神宗实录》卷三四六)

117. 万历二十八年四月壬辰

贵州巡抚郭子章报:"播贼掳去防御宣慰宋承恩。先是,承恩与应龙翁婿之情,安能不往来?近始与之绝,其被掳也,顺逆之情尚未可知。所遗该司土民尚多,恐杨贼别生诡计,相应于亲族中择能抚驭之人,责令招合绥辑,不致为贼所用。"上命巡按查奏。

兵科左给事中桂有根参总兵童元镇兵无纪律,丧师万余,游击谢崇爵望风奔逃,并监军杨寅秋赞理失策,巡抚郭子章调度乖方,及刘綎、安疆臣伪称扼险以固封疆,实欲驱寇以祸邻国。事下兵部。

(《明神宗实录》卷三四六)

118. 万历二十八年五月丙午

兵部题:"据川贵总督李化龙、巡抚郭子章所报:乌江之败,其失有六:兵分八路,该路止宜聚兵乌江而设疑于河渡可也,乃分而为二,相去辽远,我分彼合,众寡相悬为贼所乘,失一。既兵分矣,幸得破关,宜合兵以待大军,而河渡方且攻囤,乌江亦未治垒,失二。关在前,江在后,是背水阵也,法宜死战,而见贼辄走,失三。欲觅

· 95 ·

退步，必须守桥，庶几可前可却，乃无一夫之守，奸细得而断之，失四。换旗合哨，非仓卒事，既知有奸，即宜整备，而悠悠忽忽，遇敌先乱，岳家军殆不如是，失五。土汉错处，缓急异指，一失驾驭，岂得调和，积妒成争，自分胡越，失六。夫将者三军之司命也，童元镇身为大帅，舆尸愤事，所应扭解赴京，从重究罪；谢崇爵偷安误事，望风奔逃，宜赐剑处斩，以肃军心；张秉、张澍虽失律丧师，犹身在行间，情略可原，姑命戴罪杀贼。仍行督抚申饬将领，及宣谕安疆臣、刘綖等各奋忠勇，合力灭贼，其元镇总兵缺以李应祥充补。"上一一从之。

（《明神宗实录》卷三四七）

119. 万历二十八年五月壬子

兵科都给事中侯先春题："贵州巡抚郭子章揭：镇雄知府陇澄斩杨酉子惟栋、伪提调等五十余人，贼兵及万，乞先赏陇兵，为诸路倡。"命下部议之。

（《明神宗实录》卷三四七）

120. 万历二十八年五月己未

兵科都给事中侯先春言："督臣李化龙布署已定，功在垂成，今闻丁忧，伏乞皇上勉留，以发平播之功。"命下部议之。

（《明神宗实录》卷三四七）

121. 万历二十八年五月癸亥

阁臣沈一贯题："科臣为黔帅报捷，乞优赏陇澄。查澄系镇雄府土知府，即安尧臣子。与兄宣慰使疆臣同母凤氏所出。安民奉皇上抚谕，澄持枪督阵，斩获播苗万余，戮其爱子，复诱之议抚，擒送其腹心尚义等二十四人，具见忠义之心。今议赏澄金币，臣谨票拟并详始末以闻。"

户部题："科臣侯先春言：逆酋就戮可期，而安疆臣之兵需饷甚急，征播拮据数季，方有破竹之势，若复以缺饷隳功，偾事之诛，谁其任之。"上命："各抚按定限催解，毋得怠缓误事。"

（《明神宗实录》卷三四七）

122. 万历二十八年五月乙丑

吏部题："督臣李化龙忽遭忧制，乞令从权管事。"奉旨："军旅事大，李化龙正值督兵决胜，当从权移孝，力图报国。待荡平贼巢，处置悉备，方听回籍守制，切勿顷刻杜门，致妨机务。"

（《明神宗实录》卷三四七）

123. 万历二十八年五月丙寅

阁臣沈一贯题："据督臣李化龙揭言：贼势穷蹙已极，腹心内溃，父子相疑，擒在旦夕。因言有功官兵所宜破格酬赏。"

（《明神宗实录》卷三四七）

124. 万历二十八五月丁卯

兵部题："征播三报捷音，正宜乘势合力会剿，不可泄泄从事，有误军机。乞严敕各总抚镇将，刻期并进早奏荡平。"从之。

（《明神宗实录》卷三四七）

125. 万历二十八年六月丁酉

川湖总督李化龙闻讣乞守制。奉旨："守制固孝子至情，但贼势垂亡，兵机尤急，关系西南，倚托最重。近该部科公疏请留，朕已有旨，宜抑情遵命，视国如家，事完终丧有期，慎毋哀毁妨误。"

（《明神宗实录》卷三四八）

126. 万历二十八年六月庚寅

兵部尚书田乐题："辽镇左护神京，曩称屹然雄镇，顷以东征调发，行伍空虚，加之丑虏凭陵，伤残更甚，小酋纠众挟款于西，那奴谋杀猛酋于东，议抚议剿，二三其说，肘腋之地甚可寒心。蓟门逼近畿辅，轸接全辽，利害安危，寔与辽共，安知诸虏不阳款于蓟，阴犯于辽。势既等于辅车，念当切夫唇齿，三镇款贡，稍称宁谧。然而豺狼何厌，必须掺纵得宜，令彼永就羁鞠。山西北连套虏，更当预备震邻。延绥大创之后，诸虏之忿报未已。宁夏兵火之余，群丑之窥伺更深。松山界于甘固，版筑粗完。狡虏失其故巢，睥睨方切。固镇之策应控制，甘肃之绝塞孤悬，缓急需兵，亟宜选练。矧诸酋鼠伏于松套川海之地，盖亦有年；其豕突于延宁甘固之区，已非一日。时值高秋，更须堤备。如城堡之当缮葺，险隘之当扼守，器具之当修整，刍饷之当处备，士马之当挑选，将领之当更置，侦探之当严明，赏罚之当画一，合应预为料理，勿致临事疏虞。迩者播酋负固，兵连祸结，兼之矿税借资，不过一时权宜，差委无知，便勾引百计残虐，所在骚然。淮徐之巨寇方解，两浙之左道又兴，此正理乱之机。至如京营储养六师，本为居重驭轻，巡捕职司稽察，防奸弭盗宜严，俱宜加意遴选，悉心振刷，其有倚托伎术游食缁黄，悉行驱散，毋令混集莘莘，亦弭患之一端也。"其言切中时事，上悉纳行之。

（《明神宗实录》卷三四八）

127. 万历二十八年六月己亥

兵部题："偏沅巡抚江铎塘报：六月初六日各路合攻破海龙囤，杨应龙势急自尽，生擒伊妻子并逆党何汉良等，一鼓荡平，攻收底定。"上报闻。

阁臣沈一贯题："奉御札：逆贼杨应龙已就天诛，此实仰赖天地洪庥，祖宗佑助，大小文武将士溽暑之时，成此大功，朕心嘉悦。其赦宥无辜，抚安地方事宜，卿可传示该部议拟具奏，特谕卿知。且恭捧攸漏，皇上独持成断，密运机筹，历世跋扈之雄，数月削平。皇上一闻戎捷，即念人劳，谓溽暑成功，事非容易，并加怜恻，形于诏词。又令臣等议拟赦宥，抚安合行事宜，真天地长育，父母生成，远近闻之，谁不感注。臣即传示施行。"

（《明神宗实录》卷三四八）

128. 万历二十八年七月壬寅

四川巡按崔景荣奏："四川总兵官吴广贪酋贿赂，甘堕术中，赞理监纪马湖知府蔡宗宪同奸相济，共谋缓兵欲受贼降。刘𫝳、周国柱膺一路之司，应援不速，均属有罪。"兵部覆："吴广革总兵职衔，量充为事官，戴罪杀贼自赎。刘𫝳、周国柱案候事完通论。"从之。

（《明神宗实录》卷三四九）

129. 万历二十八年七月甲辰

先是，上以逆贼杨应龙已诛，令条上善后事宜。至是兵部议上诸状："一、宥无辜。言兴师伐罪，止诛元凶及有名恶党，凡汉土诸人，不得已相从者，不必株遭蔓引。一、安地方。言五司七姓陆续所收降众，宜加意抚绥，设法赈济，令得其所。一、禁豪强。言地有分土，廛有定居，遭变诸人事平而反，胥照旧基承认，暴横者不得多取。一、议蠲恤。言兵兴以来，被害之惨者无如綦江诸处，而川蜀运粮之家，尤可矜悯，即播州之内，自逆贼梗化，逋欠甚多。受降之人，既属编氓，自应宽免数年，而我民之以征调累者，宜行督抚诸臣酌议蠲恤。一、夷险隘。言逆贼衡命，以天堑为险，今虽建置郡邑，其他峭壁木植，悉宜削除剪伐，可耕之地，因而开垦。一、议撤留。言兴师十万，日费千金，今贼已荡平，应撤者与之行粮犒赏，应留者亦须安置得法。至永靖诸番横恣，似当趁此撤留未定之时，酌议剿处。一、慎勘叙。言逆酋非出生擒，赏格似宜酌议，须以各官莅任之久近，权其功次之大小，兼以功罪之有无，定其叙录之轻重。一、明功罪。言将领中有以死罪令自赎者，有革去见衔戴罪立功者，宜行总督抚按衙门备查功罪，明析妥当，立有新功者始以宽其旧愆，即获功无多，所犯难贷，须公平定拟，无使幸漏法网。一、禁揭害。言人心险巇，戈矛易生，甲可乙否，泾渭混淆，一切从征员役，不得妄具揭帖，以乱视听。一、计善后。备查播地，地某处与某处连区接轸，作何分隶，隶某处与某处应设某府州县，作何安置，将领作何统辖，流移作何招徕，务令犷悍不毛之地，尽入范围。抚驭之中其未尽事宜，仍令彼中督抚诸臣议妥具奏。"得旨："元凶既殄，凡胁从免治，流移招复，毋许豪强乘机兼并，仍优加赈恤，以安新定地方，兵马久成劳苦，酌量次第撤还；永靖诸苗横恣逋诛，就著撤回兵马剿处，可即便宜行事。军中一应有功人员，俱从公叙来，余俱依拟。"

（《明神宗实录》卷三四九）

130. 万历二十八年七月乙巳

大学士沈一贯题："顷藉皇上神威，杨应龙授首，赵古元就擒，斯诚大庆。然尚有最可忧者，莫如辽东。夫辽之所恃惟抚镇道三臣，乃彼此嫌怨，不能一日相容，方倾害不暇，何暇防御？数日内部院诸臣相继具奏，臣亦揭请亟点辽东巡抚往代李植，而皇上未发，盖未谂辽之岌岌耳。今天下巡抚有四铗：辽东第一，次则延绥，次则苏松，次则福建，皆势穷理极不可更迟。而辽尤其甚者，以一点之难贻四方不测之患，后之噬脐何及。望简吏部会榷原疏，均赐点发，寔今日燃眉急计。"不报。

命吏部考功司主事倪斯惠、刑部广西司主事陆应川往河南，工科左给事中张问达、户部河南司主事鲍应鳌往山东，刑部河南司主事李叔春、工部营缮司主事应汝化往山西为考试官。

（《明神宗实录》卷三四九）

131. 万历二十八年七月乙巳

工科都给事中王德完奏言："顷川湖督臣李化龙再以制请，皇上准其守制。剿乱微权，仁亲大谊，于焉并得。惟是播州，千里提封，三省联亘，夷汉杂处。逆酋虽灭，苗众犹繁，依穴附山，首鼠观望，脱善后非人，瑕寡复作，征发措置之难，更有十倍于往时者矣。伏乞皇上慎重兹举，敕下大小九卿诸臣，公举重臣一人，速为往代。"疏入留中。

（《明神宗实录》卷三四九）

132. 万历二十八年八月戊戌

以播司荡平，覆总督李化龙回籍守制。

（《明神宗实录》卷三五〇）

133. 万历二十八年九月辛丑

兵部覆："四川巡按崔景荣查勘播功，不必避嫌，仍会同湖、贵按臣秉公实核。"允之。

（《明神宗实录》卷三五一）

134. 万历二十八年九月甲辰

大学士沈一贯疏陈播州善后事宜，言："总督李化龙忧归，众举京营尚书王世扬往代，而以贵州巡抚郭子章陪，因其有功也。适化龙书来，宣慰安疆臣恃有前功，妄冀厚赏，不可无以裁之。臣等固思安氏与杨氏接壤世姻，声势依倚，杨氏发难之时，天下疑安氏为助，而安氏又与贵州甚近，安若助杨，无论杨不可诛，而贵州省城亦不可保。故一面使郭子章于贵州竭力鼓舞，推心结纳，令其建功，以报朝廷；而一面李化龙征兵四方，恭行天讨，以示朝廷用兵不必籍土司之力，盖总督裁之以法，而巡抚收之以恩，两相济而后安氏始入掌握中也。夫威之入于恩也易，恩之入于威也难，子章之于安氏，方以恩收之，岂可遽以法裁之乎？不裁必恃恩以多求，裁之则生怨而启事，故子章之为总督，势甚不便。惟特遣一重望大臣往，则可以据理而折衷，奉法而定制，子章亦可因而操纵行其控御之术，此定西南之长策也。仰祈皇上用世杨总督，子章照旧巡抚为便。盖杨氏未灭则忧杨氏，杨氏既灭则忧安氏，天下之事善始不若善终，臣等不敢不尽言耳。"上曰："览奏具见为国筹画详慎，王世杨可用，但协理京营亦系重任，郭子章著照旧巡抚，卿可传示该部，另行会推忠实才望的二员来用。"

（《明神宗实录》卷三五一）

135. 万历二十八年九月庚戌

又覆川贵督抚李化龙、宋兴祖会题监军按察使杨寅秋患病。疏言："本官拮据贵竹，劳苦功高，而思亲成病，似非假托，宜令暂归调理。其平播功绩，听督抚优叙，痊日起用，以酬其劳。"允之。

（《明神宗实录》卷三五一）

136. 万历二十八年十月庚寅

大学士沈一贯题催川贵总督："播州之役二三年来，百方拮据，始奏此捷，善后诸务，正在目前，不意督臣李化龙忧归，廷推贾待问、王象乾二人为代，既一月矣，尚未钦定。昨得两省按臣书揭咸云：'播称沃野，人人垂涎，今当鼎革之时，原有地者思欲多占，原无地者亦思妄认，漫无统纪，至相争杀，黔既不敢问，蜀又不复言，日久月深，患在眉睫。'其言若此，则彼处望新督臣之至，情甚急矣。伏祈即赐点用，令其刻期到任，以图善后长策，以纾西顾圣忧。"不报。

（《明神宗实录》卷三五二）

137. 万历二十八年十二月丁酉

大学士沈一贯奏言："臣前日侍班，蒙皇上念臣风寒，特赐伏姜甜食，臣至今感刻不忘。皇上体悉微臣，真同心膂，有如不能展布四体，竭忠殚献，以图报于万一，非人也。臣惟方今王灵丕振，屡奏武功，哱贼授首，倭奴遁踪，北虏寻盟，西戎归土，今播酋又复禽刈，举族为俘，称盛际矣。然兵非佳物，武非善经，费财损人，涂原膏草，内地之所伤者亦不可以数计，故曰兵者不祥之器，圣主不得已而用之。臣愿皇上之念此而重此也，惟是诸将之赏不可不酬，前此陕西松山之功，再叙未下，臣窃疑之，皇上岂视同阅视岁修之易乎？夫松山拓地千里，驱虏于绝域之外，至今诸酋未尝不望阴山而哭，诚国家不易建之勋而近百年来有之事，与阅视岁修相去天渊，臣固愿皇上之察此而无惜一赏，以收边臣之心也。今播功又当叙矣，望与松山蚤赐并发，不然将士必觖望，而异日谁肯用命乎？臣固知皇上加意于此，必无所托，然不得不先事而言也，抑又有大者焉。今天下朝觐官员并集阙下，既睹献俘之盛典，咸颂圣天子功德之巍巍矣。而其聚头窃语，又愿观皇太子册立冠婚、诸皇子分封典礼之成为千载一时之荣遇，日跂竢焉。此事圣心久定，发一明旨，举行甚易也。月下岁已逼除，数日即为春首，礼官之疏，诸臣之牍，又不容已，与其待请而后行，孰若不请而自行，以明皇上天性独厚之至仁，乾纲独断之至健，旷然改万方之观，欢然慰万方之愿，而荡然释万方之疑，岂不甚盛德哉？臣又愿皇上之乘是时而亟成是典也。臣既蒙皇上超常之视，不敢自视为寻常之臣，日虑人众口多喧哗烦聒，恐春来而烦聒者又起，以搅皇上之心，惟皇上断而行之，即此岁内发谕礼部，俾令择日具仪，则万世典礼，万心注瞻，出人意表，而一旦裁定，天下之颂圣德者又当出于武功之上万万倍也，臣不胜惓惓。"

（《明神宗实录》卷三五四）

138. 万历二十八年十二月壬午

兵部覆："督臣李化龙槛送逆酋杨应龙妻子族党六十九名口，行法司拟罪献俘。礼部择日告庙宣捷，上御门受贺，其所获器物赴内府交纳。"允之。

（《明神宗实录》卷三五四）

139. 万历二十八年十二月乙未

逆酋杨应龙伏诛。应龙先世山西太原人，唐乾符间，始祖端讨南诏乱，授武略将军，遂据播地，历宋、元，世有其土。国初名铿者，纳土归降，高皇帝还其地，授宣慰使，予敕印，令世抚诸苗，子孙相继不绝。隆庆中，父烈死，应龙嗣。应龙生而雄猜，阴狠嗜杀无忌，所辖地界楚、蜀、黔三省间，延袤千里，田畴丰美。诸苗剽悍敢斗，应龙自恃富强，又累从征调，习川兵单弱，阴有虎据全蜀之志。会其妾田雌凤，妖淫善妒，诬妻张氏与人乱，应龙信而杀之，并及其母弟臧获之在播者无遗类。自是益以杀人立威，小有睚眦，辄诛灭之，所杀伤无数，州人不堪其苦，所属五司、七姓之民及张氏家奏诉之，下川省抚按逮问，系重庆狱，坐大辟，诡言征倭自赎得脱归，归而有诏止其兵，应龙益骄蹇不用命，再逮不复至，蜀抚臣发兵挟之，应龙不与战，诱之深入至白石口，纵兵尽杀之。事闻，遣经略大臣至，应龙佯为不知，委其事于诸苗，特东酋方苦用兵，因就抚之。应龙滋益横，居处服饰僭拟乘舆，扁其门曰"半朝天子"立子朝栋为"后主"，日夜与子朝栋、惟栋，弟兆龙、从龙，党何汉良、何廷玉等为逆谋，分兵四掠，石阡、兴隆、江津、南川等县卫无不被残害，至偏桥获原奏诸仇家少壮支解，取其妻女对夫与父，令诸苗淫嬲之，或裸体坐木丛射笑乐，或烧蛇入阴穿腹而毙，其凶淫不道如此。已复攻破綦江，戕参游，执县令，焚劫库狱，杀军民无算，投尸于江，江流为赤，西南震动，羽书交驰。上赫然震怒，命三抚臣会剿，而以督臣李化龙统之，征兵转饷，几半天下。应龙自知逆节不宥，求智谋兵士，得武清无赖生孙时泰立为伪军师，时泰教以首据重庆，次占成都，官兵未集，乘虚直捣。应龙惧失巢穴，拒不从，率兵四万，焚东坡烂桥，梗湖首路，陷黄嶂囤，杀男妇甚众，攻龙泉司，守备杨惟忠败走。已而大兵继至，八路夹攻，应龙令朝栋、惟栋统众出綦江据险拒战，总兵刘綖大败之，诸将士乘胜直进，连夺关寨，应龙父子遁归海龙囤，戈矛云集，四面重围，更番迭攻。城破，应龙穷蹙自经，逆党尽擒，槛车送京师。至是狱具献俘毕，戮应龙尸，兄弟亲属党与各论磔斩、戍遣有差。

（《明神宗实录》卷三五四）

140. 万历二十九年正月丁未

礼部题称："播贼荡平，大兵尽撤，望皇上特涣纶音，嘉与休息，但系播事加派钱粮，尽数蠲免，其川、贵之民死于锋镝者，大加宽恤，自正月以前徒杖等罪，无论已结未结，悉行赦宥。"上是之。

（《明神宗实录》卷三五五）

141. 万历二十九年正月辛亥

调湖广监军按察使胡桂芳为广东按察使，四川监军左参政谢诏为四川左参政，贵州监军右参议张存意为河南右参议。桂芳等监军征播，事平乞归，故议调用，以待复叙。

（《明神宗实录》卷三五五）

142. 万历二十九年正月壬子

上御午门楼、以平播功诏天下，诏曰："朕嗣承历服，式奉先猷，欲人并生，庶几不扰。八年以来，俄烦兵甲，赖天地庙社之灵，将相臣民之力，内攘外却，无损国威，然彼皆文告不来，自投锋镬，朕实悯之，非为快也。惟此播州故有杨氏为夷长，率受我冠裳，子孙之仍籍有年，朝廷之覆露良厚，夫何末胄应龙者，安忍无亲，大逆不道，当其嬖宠戕嫡，淫刑祸民，毒痛一方，凶残七姓，国人皆曰：'可杀！'朕心不忍加诛，因其汉官，疆以戎索，曲从赎死，为得甚弘，而乃下愚不移，肆行无忌，敢为慢辱，安意荐窥，既逋重庆之囚，遂决跳梁之志，收藏亡命，构煽苗夷，震骇两川，恫疑四海。朕犹时罩在宥，未即移师，而贼顾因抚成骄，因骄成乱。内则僭越王章，无复人臣之礼；外则矜诩物力，有轻中国之心。掩不备于綦江，梗道途于湖贵，为臣若此，孰其堪之。夫帝王之道，推亡固存，迩来东西之故，胡不闻焉？是用一劳师徒，四征馈饷，天休人力，雾涌云屯。发蜀楚黔滇土著之兵，下秦晋吴楚如林之甲。娄山崖门之隘，平地九衢；湄潭河渡之深，崇朝□苇。狡徒鼠窜，伪社飙焚，穴捣途穷，登高塞向，犹自谓重关百仞，可敌万夫，困兽千群，堪资一战，岂知天心既吐，地险何凭，死斗不能，诈降不可。百道围而飞鸟绝，九攻合而塞兔啼，突士尽而鼓声衰，雅歌悲而艳妻诀。夫应龙以极恶就经一死，安赎是命，剉尸传首，恭严天诛，其妻孥党与七十余人槛来阙下，重者分裂，轻者钳奴，自余在播者下附近狱有司讯治。千年守土，一旦丘墟，伊谁实然，岂朕之意。於戏！汉唐远矣，代有弃置，蛮夷君长人安与安，惟虔刘无度，予一人实不忍于赤子，亦明天地虽广，日月无私，秽无远而不疏，恶无微而可蕴，苟有昏暴淫虐，蔑常乱纪，朕虽欲赦，如天弗容。其明告中外，有土有身，视为前车，各戒尔后，氛氲初消，疮痍未起，师之所处，荆棘生焉，邑里萧条，哀此茕独，凡蜀楚黔滇有因用兵加派钱粮，及一切可缓积逋，若讹误轻条，并令所司酌量蠲宥，救乏振滞，荡涤烦苛，咸与维新，安生乐业。布告中外，俾共闻知。"

（《明神宗实录》卷三五五）

143. 万历二十九年正月癸亥

升巡抚宣府右副都御史王象乾为兵部右侍郎兼右佥都御史，总督川、湖、贵州军务，巡抚四川。时播地初定，督臣李化龙有父丧，巡按御史崔景荣言："开设郡邑，抚慰降人，非亟推新督臣不可。"吏部以贾待问及象乾上请，特用象乾云。

（《明神宗实录》卷三五五）

144. 万历二十九年三月丙辰

偏沅巡抚江铎以抚诸苗上请大略言："皮林恶苗党与连结四省，而九股苗夷远在清水江外，征播时欲求报效，与斗章三股斗怪等苗并宜抚谕。至靖州通道所辖诸苗，输差守法，素与叛苗不同，一切抚安，所以剪皮林之翼也。"

（《明神宗实录》卷三五七）

145. 万历二十九年三月辛酉

户部覆奏："川贵总督李化龙题播州善后事宜二款。一、丈田粮。环播幅员千里，田地数千万亩，旧额粮岁以五千八百石输贵州，盖夷方赋税原轻，至应龙出而后考取民财，定为新法，名曰'等实'。每田一亩，征银数钱，初犹敛其钱以招苗，后并夺其地以养苗，而赋法荡然矣。今既改流，自当纯用汉法，第额粮轻重，蜀无定规，查克平九丝丈量田地，分别上、中、下三等，每亩上田四升，中田三升，下田二升，今宜仿之以清播田，定为等则，务令均平，二年之后方起科征收。一、限田制。播土旧民仅存者什之一二，遗弃田地，往往冒认影占，若不为限制，恐将来田地阔而人民少，不能成府县之规。今应将播之旧民号杨保子者，人给田三十亩，其余无主之田与没官者，许三省之民占籍授田，各为限制。"奉旨："授田先尽原住人民，招抚流移复业，果有无主没官田土，方许外人占籍，毋令豪强奸狡，乘机冒夺，致归正之人失所。"

（《明神宗实录》卷三五七）

146. 万历二十九年四月己卯

户部覆奏："川湖总督李化龙播州善后事宜：一议四川、湖广协济。一议赈恤残民。"命如议行。

（《明神宗实录》卷三五八）

147. 万历二十九年四月壬午

川湖总督李化龙言："近得家书，陈璘、刘綎二总兵先后差官至臣家，刘綎所致谢银一千两、金一百两、一带一束、祭礼银二百两。臣母怒而逐之，其人不得已去。仍至按臣崔景荣家，景荣之父骂而逐之，陈璘差官闻之，亦去。璘，臣所请置者也；綎，臣所排群议而留之者也。今而成功矣！二臣欲以货财报臣，臣亦欲以名节报陛下，乞下兵部议处，以戒奸贪。"景荣亦上疏言："綎差人赍银六百两，金五十两，玉带一束，送至臣家，臣父挥之门外。"兵部言："綎宜计赃问遣，但征播有功，姑照前议革任，永不叙用。其所开金银等物，行江西抚按照数追出，以助大工。化龙、景荣特加纪录。"从之。

（《明神宗实录》卷三五八）

148. 万历二十九年四月乙酉

兵部覆奏："李化龙播州善后事宜：一、设屯卫。议于白田坝建置一卫，设立指挥、千户等官，安插官军，立屯防御，卫名候钦定。一、设将领。议将松潘副总兵改设总兵一员，仍旧镇守四川，驻于适中之地，西控松潘诸夷。其新设总兵驻扎播地，专理播事，事平再议。一、急选调。一、复驿站。一、正疆域。播左连水西，右通永宁，地址虽若犬牙，彼此原有疆界，但夷性犬羊，互相雄长，侵克无常，既改土为流，当清疆界，永杜争端，原系播州者归我版图，原系永宁、水西者归之奢、安二氏。勒碑立界，永为遵守。"上命卫名威远，余如议行。

（《明神宗实录》卷三五八）

149. 万历二十九年四月丙申

命分播地为二郡，以关为界，关内属川，关外属黔，属川者曰遵义，属黔者曰平越。遵义领州一，曰真安；县四，曰遵义、绥阳、桐梓、仁怀。平越领一州，曰黄平；县四，曰湄潭、余庆、瓮安、安化。先是，李化龙平播之后，议改土为流，至是吏部覆奏请于上而行之。播白田坝沃壤数百里，即遵义故县，今建府治，该县附焉。真安州即古珍州，土地平衍，今复为真安州。桐梓当綦南之冲，走川贵道也，旧为夜郎县。望草南接婺思，北达真涪，故绥阳县，今复为绥阳。仁怀滨播枕永，襟合带泸，故怀阳县，今改仁怀。平越东境与黄平相连。黄平，川贵要区，故设府治。黄平旧设抚苗通判，列衔重庆府，今改为黄平州。湄潭地里广邈，尽三里七牌，设为湄潭县。余庆，白泥共设余庆县。瓮水、草塘兼重安之地合为瓮安县。龙安所属石阡，今改龙泉县。二府二州及附郭县正佐首领全设，余以次减，府州县名俱钦定，其二府与贵州贵阳府俱加军民二字以便兼摄。其地西南左接水西，右逼永宁，犬牙相错，水西向侵播州水烟、天旺及它瓯脱颇众，川、黔争执经界，数年始定。

吏部议："播地新设郡县，既分隶川、贵，其统辖监司委不可缺，于四川按察司添设佥事一员分巡兼兵备，驻扎白田坝府城，整饬新复郡县，并重庆卫忠、黔二所，永宁、酉阳、石柱、平邑等土司兵务；其重庆府巴县、綦江、南川、涪州、武隆、彭水邻近地方悉听管辖。并平越府、州、县与贵州水西宣慰司兼听节制。又播州诸司均奉我正朔，渠魁既戮，中有率先归附正者，即宜分别录叙，以真州正长官改为该州土同知，副长官即为土判官，江外诸司安抚与正长官即为土县丞，副长官即为土主簿，同知罗氏即为新府土知事，其上赤水里、下赤水里，仁怀里安、罗二村头目，授以镇抚、总旗等职衔。"皆从之。

（《明神宗实录》卷三五八）

150. 万历二十九年四月丙申

升兵巡下川东道徐佳仲为四川右参议兼佥事，分巡及整饬播州等处兵备；副使尤锡类加贵州右参议调新镇道；参政张文奇调补贵宁道，知府刘冠南加贵州副使管平越知府；刘安仁升播州府新府，州县皆就近升补，安民志之子升为龙泉县土县丞，所有土职长官世为该县土主簿，酬其忠也。

（《明神宗实录》卷三五八）

151. 万历二十九年四月丁亥

兵部覆奏播地分属事宜："一、更易辖属。川贵诸臣谓黎平、永从近楚而反属于黔，平清偏镇近黔而反属于楚，议欲就近改辖，而湖广抚按执以为不可，仍行川贵湖沅诸臣会议更辖具奏。一、裁将留兵。一、驿传协济。"从之。

（《明神宗实录》卷三五八）

152. 万历二十九年五月甲子

命镇守四川总兵官都督佥事吴广准复原职仍加赠二级，从兵部复请也。广征播时，率蜀兵自合江进，而永宁曹希彬受广节制。广击斩贼大将郭通绪，夷崖门关以入，转战分水关，营水牛塘，与贼力战三日，却之。与永宁兵合营囤下，贼诡令妇人乞降，哭于囤上，复诈为应龙仰药死，报广，广信之。已觇知其诈，乃急攻之，烧二山，夺三关，绝贼樵汲，诸将合兵攻围。囤既破，广先登，获应龙子朝栋及其妻田氏，出应龙妻于烈焰中。中火毒失声几绝，顷而苏，卒以岚瘴病胀卒。广死虽在播平之后，然比诸死事之例亦无愧焉。

（《明神宗实录》卷三五九）

153. 万历二十九年五月乙丑

巡按直隶监察御史萧重望题称："思州、思南故为田氏两酋据，国初虽纳款奉宝，而煽虐梗化，致厪天讨。永乐间改流，建学，寖成礼让之俗，二百年余，无复夷患。近日故总兵石邦宪劝诱苗酋吴佬佬以儒冠衣被服其子而归命，恐后明效昭然。播氏之敢于从逆者，良由积威所劫，人不知方而犷悍如故无惑也。今印江县界，在酉播镇筸之间，青衿既满百，而寄学思南，又称不便，以故洞寨子弟，即有向化之心，往往患苦跋涉，弦诵中辍。该县官民佥谓印江建学，其有益于化民甚巨。臣熟其庙庑廨署，祭器廪饩诸费种种备具，第以疆事倥偬，抚按官未遑题请耳。相应比照先年耄川县及近日云南路南州事例，准其建学，其兴隆卫生徒止数十人，乃教授、训导兼设，殊属冗员，合与裁革。该卫训导改设印江县教谕，颁给条纪，劝率氓夷，将文德洽于遐壤而椎结尽冠裳，无复有顽梗为乱者矣。"报可。

（《明神宗实录》卷三五九）

154. 万历二十九年五月己亥

以原任镇守贵州总兵官童元镇发烟瘴地面充军立功。初，元镇受命征播，拥兵铜仁不前进，上怒其逗遛，命带罪管事。及赴偏桥，分八路进剿，元镇统水西安疆臣、镇雄陇澄等兵由乌江入坝阳，永顺兵先登，克乌江、河渡二关。元镇不设备，贼复破河渡关，乘胜突乌江，诈称水西兵与陇澄会哨以诱永顺兵，断浮桥，淹死我师无算，守备陈云龙等俱战死。上怒元镇失律，逮至京，致是法司会问，以元镇兵败后催督安、陇进兵复两关，又部下将先登凤凰嘴破囤，且元镇前平府傜有战功，从末减云。

（《明神宗实录》卷三五九）

155. 万历二十九年七月庚子

兵部覆："御史李时华播州善后事宜：选留大帅，更置郡县，清理疆界，优恤驿站，修筑城池，府官移镇，议归楚地凡七事。"命如议行。

（《明神宗实录》卷三六一）

156. 万历二十九年七月戊申

命发遣播州人张世爵等为甘肃、辽东极边卫所，永远充军；杨胜栋及妻田氏等分给功臣家为奴，仍严加管束，不许婚配。

（《明神宗实录》卷三六一）

157. 万历二十九年九月癸丑

巡抚贵州右副都御史郭子章言："六月十八日贵阳府定番州地震，自酉至戌有声如雷，黔东诸府卫及黄平五司自正月不雨，至于六月思南府大雨，婺川县大雨至冰雹交作，城内水深数尺。去年苦兵，今年苦饥，黔东忧旱，黔南忧水，斗米四钱，军民重困。议将湖广、四川二省协济拖欠钱粮，如数征解以赈全黔。"户部如议请，报可。

（《明神宗实录》卷三六三）

158. 万历二十九年十月丁丑

以副总兵曹希彬降参将，管游击事，驻遵义地方，监修该府；都司周敦吉管守备事，驻仁怀地方，监修仁怀、桐梓二县；守备邢官驻扎真安地方，监修真安、绥阳二州县。各照拨定兵马、信地，分役督理城工。从川湖总督王象乾之请也。

（《明神宗实录》卷三六四）

· 107 ·

159. 万历二十九年十一月己酉

命以黎平府永从县并十二长官司改隶湖广，平溪、清浪、偏桥、镇远四卫改隶贵州。先是，隆庆元年巡抚杜拯、巡按王时举言："沅、靖二州与平溪、清浪、偏桥、镇远、铜鼓、五开六卫之去湖广；酉阳、播州、永宁三土司之去四川俱二千余里，遥属于二省而兼于贵州，所谓十羊九牧，甚不便也。如革数州县，土司专界贵州，其便有十。"议不果行。及播州既平，川湖贵总督李化龙，贵州巡抚郭子章、巡按宋兴祖皆言："黎平近楚之沅州，去黔千五百里而遥，四镇近黔之镇远，去楚二千余里而遥，犬牙相制，彼此推诿。播州酋犯偏桥而楚不能救，皮林苗犯黎平而黔不能援，即黔有播患而黎平、永从无一夫一粒之助，鞭长不及马腹势也。不如以黎平、永从隶楚，平清偏镇四卫隶黔，统辖调遣最为两便。"部议以为是，而湖广抚按力言其不可。至是，总督王象乾查议覆奏以为："改隶之议在穆庙初年，通计道里赋税人情土宜大略相当，以改隶为便。"兵部据以覆请其议，始定。

获播州余贼谢朝俸、尚守忠。初，播酋伪立七统制，所设提调巡警七人，而朝俸、守忠为首。朝俸多智，守忠有力，酋以为左右手。飞练、龙泉、东坡之役屠戮无算，杀我都司杨国柱、长官安民志。播州破，朝俸逃入于蔺州，守忠入里燕林箐中，至是被获，戮于市。

起参将余德荣为游击，分守延绥西路。以德荣有征播功也。

（《明神宗实录》卷三六五）

160. 万历二十九年十二月丁卯

磔皮林逆苗吴国佐、石纂太于西市，其余决遣有差。吴国佐者，洪州司特洞寨苗也，始祖曰"奋儿"，洪武中反沅靖间，诛死，其后裔在贵州有吴大荣者，骁勇养死士，以不轨伏诛，国佐之叔也。国佐性桀黠，逾淮走泗，通汉语，略知书义。大荣死，国佐收其姜龙氏，黎平府持之急。国佐素有异志，上下皮林等苗彭举、尚马等咸推服之，至是遂反，自称"天皇上将"，阳听招抚，而阴观播酋胜负，持两端。石纂太者，亦自称"太保"，杀百户黄钟音等百余人，与国佐合兵围上黄堡。二十八年二月，参将黄冲霄、守备张守忠讨之。国佐谍知虚实，命吴之臣诱降，伏兵起，我师大败，冲霄走永从县，苗兵追之城下，杀我溃师千余人，溪水尽赤。执守忠，生炙其肉使自食，守忠骂不绝口，与诸苗磔而啖之。遂略水井、燕窝等七十余屯堡，焚五开南城，破永从县，围中潮所。总兵陈良批、陈璘合黔、楚兵来讨，良批兵失利，退守靖州，国佐益横。二十九年正月，巡抚江铎出镇靖州，命陈璘率副将李遇文等分七路进剿，璘师擒苗党银贡等，游击宋大斌破特洞，诸苗据险不出，璘纵火焚之，诸苗多死，国佐逃天浦四十八寨，复入古州毛洞，追获之。石纂太逃广西上岩山，指挥徐时达诱而缚之。

杨永禄率苗万余屯白冲，游击沈弘猷、董献策夹攻擒之，诸苗悉平。

（《明神宗实录》卷三六六）

161. 万历三十年闰二月甲午

户部覆："贵州巡抚郭子章议：贵州地瘠产微，力难自给，矧值播事之后，重以灾祲，以川湖应解银抵为赈济，又非分外之征，既蒙钦允，经征各官任行拖逋者，应各罚治，以惩违慢。仍乞天语叮咛川湖抚按诸臣，将长沙府属未完粮银先那（应为挪）三万两，并乌撒、乌蒙、镇雄、东川四土府未完本色米一十二万六千余石、银一万两，刻期立限，通发黔省赈饥支用，其余未完协济粮银，务要一并完解，毋得视为秦越，如前推诿。"诏从之。

（《明神宗实录》卷三六九）

162. 万历三十年三月丁卯

给事中洪瞻祖劾南镇抚司指挥郑朴居停，总兵麻承恩家人替钻……仍乞申饬本部贵州苗江内迫，宜如抚臣原奏就近推补，以解燃眉。而大同房构外深，宜选威名宿将数员以资弹压。今麻承恩既以夤缘，陈璘往在播司亦同绖行贿发觉，今后会推，必精选举之名，庶究安攘之实。诏下兵部看奏："令厂卫五城严缉挟骗钻谋之奸。"是时，陈璘东西积有战功，故上不入瞻祖之言。

（《明神宗实录》卷三七〇）

163. 万历三十年三月庚午

原任四川副使、分巡下川南道王贻德，因播酋杨应龙侵犯内地，募兵申报稽迟，值杨酋破綦江，为巡按所劾，有旨："逮系法司鞫之。"再三不服，行抚按查勘。回称："底册所开募兵数目、食粮月日与贻德原投册相同，且綦江原属川东地方，贻德所辖并无失事，情似可矜。"刑部拟将贻德纳赎完日咨送吏部，量调地方，以责后劾。得允。

（《明神宗实录》卷三七〇）

164. 万历三十年三月甲戌

升四川成都府知府傅光宅为按察司副使，驻扎遵义府，整饬新设郡县事务。

（《明神宗实录》卷三七〇）

165. 万历三十年七月癸亥

贵州巡抚郭子章以巡按毕三才言其同总督王象乾因勘处播州、水西地界，各差官责令宣慰使安疆臣退地为襄体上疏自劾曰："水西固臣属地，遵义亦臣兼制之地。臣原不敢有成心主于胸中，惟播州故民与水西夷人自分畛域则有之，此督臣所以有勘处之议也。然经年不决，田土失耕，议论烦兴，夷情骚动，按臣西巡耳而目之，其责备臣，何说之辞；顾臣待罪黔中三年，其奉职无状，得过地方不止是者，夜郎即灭而遵义、贵阳斗米四钱，道殣相望，臣不能饭。皮林即歼，黎平大疫，二月城内死者六百人。兴、黄、新龙之间，十室九死，臣不能药。铜仁之苗，假天潢者，虽已擒缚，而洪水为蓄，湮城堕垣，在在而是，臣不能捍。九股之苗，昔助播者，虽已稍戢，而道路饥苗，坐草劫商，往往窃发，臣不能缉；平越、黄平之田，瓮安、龙泉、余庆等县之城已丈已筑，而垣濠未就，赋役未派，庠序未设，臣不能竟。臣年已六十，久在行间，顷已告病，未蒙俞允，勉强支持，年来益甚，岂能为皇上数甫定之边陲，拯极罢之穷民，绥缉顽悍之土夷乎！乞速赐罢斥，无妨贤路。"温诏留之。

（《明神宗实录》卷三七四）

166. 万历三十年八月庚寅

兵部以贵州巡按毕三才、给事中洪瞻祖、御史杨廷筠各言川贵督抚争执遵义、水西地界，覆请移文贵州总督抚按衙门备查："安疆臣先年所占播州地委果若干，前开水烟、天旺果否退出？后开刀靶、桃溪果否侵占？后议岩孔等处果否续还？沙溪有无巡司？颁印有无凭据？粮马有无上纳？一照原议。属播者，归之四川，不属播州者，归之安、奢二氏，见今作何结局？日后作何禁制？乌江南北界址作何分属？从公勘议，限十一月内完报。"御史康丕扬疏又议及请并行总督抚按严限勘议，报可。

（《明神宗实录》卷三七五）

167. 万历三十年十月己丑

兵部署部事刑部尚书萧大亨等覆川贵总督王象乾疏言："督臣按已往之成案，考近地之人情，定黔蜀之分疆，完拓地之全局，尤恐长跋扈之志，以遗身后之讥，其用心亦良苦矣。惟是水西侵地，始于安万铨而非始于安疆臣，安氏迫取于杨相丧乱之时，又非擅取于应龙荡平之后，今为时已久，旧制数更，世远人亡，难于究诘，无惑乎水西之得以借口，而当事者之不能立决也。督臣身任善后，职总川贵，原无分彼此。如以蜀省论，则守沙溪诚不如守乌江之为险，而以两者相提而论，则与其较量土地而树敌结怨于诸夷，孰若曲为抚处，而令诸夷感德畏威，得此相安之为得也。臣意老成谋国者，当必有权衡于其间矣，至议请科臣往勘，是欲尽祛成心付之公论，但自京抵播，程几万有余里，道途往返，时日耽延，恐议论逾多，事机坐失，讵若身亲目击，就近查勘者之真切耶？似应仍责令两省按臣会同勘报，庶为两便，盖督抚身在事中，意见有参差，议论不无同异，臣、按臣身在事外，其侵地之应还与否？地方之有无利害与否？固可片言而决，移时而定也。今日之事第愿诸臣以保境安民为上，以招携柔远为急，而以党同伐异挑衅酿祸为戒，则播事从此得善其后，水西从此得保其终，而在事者从此亦得免于纷纷之议矣。"上然之。命川贵各巡按御史会督抚官，遵屡旨从公查勘，务求画一之议，具奏定夺。

（《明神宗实录》卷三七七）

168. 万历三十年十月癸巳

试御史康丕扬言："川贵以播疆渐携，河臣以议纷未定，一时臣工咸欲遣科臣往勘，近督臣亦有请矣。国家设外重臣，莫逾镇抚，因抚臣各为其地，议论不一，改添设督臣以总理之，有如督臣又不足凭，则何人可信？自朝鲜役兴与河淮南决，曾两遣科勘，而今遂为故事。夫事易则已居其名，事难则人当其谤，人谁不藉此幸免？今为川贵计，直以勘事付之督而抚臣佐之；为河工计，直以勘事付总河，而抚臣佐之，庶两臣得一意担当，而善后与荒度可不崇朝决矣。"兵部覆议："川贵仍限两省按臣同督抚公勘便。"上是之。

（《明神宗实录》卷三七七）

169. 万历三十年十一月庚申

川贵总督王象乾疏言："安疆臣征播，谭者莫不推为首功矣，臣请悉其概。报捷称：疆臣及陇澄大创杨兵，杀死伪提调把总五千余人，贼兵及万，歼其领兵第四子杨惟栋。及破囤之日，总兵吴广搜菁，擒获惟栋，疆臣乃称大水田杀死者系何元保，即一惟栋而五千之提调可知，杀贼万余而解验之首级何在？若非督抚严查，将终执为瓜分之地矣！此水西大水田之概也。佯败卖阵，迹已昭然，送药往来，又经会勘，水西围守四十余日而囤如故，官兵攻两日而囤即平，倘终靠疆臣把守后门，阴相犄角，逆酉无剪灭之期矣！此水西让路之概也。噫！疆臣欺君助逆，得保首领幸矣！犹尔喋喋言功，岂果济江而后逆酉上囤乎！夫八路皆于二月十二日进兵，而水西兵屡催不出，至二十四日，疆臣方扎马庆水曹，几何时？安兵尚未抵播，而官兵已追酉入囤矣！岂以其擒斩之多乎？八路皆三万为率，七路擒斩多者五六千，少者不下三四千，土司中如冉龙御兵八千，擒斩不至八百，马千乘兵三千，擒斩八百七十五名颗，千乘之妻秦氏报劲不支饷兵五百擒斩一百一十七名颗，而二家且首夺桑木、大滩等险关竟不言功，何其勇且顺也。水西提兵三万，擒斩仅三百八十，夫以兵数与擒斩之数较，疆臣不可谓有功矣。以诸臣之揭与督臣之檄较，又不止于无功矣。即疆臣而功贵州之拟赏未为不厚，必胙之土而后为报乎！还我侵地，不究既往，已属浩荡之恩。若因其挟而与之，彼得之不以为惠，我与之止以示怯，德与威两失之，窃恐今而后求无不获，欲无不遂，恣睢暴戾，愈无所忌惮也。至于水、永之使臣，执而因之，亦自有说。去岁臣牌行守东道，张悌查复播地，疆臣窥见奢世续无子，以妻之幼弟阿利改名奢承宗入继奢氏，彼其视永宁固襄中物也。遂听李希胜诸奸目之计，语世续曰：宁费万金，不让寸土。永宁奸目胡承颜等，乘机骗银一千三百余两，违例入京放债，被锦衣卫缉获，赃单历历可查。臣窃谓世续可原，承颜等侵费之罪终不可释也。疆臣又差李甫等数人携带金银数千，四出营干，臣差官追至荆襄，李甫等闻风逃遁，拿获吴奇、艾天培等，搜出金银，见寄贮成都官库。至拨置奸徒，酌量处置，实遵奉敕书，而谓无因而囚之，则传闻之误也。至谓抚臣亲许爵土之赏，此盖剿逆之初，无兵无饷，不得不笼络悍酋，无使为我梗耳。疆臣果能缚首功以献，臣与抚臣亦何敢爱此尺寸之土以食前言？今酋既已避嫌，而又欲藉口瓜分，是明旨之所禁也。即抚臣与臣之咨文书札并无瓜分一字，臣固信抚臣非执硁硁之小信，以成狡酋之要挟者，况酋既无功，不与之地，正所以成抚臣之信也。伏乞谕令速出视事，以慰士民之望。如臣谬以三省重臣，一旦蕞尔土酋簧鼓若此，无能之效彰彰明甚，并望皇上矜放。"兵部覆议："遵义、水西地界，经诸臣交章论列，本部议覆屡奉旨责令会勘，勒限完报，今督臣因占地未还，历数安酋征播之事，以听公论，其为封疆虑诚慎，但以人言纷至，前局未了，后效未章，辄尔抗疏乞休，似乎诿责于己，而贻难于后者，亦非皇上所以责成督臣之深意矣。至于安疆臣功次，统俟勘叙到部，另行酌议。类核水西目把李希胜等，拨置争占，罪诚难道，然地界未定，亦应俟事体勘完，分别处治。永宁夷目胡承颜等，业经刑部具题递回原籍，听彼中总督查照处分。"诏："播州、水西地界，已曾奉旨会勘毕具奏，朝廷自有处分。王象乾身任督臣，播州新造，善后事宜方在经理，何得为此一事，辄议抗疏乞归。令仍旧供职，其余依拟。"

（《明神宗实录》卷三七八）

170. 万历三十一年正月乙丑

以平播功优擢原任四川巡按崔景荣京卿，景荣疏辞，不允。

（《明神宗实录》卷三八○）

171. 万历三十一年正月丁丑

改四川副使播州兵备傅光宅提督学政。

（《明神宗实录》卷三八○）

172. 万历三十一年三月丁丑

以四川右布政崔应麟为本省左布政，管遵义兵备；按察使王嘉谟为右布政，分守川西道；参议梁祖龄为副使，分巡川北道。

（《明神宗实录》卷三八二）

173. 万历三十一年三月丁卯

播州旧逆吴洪、卢文秀、卢文政、张承贤、卢里受、谭里保、罗志、杨邦俊、王金义、张汉臣等恶汉法严密，潜谋不轨，假杨应龙儿子为名，恢复旧疆，因内江县举人晏鸣鹿挖邻坟侵田土，遵义县知县萧鸣世素失众心，此事又失处分，洪遂激怒旧民聚众首乱。总兵李应祥、副使傅光宅等率修防官兵捕之，陆续擒获首从刘尧等。洪逃奔水西，黔抚郭子章责安疆臣缚献，洪为疆臣把目王宗舜斩首，擒获贼党，止逸一二，总督王象乾以闻。兵部覆言："洪自祖父及身，为杨氏亲信长官三世。刘尧者，逆龙之腹心书记，而罗志、谭里保、卢文政等皆逆龙之爪牙也。平日倚附逆龙，今虽遘诛，包藏祸心，徘徊故国，视杨三老为奇货，藉水西为声援，投间抵隙，所须者时耳。而豪势之武断，悍吏之淫刑又大拂乎人心，遂欲假以激怒沙溪之众，操戈阅弓快于一逞，是其谋叛之本意虽不尽由人，实籍之资也。今虽就缚，启衅人员法当究治。"诏以逆首吴洪等传级示众，谭里保等枭示，未获者严加缉捕，以绝祸本。萧鸣世、晏鸣鹿行御史究问，有功员役，勘明定夺。

（《明神宗实录》卷三八二）

174. 万历三十一年四月庚戌

播地荡平后，黔督抚按议将平、清、偏、镇四卫改隶贵州，已得旨行之矣。湖广抚臣复谓目前舆情必难强从，将来粮又费区处，于是兵部上言："黔抚兼督湖北思仁、思石两道，节制清平，则四卫固在统辖之中，而在楚护偏桥以卫黔，在黔援黎平以控楚，则湖贵又得辅车之势，与其纷更辖属事体归一，宜如湖广抚臣议将黎平府永从县并十二长官司仍旧属之贵州，平溪、清浪、偏桥、镇远四卫仍旧属之湖广，而贵州抚臣列衔兼督亦各照旧，仍明谕两省诸臣毋以分隶为嫌，附近卫所有警，彼此亟相策应，若有抗违推诿者，不妨遵照敕书，从重查参。"上从之。

（《明神宗实录》卷三八三）

175. 万历三十一年四月戊子

以仁怀守备周敦吉为游击管永安参将事。

（《明神宗实录》卷三八三）

176. 万历三十一年六月己丑

初，播酋之平也，播民谓沙溪、渭河原系播地，安酋称渭河驿隶贵州宣慰司，未有官设于水西而地属于播州者。乃下巡按会督抚从公勘明之。而制督二臣，意见枘凿，川贵诸道，多怀观望，于是四川巡按李时华以桑梓嫌辞，贵州巡按毕三才以身在事中辞。兵部上言："台臣按部一方职专风纪，义重纠绳。兹清理地界，上关军国安危，下系夷情向背，乃相与引嫌思避，而请科臣往勘，臣等不许也。但臣等窃念兹事非会勘之难，而处置之难，合令川贵督臣王象乾会同贵州巡抚，各秉公虚，悉心查理，可复则复，可与则与，务要上尊国体，下服夷情，处置停妥，永无后患，斯为完局。仍行各该巡按御史，俟处置事定，即从公评议，会本具奏，如有不妥，不妨明白声说，分别议处，请旨定夺。"从之。

（《明神宗实录》卷三八五）

177. 万历三十一年六月戊申

先是，兵巡上川东道参政张文耀发守备周以德投贿，抚按会劾，兵部覆议，下以德巡按究问。既而勘播功册内注以德"免提复职听推"六字。文耀一见觥然，遂具揭，巡按屡辞勘功，并呈周以德始末，语连旧守道张悌，谓悌在事之人，不宜与勘，况复主笔自为夸张，且轻脱贿臣，抗违明旨。而引原任提学副使庄懋华口语为证。御史李时华面讯，督臣王象乾以为曾令悌与勘，及檄懋华底稿，懋华词甚游移，御史以闻，时张悌已巡抚大同矣。具疏自办，懋华亦辩，文耀又复参驳，互相讦发。科臣项应详、御史吴楷交章论之，奉旨下部。吏部言："二臣之争议有待勘而决，有不待勘而决者。夫张文耀发周以德，贼证已确，宜明正其罪，永不叙用，以显却贿者之节。张悌征播首功已列之督臣李化龙疏中，况已超升巡抚，薄示报功，而夸诩之辞宜削去，以表不伐者之心，此不待勘而决者也。至周以德'免提复职听推'六字，此激愤之所由起，而执笔果属何人？叙张悌之功过于铺张，此不平之所由生，而微辞果出何口，要非追出亲笔底稿，众指众视，亦何能以自勘之罪罪之？此必待勘而后决者也。督臣王象乾与按臣同心一体，设诚相与，必能定两家之是非。参政王嘉谟实见得是，不妨与庄懋华异同，必能证两家之虚实。乞命巡按御史虚公勘定，详审核实，以听朝廷处分。"诏可。

（《明神宗实录》卷三八五）

178. 万历三十一年八月己酉

川贵总督王象乾因户部咨其丈田粮限田制，兵部咨其设屯卫，遂疏令夜郎、乘风、乐源、乐道、永镇、儒溪、永定七处皆各州县达府要路，深山邃谷，远箐茂林，一有往还，动逾旬日，宜各设驿站以协济夫马之奔驰，以联属遐方之脉络，诚所当增。其余一切经费，除府卫首领及县佐学驿查系冗员，另疏议裁。其真安训导廪生，遵义、桐梓、绥阳、仁怀儒学师生，吏役俸廪及门库、铺兵、渡夫，并夜郎等七驿驿承支应伞轿铺陈等项，虽后不可终废，而目前尚可缓。道府州县团操民壮，守护城池，看守仓库腹里犹然，况新设州县夫岂可少！姑于防兵数内，每州县量拨三百名以供防守，暂停者共计停一万四千二十两有奇，每粮一石止征银一两三钱九分八毫有奇，实征粮银二万四千三百一十两，丁银内酌量加添，实征丁银五千八百八十两九钱有奇，通共丁粮银三万一百九十两有奇，以备各项经费。播、真旧粮岁，止银三千一百两，今加三万一百九十两有奇。武弁俸廪既薄，夷方米珠薪桂，养廉田地应照九丝事例酌量官职崇卑分拨，以示优恤。屯军五千名，该田一十五万亩水边屯田尚未设立，臣恐目前藩篱不固，将沙溪五里半之地暂改屯田，以备守望。该边旧民及真安州申文纷纷告称不便，其贵州仓粮，共计六千二百石，系户部经制额数，毫不可少。今亦无可征办，应俟地辟民聚之后，另行加派。其养廉、屯田、黔饷三项，共该田地八千三百八十一顷，候两省按臣查明疆界之日另行拨补编征。此外又有防兵八千名，岁饷八万余两。窃计全播经费岁不过四万四千有奇，除载削外尚有停征待编者一万四千有奇，不能自给，此八万之岁饷，可复望之播乎？容臣另议具疏。乞敕下吏、户、兵三部将前应增、应裁、应停等项官员驿站钱粮，及所少将领军屯田地并协济贵州仓粮，作何区处，逐项复加查议，上请施行。下部知之。

总督川贵王象乾以遵义城垣公署营建告成，田地粮差丈摊已定，据司道呈议，复加详勘，择其可行者，列款上请。下部知之。

（《明神宗实录》卷三八七）

179. 万历三十一年九月甲寅

改平越，普定二卫学为平越、安顺军民二府学，设黄平州学正一员，即将所裁平越训导俸薪移给。设新贵县教谕一员，即将所裁宣慰司训导俸薪移给。余庆、湄潭、瓮安三县子弟附黄平州学，龙泉县子弟附石阡县学，平越、安顺廪额二十名，一年一贡；黄平、新贵各廪额十名，三年一贡。黄平等州县新民子弟稍通文理者准入学，不准应试，以万历三十年为始，起贡须十年外，应试须二十年外，其各府州县儒学印铸造给发。

（《明神宗实录》卷三八八）

180. 万历三十一年九月辛巳

巡抚偏沅右佥都御史江铎卒。铎，浙江仁和人，万历甲戌进士，历刑部主事、兵部员外、福州知府、苏松常镇兵备、淮安监军、扬州参政，升右佥都御史巡抚偏沅。杨应龙造逆，黔蜀骚动，三楚震惊，庙议楚地辽阔，非重臣驻偏沅无能节制，添设巡抚，特简铎往。铎主一切，料理器具，指授方略，分布要害，移镇险阻，不遗余力，终始三月间馘斩俘获，招降无算，事竣守制。及再起，又破潘老、皮林等寨，抵家未几而卒。

（《明神宗实录》卷三八八）

181. 万历三十一年十月戊子

户部覆："川贵总督王象乾疏议，新定夷方田粮宜轻，各州县学驿经费宜停减者停减，其播、真原额贵州粮银三千一百两。播地既经川、贵分豁，粮银亦应二省均摊，与夫军屯养廉田地，候勘明疆界之日，补拨编征，另行具奏。又题称委官清查过司府州县各库原贮征播扣回支剩，并加派地亩夫价见征未完银共九十八万五千五百四十两有奇，内除抵补蠲免协济湖广赈灾借给播民牛种外，尚有银五十万五千一百六十七两有奇，米一十万七千二百九十二石有奇。自二十八年十月起，至三十年十一月止，官兵月粮，添设官员驿站、夫马、修筑城池等项支销，共享银四十三万九千三百八十四两七钱有奇，计所剩存并见征未完银七万九千五百六十两八钱有奇，共用米一十万八十一石一斗有奇，豆麦二千七十七石四斗有奇，外剩存变价还官米六万一千七百六十六石一斗有奇，俱行该司，将未完者追纳，见存者备用，其支过银米径自开销。"俱从之。

（《明神宗实录》卷三八九）

182. 万历三十一年十月丁酉

户部覆："川贵总督王象乾条议四事：一、议兵饷以免加赋。防御官兵八千员名，岁计饷银八万七千五百有奇，抽取川省民兵扣其工食、仅足一年。原编松坎民兵工食继之带征拖欠税粮，若吏承纳班与见征税契遵义事例，悉取搜括以足兵饷，兵撤停止。一、缓催征以苏新附。今年赋税再停免一年，总俟三十二年征纳。一、豁田价以恤残民。没官田土尽当蠲免价值以安新集。一、酌事例以便参拨。新纳吏承悉照黔中见行事例．府吏纳银二十两、户房十两，狱州吏十六两，户房、县司、府首领仓巡驿各十两，俱准收参三考满日，径行起送到部。"上俱从之。

（《明神宗实录》卷三八九）

183. 万历三十一年十月辛亥

兵部覆："四川督抚王象乾编设保甲，无养兵之费，得胜兵之用，即古寓兵于农之意，应悉如议举行。但地界一定则华夷相安，军民乐业，即兵防亦可渐撤．水西地界尤当亟议。"诏以沙溪地界作速勘议妥当具奏，未尽事宜逐一裁酌，令永远可行。该地方夷汉错杂，当以简易相安，不必过为烦扰。

（《明神宗实录》卷三八九）

184. 万历三十二年正月己巳

钦天监拟于二十六日请上御文华殿宣播捷，大学士沈一贯等言："皇上延见来朝官员，面宣训敕，自万历二十三年后，未尝有举。平定播州，御楼受俘，乃二十八年事，至今未经宣捷叙赏……"

（《明神宗实录》卷三九二）

185. 万历三十二年二月丁亥

初建贵州夜郎巡简司，因播地荡平也。

（《明神宗实录》卷三九三）

186. 万历三十二年四月庚戌

大学士沈一贯等言："国家自哮承恩，倡乱于西夏以来，继以朝鲜东倭之警征发旁午。杨应龙袭其父祖之余力而跳梁于播州，朝廷屡加宽恩，拒不受命，至于破县殒将，震动川南……播州之役，以半年之中集师二十万，进兵百日即奏凯音，策不虚发，动必中机，将士有进无退，虽却犹前杀不妄加，而罪人咸得，盖自恭行天讨以来，未有如此之快心惬意者也。是以师出而人无异议，师还而人不告疲。余饷余力移诛皮林，假息游魂，骈首就戮，而天下反目之子始啮指相戒。即四夷八蛮靡不震动心颜，知天威之不可犯，国灵之不可干，至于今不敢生异心，则此播州、皮林一战之功也。因川、贵、湖广三巡按御史各叙一方之功，而川中巡按久缺，致使勘报迟缓。战士功臣盖有物故而不瞑目者矣。今年春，兵部始克覆奏而经今数月未奉恩谕，此曹渴望之心何由慰乎？今兵部所覆，臣等之所票，皆铢铢两两有减等而无加等，人心之所厚望封拜者不过与一锦衣亦甚靳矣！天下之事莫大于平祸乱，人臣之功莫难于出死力而久不之恤，则后来祸乱，其谁与平？后来死力，其谁与出？皇上以宵旰忧之，而以宴安忘之，必不然矣！臣等念此，日夜踟蹰。伏望皇上稍辍万机将兵部所覆播州、皮林叙功二本奏赐批发。"疏未得旨。

（《明神宗实录》卷三九五）

187. 万历三十二年五月壬子

四川巡按李时华题："为勘界事，查得沙溪、渭河，播州、水西皆有之，载在通志。当杨相出奔时，播、水以互相讦，两省勘卷断令退还，责取印信，谓非播地，其谁信之？此督臣所以绘图而进，奉旨清疆也。然水西侵疆，非自安疆臣作俑，疆臣袭祖宗之遗，止知前田地为水西故物。当贵州危于累卵之时，无兵无饷，不得不倚藉疆臣，抚臣曾与之盟，许其擒酋裂地，今即不得过望裂地，而反令之割地，此抚臣之所以万难处置，而用心危苦也。臣以为今日之事，惟在上裁，或予或夺，政体自一，但念失之土司，得之土司，播固输粮，水亦纳赋。勘处之大略可见矣。"章下所司。

（《明神宗实录》卷三九六）

188. 万历三十二年五月己未

礼部覆:"四川督抚巡按等官会题:遵义军民府儒学改建虽新,而生员作养已久,应自万历三十年为始,二年一贡。真安州学系新建,原无旧廪,应照建武事例以十年之后开贡。府学廪增各三十名,州学各二十名,附学不拘名数。其桐梓、绥阳、仁怀三县廪增名额待建学之日另题。"报可。

(《明神宗实录》卷三九六)

189. 万历三十二年六月庚辰

兵部等衙门覆总督王象乾、巡按李时华水、播分界事两疏。在象乾谓,水、播分疆,以渭河中心为界,其原属播地水西侵占者必宜尽还,设置流官,照遵义起征例,自公费外,悉充黔饷。在时华则谓征播之役,水西不惟假道且又助兵,刿失之土司,得之土司,原非分我内地,播固输粮,水亦纳赋,未必尽属空虚,假令以土地之故,伤字小之仁,恐我疮痍初起之民,从此多事,不可不为之深虑。臣等窃谓据法而论,无论盗卖之地当复,凡播州故土畴不当尽数退还,以明朝廷之威。平心而论,无论渭河之地在所当予,即千工堰至乌雅尾诸处,查系嘉、隆以前侵占,亦应稍加曲处,以示朝廷之宽仁,宜再行巡按酌覆。上曰:"遵义、水西地界,如何尚未处定,国家以安边静民为重,岂得畏避嫌疑,因循持久,著行与该督抚巡按遵照议处来,还应限与他钱粮加派悬编,原非久计,革屯裁官等事,一并酌议以闻。"

(《明神宗实录》卷三九七)

190. 万历三十二年六月壬午

大学士沈一贯又言:"顷蒙皇上行皮林之赏,推念阁臣,臣等已合疏恳辞,未蒙谅允。但阁臣不预军赏,臣安敢不谨守此约,皇上纵十命,臣必十辞,惟及早收回成命,免臣玷渎,幸甚幸甚。且臣于此又有不容不渎者,夫皮林之功与播州之功,虽云异地,而其时其人则彼此相因,不可分而为二。故兵部以两本同叙,臣之拟票亦通融于两本之间,皮林本中柄其事而功最大者,巡抚江铎与总兵陈璘也,二人之功于播尤著,故并叙于播,而于此本中但叙其次,若戴耀、李如樟等。今皮林之叙下而播叙犹未下,见者不察,必疑以为遗铎而叙耀,遗璘而叙樟,舛错不伦,臣岂能须臾苟安哉!论功则皮林小而播州大,论时则皮林后而播州先,两功之成,三年而始叙之,然犹一行一留,何以慰忠劳之心,为后来之劝。伏望将兵部叙播功本,即赐简发臣,一辞一请,皆出恳迫,冀垂矜允。"上曰:"皮林之捷,卿实居中运筹,加恩非过,既恳恳固辞,特允所请,以成卿劳谦之美。播州叙功疏,朕因细览尚留,旦夕即当简发,并谕卿知。"

(《明神宗实录》卷三九七)

191. 万历三十二年闰九月丙午

大学士沈一贯等言：“昨日文书官传示圣谕，仰见皇上嘉奖军功，激劝后来至意。正臣等所久欲赞襄而不可得者，敢不祗承？随于本日出阁时到朝房内约同兵部官虚心面议。俱言平播一功，开疆展土，奇勋懋绩诚如圣谕，委宜从厚升赏。惟是遍查旧例，如宣德九年平松潘功，总兵官方政止加升左都督；成化三年平都掌蛮功，提督程信止加兼大理寺卿；万历二年平九丝蛮功，巡抚曾省吾止加升侍郎，总兵刘显止加升都督同知，此皆四川最著军功，并未有封侯伯世爵者。若近年李成梁封宁远伯，则以辽东虏功与苗蛮功不同，又系积功累级历数十年而后得，非以一次大功便与封爵。且成梁系一身独将，非有二三同事也。今播功虽大，而在事各官有一总督、三巡抚、五总兵俱同功一体之人，概行封拜，人将谓之滥，择一特加，人又谓之偏，不若于原升赏上各加优厚，使与者受者于心皆安。臣等仰体圣意，拟议再三，窃谓文臣中调度忠劳，总督为首；武臣中行间血战，总兵为首。将督臣李化龙原拟加太子太保，今改拟少保；原拟世荫指挥金事，今改拟指挥使，总兵刘綎原拟复官，陈璘原拟加右都督，今俱改拟左都督；仍将原荫副千户俱改拟指挥使。马孔英降虏起身，吴广、李应祥武生起身，原拟袭升职级，今改拟世荫。正千户郭子章、江铎等俱于原拟量行递加。夫文官至少保已列公孤之尊，武职左右至都督可称侯伯之亚，而荫至挥使，世世承袭，与国同休。抑又邻于勋爵之崇，此番恩典极为优异。近年宁夏、朝鲜、松山诸功皆未有此，足以播之青史夸之外夷，传之天下，后世为不朽之大业，昭代之盛举也。”得旨：“朕览卿等奏揭，改票拟加封爵，条例未备。今播功虽大，而督抚、总兵众多，世爵难以尽封文武，李化龙等俱递加升职荫，具见恭敬忠慎，仰体朝廷优恤开疆展土，血战之意，朕知之已悉，依拟即行。卿等为朕辅弼股肱，朝夕赞襄运筹调度，勋劳懋著，当有恩赏劝酬。拟谕来行，丕显天朝武功，毋得逊让推避。”

（《明神宗实录》卷四〇一）

192. 万历三十二年十月甲寅

署兵部尚书萧大亨覆：“天威远震，逆寇荡平，叙平播有功官员升赏。”得旨：“李化龙升兵部尚书加少保，给与应得诰命，荫一子，锦衣卫指挥使世袭。郭子章升右都御史兼兵部右侍郎，照旧巡抚，给与应得诰命，荫一子，锦衣卫指挥金事世袭。支可大准复原官，荫一子入监读书。江铎赠兵部右侍郎，给与祭葬，仍荫一子，锦衣卫指挥金事世袭。刘綎、陈璘升左都督，各荫一子，本卫指挥使世袭。吴广、李应祥伊男俱准世袭本卫正千户，李应祥仍赠左都督。张栋、杨寅秋各赠太仆寺卿，荫一子入监读书。萧大亨改兵部尚书，准复原荫，仍加一级世袭，各赏银纻有差。”

（《明神宗实录》卷四〇二）

193. 万历三十二年十一月庚辰

四川巡按李时华疏参左布政崔应麒、总兵林侗不宜擅受安顺臣降，以开夷衅，殷鉴不远，即在杨酋。留中。

（《明神宗实录》卷四〇三）

194. 万历三十二年十一月癸未

户科右给事中梁有年题："为播、水地界断不宜受安顺臣投献，乞敕督臣王象乾刻日遣还，务持大体，其勾引开衅之人，行按臣李时华尽法处治，以安夷心。"留中。

（《明神宗实录》卷四〇三）

195. 万历三十二年十一月甲申

兵部覆："巡抚郭子章、总督王象乾会勘播界，务上不损国威，下不拂夷情，众论佥同，事情画一，并将已退者果否可以建县设流，清摊起科，未退者今后作何输粮派马，以及看守听调，一并确勘，改限次年三月以里具奏。"诏："行与抚按官平心议定，毋得参差，贻误边计。"

（《明神宗实录》卷四〇三）

196. 万历三十二年十二月戊申

予原任偏沅巡抚右佥都御史江铎祭葬，准照特恩例给与，以平播靖苗功也。

（《明神宗实录》卷四〇四）

197. 万历三十二年十二月丙辰

兵科疏播界不明等事，上曰："播界积年不决，以致奸衅日滋，屡旨令安边靖民，有何难决，兵部即看议以闻。"

（《明神宗实录》卷四〇四）

198. 万历三十三年正月甲午

革四川遵义兵备、左布政使崔应麒任，回籍听勘。褫原任遵义兵备、参议徐仲佳及遵义府通判邓弘烈职，夺总兵官林桐俸二月。先是，播地既平，清疆议起，屡敕两省会勘，累年不决，督臣王象乾以遵义民罗学茂等向在水西，熟知疆事，令千总周世禄询之，学茂与其党熊守学等述卖界侵地状，历历有据，因共留麾下与谋议。学茂遂与守学及王应学等计画往来，诱致宣慰安疆臣弟顺臣，以献还侵地为名，携众四百人及西民七百余房来归，疆臣勒兵追之，且言学茂等诱致状。蜀按臣李时华捕学茂及应学下狱，搜其家得一切往复手札，及先今道臣谕帖，并通判邓弘烈书，遂疏："劾应麒、弘烈比昵奸人，生衅酿祸，林桐职司外阃，举动周章，且引先年吴洪之变，及知府刘安仁之投缳，知县萧鸣世之被逮，与近日奢崇宁之冒袭，画谋造意，种种皆学茂等所为。而刘安仁之死，则仲佳与有力焉，亦应追论，并乞严谕督臣处以虚公，行以易简，无避弃地之嫌，致为群小所中。"疏下兵部会吏部、都察院议："应麒清望素著，候勘明议处。仲佳、弘烈革职，桐罚治，学茂等听御史尽法究拟，并奢崇宁事一并查明具奏。安顺臣拒回，责疆臣加意抚恤，不致伤害，并西民七百余房安插故地。其地界事，各捐成心拟议妥确，勒限奏报，毋得再渎。"从之。

（《明神宗实录》卷四〇五）

199. 万历三十三年正月丙申

巡抚贵州右副都御史郭子章奏辞播功加恩，以有成命，不允。

（《明神宗实录》卷四〇五）

200. 万历三十三年四月丁卯

原任南京兵部尚书邢玠奏："臣居丧在籍，见河南道御史吴达可等为东征西勘二事纠拾及臣，奉旨以臣有大功，听候起用。窃念此二事先该御史王明、赵标，科臣徐观澜、李应策，赞画丁应泰，辅臣赵志皋等反复搜索，不知几千万言。臣等辩疏及府部九卿科道会议，并明旨处分，亦不知几千万言。总之，播酋之勘，以情有可原，为皇上柔远之仁，有此勘而天讨始加，可以服西南诸苗夷之心。倭寇之征，以罪无可赦，为皇上诛暴之义，有此征而属国始保，可以慑东南诸海夷之魄。皇上文谟武略，照耀千古，徒以臣之不才，触冒风波，攻击四起，以勘为非，以服勘为是，使朝廷恩威两失；以战为和，以胜为败，使朝廷盛美有亏，且诬臣以贿以买，为中国损威，狡酋增气，臣之当罢也久矣。今犹执前说，流谤不已，恐自此又借拾遗为证佐议论终无了期也。伏乞察臣不才再用之难，怜臣任事受辱之苦，特赐罢黜，以杜后言。"上优诏答之。

兵部都察院会奏："黔蜀清疆一事，督抚按纷纷持议五年于兹矣，幸皇上洞见万里，明旨森严诸臣剖破藩篱，协谋共议，金谓地予安氏，粮纳黔省，此议出而彼此异同之说折于片言，数年不决之疑剖之一旦，朝廷之体统尊而大信不渝，两省之议论消而衅瑕永杜矣。因条上派办纳裁将领，汰防兵，设屯田诸议。"又言："总督王象乾调停善后，功在封疆，先以叙功。奉旨：'回部俟服阕之日，抚按官奏请起用。'总兵官林桐免议，道臣崔应麒数载勤劳，不无可惜，行吏部酌议覆请。徐仲佳、邓弘烈虽经革职应从宽处，并行吏部酌量降调。安疆臣、陇澄督兵剿逆，大义灭邻，在疆臣应加职衔，在澄准其承袭土职并伊母凤氏恤典，俱行督抚按查明议题。陈恩、柯阿箇等并温希舜、李保等各候查回赏赍。罗学茂等俟四川巡按问明之日转解贵州追还木价，以儆奸民。

两省地界各照旧住种不许争扰，绥湄地界俱以原题为正。至于安插安顺臣并刘胜盗卖情节，及奢崇宁蔺州事，宜统候按臣勘明另覆。"得旨："凤氏生前有功，特与祭一坛，余如拟。"及吏部覆议："应麒复原官，仲佳降三级各调用。"从之。

（《明神宗实录》卷四〇八）

201. 万历三十三年九月庚辰

兵部都察院会覆四川巡按李时华，会审过播酋杨应龙余党杨守隆等七十九名口，处斩、发边远安置、释放、变卖纳价各有差，依拟。

兵部又覆："贵州巡按金忠士勘过原任守备杨惟中、叶明远一则遇寇先逃，一则临阵退缩，厥罪惟均拟斩不枉。但惟中之失龙泉也，无兵可恃，无城可守，当逆龙猖獗之日，仅仅以千百之卒欲其当数万之虏，不格明矣。明远之失河渡也，大兵在谢崇爵，重权亦在谢崇爵。彼以白衣之身，当主将奔溃之后，欲其御方张之敌也，必无幸矣。况惟中后有破囤之功，明远前有夺关之勋，在昔兴兵征播功之时，固当按法以肃军中之令；在今平播奏功之后，尤当减死以示法外之仁，改拟边戍，诚法之平也。土舍安其位牛酒相迎，乃是缓兵之迁计，士民代诉具见盖棺之公评，应从抚臣郭子章前议，改土为流，录其子一人为土主簿，薄诛其饷逆之罪，不斩其先世之泽者也。"诏从之。

（《明神宗实录》卷四一三）

202. 万历三十三年九月辛卯

吏科都给事中侯庆远言："臣看详章奏，见贵州巡按毕三才条议欲罢四川督臣，复抚臣之旧，而改贵抚为督，开府湖广之沅州，提衡三省。吏部不肯专决，请令督抚按会议所便，已得旨行矣。臣反复思维总督之设，大都由兵兴也，往嘉靖中以征苗故，改贵州抚臣督之，旋以苗平议罢，但令贵抚建提督军门之号，及得兼制湖北、川东耳，迩者以征播故改四川抚臣督之，亦出一时权宜借之联三省兵力耳。今播地已成郡县，中剖而隶川贵，帖然无耸，即播、水疆界亦迁就申画不复争持矣，斯亦罢督复抚之日也。盖督臣罢，水西无复惊疑，便一。省湖广、贵州文移期会驰骛之烦，便二。七姓构播未定之奸，无所更凭而旁寻衅端，便三。虚悬节制之名，轻重不得，易成凿枘，若均体平衡，则自平和调而相与共济，便四。蜀之无事于督而仍当为抚，与湖、贵鼎立而治，似亦时势之宜然者，乃若罢督臣于蜀，而更设督臣于黔，臣短昧不知其可倚也，改黔抚为督则播人必惧而狼顾，不便一。沅府久废而复兴之，其浩费何以出，不便二。黔抚嫌于夺人而自与，仰人以自尊，不便三。无大征讨之举而骇人听闻，不便四。事贵安常，蜀督罢则罢耳，黔督可无置也，事理昭然，无庸外问。陛下专委吏兵二部令确议至当，勿持两可，取自上裁，夫何难于立断？若令三省会议非互相推诿，则人伸其说，滋作舍之惑，成不决之策，迁延岁时，疑忖互生，玩弛日积，非计之得者也。臣愚谓川督宣复旧为抚，贵抚不必变易为督，惟陛下裁察。"下吏部覆议如科臣言。从之。

（《明神宗实录》卷四一三）

203. 万历三十三年十月己巳

吏部覆："川贵总督王象乾、四川巡抚李时华勘得原任重庆府知府历升河南左布政使，降二级用王士琦出守重庆，在万历二十三年杨酉出勘安稳之日，至二十七年酉陷綦江，薄重庆。按臣乃因而追论之：彼时正酉奏准征倭回巢，朝廷待以不死，责以出勘，于势非渝城之俘系，于罪无綦江之逆萌，而可责守土之臣以不倡剿议哉！况海上之劳，屡经题叙，核功可以准过，论才难以弃瑕。原任綦江县知县马效武，既无御寇之能，复失死绥之义，偷生苟免，罪无可原。"得旨："王士琦著于原降二级外，再降一级用，马效武行原籍抚按官提问具奏。"

（《明神宗实录》卷四一四）

204. 万历三十三年十月甲寅

巡抚贵州郭子章言："贵州一省苗仲杂居，国初虽设贵州、新添、平越、威清等十四卫，分布上下，以通云南之路，而一线之外，北连四川，东接湖广，南通广西，皆苗仲也。近自征播以来，粮饷欠缺，军兵困苦，兼以征播，各兵不能归籍者窜入各寨潜为勾引，往岁间一出没，今则无日不出劫，且一日而劫数起矣。往岁止数十成群，今则动辄数百，且近千余矣。往岁昏夜潜出，今则集聚山箐，白昼公然无忌矣。往岁止劫客商，今则劫及官员，尽其盘费、衣服、诰命、文引矣。往岁尚窃发于山谷旷野，今则窥伺府卫州城，且逼近省会矣。道路官商不敢往来，屯堡军民不敢出入，贵州数百里之境顿成盗薮，今士民请剿之词无日不诉，府县请兵之文无日不上。又据三司会议，贼恶已稔，正当大讨之辰。臣谨遵照敕书，调集汉土官兵，宣慰使安疆臣兵一万，分将吏东西夹击，捣其巢穴，遮其奔逸楚粤之路，若臣七年于黔矣，讨夜郎之后继斩吴洪，讨皮林之后继芟罗海，臣非不知国小民罢财竭力殚，顾事有无可奈何，势有万不获已者，不得不仰仗天威，纠率义旅以拯此一方生灵。况今年黔中颇稔，田禾被野，正因粮于敌之候，而安疆臣地界已明，母凤氏恩赐恤典，亦其努力报国之时，臣与按臣谋议佥同，又与总兵官陈璘分布稍定，乃敢驰疏以闻。"下兵部覆议，得旨："苗恶既稔，天讨宜加，一切征剿事宜，俱许便宜从事，务保万全，以安远人。"

（《明神宗实录》卷四一四）

205. 万历三十三年十二月癸卯

准吏部覆播功拟叙各官,崔景荣升太仆寺少卿,宋兴祖升大理寺右少卿,各添注管事。赵标加太仆寺卿,仍管四夷馆少卿事。胡桂芳加广东左布政使,仍升俸二级。张文耀加四川左布政使,支正二品俸。尤锡类加贵州左布政使,洪澄源加贵州按察使兼参议,各照旧管事。高折枝升户部四川司主事添注管事。陈尚象以原官起用,其余加衔、复职、致仕等官各如拟。

(《明神宗实录》卷四一六)

206. 万历三十四年三月庚辰

御史冯奕垣劾兵部尚书萧大亨为刑部侍郎时受播婿宋承恩七千金诡法开释。大亨开辩:"向年平播献俘内有宋承恩者,历经贵州巡按宋兴祖,兵科给事中侯先春及川、贵二土司诸疏并云实非从叛,时臣在刑部具题:以承恩系贵州宣慰司土官,四岁时杨应龙将今已故长女许配。应龙造逆,承恩累告准令绝婚,会其自带土兵协守乌江,遂为应龙暗袭监禁,承恩于国是以绝婚于前,擒虏于后,情罪可原。随奉钦依宋承恩著放回籍。不意当时以此诬臣受贿,今御史冯奕垣又以为口实,不思承恩与众俘为伍,囚以木笼,百夫环守,密不交通,多金从何至哉?"不报。

(《明神宗实录》卷四一九)

207. 万历三十四年四月乙巳

先是,播事既平,奉旨清查疆界。贵州宣慰司安疆臣图占沙溪、五册、水烟、天旺、力靶等里田土,惧督抚参题,乃听其党吴奇等谋,辇金数千行贿内地,为五溪里民罗学茂所告。督臣王象乾下令捕获吴奇等五人及金物千余,吴奇等遣配有差。罗学茂者,始祖罗锦绣,唐乾符间同杨端开播授官,世为播民,祖居黄土坎、沙溪一带,后其地为水西所据,学茂依土随往,即疆臣亦视为部夷矣。迨播平改流,学茂与其党徐万高等于万历二十九年携家还播,会水西夷安顺臣者与疆臣不协,避难来奔,疆臣既怒学茂发吴奇贿事,又疑其勾引顺臣之来,乃申牒贵州诬学茂盗骗官买大木银五千两,乞追赃抵官。贵州按臣金忠士信之,奏请械解学茂还黔。得旨,象乾以为不然。疏言:"疆臣侵占播界六百里,听奸营谋,捕讯得实,学茂以播人归播土,安顺臣自来避死,非其勾引,疆臣以学茂习知播事,恐其证己而借口木价解还黔中将甘心焉,如不察而执还之,是天朝之法不行于土夷,而土夷之法得行于天朝也,恐播民从兹解体。乞免学茂解黔,仍听遵义道拨田安插以全其命。"疏奏如议。

(《明神宗实录》卷四二○)

208. 万历三十四年四月丁未

水西酋领韩显华、张守忠等寇劫遵义府界，乡民宋永富等率众格斗，被杀数十人，获贼十二人以归。督臣王象乾上其事，因劾知府蔡凤梧、同知尹志伊、指挥使周大谟弛防纵贼，又言："播州与水、蔺二司各有分地。在水西，以乌江、渭河为界；在蔺州，以河西、儒溪为界。臣奉命清疆，查得蔺州侵占儒溪、河西等里八百余里之地。水西侵占五册、沙溪等里六百余里之地。臣据法清理，岂真为尺寸壤土计？盖阻据河险而易守，正以杜土夷侵凌之渐也，讵意仅复蔺地，设官安屯，且耕且守，自儒溪至黎民村八百余里之间，数年帖然安堵。若夫水边侵地，该屯田三千八百分竟为乌有，而遵义之藩蓠撤矣。今计欲遵义、真安在四川，应于沙溪屯兵五百，在贵州应于东隆屯兵三百，各设军官统领防守，互为犄角，四川合用防兵即于总兵标下抽取，庶兵无增饷之扰而民免锋镝矣。"章下兵部，部覆："凤梧、志伊夺俸半年，大谟降一级戴罪缉贼，至添设兵将行二省更议。"从之。

（《明神宗实录》卷四二〇）

209. 万历三十四年十月丙午

先是，川、湖、贵督臣王象乾参论贵州安疆臣仇害五旬。兵科右给事中吕邦耀因劾贵州巡抚郭子章受疆臣私贿纵奸长恶。至是，子章上疏陈辩略云："臣于万历二十七年，蒙皇上拔抚全黔。是时，播州贼龙已叛，臣自豫章入楚，沿途讯问贼情，辄云杨氏与安氏唇齿相依，合之则蔓，离之则溃。及至黔，询之按臣宋兴祖及同道，无不金同，已督臣枢臣合谋又无不金同。臣念彼八百年之交，而欲以一二日之恩携之，其势甚难，惟怵以国威，啖以爵土或可得其要领，乃始之檄文，继以谕帖，至再至三。臣又遗之古剑，歃血与盟，疆臣乃自疏讨贼，明旨奖励，此臣用安氏之始末也。未几，安陇澄有大水田之捷，疆臣有播州衙之烧，有尚意、黄继枝等之擒，又未几，开路于后屯，让路于官兵，乃合三省之力破海龙，醢逆龙，征播之役始竟。臣叙其兄弟之功，督臣李化龙又总叙其兄弟及其母凤氏助发军饷千石之功，已而按臣覆勘，兵部覆议，得旨：'安疆臣兄弟母子各赏银币，仍候地界勘明另加优异。'此叙安氏功之始末也。已为地界牵缠，四年不决，比奉圣断贵州认粮七百余石，疆臣认粮一千二百石，地界照旧掌管。会路苗纷起，臣复令疆臣专剿西路，斩获六百余级，始为叙征苗之功并结征播之局，不过仰遵明旨，示信于夷人耳，科臣乃言，杨贼至贵州城下，臣感疆臣全活之功，夫使贼果临城，疆臣能令贼不杀一人，不独臣当感之，即贵州百万生灵亦当感之，而贼实未临城，今贵州士民及征播各官将士可问也。且夫播州未破，则欲臣作使安氏，用之惟恐其不速，播州既破，又欲臣裁抑安氏，远之惟恐其不疏臣一人耳。既与人盟不能复与人仇，臣心知疆臣本一孺子，原无他肠，处之有道，自是爪牙，不然兽穷必攫，夫土司仇杀自其常态，夷狄相攻，中国之利。若蜀夷而仇黔，黔为黔夷而仇蜀，是为夷狄而罢中国也。"因求去甚力，上慰留之。

（《明神宗实录》卷四二六）

210.万历三十五年二月甲午

吏部等衙门纠拾方面："四川遵义知府周作乐……不谨，闲住……纠拾有司四川潼州知州蒋家相照贪例为民。"

（《明神宗实录》卷四三〇）

211.万历三十五年四月丁未

蔺州夷目阁宗传等攻掠永宁，普市、摩尼等处。自奢效忠死，陇续二妇治兵相攻，世续匿印以私阿利，朝廷必得印以授崇明。抚臣遣帅下蔺州问匿印事，世续傲不承也，都司张神武遂执世续，世续言印在镇雄陇澄处。陇澄者，水西安尧臣也，陇氏垂绝，尧臣入赘，冒陇姓，方平播州叙大水田功状时皆称陇澄，不知其为尧臣也。尧臣既外怙播功，内伏水西，有据镇雄制永宁心……

（《明神宗实录》卷四三二）

212.万历三十五年八月己卯

是日，大学士赓廷机以蔺州、镇雄事久未结，复上疏曰："……今年征倭，明年征播，生灵陷于锋镝，帑藏竭于转输，方且日寻干戈，唯敌是求，孔子所谓季孙之忧不在颛史，而在萧墙之内者也。盖是时，阿利已死，安尧臣度印必出，托言得之阿野，遂还崇明。黔抚谓真印已出，即可结局。阁宗传、安尧臣皆可赦不问。而蜀抚以尧臣之篡必不可赦，再疏请用师，廷议未决。会有边饷告匮之事，辅臣计征播时费二百万，今骤安所出。于是切责蜀将张神武等，其意盖与黔合。"

（《明神宗实录》卷四三七）

213.万历三十五年九月癸巳

先是，七月丁未，阁宗传子大丙、王应奇子明芳皆归命侯国弼军中，而宗传时亦就降，顾蜀抚意不仅在宗传也。尧臣日遣人播州兵所骚扰状，又为辞谩子章曰："陇澄之入继镇雄，致仕知府陇富承袭水西，名安陇富，则安陇之为一家旧矣。今陇已绝嗣，取澄继袭，司道互结，抚按勘明继立之，与私篡大不同科。且方征播之时，调取陇澄，奖率部落，澄屡奏战功，两奉题叙，只以水、播地界之故，责兄疆臣，并阁其功，又以蔺州真印未出，疑澄助逆，今澄已追获真印于夷目阿野处，验交两省给奢崇明矣。而川师久集不撤，将谓欲擒阁宗传等正法，则各恶乌合不过匹夫，何烦大师？将欲驱

·126·

逐陇澄，则澄素怀忠义非梗化者比，今澄即栖栖不去，恐州兵临境则镇雄无辜难免池鱼，欲即行而镇雄即信接管无人，部落哀留未容出境，乞咨达四川两院，勿以陇澄之故劳费殃民，澄必不回视镇雄自取觊觎之戮矣。"

（《明神宗实录》卷四三八）

214. 万历三十六年三月戊子

兵部覆："贵州候代巡抚郭子章等奏：土舍安尧臣之承继镇雄积有年矣，自永宁争立，说者疑尧臣庇奢世续、阎宗传而助之逆，且庚其印，于是蜀抚始兵之，迫于印献罪降。庙议撤兵，令尧臣退还镇雄就居贵省，仍论征播前功，授以土知府职级。则贵州抚按题请固以完昔日之叙功，尤以信今日之诏旨。若奢氏请归尧臣供养，此自老妇哺乳私情，然而立陇之旨业已中外昭悬，谁能易之？今日之事，尧臣与其妻孥径当全归贵阳，乃为始终畏慎。至于水西携带原人，蜀抚欲令尽出，惟是尧臣幼继陇姓，已离水西，镇雄固其巢穴，彼原随把目十年生聚，一旦飘摇，不能无虑计，惟有该省抚臣谕令安疆臣谊念手足，分割一隅，令尧臣率众安居，毋令两失所依，所以终圣恩而消隐祸者也。"得旨："如议行。"

（《明神宗实录》卷四四四）

215. 万历三十七年七月辛卯

四川巡按钱桓言蜀中七事："一、用正途以重提举。一、减课额以苏穷灶。一、裁冗员。一、议土鞑。一、改折蜀中方物。一、遵、桐、绥、仁等县各置儒学。一、川省每年解赴陕西边饷银依旧解部交纳。"

（《明神宗实录》卷四六〇）

216. 万历三十七年八月甲子

任丘县民王尚仕奏原任兵部尚书田乐，乐奏辩："大都言杨应龙之败，首尾播事，宛在期年，有无受贿按兵纵寇，举朝皆知，其余一一诬罔。上命该部院看了来说。"

（《明神宗实录》卷四六一）

217. 万历三十八年二月辛酉

通政使田蕙卒。蕙，山西大同府应州人，由万历二年进士，除陕西蒲城知县，洊历今官，司封驳者十五年余。其最著者，发播酋杨应龙行贿一事，至蒙圣褒，而遏溧阳县民保留经勘知县李固本之亦得体焉。持身颇谨厚，户科给事中郭如星以操守求多，遂屡疏引疾归。及卒，其子援例请恤，部议年劳宜如故事，诏与祭一坛给半葬。

（《明神宗实录》卷四六七）

218. 万历三十八年三月丁亥

复起原任四川副使陈与相为广西副使兼右参议。初，与相考察落一级，后叙平播功复原官，遇缺推用故及。

（《明神宗实录》卷四六八）

219. 万历三十八年五月壬申

贵州巡按冯奕垣奏劾站军李邦举升本卫实授百户三级，世袭，阵逃；总旗尤尚国升今卫副千户三级，世袭，皆假功宜亟究治。章下部，部覆："二弁叙升以先后，按臣平播核功及覆勘二印册为据，如御史言合无行彼中，按臣查当日原册有无功次，勘鞫自明，仍解本犯赴京送法司审验。"

（《明神宗实录》卷四七一）

220. 万历三十八年六月癸巳

兵部覆："……今议以川湖之苗同为贵州之害，欲于楚镇算、蜀遵义各量拨兵五百，共足一千以为黔用，合无准行川湖两省如议协济，或调额兵，或输额饷，各从其便。其一同事宜协者，兵事固有掣肘之戒，而文武贵有同心之谊，据议欲令该镇总兵官于该道有应会同者，仍与计议停当，然后行事，庶得举动相闻，议论相质，允宜申饬，以戒专恣。其一信地宜严者，楚、蜀、黔三省在在有苗，治苗各有土司，御苗各有营哨，自法寝弛，土司不能管束，且与交通营哨不能御贼，专习欺隐，戎心用长……"

（《明神宗实录》卷四七二）

221. 万历三十八年九月癸亥

四川遵义县民家猪产小猪，内一只另胞，遍体如象，牙、鼻皆全，当即死。

（《明神宗实录》卷四七五）

222. 万历三十九年四月丁酉

巡抚四川乔璧星奏："建南自土官安世隆被刺后，其妻禄氏以争继为名，阴纵部夷所在蜂起。去岁禄氏又故其党仍以拥立禄祈为名，各寨黠夷，乘机倡乱，甚至劫掠职官、戕伤吏卒而披猖极矣。合将四川总兵官移驻越巂，会同该道便宜相机擒剿，清复村屯，葺理关堡，务期敉宁。其行都司屯局金书改为建南游击将军，即以威茂参将陈策调补，操捕金书张洪烈革任回卫，永不叙用。即以屯局金书庄安世改补仍兼屯局员缺免铨。其遵义、威茂参将俱听兵部补除。补募兵粮饷如别议抽解，庶法纪严而人心奋，遏荒赖之矣。兵部覆请。"从之。

（《明神宗实录》卷四八二）

223. 万历三十九年八月戊辰

播州平后建设屯卫，以土官舍军功及献土一事，分别改授职级，填补新卫。罗天冠原四品土同知，准授指挥佥事。袁见龙、袁起龙以所镇抚因献土加二级，各改授副千户。刘谦，王宪以冠带总旗加一级，改授试百户。石良授冠带、总旗，至子孙革去官带，照总旗管伍，各移住威远卫任事。一应军政考察等项及折俸田亩，悉照原议查行。

（《明神宗实录》卷四八六）

224. 万历三十九年十二月庚辰

太子太保兵部尚书李化龙卒。化龙，直隶长垣县人，万历二年进士授南京工部主事……二十五年告病回籍。起总督川贵，巡抚四川。杨应龙反，征七省兵分道讨之，闻父丧夺情视师。播州平，请于播州设二府，分隶黔、蜀。以黎平、永从改隶楚，以楚镇远四卫改隶黔。

（《明神宗实录》卷四九〇）

225. 万历四十年三月乙卯

升淮安府同知董献策为四川遵义府知府。

（《明神宗实录》卷四九三）

226. 万历四十年十二月丁酉

向来东援西讨，以及荡播诸将中，能约束部伍不为民害者，终二三人耳。居常犹不能约束，况当大敌，能挥之直前，畏我而不畏寇者乎？宜行各道，于经过州县，储偫以待，无使匮乏。……石柱土官冉苌，以老母幼子托之监军，一跃七尺，逾涧溪而过之，手刃五贼，众兵继渡，遂成桑木关之捷，为平播摧陷首功，而苌转战不休，身为齑粉，竟以土夷遗佚未叙，蜀人迄今怜之，此皆监军之责也。

（《明神宗实录》卷五〇三）

227. 万历四十二年正月戊寅

诏马湖府知府詹淑移咨吏部改调别用，刘綎先行罚俸六个月，仍旧戴罪立功。先是，刘綎因争小嫌，殴知府詹淑，抚臣吴用先、按臣彭端吾先后劾奏，下兵部议复，报可。

（《明神宗实录》卷五一六）

· 129 ·

228. 万历四十三年四月丁丑

巡按云南御史毛堪言：“臣于役云南取道贵州，目击苗夷杀官殒命，伤心惨目。因沿途咨访，有谓川湖之协济宜议者，黔最瘠薄，兵既不可撤，饷又无所出，协济本自额派，奈何秦越相视，貌催檄为具文，以逋负为得策，独令黔中为无米之炊。又有谓水西之纵寇宜惩者，水西向与播州相倚，然两雄不能相下，犹可互为牵制。自播平，而水西兼并其地，时出其绪余饵不肖有司，计甚巧而祸渐深，久且为播州之续矣。至于滇中开广西路之说已久，迄无成议，闻其便于粤，稍不便于黔，在滇人则与其孤悬一线，孰若两利而俱存，然此一役非捐数万金钱，费数年心力，难以乐成。滇之帑藏臣与抚臣加意节省，稍可措办，独难于安心久任一力担当之人。此则臣等所不及为而以望之将来者也。”章下所司。

（《明神宗实录》卷五三一）

229. 万历四十三年闰八月己未

巡抚贵州右佥都御史张鹤鸣奏：“黔营哨兵合之虽有一万三千有奇之数，分之则星散势孤，难以御贼。川湖每年应解贵州合贵州额入才九万六千六百八十三两有零，即尽数解入，犹不能充所出，况四川节年拖欠。又查贵州额入粮米一十六万六千二百七十三石，乌撒二土府节年拖欠。军屯民寨被仲贼残破，强半抛荒，以致军粮不继，将银给抵，至有历四五季未支者。夫仲乃广西僮壮遗种，流入黔中，分则为民，纠则为盗，环会城及滇孔道大约寨有一千四百七十余处，人约三万有奇。红苗者环铜仁、石阡、思州、思南四府，东连楚，西接蜀，周匝二千里有余，种类殆将十万；而镇远、清平之间有大江、小江、九股等种，皆杨应龙遗孽，近至万余，出没行劫。至于土官之仇杀，安陇之构衅，十三州流贼之狐号鸮啸，乃黔中从来未有之事，此增兵增饷万不可已者也。往日雕剿多藉各土司兵，原无纪律，贼入深箐，我苦无饷，遂尔班师，贼即纠党劫杀愈甚，我于是不得已而犒之牛酒花红，彼备知我兵之饷缺，是以敢于跳梁无忌。为今之计，不过于贼出没险要之处，酌量增兵，每年非得京运十万饷不可。臣岂不知司农告匮，然即年增十万饷，较九边不及百分之一，而西南半壁可保百年无事。如复苟且支吾，至于横溃决裂，三省震动，恐百万不能即定，悔无及矣。谨厘九条上尘御览：一、议添兵饷。一、议设将官。一、议中军改衔增兵。一、议设火药火器。一、议建立烟墩。一、议设夜不收侦探。一、议剿处红苗。一、议饬土司。一、议酌剿抚机宜。”疏下部院。复之。

（《明神宗实录》卷五三六）

230. 万历四十三年十月庚戌

户部覆：“贵州巡抚张鹤鸣疏称，苗仲劫官截商，焚屯掠堡。该抚欲于贼众出没隘要之处添兵设将，每年请京运十万金，此诚久安长治之至计。而不知京运取给各省直额派。今天下所在告饥，外解不至，岁额四百万之入，原只足供九边之需，黔饷乃经制所不载，查得先年播州之役曾协借于邻封，加派于本地，未有议及京运者。今既欲增兵设将，合无请事敕该省抚按会同川湖抚按从长计议，或于协济黔省额饷外另行措处，亦恤邻之谊，宜然也。又查得楚、蜀等处见今积欠黔饷至二十三万九千有奇，又欠米至八万三千一百七十六石有奇。惟正之供，载在令甲，不意有司玩喝遂负累万，合无仍照考成新例，严加查参，庶目前可救缓急，将来足垂永久也。"

（《明神宗实录》卷五三八）

231. 万历四十四年十月丁巳

升……建昌游击陈策为遵义参将。

（《明神宗实录》卷五五〇）

232. 万历四十六年正月戊子

先二十年征播，有新添卫散指挥何鼎臣，蒙都清道取为标下中军官，以武生李邦举呈给名色把总，又本卫后所总旗尤尚国，亦蒙巡抚给与名色把总，俱随李总兵征进。邦举同何鼎臣等攻打三渡关，斩功一颗，续攻海龙囤，斩功二颗。尤尚国斩功一颗。后各多买功票，汇作亲斩，功次累至九级以上，尤尚国叙升副千户，邦举升实授百户世袭，钦依。比二人回卫，何鼎臣向二人索贿，不与，具呈前事。后邦举恨鼎臣首发，取刀向鼎臣插杀，经巡按访出二人冒功事的，参题下部。部议："邦举以站军冒功，级刃本管，罪应绞；尤尚国以败卒行贿赂，窃冠裳，应戍；至何鼎臣之杖惩，亦不枉也。"从之。

（《明神宗实录》卷五六五）

233. 万历四十六年闰四月癸未

升四川都司童仲揆为遵义参将。

（《明神宗实录》卷五六九）

234. 万历四十六年五月癸丑

原任大同巡抚王士琦卒。士琦，临海人，登万历癸未进士，曾以藩参监军朝鲜，倭平进二级，后以播事听勘，降补回翔藩臬者。又数年至今官，至是卒。

（《明神宗实录》卷五七〇）

235. 万历四十七年七月乙未

兵科给事中周希令言："调兵之法莫如抽班更番迭出，以均劳逸，十中抽二，上易为力，安家粮厚下亦甘心，其余敢战，无如土兵。在四川播州可得二万，酉阳、石柱可得一万，在湖广永顺可得四万。近日水西、永宁相构，何不使其立功自赎？在水西可得三万，永宁残破，或得近万，必两调以息其忿。令异行以防其争，合之不止十万，即以本管宣抚自行押解，庶统辖既严，战气自倍。"不报。

（《明神宗实录》卷五八四）

236.万历四十七年九月癸卯

予原任巡抚大同右副都御史王士琦祭一坛减半造葬。士琦，浙江临海人，由进士历升副使，以平播功升按察使，继被劾降用，寻起布政升右副都御史巡抚大同，复以拾遗调南京，未几，卒。礼部覆称，生前虽挂讥弹，殁后难掩劳勚，相应议恤，故有是命。

（《明神宗实录》卷五八六）

237.万历四十七年十一月戊子

兵部左侍郎杨应聘覆："辽东经略熊廷弼题为酌调土兵以资征战。奉旨：该部速议具奏。钦遵到部。为照本部前议，调土兵四万以资征剿。业奉俞旨檄行彼中选发矣。经臣虑其调多则参杂不精，人众则安置不便又虑安、奢、水、蔺互为仇雠，同征非宜。于是有精锐二万之议。科臣祝耀祖亦谓水、蔺二族怨深莫解，同调固虞见敌而驯戢之难，单调又恐空巢而吞簏之易，皆远见也。俱应如议，以免他衅至。择选各兵，加秩土官，以示鼓舞，均属允当。既经具题，前来合候，命下移文各该抚按，调湖广永顺宣抚司兵八千，都指挥使彭元锦亲统；调保靖宣慰司兵五千，宣慰彭象乾亲统；调酉阳宣抚司兵四千，宣抚冉跃龙亲领；石柱宣抚司兵四千，应袭马祥麟，同秦邦屏亲领；以遵义参将童仲揆统之。仍将四川副总兵陈策升援辽总兵官，责成统领。两省抚按仍各议委道臣一员监兵，兼程前来，沿途不得骚扰迟滞。仍望皇上速赐批发，以便遵行。"从之。

（《明神宗实录》卷五八八）

238.万历四十八年七月癸巳

巡抚云南沈儆炌奏："臣奉命抚滇，入境访问地方夷情，据霑益州土舍安远报，万历四十七年七月内，官保统领镇雄、水西、乌撒大兵万余追叔安效良，至州界扎营，沿村剿掠。欲安效良并前妻活菩萨与印信回。贵州勘，因效良偏爱前妻，致安疆臣女生隙阴构。昔乌撒土妇陇氏买养官保，与效良讨印管事，随带四营夷兵，水西、阿地等兵，乌撒，阿梯等兵，杀掳殊惨。又按臣称：十月十九日，乌撒贼首戈破、李鸣鸢等夷贼三营，勾连水西、镇雄约一万五千众复越境分兵至乐农，纵进扎营，寻杀效良，夺印信、菩萨，抄抢一带地方，将薄州城。方策领官兵，安远领家丁防护。贼分为七路直冲营中，前后不能相顾，我兵溃乱。方策、安远仅以身免。夫一逞不已，至于再逞，悖逆之状，真所罕睹，安效良承继乌撒，原经三省会勘，奉旨准袭。效良即淫虐寡恩，致起衅端，然官印岂可擅夺？兵端岂可擅兴？官保思以吕易嬴，遂敢耽耽虎视，借兵长驱，任意纵横，水西以女之故，敢助逆逐夫。乌撒头目敢叛主，声言挟印。霜民何辜，横罹此祸！彼水西即自恃富强，自揣与播州孰愈，不鉴杨酋之覆辙，敢于狂逞若是耶！总之，法令不信于桀酋，刑威不肃于远徼，是以狡夷扬扬得志，复肆披猖。倘会勘旨久不下，三省迁延观望，尚缓天诛，则猎猎诸夷生其戒心，乞敕该部亟行川贵抚按道将，毋分彼此，毋务推诿，将官保并有名水西叛目阿乌密等、镇雄白屈等、乌撒扯出乌等各数十名，听四川、川南二道，贵州贵宁、毕节，云南曲靖各道委官分投勒限擒拿，约于适中地方会问正法，大示惩创。并水西奢社辉及镇雄土官，重加贬爵降级，以为弄兵助逆诸夷无将者之戒。安效良贪淫不道，不能宜家。安氏牝鸡长鸣，争宠构隙，均应并究，庶朝廷无不震之威矣。"上命兵部知之。

（《明神宗实录》卷五九六）

十四、明熹宗实录

1. 泰昌元年十月丁巳

原任援辽总兵官添注左府金书、左都督阵亡刘綎继妻罗氏，为夫请恤，言："綎束发从戎，克绳先志，如初年征九丝蛮，擒其酋长阿大；捕建昌贼，获其首恶蔡咱；缅贼肆，而歼厥渠魁岳凤；罗雄乱而计缚叛酋陈星。随调征倭，堵剿著功；复镇临洮，直抵捣工莽刺；釜山猖獗，帅师海上；播酋思逞，领督川兵，克关平播，功皆第一；南蛮煽焰，深入不毛，擒剿夷偒，茂绩昭著。顷家食无几，又调援辽，奉经略杨镐檄，直趋宽贷，统领精兵四路并入。惟綎直抵贼巢，率义男刘招孙等，奋勇毕力，以药箭杀酋子火狐狸，用火炮杀贼无算。兵寡力单，援救不至，殒身沙漠，骸骨无存。功多祸烈而不得与张承胤同蒙恤赠，游魂久栖于塞外，忠肝饮恨于重泉，当亦圣明之所怜悯也。"事下所司。

（《明熹宗实录》卷二）

2. 天启元年四月戊寅

四川永宁宣抚司宣抚奢崇明上疏："……四川宁州卫武举邓懋官称伊父征东、征播，惯用苗兵二万有奇见在，可朝呼夕至。"

（《明熹宗实录》卷九）

3. 天启元年五月辛亥

原任太子太保、兵部尚书王象乾言："……臣请于马湖、遵义及永宁、石柱、酉阳诸司，儒溪、土城分儿、虫儿雷安民等皆臣旧诸部，昔曾督之以剿叛逆者，计此数处可得兵二万四五千人。"

（《明熹宗实录》卷一〇）

4. 天启元年八月辛巳

署兵部尚书张鹤鸣言："臣部职掌，只管兵马，不管钱粮。自万历四十六年奴陷抚顺，征募四出，于是比照救朝鲜、征播州事例，有安家马价之设。初调兵安家，预支口粮二三月，募兵安家或二两五钱，或三两四两，今则调皆五两、募皆十两矣。初调兵即用该营马骑坐，不议马价，募兵马价每匹多不过十两，今调募皆十二两，远者十五两。至暴骨河边，有优恤费，荷戈道上，有犒赏费。联属国收辽人有宣慰招徕费，搜将材、选家丁有鞍马衣装费，而臣部分领帑银止二百六十万，除解发外，止剩五千六百余两。调募既不可停，空手何能济事？乞赐裁夺。"得旨："调募各兵，先年既有旧例，何得骤加？且费军需不赀，辽东又说无兵可用，粮饷何时得足，兵马何时得强，还会同总理三部从长议奏。总理三部侍郎王在晋看议，言：今日募兵之费比往岁救朝鲜、征播州事例若相倍蓰，非昔俭而今费，昨易而今难，以所值之时势不同也。自辽沈相继沦没而人盆视辽为绝地，谁不爱惜身命而欲捐其所甚爱以使之赴刀载之场，此非厚恤其私不可也。今各路调募之兵或抵广宁，或抵山海，或起发在途行矣，势不能复裁其所与之金。惟是马价银两于中有当酌减者，均是马也。调马价银十二两，募马价银十五两，又同一募马而有十二、十五两之殊，则失其平矣。查市价十二金尽可易一马，则十五之数当裁。俾召募一律于军需不无少省也。至于辽东新旧兵数有御史方震孺给赏兵数最为核实。广宁原非无兵，但汰其冒滥，节其浮冗，则粮饷可继，时加简阅，时加训练，则兵马可强。臣等多方计兵又多方计饷，凡支动帑金，每从节缩，用过银两皆目前不得不用，匪敢滥觞之费。"

（《明熹宗实录》卷一三）

5. 天启元年九月丙寅

贼党符国桢陷遵义，府署府篆通判袁任逃。

（《明熹宗实录》卷一四）

6. 天启元年九月戊午

刑部右侍郎邹元标言："黔患不尽在苗，其为道路梗者苗十之三耳。播弄尚有数端。一曰马店户，凡自楚入黔者必由沅州、晃州、清浪、平溪、镇远而上，由滇入楚者必由平夷、亦资孔、普安州、安南、新兴而下，辎重若干，马户、店户尽在阿堵中，客未起程，线索先通，节节位置，未有能出其彀中者。出劫于道则有浙江、江西、川、湖流离及市鱼、盐、瓜、果为生者揎入其中，久之化而为苗。苗倚为命，弄兵徂诈，多出其手，而诸红兵、哨兵又与之猫鼠。今欲令道路无虞，不必用兵，盖苗东西徙倚不可方物，彼侦大兵来，深山大壑便足藏身，大兵不能久持，一退彼便复至，惟在处置得宜，服其心耳！凡苗诸寨，缙绅武弁多置佃焉，与刻木为信，数年不爽，岂有能奴使之，信成之而不能治之耶！臣谓不必另设将官，宜以清浪、新添两参将，都清、镇远两守备于六卫互相巡视，朔望令马户、店户各递执结查比，令要害处各建敌台一座，仍市红白布并杂缯入垒，宣示国家恩信，然后设苗总甲以总苗事，于孔道责令熟苗聚处如保甲，然而辟地与之市，凡三日一市。令各土官如独山、平州、丰宁、凯里司乐等各画界为治，有犯者问诸土司，土司法视汉更严也。若两江苗则责成思石道、镇远府施秉县，可抚则抚，可剿则剿。红苗责成宣慰彭元锦，邻楚者责楚，近蜀者责蜀，近贵者责贵，三省时夹攻，时独攻，临期斟酌；不然，我杀愈多彼恨愈深，杀机一动，势必蔓延，有开辟即有此苗，能尽血洗之乎？威谕恩抚，彼虽顽冥，未始无性命之忧，家室之恋，果未驯服，用兵何难？往者，播苗之祸亦好大喜功者挑之，入其疆满载而归，不遂者恶语流传，官为所误，兵连祸结，今虽开疆辟土，然元气先受伤矣！最贫苦四方皆山，刀耕火种，所取几何？协济几何？臣熟知黔事，丛棘深箐，半臣足迹，故不忍忘并州。"下部确议具覆。

（《明熹宗实录》卷一四）

7. 天启元年十一月丙辰

礼科给事中李精白言："宁夏、播州之役各二年余，倭寇朝鲜之役七年余，总未有费饷八百万者。奴地不过中国一郡县，而猖獗三年，费已二千余万。往议兵十八万，今且议二十八万矣。求者惟存见少，应者尝苦太多，应少则罪归于内，求多将害移于国。在在驿骚，处处渔竭。浙兵一哗定海，再哗宁波，几成大衅。重庆据城杀官非求多为害之明验耶？昔谢玄于淮淝、刘锜于顺昌，皆能以寡制众，在朝诸臣颇以此为望，第噤不敢言耳。祈严谕辽臣，务以全副精神训练鼓舞，毋务求多，贻朝廷难结之局，生寰内意外之患。佟卜年、刘国缙之用原借辽绅收辽人，数月来登州收辽人不下十余万，曾不闻二臣拣选若干、训练几何，不此之求而索征调，是不责庖人以爨而持钵于市也。若王化贞当辽阳一失，人心汹汹，朝不保夕，独只身撑持，安堵如故，即加衔赐剑使其操纵自如，努力封疆，非滥也。秦良玉妇人耳，不请兵、不请饷、不烦尺一诏而督兵勤王，志歼樊贼，尤足为须眉退怯者劝然，其中有微权焉。朝廷即不吝异数，鼓舞臣下，必留有余不尽之意使有所望而趋。若恩穷于无所加，志滥于无所觊，则人心难测，饥附饱扬不可不防。"得旨："秦良玉奋勇讨贼，忠义可嘉，著先行马上差人奖谕，事平破格升赏，余该部议奏。"

（《明熹宗实录》卷一六）

8. 天启元年十一月丁巳

兵科都给事中蔡思充亦言："……全黔危急，滇臣沐昌祚宜提兵弹压安酋，使戮力于贵州。楚抚熊尚文宜令发兵二三千，隶薛来徵合原部兵为一队，约结秦氏使并力于重庆。至栈道虽隔远，而秦、蜀万不可断，宜令秦抚调兵设防以壮声援。一切粮饷滇、楚权挪支给，无误师期。遵义府通判袁任抱头先窜，法宜逮治。"从之。

（《明熹宗实录》卷一六）

9. 天启元年十一月戊午

兵部尚书张鹤鸣言："蔺酋招纳播孽，势已猖獗，四川请发帑金三十万以佐军需，委不可少。遵义去贵州止隔一乌江，遵义既破，贵州益危，十万之饷兼御蔺酋，万万不能，合再发帑金五万于贵州，方克有济……"

（《明熹宗实录》卷一六）

10. 天启元年十一月庚申

升都司金书王应槐、镇边城李同春、山西偏关王维城、山西北楼口张应昌、大同井坪王承运、延绥高家堡刘灏、宣府永宁孟国用、陕西芦塘李廷秀、甘肃庄浪方仪凤、广州海防石国勋、四川遵义镇参将守备沈继先、昌镇右营任汝威、甘肃标兵李钊、延绥入卫俱游击将军。

（《明熹宗实录》卷一六）

11. 天启元年十二月庚午

总理三部侍郎王在晋请申国法以励人心，言："淮营守备王锡斧雇买漏船以冒船价，私情丐徒以縻兵饷，又破坏海运，新造沙船四十八只计价不啻七千金，宜严行淮杨抚按提究追陪。蜀中告变，各守令抱头远窜，宜查弃城县官，照遵义例悉令抚按勘明逮问。其合州知州翁登彦、江津县知县周礼嘉率众坚守，应加升用。兴文县知县张振德同妻子自焚，应加赠荫。蓟镇总兵杨茂春临敌称疾，朝廷令旗不能强之一出，宜谪居广宁城外，死则葬骨三岔河边，毋轻纵归。俾懦帅效尤开规避之路。下该部。"

（《明熹宗实录》卷一七）

12. 天启元年十二月丙戌

川湖总督张我续援征播救鲜例，请设副总兵一员，游击二员，以充中军；守备二员，以充标兵。并乞浙江、福建、广西兵将悉听酌调，下部。

（《明熹宗实录》卷一七）

13. 天启二年正月戊戌

翰林院检讨王应熊奏："……宁夏、播州之役俱遣御史监军，应如梅国桢、陈效事例听该部院题委。土司女将秦良玉及侄拱明，素怀忠义，可以朝调夕至。同知余新民等、都司胡明臣等果有御侮之才，应加破格之用。新推按臣一切激扬之权，勘核之责，胥是焉赖。委宜星言速驾，毋得稽延，有司官佩绶握符，应与城存亡，但仓卒之际，完节难求。应查被兵州县，孰为望风逃窜，孰为婴城固守，又孰为贼至而避、贼去而返，逐一分别议处。苟情有可原，不妨开一面之网。至于练民兵、积仓谷、禁左道、通驿递则在彼中，任事诸臣严缉而预防之。时刑科给事中刘弘化、南京户科给事中欧阳调律等亦各以所闻具奏。"部覆言："科臣所陈，诚为硕画，但据近报情形又日异而月不同矣，机关难以预定，应听督抚相机而行，以收胜算。"上可其奏。

（《明熹宗实录》卷一八）

14. 天启二年正月己未

贵州巡抚候代李枟疏言："蔺、播二贼谋既阴连，势亦遥应。蔺藉播孽之盘踞，以断我援蜀之路；播藉苗仲之狂逞，以增我内顾之忧，所恃者死守湄、乌以防其合，驾驭安氏以携其交，此黔中一线生路。然而防江之兵，犹虞单弱，计非募数万不可，而刍饷无办，脱巾可虞，不得已求救滇、楚。幸滇以二万金至，楚以二万五千金至，随差官召兵镇箐，铜仁以万计，此四万五千金仅足供数月之需，要以扼关隘情道路为旦夕固园之谋耳。若以复播灭蔺，非合数省之兵，聚百万之饷，设总督以专征，简道将以分困，其何能济。皇上切勿谓辽事重黔事轻，如臣前请饷之疏，屡上屡寝，付封疆于一掷也。"命所司知之。

总督川、湖、云、贵张我续言："近获蔺贼黄国用供称：奢酋广觅奸细，散赴河南、湖广等处密探，遵义、马湖等兵流传听荧，恐有潜居京邸，造流言以弄机械者，乞敕五城并厂卫缉事衙门多方体访，更望皇上明谕大小臣工，凡蜀中事情悉以抚按奏报为据，急思设法以措饷，勿听流言而缓兵，则灭贼可期。"疏入报闻。

（《明熹宗实录》卷一八）

15. 天启二年二月辛卯

贵州巡按史永安疏言:"仲苗之为黔患与黔相终始者也,抚不能安,剿不能尽。蔺酉未叛之前,尚能督责营哨申饬备捕,以通滇黔一线。自永宁逆酉起,而黔之普、尼、永、毕受敌矣!自遵义之逆孽应,而黔之乌、湄、余、瓮受敌矣!贼之薄湄、瓮者,尝扰黄滩关;薄乌江者,三犯江关,苗、仲伺隙勾引猓贼破城陷地之惨,哨报日闻。此际而不议大创之……"章下部议。

(《明熹宗实录》卷一九)

16. 天启二年二月辛巳

贵州抚臣李枟疏报:"十一、十二月两间官兵与蔺贼大小百余战,前后杀贼不下万余,绥阳、遵义、湄潭、真安、乌江、桐梓次第恢复。因叙文武道将……绥阳知县任宠……等征剿防守之功。上命效劳文武各官候事平优叙,还益加奋力,务底荡平。"

(《明熹宗实录》卷一九)

17. 天启二年三月甲辰

升山西按察司副使王于陛为四川布政使司右参政,驻遵义。

(《明熹宗实录》卷二〇)

18. 天启二年五月戊戌

四川桐梓等县妖贼白仙台等乘奢酉之乱,聚众焚劫,皆报就擒伏诛。

(《明熹宗实录》卷二二)

19. 天启二年七月甲辰

四川总兵官杨愈懋败没。先是,松潘道宪副李忠臣家于永宁,为贼多陷,阴募死士,密通愈懋,约俟大兵至日为内应,事泄遇害。贼仍用其家僮,夜出通信以诒我兵,愈懋信之,至江门为贼所袭,愈懋与推官郭象仪、同知宋柱国,及将官吴民望等俱死之。贼乘胜攻大坝,建武游击龚万禄父子俱战死。遂陷遵义,杀推官冯凤雏。总督张我续、巡抚朱燮元俱以状闻。上命所司议恤。我续、燮元复引罪求斥,上勉以相机调度,殚力讨贼。

(《明熹宗实录》卷二四)

20. 天启二年七月庚辰

巡抚四川张论具列蜀中州县功罪,言:"自奢酉发难,婴城固守,鼓义杀贼者,四十州内止有四人焉：真安州知州杨汝昇兼复桐梓，合州知州翁登彦兼复安居，铜梁县知县吴弘业兼复大足，南川县知县韩应龙兼复綦江；次则遂宁知县曹元龙，彭县知县冉鉴中，江县知县钟文焰，什邡县知县谢奇，举防范有方，城守无虞，均当分别叙录。若江津县知县周礼嘉，富顺县署印教谕卢安世，屡抗强贼，力屈而走，旋能借援复城。安岳知县瞿学程，荣县知县蒋守洵，江安县知县陈达道，绥阳县知县任宠，威远县知县董养中，新繁县知县王国治，双流县知县刘鼎新，初虽弃城，以避贼锋，后亦据众而守其地。此外各州县未有不逃者，但逃一耳，而逃之情景不同，库印之存否又不同，复城之先后又不同。除遵义府通判袁任、叙州府通判陶明通、内江县知县何起蛟弃城先逃，永川县知县蒋承皋开门纳贼已经逮究外，其余俟确查奏报。"下部议覆。

（《明熹宗实录》卷二四）

21. 天启二年八月庚辰

起原任庄浪游击祁继祖以原官游击为正领兵官，湖广黎靖副总兵龙万化为副领兵官，督率各兵赴遵义剿贼。

（《明熹宗实录》卷二五）

22. 天启二年八月乙酉

朱燮元复以擒获奢贼伪丞相何若海及伪相印报闻。若海自言遵义府人，先年潜入京师，以卖诗字篆刻为生，因见东事孔亟，屡赴各衙门条陈不用。遂乘催调之差前往蔺州，投入崇明父子，献上三策，谋图大事。逆贼从其下策，遂据重庆，围成都，只是土兵无纪律致有此败。并言丞相印系水西、乌蒙、乌撒、东川西夷府共铸授之。盖自古奸雄、游侠，中国不能用而为夷狄用，如宋张元之徒，非一人矣。

（《明熹宗实录》卷二五）

23. 天启二年八月乙酉

巡抚四川右佥都御史朱燮元备述文武殉难诸臣，请优恤以慰忠魂，言："奢酋变起仓卒，一时披靡，其间伏节死义者，如兴文知县张振德之一家，盛服赴火自焚；南溪知县王硕辅之城陷自尽，被贼肢解；桐梓知县洪维翰之谊不受辱，甘心陨首；灌县知县左重之提兵血战，膏身原野，已经前疏题明。此外如……乞厚加褒恤，用慰忠魂。"章下所司。

（《明熹宗实录》卷二五）

24. 天启二年九月壬子

御史杨新期复言："督臣果请缨志切，宜令移镇遵义，以防奢蔺之合。章下该部速议。"

（《明熹宗实录》卷二六）

25. 天启二年十月庚午

兵部署部事左侍郎陈邦瞻覆贵州按臣史永安告急疏言："黔之困，其一无兵，其一无饷，而其一尤在人心之不振。征兵征饷，则黔初发难时，臣部已备言之。若夫急难图存，临机制胜，全赖督臣以一片肝胆、全副精神为我皇上保此西南半壁。凡兵饷不给、观望不进者，甚则军法随之，谁复有中制旁格者？而谊切被发，情同救焚，尤愿邻藩各抚之有同心无袖手也。伏乞敕令督臣张我续速回辰沅之辙以复遵义，仍同新抚王三善戮力赴援，一切兵饷事务俱听便宜行事，无复别寻退路。"时兵科给事中朱大典、工科左给事中周士朴，皆以黔省垂危责总督张我续、新抚王三善以观望不救。上曰："救黔已有屡旨，各官稽缓耽误，倘封疆有失，罪责难逃，还立限申饬。"

（《明熹宗实录》卷二七）

26. 天启二年十月戊寅

刑科给事中傅櫆参："川贵总督张我续言，我续不疾趋遵义，以扼川黔之中，防奢、安之合……臣谓蜀抚朱燮元守蜀已见成劳，今已加衔，即令代张我续速赴遵义视师。至蜀中抚臣，则司道中林宰、戴燝、胡承诏等皆壮猷方叔，简其一代。燮元驾轻就熟，计无便于此者，愿皇上决择之。"上以黔事危急，所奏该部即从长确议，限三日内回奏。

（《明熹宗实录》卷二七）

27. 天启二年十二月乙丑

兵科右给事中王志道题："总督可分黔蜀机宜不可不合，方今择地莫如屯遵义，择人材莫如用戴君恩，乞加以京衔，假以便宜，必能为督臣前茅，通两省之脉络。"章下部覆。

（《明熹宗实录》卷二九）

28. 天启二年十二月己卯

吏科右给事中汪庆伯言："有功不赏，有罪不罚，虽尧舜无以治天下。今东西献俘，都人属目，虽东土尚议善后，奢贼尚稽天诛，然可以余寇之旁轶而缓叙邹滕乎？可以江门之衄、遵义之失而并忘成都、重庆乎？又闻新都之克复与死守锦城实相犄角，佛图关之夺险、南城坪之截援与计馘张樊实为表里，景州之返旗歼贼与东省之芟薙实为呼应。勿以主兵掩客兵之赴义，勿以文吏掩武吏之血战，至周著拮据危城，围甫解而弹文及之，无论劳臣解体而西南何以资其一臂之用，臣谓当之宜结者此也。明时举、

· 140 ·

李达是否激变，有抚按之勘疏；刘时俊是否通夷，有监军之面质。昨又奉作速从公问拟之旨，该部谅不稽延，但顷见冒饷盗臣何栋如者，言路交章，则从容付之查勘，关臣查奏又展转问其中军，事事不断如此，能免兔爰雉罹之讥乎？臣谓罚之宜结者此也。且一恤典也，护国本之王德完，何以不得视孟养浩？死封疆之顾颐，何以不得视崔儒秀？急公徇难之徐可求，何以不得视袁应泰？一罪人也，王文烨枭斩当矣，而李秉诚惯逃，何独握兵？王一宁、管大藩等骈逃，何独无恙？顾大猷逮议当矣，而孟淑孔、张思任穷凶嫁祸，何反逍遥？佟卜年长系是矣，而逆贼周邦泰家属安在，何置不讨？至于固始之擒珍首乱，沛县之发觉传旗，彰德勒兵下操而亲散悍宗之纠聚，九江道开谕戈陈而缚献邪谋之首恶，温处道禁米入海而降获百千之剧盗，可谓曲突徙薪，不让胜兵十万，所当亟旌其伐也。乃臣窃反复于东西之故，又谓定蜀所以救黔，宜速从事遵义，戴君恩才足办此。倘趋之兼程与总督密密料理，而帑金之速补解，滇省之改节制又一一应手，恐将来两酉皆不出此彀中。东寇之初发也，识者皆以运道为忧，幸漕臣殚精，万艘毕达，然直河口至夏镇三百里内，两岸萧然，一夫大呼，进退无所而连军殊非御寇之料。近日徐州设总兵，颇称得策，然宜以夏镇增兵三千，专敕防河，与南之淮扬、北之济宁、临德诸军相为声援。而官旗一切不受管摄，每岁漕臣得以举刺从事，则有勋总之利、无勋总之害，且永杜勋总觊复之端而壮咽喉虎豹之势，是又目前之急宜图者也。"章下部议。

（《明熹宗实录》卷二九）

29. 天启二年十二月辛卯

升……四川遵义道按察司佥事赵邦清本省布政使司右参政，管川北道。

（《明熹宗实录》卷二九）

30. 天启三年正月丙午

四川巡按御史温皋谟按蜀陛辞，条安蜀八议："……一曰大将宜亟选。昔年平播之役，赖有陈璘、刘綖相为犄角，今欲捣巢，必须分路，叙、泸、遵义，当建大将旗鼓，提重兵而前，枢臣宜懋拣廉勇谋断之人，推毂而往，务胜其任……"疏下所司。

（《明熹宗实录》卷三〇）

31. 天启三年三月辛卯

升四川遵义府同知万编为贵州按察司佥事管思石道。
湖广清镇守备蓝补衮为贵州都司佥书。

（《明熹宗实录》卷三二）

32. 天启三年三月甲辰

巡按四川御史张论言："先是，成都围解，抚臣由省城发叙州……遵义为黔后门，去重庆尚有十余日之程，督臣发兵二万援黔，今逾半年尚未望黔之藩，则众贼盘踞，粮运艰难，万不可骤进之明验也。若更以大兵十万取道此中，肩挑背负之众，山路阻绝，日行不过三十里，一人所携不过三斗余，非更得十数万人尝尝馈运立见其匮耳。今报总督军门由辰沅进而大胜矣，安邦彦守遁归大方矣，此岂假遵义始胜乎，大抵蜀无事则鋋遵义以救黔犹未见可，蜀多事则由遵义以救黔，万万知其不可，蜀之饷不能供蜀之用，蜀之夫不能运蜀之饷，而能越二千里外以及于诸贼隔绝之黔，则犹如呓语也。"得旨："据奏江门情罪甚晰，其遵义收复等事听督抚官相度便宜行。"

（《明熹宗实录》卷三二）

33. 天启三年三月乙巳

兵科给事中赖良佐言："黔抚王三善前此慷慨誓师，挺身而入平越，平越去会城仅百八十里，出其不意，一举而夺其气。……臣又见四川按臣张论疏云：'遵义大头目赵国玺等率四千余人归降。羽翼既剪，贼胆已寒。顾枭獍未必革心。须安察停妥方无后患。至于请乞别颁料饷，欲奉降酋如骄房，不识此法可尝继否。'又一疏，极言蜀中有事，遵义一路万万不便进兵，此与督臣杨述中责成总镇鲁钦驻遵义意见互异。夫黔蜀去京师万里，事难遥度，臣等何敢臆决，以掣其肘，但愿当事者谋策万全而已。"上览奏深然之。诏责之杨述中新膺专任，何乃逡巡不前，动请添官自便，著作速移镇前进，督同抚道兵将相机援剿，不得仍前推诿。奉旨："粮饷作速移文催攒协济，其处置土司及遵义进兵听酌裁便宜行。"

（《明熹宗实录》卷三二）

34. 天启三年三月己酉

贵州总督杨述中奏："臣伏稽总督李化龙征播已事，调兵三十余万，运夫三十万，用饷八百余万，大将十余员，偏裨三十余万，有贵州抚臣郭子章，偏沅抚臣江铎，三省司道府县印官一二百员，几举海内之全力以供之，始得调度应手，一年而成功。今安酋之幅员延袤，交通勾引之羽翼过杨酋十之九，而我之征兵计饷，时势物力之艰难皆不及征播十之一，以获丑执讯不亦难乎？以今日之汉兵言之，征播曾调固原、延绥、甘肃、云南、广西等处兵马二十万，而楚蜀之在营中者不与焉。今则全靠募之本省近地。率多乌合，未经战阵，不溃则逃，此汉兵之难也。以土兵言之，征播时土司用命曾调酉阳、石砫、天全、镇雄等十六司，得其一臂之力。今之土司每怀孤兔之悲，暗中佐敌，浸成不掉，此土兵之难也。以将言之，征播时有大将刘綎、陈璘、陈寅、马孔英等十余员，隶以偏裨统各家丁，军威丕振。今贵州总兵张彦芳败走省城，金、秦二副将亦皆星散，已无将矣。止总理鲁钦由平越人，不过带家丁三百名，麻镇由粤西人，不过带家丁二百名，臣到沅一面多方招练，部署鲁钦，一面移会粤西部署麻镇，率皆捉襟露肘，此将帅之难也。以饷言之，征播时四川一省物力可供，又加之楚、粤、滇三省各处协济，金钱成阜，米粟如山，不难布置。今黔省一无所出，蜀中自顾不遑，滇南从中隔绝，止赖湖广十一府，而辰常沅近又请免加派，入孔一而出孔百，此处饷之难也。以饷道言之，征播时水路输挽四通八达，各路可供，即偏桥、镇远苗未作梗不致缺乏。今之饷道止有平越一路，别无可通，苗一阻塞军士饥馁，此运道之难也。有此五难，臣巨略长才恐不能作无米之炊。而况绵弱如臣，安能胜此而愉快乎！然而，召募汉兵，鼓舞土民，搜罗将才，招抚苗仲，扫清饷道，俱非异人任也。顾其难，则在饷之一事耳。臣按部咨惟发帑一十八万确确可望，今尚未到。至于云南镇守总兵沐昌祚应移驻霭益州，广西总兵纪元宪应移驻泗城州，湖广总兵马炯应移驻偏桥，以为骑角，并望天语叮咛，庶免逗留耽误。若兵马一节止募于邻近地方，实难足用。惟望敕下兵部，酌量边镇缓急，议调三四万有马军丁，统以原管将领，速来合剿，务要精劲可用，方免靡饷。昨者，两路失利皆云步兵不能当贼，宜修马战，诚亦今之应著也。"章下兵部。

（《明熹宗实录》卷三二）

35. 天启三年三月庚戌

贵州乡官云南道御史王尊德等奏："陆广、鸭池、黄沙之溃败，计各路杀死者一分，溺死者一分有余，共已去其一半，今所存于省城者不过四万余人而已。时在正月二十七八日，斗米已近五钱，今消息不通，光景又不知何如？于是，仲苗闻风不肯就抚，何土官复出占据龙里。从龙里以至镇远，节节有乱苗出劫，而重安江为甚，日夜屯聚银米不能上行，地方官纷纷请兵防守。贼兵兰缨旗号，皆系奢酋之兵，又闻邻近之兵亦起而助之。昔播酋兵力止安酋十分之一，而当时实在汉土官兵近五十万，用饷连贵州所贮四百万共八百余万，仅乃克之。以安贼之强复助以奢贼、益以苗仲，欲议剿又当先议守，既为战守计又当先为清除运路劫贼计，其兵岂止十余万，其贵岂止数千万，而今日事势艰难更百倍于征播时也。此时尚望内帑十八万，然尚未解到，南京十万方在行催，楚饷五十三万，去年解过黔蜀者已九十余万。今所望者天启三年辽饷耳，然方春尚未开征，而每解一起不过一万余，此二万余者一以为解运省城，一以为沅州招募，顾彼则少此，补前则缺后。转瞬贼众大举，岌岌孤城将何所恃？今定当得数百万源源而至应手分派，然后兵多而气可鼓，路通而粮可进，诸苗畏势就抚，逆贼力弱就剿，疆事乃有济也。"得旨："黔饷已有屡旨，这所奏该部悉心议覆，不得动指请帑，中外观望，以致误事。"

（《明熹宗实录》卷三二）

36. 天启三年四月甲子

大学士叶向高以病乞宽假，且言："贵州危急已极，抚臣王三善欲请帑金三十万。揆之事势，不得不应。"上谕："以兵食军国大计，俟卿出，从长商确。"

兵部尚书董汉儒等覆贵州总督杨述中疏，谓："黔围解而后急，督臣蒿目于无饷无兵，且援征播故事以请。第播州捣巢不妨以持久困之，黔则呼吸危万难停待。征播当全盛之日兵饷自易凑手，今各处民穷财尽，调发一空，若必待调兵满三十万而后举事，此无救于黔而祸已中各边腹矣。现在楚报兵五万，粤西报兵二万余，酉阳、石硅土兵及黔之余烬应不下三万，黔南亦屡报赴援谅不下二三万。督臣宜急走庆镇远、平越之间，联三路声势，通会城消息，多方赴援，出之水火。前臣请帑金三十万，尤恳皇上慨发，以解西南半壁之悬！至督臣请令滇南镇守总兵沐昌祚移驻霑益州，广西总兵纪元宪移驻泗城州，湖广总兵马炯移驻偏桥，以便进取，以壮声援，亟祈明旨申饬！若逗留误事，责有所归。"得旨："贵州望救甚急，奏报见在各兵。著总兵官作速督发移镇，调度邻省总兵官提兵就近，以便策应，不得违误。"

（《明熹宗实录》卷三三）

37. 天启三年四月戊寅

兵部奏："……敕谕四川参政戴君恩速提兵二万恢复遵义，屯驻于此兼防诱伏，以扼水、蔺之交……"上命俱如议行。

（《明熹宗实录》卷三三）

38. 天启三年五月庚寅

吏部请给殉难诸臣诰敕以慰忠魂，以彰风化……四川下川南道按察司副使骆日升、下川东道副使李继周，今俱赠光禄寺卿；四川顺庆府同知郭象仪今赠光禄寺少卿，叙州府同知熊嗣先，顺庆府同知洪应科、重庆府推官王三宅、巴县知县段高选、南溪县知县王硕辅、桐梓县知县洪维翰、四川乡官原任巩昌府同知宋柱国，今俱赠尚宝司卿；长宁县主簿徐大礼、郫县儒学训导赵恺，今俱赠重庆府同知；桐梓县典史黄启鸣，今赠重庆府通判，诰敕命共十五轴。

（《明熹宗实录》卷三四）

39. 天启三年五月乙未

加升四川遵义府同知张起鹗为本省按察司副使。

（《明熹宗实录》卷三四）

40. 天启三年五月辛丑

巡按贵州监察御史侯恂奏："逆酋狂逞肆毒于黔者至矣。然而百年逋寇，一旦扑灭，此非黔之独力所能办也。计必滇兵出曲靖以断贼之臂，川兵出遵义以扼贼之吭，粤兵出泗城以冲贼之胁，而后陆广、鸭池可以长驱直进而得志于酋。……遵义一路，臣前议川中总兵移驻其地，而以节制听之黔督，惟庙堂断而行之。"得旨："黔省协援已有屡旨。这所奏粤抚督发道将并沐启元领兵策应。著上紧行催不得迟误！四川总兵移驻节制等事。该部即与议覆。"

（《明熹宗实录》卷三四）

41. 天启三年七月甲午

巡按贵州御史侯恂疏言："逆酋凭险负固，我征兵转饷猝未得其要领，以勾连党与实有为之狐兔者，故必滇兵下盘江以断贼之臂，川兵出遵义以扼贼之吭，粤兵进泗城以冲贼之胁，此全局也。……遵义咽喉之地，黔督节制所不能及，是川黔分而水蔺合也。故必守乌江，近以招徕宅溪散贼党，远以连合缓阳、白羊诸军断贼路，而因以进沙溪，瞰大方，为六广之策应，使贼首尾受击，则冲决之象也……"诏："如议行。与督抚镇各官悉心料理。黔饷，著楚抚上紧处给。其军前进止俱听相机便宜行。"

（《明熹宗实录》卷三六）

42. 天启三年七月甲寅

兵部尚书董汉儒等疏奏："……皇祖朝先臣李化龙、郭子章、江铎以平播州之功而世荫，叶梦熊、梅国桢以复宁夏之功而世荫，李汶、田乐以拓松山之功而世荫，始得锦衣指挥使或佥事。其他千百户之世及，必其御房俘斩奏勘大捷者也；非是，不及矣。倘一滥及，则为勋臣，后者且讶世袭为不足重而皇上将来之所以酬军功者不穷于无可加乎？臣窃意诸承荫者于祖制有所未谙，不难冒干恩泽，皇上亦第见其勤劳可嘉，或未深绎祖制之何如耳？"

（《明熹宗实录》卷三六）

43. 天启三年十月丁卯

原任贵州巡按御史、今升太常寺卿史永安疏陈："近来黔事议论纷纭，皆由提学道刘锡玄为臣所劾者，而抚臣叙之，近南科臣又申救之；都司佥书黄运清先为乡官御史王尊德之所劾，而臣犹叙之，臣叙之而今按臣复劾之；守备尚宗袭亦为臣之所叙，而近南科臣纠之，劾叙参差，将致劝惩难凭，不能不将臣之劾叙功罪大意再一申明之。

锡玄在围城八月以前委于城守有功，第至于末路，见势穷难守，遂变心败节，臣特以事关封疆不得不劾之耳。黄运清为人机智莫测，而所以叙之者，特为初时赴援之勇及末路防御之勤，有功于成守耳，虽已有乡官御史王尊德所劾，然臣为封疆计不得不据实叙之。今按臣亦云不忍没其功，亦不敢宽其罪，是其罪其功不妨并陈，今南科臣所纠之。守备尚宗袭亦自遵义赴援至省者，据其胪列之罪状，即臣阅之，恨不手刃之。第派守次南门，其调度尽自老练，臣为封疆计又不得不据实叙之。要之城守功罪原自分明，而所以起纷绘议论者，大端有二：一起于献城买路之群奸，恨诸文武之誓死不与己谋者，积羞成怒，百计而倾陷之；一起于出城之士民，不甚言兵将抢掠之罪，无以掩投贼之失。大抵臣之所以违众独断者，惟以封疆为主，而不顾己之身名也。"得旨："这所奏功罪，著部院并议具奏，史永安守城有功，著即前来供职，不必疑阻。"

兵科给事中胡永顺疏陈黔事，言："当今黔围之解，我兵喘息未定。遽渡陆广，此其失失在欲剿太急。及两河失利，胜负兵家之常，遽议招降，此其失失在欲抚太急。业已抚矣，因其狃而狃，我两端观望然后兴问罪之师，乍抚乍剿，犬羊有以窥我矣，此所谓先后着乱者也。今黔人意专主于剿，庙堂之上半出于抚，第言剿者，但知贼之当剿耳，不顾我之能办剿与否也；言抚者，亦但知我之力未能剿耳，亦不问贼之当抚与否也。臣以为莫善于捣虚，间妙于用间，莫逸于困守，莫急于擒贼擒王。夫陆广、鸭池皆进兵之道路，而遵义正当贼之肩背，尤为吃紧，杨兵于陆广、鸭池之间，堂堂正正鼓行而前，我欲进陆广，贼不得不备陆广，我欲进鸭池，贼不得不备鸭池，且前且却，迭出以疑之，多方以误之，悉精锐于遵义，直走西溪趋大方，以正兵为疑兵，以奇兵为正兵，东征西击，使之腹背受敌，首尾牵制，贼必破矣，此之谓捣虚。向者贼内外隔绝不通，今招降之使与乞降之贼，往来数数矣。出鱼于千仞之渊，饵香也，独不可用千金行反间乎？……"疏入，下所司知之。

（《明熹宗实录》卷三九）

44. 天启三年闰十月壬辰

兵科都给事中赵时用言："济黔楚额欠五十余万屡催不应，宜责成楚抚及楚藩司暂挪别项转发，限以日期，令其回奏。第恐楚额未足了黔事，则非发帑别无可望。"又言："调发之兵，泗田诸土司狼子野心，不可倚信，宜如粤抚何士晋议，止用板角、安龙两路官兵，间道以分贼势。而遵义为水、蔺之冲，须以重兵扼之，大兵则从陆广而入，渐逼贼巢，贼乃局而不得展，此时或剿或抚，惟吾所命，今未可遽议抚也。"得旨："楚省应给黔饷如议行。余该部议覆。"

（《明熹宗实录》卷四〇）

45. 天启三年闰十月乙未

总督四川等处兵部右侍郎朱燮元塘报："七月十七日监纪李仙品、刘可训等报：'官兵于龙场坝将崇明父子巢穴，上下两街旧衙放火焚毁，烧死男妇不知其数，以致二酋栖止无定。'该镇随督参将林兆鼎等领兵至楠木坪、白水尾等处，斩获伪都司王么儿等三十六颗，苗级四百五十七颗，生擒伪都司陈清等四名口。又遵义路副将秦衍祚等各率兵攻打茶园、横山箐等处，斩获奢寅伯父奢阿东、蜡九父子三人，大头目四名，苗级三百八十四颗，生擒伪总兵王朝臣、夷苗七十九名口，招降高寨大头目王廷、彭家营头目赵汝安及苗夷四十余名口。又绥阳路加衔都司傅元勋等攻打白荡、毛台等处，斩获黑苗大头目阿猼，李狗儿苗级二十一颗。又于杜包等处招降伪守备李廷相等苗夷五十余房。所据各路擒斩招降，贼势渐迫，总兵李维新移住古蔺催兵逼进，只俟银米稍凑即便过河。"下所司知之。

（《明熹宗实录》卷四〇）

46. 天启三年十一月乙酉

加四川按察司副使叙、马、泸道李仙品为本省右布政使，与遵义道按察司副使侯国互相更调。

（《明熹宗实录》卷四一）

47. 天启四年二月己亥

总督杨述中奏："贵州巡抚王三善败陷兼请饷。"下兵部议。（《两朝从信录》：……安奢二酋连姻相倚非一日矣，昨奢寅观兵于安酋营中，则奢酋今之举动视安酋为进止可知已。今安酋猖獗，咨奢酋亦将狂逞，万一遵义危急，则川南一带又复震动，合行四川抚臣守永宁以遏其中，严备遵义以防其乱。首恶如奢世辉、奢寅者，明示放生之路，阴施罗纲之计，一应机关。若闻若不闻，使酋设备之心少懈，而后制御之术得展，遵义安而全蜀俱安，奢酋得而安酋自孤。此所当急者八也……）

（《明熹宗实录》卷三九）

48. 天启四年二月丙午

贵州巡按侯恂按黔事竣敬陈奠安退荒疏曰："臣受命按黔一载，于兹周爰咨询，其于地方之利害，悉知之矣。大都黔中受病根源，千言万语只是以贪之一字，遂致军实日隳，夷患日炽，又若料理无人，丛脞不振，譬之尪羸之夫，腑脏不充，百病乘之，复无良医以为治疗，有立向待尽耳。目今荡平可望，夫固更新之会而不可不急为整顿矣。"臣谨以地方利害开列上陈："一在添将领以裨战守。黔中土司跳梁、苗贼生发兵燹之余，殊费布置，如铜仁逼近红苗，而三山之苗又为腹心之患，近窥总兵赴镇省会，大肆猖獗，方今事势未定，正须元戎弹压，自须永留贵阳用壮全黔虎豹之势。铜仁应设参将一员，以为保障。盘江最险，实为盗薮。一巡简司不足有无，应设劲兵建武营于上下。选材官二员加以守备职衔，督兵巡缉，滇黔血脉可常通矣。洪边十二马头，西接安酋水西、陆广之地，东通乌江、遵义、板角，绵亘数百里，在省会禁怀间，安酋遗孽尚有潜滋，此应设守备一员，责以控制苗仲此皆腹心牙爪之不可缺者也。"

（《明熹宗实录》卷三九）

49. 天启四年二月丙午

川湖总督朱燮元奏："分辖蔺地。时，奢崇明遁，获安氏，蔺州廓清。燮元请以赤水河为界，河东龙场等处属黔，河西赤水、永宁属蜀。永宁设道府与遵义建武声势联络。若黔省非便，则蜀自郡县，黔仍卫所。"下部议。（《两朝从信录》：四川总督朱燮元议处蔺地疏曰：……蜀自遵义郡县以来，不以得土为利，反以养兵为累，故谈及改流，辄多龃龉。……论者欲以赤水河为界，自河以东龙场一带，悉以与黔。自河以西，由赤水至永宁悉以还蜀，就永宁城中设立道府，与遵义、建武互相犄角……）

（《明熹宗实录》卷三九）

50. 天启四年三月戊寅

巡抚贵州右副都御史蔡复一上六议："……奢、安既合，则蜀、黔决不可分，要在宿重兵遵义以拊贼之背而扼其吭，宜令总兵李维新统精兵四万往遵义，便以沙溪等处为信地，听臣调度策应。而云南兵直往毕节，广西兵直往普安，冲其胸胁。新偏沅抚臣李仙品素得遵义民心，宜就彼开府治兵。由间道度偏桥暂住，与遵义相应，而上下诸卫隐然有虎豹在山之势。盖遵义去水巢近，而贵阳反远，异日灭贼终由之。曰重兼制之事权，贵州皮骨半存喘息未属之国也。今赖蜀楚为用，三楚之物力，辰沅之转运皆所以固黔，而遵义寄兵则籍所以图贼也。……"上大是之。

（《明熹宗实录》卷四〇）

51. 天启四年四月庚寅

兵部覆："贵州巡抚蔡复一以偏沅巡抚通黔楚之脉，遏路苗之梗，救往沅、镇来往平、清间饬戎催饷，若开府遵义便于治兵，遥于催饷，宜如敕行。延绥距贵州七千余里，南北风气异，宜听冀懋中酌募，不必取盈五百之数。余如抚臣议。"从之。

（《明熹宗实录》卷四一）

52. 天启四年四月乙巳

贵州巡按御史侯恂上监军敕因言："水西之局不过剿抚两端，臣为要其指归曰：法当剿，势当抚，道当以剿为抚而已。抚臣之失不不初大大方，在易敌而不之备，从来用兵宁有悬军深入而不顾后勍，顿兵久住而不忧中变者。督臣虽有会题冲进之檄，而策应已晚，救援不及，所谓居中调度者安在？抚臣气锐而疏，进辄当先，退辄殿后，故胜则解贵阳之围，不胜则身受其创。督臣自募苗兵之后，寸筹未展，坐视丧师，岂得委罪抚臣哉。为今日计，兵将不可不简也，军糈不可不储也。招苗仲，谕土司，以解狐兔之悲；购渠魁，宽胁从，以离豺狼之群。而入滇师下盘江，粤兵移泗城，蜀兵住遵义，以合骑角之势，一举万全，贼乃成擒。待安邦彦授首，安位母子悔罪投死，然后许以削地自赎，俾约束部落纳粮马如旧。"上是之。

（《明熹宗实录》卷四一）

53. 天启四年六月壬寅

兵部覆兵科给事中吴弘业修屯设城疏，言："……今留永宁、遵义兵万余，简精锐戍越嶲亦急，则治标之着即以开路银六万为饷。所荐佥事胡平表、都司陈廷对即留任镇守建南。"从之。

（《明熹宗实录》卷四三）

注：从第 47 条起至第 53 条止，据梁本增补，卷次亦从梁本。

54. 天启五年二月庚辰

贵州总督蔡复一疏言："……今事不从心，力不应手，只得上控君父求协援之实。乞敕四川总兵李维新、林兆鼎等从遵义、毕节进兵，总以水西城为信地……俱听臣节制，约期齐进，协力荡平……"下部酌覆。

（《明熹宗实录》卷五六）

55. 天启五年三月己巳

太仆寺少卿王尊德奏言："黔师大溃，黔事大危，请如督臣所议饷二百万照数出发。并总督一节应即于云南、贵州、四川，偏沅衙门或升转另设，或就见在移用。"得旨："总督事权宜重，已有旨会议著总督移驻遵义，黔抚另推。仍传与各土司，逆酋成擒即将水西分与投降把氏暨我有功土司，断不复为郡县，其土司中有素称忠顺的，各宜养精蓄锐，听候调遣，事平大加升赏。目今黔饷告急，户、兵二部便先凑银三十万两以济然眉，差廉慎司官速解。"

（《明熹宗实录》卷五七）

56. 天启五年三月丁丑

兵科给事中陈维新疏言："黔局有'缓着'，有'急着'，有'实着'。……自王伦叛逆，遵义破残，奢日纠五姓之民以翌逆彦，万一乘残猝据，西南半壁可奈何，合无如按臣温皋谟所议，遵义距蜀窎远难及，割付贵州以一事权，此'急着'也。……遵义但以一师窥龙场，彼奄奄余息之奢寅既不敢动，而后黔中以大兵临之，又何虑水西不斩逆彦以献。如此，而西南之局庶乎可结耳，此臣于四着外更审全局而定，为照应之着者也。"命该部酌议具覆。

（《明熹宗实录》卷五七）

57. 天启五年四月己卯

四川总督朱燮元疏言："天启二、三年，遵义五路进兵，永宁破巢之捷，各大小数百战之劳，二年之苦，查擒斩截杀，五路总计生擒一千九百二十四名，斩功二万七千四百九十二级，俘获一万七百三十二名口，招降大头目一百三十四名，及内外四里、卜昏、都都及遵绥、铜仁、水西、毕节等处黔蜀连界汉夷苗民其二十九万三千二百六十四口，当阵夺回被掳男女五千五百五十三名口，枪刀衣甲器械六千五百四十七件，牛马一千一百一十二只匹，印信五十二颗，伪印关防十三颗，伪敕札二十九件。五路阵亡官兵李缙等二千六百八十八名，轻重伤一百九十四名。至于左道之变，蜀实首难，初则伪榜攻掠州城，继则主谋内应，祸遍通省，妖书、纸甲与夫神符鬼脸等项不可胜计，幸尔乘势扑灭，擒厥渠魁，是亦廓清之一端也。乞将文臣李仙品、刘可训、卢安世，郑朝栋等，武将林兆鼎，秦翼明、罗乾象等，土司陈治安、冉绍文、悦先民等，降将王继宗、焦从智等查例升赏以示激劝。"章下兵部。

（《明熹宗实录》卷五八）

58. 天启五年四月癸未

兵部覆议黔督节制事权，谓："朱燮元宜移驻遵义，节制四省，简将清饷，便宜行事。"从之。

（《明熹宗实录》卷五八）

59. 天启五年四月庚子

福建道试御史余文熠疏言："臣蜀产也。蜀与黔势处同室，义切同仇，臣以为捣巢洗穴岂不在攻，然不若画城守之地，以渐为攻也；坚壁清野岂不在守，然不若集离散之众，以自为守也。在昔遵义为播贼所据，荡平之后，改土而郡县之，拓土开疆，功非不烈，其地僻处，土司归马放牛以来，武备渐弛，反为诸土司所轻，而撤去蜀中藩篱。今守令之法，不能使逃窜之民不避逆贼之出没，雄疆沃壤听其生荆棘而长蒿莱，安在郡县之足恃也。今永宁善后之策，莫若急于新辟之地，分授平蔺功能将吏，一如长官司例世守边疆，令之招抚流移，安插军士，计口分屯，免摊粮税，每若干亩养兵若干，但不付虚冒兼并。惟是秣马厉兵，仍土司故俗。如遵义郡县，即不敢轻易变置，然亦当如边方事例，添设卫所，务择智勇将领，久于其任，使惊心风鹤之众恃以无恐，庶得招我人民，安我田舍，农亦寓兵，亦文备武，不徒以寄民守令，岁糜腹里数万之廪饩。如是，而召募之兵，转运之饷，渐次可省，是实一虚设之遵义定一新附之蔺州，而疲蜀以休，危黔以援，各部骄横土司有所弹压，更可备缓急之征调，此轻重得失之大较也。若夫逆酋成擒，即将水西分与投降把目及有功将吏，断不复为郡县。而又先为众建以鼓之，今诸效顺土司得寸则彼之寸，得尺则彼之尺，其孰不以保身保家之念为朝廷守疆场？其孰不以欲辟欲聚之心为君父诛乱贼？黔兵不须深入，但坚守要害，时扰水外妨彼耕种，而逆彦一隅四面受敌，坐见其困矣。"章下所司。

（《明熹宗实录》卷五八）

60. 天启五年四月辛丑

广西道试御史田景新言："自逆奢作难，叛安踵之。……先年播酋授首速者，播有五土司内属，每战必为先锋，故易克。今逆彦见辖十余土司。彼其坚心附彦者，以五司平播后不保其故土也。……仲苗阳顺阴逆，在昔已然，今闻有阿稷者，自称西征将军，发传牌欲攻思、石、平、镇。夫攻思、石则蜀之涪、夔不可保，攻平、镇则楚之辰、沅非吾有，惟移镇遵义，去川东、湖北各百余里声援可朝夕至，且使奢安不敢垂涎此地，黔得以抵渭河一路，无忧阿稷也。乞将张我续、何士晋立行逮治，追赃充饷，其朱燮元、傅宗龙委任责成与黔事始终。"上命该部查明具覆。

（《明熹宗实录》卷五八）

61. 天启五年五月乙亥

翰林院修撰王应熊条议平定西南五策："……一曰屯守之要。自协复永宁、遵义以来，招降夷部甚多，法当安插耕种。……一曰进取之要。夫扼遵义以断水蔺之交，必不可易之着也。然遵义既复之后，城郭郊野，荡然一空，兼之山川深邃，运通梗阻，骤入遵义是孤注也。欲舍而径趋大方，或经阿为谜界，或经慕德界，此二苗长助贼寅为虐，二苗在前，贼寅在后，是畏首尾之计也……"得旨："冗长不便省览。"

（《明熹宗实录》卷五九）

62. 天启五年六月庚辰

总督贵州蔡复一题："……臣去岁曾言：'破贼有缓急二局。'急局必用兵十五万，必用饷二百五十万，必移督臣于遵义，而滇出霑益，黔出六广、三岔，三省并进，贼未有不灭者。然不难处兵而难处饷……"付兵部看议。

（《明熹宗实录》卷六○）

63. 天启五年六月癸未

御史王祚昌言："奢酋发难以来，除朝廷发帑以济急需外，诸凡兵饷之不足者，一切取之民间，膏髓已枯立见其毙，又安所得转输乎！兹欲求民不竭泽，兵不枵腹，惟有屯田一着。以臣熟计之其利有六焉：盖永宁、蔺州、遵义其田地之膏腴固可耕而食也，诚严督诸将卒、部曲计亩栽种，二三年后可免小民挽输之苦，其利一。按之兵法，取敌一钟当吾二十钟、屯田一石当吾二十石，非其脚力省耶？其利二。自恢复永宁、蔺州后，招降夷部颇多，无以安顿而休养之，惟驱彼降夷耕种屯田，则安插得所，而招徕自广，贼党益孤，其利三。相其地形，深浚沟渠，高筑圩埂，且多植榆柳等木以界戎马，使不得横行，其利四。牛马所需，惟籍刍梗，屯田收获，草料有余，战骑之腾骧可必，其利五。兵团聚，春耕秋练，家自为塾，户自为堡，倘贼突犯，各执坚以御之，其利六。有此六利，是以主待客，以逸待劳，致人而不致于人之术也。须当事设两道臣管理屯田，一驻永宁，一驻遵义，以弹压诸将而督率之，庶屯政有禀成而虏功克奏乎。"得旨："屯田供饷原自善策，于安蜀援黔尤中机宜，督率道臣即附近推补。著该部速与议覆，仍移文彼处抚按便宜行。"

（《明熹宗实录》卷六○）

64. 天启五年六月壬午

蜀府左长史曹大受奏："安酋深谷岩箐，动至数十里，中间埋伏断绝不可意测……臣意但令秉钺镇遵义以扼其喉，按兵不动，使隐然有虎豹在山之势……"章下所司。

（《明熹宗实录》卷六○）

65. 天启五年六月戊子

兵科给事中王鸣玉题："安酋幅员千余里，遵义一路为安项背，而蔺州界其侧，皇上特简督臣朱燮元据贼腹心而扼其吭，此可谓明见万里矣。惟是遵义屡被蹂躏，城郭人民都非昔比，若使骤进恐难驻扎，且诸贼耽耽虎视，乃仅置一总督于中亦孤注甚矣。桐梓、綦江土田肥饶，人烟凑集，向来道将皆聚于此。又全蜀水运至綦江而上桐梓，去綦江为程三日，旱运颇便，而南去贵阳为程五日，东去偏沅为程十日，四方照应便于期会，计莫若先檄道镇缮修城池，开拓田地，然后进驻，又必有大帅随之，然须得一南将，庶与川贵水土相宜，遵义宜设监司。镇南、乌江、关河皆遵义险隘，更宜各

· 152 ·

设副将监军以扼之，黔、蜀二抚驻扎省会相去辽远，往返文移动逾数月。臣谓蜀抚宜移镇叙泸以为督臣后劲，而黔则亟宜通乌江一路以断贼右臂，声势相联而节制始不难矣。乃臣更有请焉，近来惟总兵，以一单传各衙门画知，次日同诣松棚下，各画一题字，一揖告，成事而已，其人实不知也……"得旨："督抚驻扎机宜及慎道将著吏、兵二部，即与覆行。"

（《明熹宗实录》卷六〇）

66. 天启五年六月丁酉

兵部尚书高第覆兵科给事中萧基、胡永顺疏言："今日所殚心竭力以筹者无如东西二事，科臣基并图其亟而以虚实揆进止，永顺专策于黔而以分合决胜负，皆凿凿乎洞彼己之情形，而熟尝于技经肯綮之间者，其一则请隆督臣之权，以一管辖；其一则议居督臣之地，以便节制，而于黔蜀新抚并惓惓焉。今督臣新经受事，自今壁垒改观黔蜀二抚简界得人，允可同舟共济，而遵义宿兵一节，亦经臣部确请施行，可无复赘。惟是以夷制夷，古来长策，而操纵在我，威信并行不谓，犬羊不可驯服，则必确遵……"

（《明熹宗实录》卷六〇）

67. 天启五年七月庚午

御史袁鲸以黔难未平，楚力已匮，条陈四议："一曰分兵屯运。谓水外各处尽是膏腴，宜计口分种，仍于镇远、遵义等处拨兵搬运，有功者与阵功一体叙赏。一曰开例纳米。谓纳银尚须籴米，酌其例无妨碍暨罪可矜疑者，令于偏沅、遵义二处，每纳米十石，作银三十两，督抚给付照速与应得衔名，轻减本等罪犯。一曰分设鼓铸。议分本银三万两责成尝辰道府开设炉座，计息中生息，可抵二府黔饷。一曰金官解运。每一运令指挥一员、千百户二员分班轮直，卫中往有掌印巡捕、屯哨等差，每缺出央求动费数十金。今解回有功即以酬劳，仍咨送督抚，黔平一体优叙，亦功名之路苏豁之权也。"疏未复。

（《明熹宗实录》卷六一）

68. 天启五年七月己酉

造总督钱法盐法关防给右副都御史董应举，工部铸局分司关防给主事崔源之，协守遵义等处副总兵关防给副总兵林兆鼎。

（《明熹宗实录》卷六一）

69. 天启五年八月戊寅

总督贵州今听勘蔡复一上言："……皇上发帑十万,三月续派,合前数通计一百三十余万，何敢云少？然臣尝言之矣，水西强于播州五倍，以一百三十余万之额尽付新督臣为大举之用，犹苦未足，况半年间嬴黔坐守之费已食其半乎。臣三遣人往迓督抚，未得回音，讨贼方略尚未有定而转盼交秋矣。西贼春夏劳众废耕，僚民饥甚，比黔之熟，必渡河掠食致死于我，非聚兵何以大创？非集饷何以足兵？则七、八二月其用饷更未可量，臣若不预先说明，及督抚交代而前饷乌有，新臣何以措其手足？臣罪益无以自赎矣。"章下户部。

（《明熹宗实录》卷六二）

70. 天启五年十月癸未

川湖总督朱燮元上陈会剿机宜。其略曰："臣受命专任，职在讨贼，若非震以天威，安肯遽就戎索。……三方布置既定，八道声势相连，臣率大兵由遵义约定期会，鼓行并进，料此狡夷不难扑灭矣……"章下所司。

（《明熹宗实录》卷六四）

71. 天启六年三月辛亥

调……遵义副使廉第于驿传道，监军副使张起鹏于遵义道。

（《明熹宗实录》卷六九）

72. 天启六年五月乙巳

四川巡抚尹同皋疏言："三巴不造，奢寅作恶，物力尽输遵、永，川北受东贼之害，诸边受番房之害，近拿获奢寅母舅马塞得持金宝谕札约会诸番举事，乃知贼之举动各有根因，地方当大瘵极弊，无一事不费料理，惟有调选官兵大行剿灭而已。"章下兵部。

（《明熹宗实录》卷七一）

73. 天启六年八月丁巳

加四川总兵林兆鼎署都督佥事，管遵义参将事。

（《明熹宗实录》卷七五）

74. 天启六年十月己酉

改贵州布政司右参议卢安世为四川监军遵义道。

（《明熹宗实录》卷七七）

75. 天启六年十月乙卯

以湖广副总兵刘超为四川添设总兵官，带管遵义参将事。

（《明熹宗实录》卷七七）

76. 天启六年十二月戊午

总督贵州川湖巡抚闵梦得奏进兵形势并移驻地方，言："进兵之路宜设贵阳入永宁，盖由永宁而普市，而摩泥，而赤水，悉皆坦途，城郭可凭，营寨可结，整兵深入进据毕节，令贵阳、遵义之兵克日并进，贼必不支，而后为剿为抚，权可自我操也。除现在额饷外，非更得百二十万不可，饷足而移驻永宁，一呼并进，为策之上。若饷无所出，则臣姑置身于活地，非遵义则偏桥，酌事势进止，亦策之次。若专驻贵阳于臣身甚逸，于公家无补，策斯下矣。"得旨："据奏，进兵形势区画详明，具见方略，仍著用心料理候代。"

77. 天启六年十二月壬戌

四川巡按陈睿谟奏："蜀地三面邻夷，用兵势所时有，然自元年奢变以来，兵连祸结，备极惨毒，即水西弹丸，杀伤无算，不问而知其厌苦。……永宁、遵义二路屯田奉有明旨，今岁幸际有秋价平谷贱，此亦屯之明效矣。但获利未几，衅端随见。遵义自平播改流已二十余年，居民践土食毛，各有分业，顷自避乱归来，而丘垄庐舍，尽非我有，即云将卒云屯尽为王土，而哀鸣鸿雁，无处惊栖，毋乃驱华民资敌国乎？顷抚臣檄永宁道踏界分给，虽稍已宁辑，而争心未已，目前如斯，后将焉制？臣因是更有请焉。前督臣朱燮元以降夷不可失信，奖劝不可无术，分别诸人功次札给官秩，乃诸将以必得钦依为荣。臣窃谓片纸空衔，赏一劝百，国家又何爱此虚秩，不以信已往劝将来乎？此又遵、永处置机宜所当议者也。"得旨："据奏蔺局情形甚晰，其中条画有法且见方略，该部即与酌议具覆。"

78. 天启七年五月壬午

原任镇守湖广都督佥事，今转四川遵义总兵官刘超奏："臣自入黔以后，逆贼安邦俊自瓮安入寇，维时死事者，游击李正纲等六人。既而有陆广之事，都司徐文勋等死者十六人。未几又有氾溪之战，而刘奇、王立勋等死敌计有三十余人，至镇臣鲁钦、旧抚王三善倏而犁庭扫穴，倏而杀身成仁，要皆誓不与贼俱生而一死重于泰山者，乞皇上褒示以劝任事。"得旨："黔中死事诸臣除王三善、鲁钦应听公议外，刘奇等抚按官确查具奏。"

79. 天启七年十一月乙酉

巡抚贵州左副都御史陆献明言："……奢崇明结贼同谋于水内，故安邦彦等桀骜难训。若得蜀兵五万，分扼于永宁、遵义，滇兵五万进蹙于霑益、乌撒一带，黔兵七八万分布于思腊、三坐，陆广之东西，同时并进则贼可授首也。今滇、蜀既无协应，黔兵仅五万，止分布一面，安能困贼云云。"

（《明熹宗实录》卷附录）

十五、明崇祯实录

1. 崇祯元年二月甲辰

四川监军参议曹大受言："西南土司安民为强，所据之巢，又为天险之隘……毕节一路诸部交通，今为贼有，故欲进兵必先取毕节，据毕节则救援之路塞，然后遵义、永宁同日并举，应接不暇，其锋自折，以剿之策也……"章下所司。

（《明崇祯实录》卷一）

2. 崇祯二年八月戊午

伪梁王奢崇明合伪大元帅安邦彦兵数万攻永宁，兵备副使刘可训、总兵侯良柱力拒却之。可训在永宁出兵遇贼少失利，即入城，贵州兵不之救，贼遂据桃江坝。庚申，侯良柱、许成名约并力攻贼，贼恃其山险方饮宴，蜀兵乘雾进捣其塞，贼仓皇接战，官兵力击，大破之。黔兵夹进，贼走于鹅顶岭，径长而悭，官兵追迫，矢刃骤交，人马蹂躏，倾陷亡算。

（《明崇祯实录》卷二）

3. 崇祯十一年三月丁亥

总督川、湖、云、广、贵州军务少师兵部尚书兼右都御史朱燮元卒。燮元，浙江山阴人，万历壬辰进士。尝知苏州，有惠政。奢寅叛，是时燮元为四川布政使，力守成都，进巡抚，卒平其乱，进总督。明敏有器度，善用人。黔、蜀多故，所向成功，安位纳土，西南赖之，年七十三。予祭葬，赠太师，世袭锦衣卫指挥使。

（《明崇祯实录》卷一一）

《清实录》遵义资料辑录

简要说明

《清实录》为清代历朝之官修史料汇编。其资料来源为从皇宫内调取上谕、朱批奏折，从内阁调取起居注及其他原始档案，由修纂官员整理，按时间顺序编辑。

《清实录》原件有 4484 卷，史事内容广泛，涵盖地域广大，涉及人物众多。《遵义丛书续编》辑录出涉及今贵州省遵义市之建置、重要史事及重要人物方面资料共计 792 条（按日统计，有的一日数事皆归于同一条）。按原书时序排列，计有：清世祖（顺治）实录 12 条，圣祖（康熙）实录 35 条，世宗（雍正）实录 22 条，高宗（乾隆）实录 147 条，仁宗（嘉庆）实录 20 条，宣宗（道光）实录 54 条，文宗（咸丰）实录 110 条，穆宗（同治）实录 175 条，德宗（光绪）实录 208 条，宣统政纪 9 条。根据内容属性，大体有：涉及遵义重大史事方面，有清政权最初进入遵义地区之记载，有遵义府由四川划归贵州省之记载，以及其他关于建置变动之记载。经济领域史料较为丰富，有涉及农业、垦荒、山蚕、矿产、疏浚赤水河航道、盐运、桐梓戴家沟水利工程、财税、粮政、赈灾等史料。有关于文化教育方面资料。在军事方面，涉及太平天国石达开部在今遵义地区之活动，各族人民反压迫反剥削斗争，包括谢法真、穆继贤等领导之斗争，杨凤（杨龙喜）起义，号军起义，清廷镇压起义军之部署与军事进程等。对影响重大之三次"遵义教案"，前因后果及处置，也有多条记述。

本次辑录遵义籍人物 40 人相关资料 400 余条，非遵义籍而对遵义有重要贡献或影响人物 5 人相关资料 15 条。其中有军政官吏、外交人才、经济干员、文化名人、科举学子、留学人士、社会贤达、农民起义领袖等人物。从中可查到科举进士多名，清末留学生多名。因上"万言书"步入仕途，后两任驻日本大臣之黎庶昌资料即有 38 条，其使馆随员刘庆汾为清末金融币制改革之倡议者。对引进养蚕纺织技术致富一方之知府陈玉璧、吏目徐阶平，创修"府志中第一"之遵义知府平翰，府志撰修者本籍举人郑珍、莫友芝，以及创办新学发展教育事业之知府袁玉锡等，均有资料。

所有资料，因其为朝廷实录，具有较准确之实时性及权威性，为了解与研究遵义历史之重要基础资料。但因其为以帝王为中心之记录，选材上即有一定局限，甚至对某些历史事件真相有所掩盖粉饰，而对一些少数民族及人民反抗封建剥削压迫之斗争则使用污蔑之词等。

一、世祖章皇帝实录

1. 顺治元年十二月己巳

谕刑部都察院曰："自流贼作乱以来，民间每将杀掳叛乱不赦等罪，纷纷互告，以致民心不定。今特再行赦宥，凡伪官投诚归顺，及明朝降贼官员，并土寇为乱，今能改过自新者，一并蠲除前罪，咸与赦免，如有才堪驱策，不妨因人器使。直隶、山东、山西、河南、陕西等处已顺官民，自顺治元年五月初二日以前罪犯，无论大小，悉赦除之；有仍以赦前事相告者，即以其罪罪之。初二日以后，不在赦例。其官民通贷，虽在初二以前仍准取偿外，南直、陕西、湖广、四川、河南、浙江、江西、福建、广东、广西、云南、贵州等处未经归顺人民，所犯罪恶，一并赦免。倘投顺以后，或犯罪恶，依律究治。"

（《世祖章皇帝实录》卷一二）

2. 顺治四年八月乙酉

定远大将军和硕肃亲王豪格等奏报："多罗贝勒尼堪、固山贝子满达海、固山额真杜雷、觉罗巴哈纳、准塔巴图鲁、马喇希、护军统领鳌拜巴图鲁、墨尔根侍卫李国翰、护军统领哈宁噶、车尔布、德尔得赫等，分兵征剿遵义、夔州、茂州、荣昌、隆昌、富顺、内江、资阳等处。斩伪王及巡抚、道官、总兵、副参游都守一千余员，兵丁无算，获马骡一万二千四百余，川寇悉平。"

（《世祖章皇帝实录》卷三三）

3. 顺治九年七月丙戌

平西王吴三桂，定西将军固山额真、墨尔根侍卫李国翰疏报："臣等遣官兵招抚漳腊、松潘等处，攻拔重庆等府，剿杀伪总兵李廷明等，俘获甚多。又分遣梅勒章京戴都等领官兵围成都，伪抚南王刘文秀举城降。随进攻嘉定，擒斩伪总兵龙名扬，蜀地渐次底定。"下所司察叙。

又奏："蜀地东接三楚，西连羌番，南通滇、黔，北抵秦、陇，幅员甚广，易乱难治。自张逆蹂躏，诸伪相继，十数年番倮跳梁，孑遗涂炭。仰荷皇上轸念残疆，大张挞伐，虽巨寇三路奔溃，东南渐入版图。然大憝孙可望假借名号，鼓煽人心，蚁聚建昌、遵义、永宁等处，抗拒王师，未尝忘情于蜀。宜蚤定经制，择冲要地，设镇将官兵，责成战守，以为久安长治之策。"下兵部议。

（《世祖章皇帝实录》卷六六）

4. 顺治十年八月壬辰

南韶道补原任四川遵义道董显忠为江西布政使司右参议。

（《世祖章皇帝实录》卷七七）

5. 顺治十二年八月甲戌

庄浪兵备道改补四川遵义道佥事冯嘉会为湖广按察使司佥事，分巡湖北道。

（《世祖章皇帝实录》卷九三）

6. 顺治十五年五月甲子

宁南靖寇大将军、固山额真罗托等疏报："克复湖南沅、靖等处，进取贵州省城，及平越、镇远等府。先后共招降伪官兵丁四千九百九十余人，男妇九千八百余名口。获马一千四百余匹，象十二只。"征南将军、固山额真赵布泰亦报："大兵已抵贵州，所过南丹州、那地州、抚宁司各土司兵民，及独山州官民，俱来就抚。"奏入，优旨嘉奖，并命兵部俟事平察叙。

（《世祖章皇帝实录》卷一一七）

7. 顺治十五年六月戊辰

平西大将军、平西王吴三桂等奏报："臣等自收服重庆，即统兵进发，逆首李定国、刘文秀遣伪将军刘正国等，率贼众象只在三坡、红关等处据险设伏，以拒我兵。臣等令马步相兼，步步督战，节节前进，贼遂奔溃。我兵疾追，贼由水西，遁入云南。臣等收服遵义府，并所属州县，招抚伪总兵及副参游等官，计降贼兵五千有余。臣等随抵贵州，有伪总兵梁亦英等，拥贼三千有余，屯开州拒守，我兵奋勇分击，贼大败，阵斩贼二千有余，获其象马器械，遂克开州。"捷闻，上嘉奖之，命所司于事平日议叙。

（《世祖章皇帝实录》卷一一八）

8. 顺治十五年八月丙子

平西王吴三桂奏报："贼党薄重庆城，我军炮击贼船，伤死甚多，贼众败遁。"得旨："著于事平日议叙。"

吴三桂又奏报："伪兴宁伯王兴，为李定国调赴云南，其将卒家口，留驻绥阳。臣兵至桐梓，兴子伪总兵王友臣差伪中军朱尚文迎赴军前投顺。兴亦自云南脱归，至军前谒见。又有伪侯、伪将军等，共带家口七千余及水西宣慰使安坤等，具启投诚。"章下所司。

（《世祖章皇帝实录》卷一二〇）

9. 顺治十六年正月庚子

初，安远大将军、信郡王多尼，征西大将军、平西王吴三桂，征南将军、固山额真赵布泰，会于平越府之杨老堡，议分兵进取云南。多尼自贵阳入，三桂自遵义入，赵布泰自都匀入，订以十二月会师云南省城。多尼兵至安壮，斩其伪刘将军，追至盘江，贼焚铁锁桥遁去，我军作浮桥而济。至松岭卫，伪巩昌王白文选率兵二万拒敌，我军分路进击，大败之，遂进抵云南。三桂兵至七星关，白文选屯兵守险，乃从水西苗倮界间道度关，以袭贼后，贼闻风遁去，遂直趋乌撒。赵布泰兵至盘江之罗颜渡口，贼扼险沉船，我军不得渡。投诚土司知府岑继鲁献策，从下流十里，取所沉船，乘夜潜师而济，贼仓惶逃溃。梁瑞津有伪伯李成爵屯兵万人于山谷口，我军环山四面夹击，大败贼众，斩获无算。时伪晋王李定国全师据双河口山顶，赵布泰遣兵登山，夺其形胜，贼列象阵来争山，我军合力奋击大败之，获其象只。至陆格，定国复率三十营贼兵，列栅拒守。赵布泰分兵为三队，张左右翼击之，再战俱捷，追至四十余里，获象马甚众。时闻贼尚据铁锁桥，乃从普安州间道入云南，三路大师，俱入省城。李定国、白文选与伪永历奔永昌。至是捷闻，上嘉奖之，命所司察叙。

（《世祖章皇帝实录》卷一二三）

10. 顺治十六年正月庚申

四川遵义总兵官马化豹，以年老乞休，允之。

（《世祖章皇帝实录》卷一二三）

11. 顺治十六年四月辛卯

贵州总督赵廷臣奏报："逆贼冯天裕等窜伏山寨，勾结亡命，先陷湄潭，嗣犯瓮安，臣调思南、平越、遵义、偏桥各路官兵击破贼营，斩天裕及伪总兵冉宗孝等，余党悉平。"下所司知之。

（《世祖章皇帝实录》卷一二五）

12. 顺治十七年二月癸巳

免贵州贵阳、安顺、都匀、石阡、镇远、铜仁等府属州、县、卫所、土司十六年分旱灾额赋。

（《世祖章皇帝实录》卷一三二）

二、圣祖仁皇帝实录

1. 顺治十八年二月甲辰

礼部题："会试取士原分南、北、中卷，后因云、贵等省未经平定，将中卷分入南北卷内。今各处省分俱全，应仍将……为北卷。四川、广西、云南、贵州四省……为中卷。其南、北、中卷中式额数，照赴试举人之数均派。"从之。

（《圣祖仁皇帝实录》卷一）

2. 顺治十八年八月庚戌

增设贵州湄潭镇，以投诚右都督王友进为湄潭镇总兵官。

（《圣祖仁皇帝实录》卷四）

3. 康熙四年四月己卯

四川总督李国英疏言："全川已经恢复，当因地设防。酌议增减。督标抚剿五营兵五千名、慕义侯谭弘下兵三千名、龙安城守兵五百名，应裁。永宁镇标，原设中左右三营兵三千名，应裁一千名。重夔镇标，原设中左右三营兵三千名，应留。又左右水师兵二千名，应裁。石泉，原设兵五百名，应裁二百名。雅黎，原设兵一千名，应裁二百名。峨边，原设兵一千名，应裁三百名。潼川、绵州，应设守备一员、兵五百名。叠溪，原设游击一员、兵五百名，应增中军守备一员、兵二百名。建武，应设游击一员、中军守备一员、兵七百名。大坝，应设守备一员、兵三百名。龙场坝，应设守备一员、兵二百名。叙州、马湖二府，应设游击一员、中军守备一员、兵一千名。马边，应设守备一员、兵五百名。仁怀县，应设守备一员、兵五百名。黔江、彭水二县，应设游击一员、中军守备一员、兵一千名。巫山，应设游击一员、中军守备一员、兵一千名。重庆府，应设城守副将一员、左右二营游击各一员、中军守备各一员、兵二千名。合州，应设守备一员、兵五百名。达州，应设游击一员、中军守备一员、兵一千名。大昌、大宁二县，应设游击一员、中军守备一员、兵一千名。太平县，应设都司金书一员、兵五百名。通巴，应设守备一员、兵五百名。顺应府，应设守备一员、兵三百名。广元县，应于川北镇标三营内，拨发一营官兵驻防。其督标、提标、成都府城守副将、松潘卫副将、城守守备、漳腊游击、威茂参将、龙安参将、小河游击、平番守备、建昌镇标、遵义镇标、川北镇标、云阳水师镇标官兵俱应照旧。通省经制，合计兵四万五千名，以马二步八、战守各半定额。"从之。

（《圣祖仁皇帝实录》卷一五）

4. 康熙四年五月壬寅

以故遵义侯郑鸣骏子郑缵成袭爵。

（《圣祖仁皇帝实录》卷一五）

5. 康熙五年十二月癸亥

设四川会川卫学教授一员，桐梓、绥阳、仁怀三县学训导各一员。

（《圣祖仁皇帝实录》卷二〇）

6. 康熙十九年八月甲子

先是，令大将军固山贝子章泰等，由沅州取贵州；大将军和硕简亲王喇布等，由广西取云南；将军吴丹、赵良栋会兵取遵义后，亦进贵州。至是章泰疏言："贵州地方褊小，难以得粮。"上谕："吴丹等得遵义后，毋经贵州，即进取云南。大兵进剿之期定议奏闻后，即檄湖广、广西大将军、将军等如期会举。"

（《圣祖仁皇帝实录》卷九一）

7. 康熙十九年九月壬戌

勇略将军云南贵州总督赵良栋疏言："李芳述、邹九畴系投诚后遵上旨设立领兵之总兵也，值仁怀、合江失守，泸州复陷，贼正鸱张，势在危急，逆孽狡谋，乘隙摇惑，该总兵等矢心报国，不为饵诱，擒绑逆差，镇靖人心。又随征之副将蒋荣德及投诚伪总兵未经受职之瞿洪等，同心协力，保守孤城，奋志灭贼。请加恩典，以示奖励。"下部议叙。

（《圣祖仁皇帝实录》卷九二）

8. 康熙十九年九月癸亥

先是，绥远将军湖广总督蔡毓荣疏言："臣已统兵入贵州境，恐大兵进征之后，内地兵单，请调提督徐治都驻常德防守。"上从之。

勇略将军云南贵州总督赵良栋疏言："湖广大兵已集沅州，永宁一路兵，应直进云南。今将军吴丹兵，启行将及一月，犹未渡江。如永宁不保，贼势愈张，请严饬湖广兵取贵阳，分兵以取遵义；令吴丹击败永宁贼，即乘胜进取云南。"上谕大将军贝子章泰等："可率兵速取贵阳，分兵以取遵义……"

（《圣祖仁皇帝实录》卷九二）

9. 康熙十九年十月甲午

勇略将军云南贵州总督赵良栋疏报："贼寇侵犯，仁怀失守……"

（《圣祖仁皇帝实录》卷九二）

10. 康熙十九年十月戊申

谕兵部："大兵已复镇远。镇远至贵阳，道路平坦，料贼不守贵阳，必据鸡公背、铁索桥诸处。兹大兵进征，平定地方，拯救生民，大将军、将军、大臣等，务同心协力，以济大事，作速进取贵阳，即分兵取遵义诸处。倘息缓迟延，如入川诸大臣，彼此不睦，贻误兵机，军法森严，必不尔宥。前恢复四川时，曾敕诸将军，固守疆圉，堵御贼寇，因其彼此不睦，疏于防守，使逆贼狂逞，失陷地方，不能如期进定云南。今大将军贝子章泰等，已复镇远，规取贵阳、遵义。遵义为贼后路，寇川逆贼，势必退归，在川将军及大臣等，宜侦探虚实，乘势长驱，毋失机会。如仍前不睦，贻误兵机，定行治罪……"

（《圣祖仁皇帝实录》卷九二）

11. 康熙十九年十一月甲子

定远平寇大将军固山贝子章泰疏报："臣等恢复镇远，即分遣满汉官兵进取贵阳。十月十七日，复平越府，并复新添、龙里二卫。二十一日，我兵直抵省城，逆渠吴世璠、伪将军刘国炳、吴应麒等率众夜遁，遂复贵阳府。其余安顺、石阡、都匀诸府，亦以次收复。贵州全定。"得旨："嘉奖。下部议叙。"

（《圣祖仁皇帝实录》卷九三）

12. 康熙十九年十二月丁亥

谕议政王大臣等："今贵州底定，大兵宜速取云南，况大将军赖塔兵已抵南宁。大将军固山贝子章泰，毋分兵向遵义，即速行进定云南。章泰军中，统领绿旗兵将军、总督、提督、随征总兵官甚多，兵数亦众，章泰等进兵时，可于诸大臣内，酌留贵阳，厚其兵力，俾守黔中。至固原总兵官王用予，前曾请取遵义，今宜令王用予速取遵义，即镇守之。"

（《圣祖仁皇帝实录》卷九三）

13. 康熙二十年三月丁巳

荡寇将军固山贝子准达疏言："请仍率原辖之兵进取遵义。"上谕："准达自抵重庆，并无寸功，今若复令统兵，必误事机，其遵前旨，率疲兵速回荆州。令将军噶尔汉，疾驰进取遵义。"

（《圣祖仁皇帝实录》卷九五）

14. 康熙二十年三月癸亥

先是命镇安将军噶尔汉，同总兵官王用予进取遵义。至是，江西总督董卫国疏报："山西提督周卜世等，率兵恢复遵义府，杀贼甚众。伪将军马宝弃城走，复犯泸州、叙州诸处。"上谕："噶尔汉不必赴遵义，率兵驰赴叙州，速剿逆贼，竟入云南。王用予亦率兵与噶尔汉同至叙州，灭贼之后即驻叙州镇守。"

（《圣祖仁皇帝实录》卷九五）

15. 康熙二十年四月甲申

建威将军佛尼勒疏报："固原总兵官王用予率兵恢复纳溪、江安、仁怀、合江等处，伪将军何德成等率所属兵丁投诚。"得旨："嘉奖。下部议叙。"

（《圣祖仁皇帝实录》卷九五）

16. 康熙二十年四月戊申

征南将军都统穆占疏言："平远、大定、黔西、遵义，悉经恢复，诸处向有贼将，俱奔赴云南，贵州无警。臣同副都统花色、宜思孝遵大将军章泰等檄，率护军骁骑汉军兵，每佐领四人，进征云南。余兵付前锋统领萨克察巴图鲁、总督董卫国等留镇贵州。"上谕："贼虽奔散，黔省有土司，苗蛮杂处，关系匪轻。将军穆占酌量率兵，仍回贵州，统摄官兵，固守疆土。副都统花色、宜思孝既已前赴云南，萨克察巴图鲁不必赴云南。"

（《圣祖仁皇帝实录》卷九五）

17. 康熙二十年五月癸丑

山西提督周卜世疏报："遵义贼兵肆乱，臣遣总兵官李师膺、游击张所元等，率兵往剿。有真安州伪知州金仕俊、仁怀县伪知县吴逢圣相继投诚，遂复真安州及仁怀、绥阳、桐梓三县。"得旨："嘉奖。下部议叙。"

（《圣祖仁皇帝实录》卷九六）

18. 康熙二十年十月丁亥

叙招抚遵义难民功，加湖广岳州左镇总兵官李师膺为都督同知，余员俱加等授职有差。

（《圣祖仁皇帝实录》卷九八）

19. 康熙二十四年正月乙酉

礼部议覆："广西道御史刘超凡疏言：会试中额，旧例定南、北、中三项。后因滇、黔、川、粤道路梗阻，赴试无人，因与江南庐、凤各府，分并南、北卷内，裁去中卷一项。今云、贵等四省已经再行乡试，请仍照旧例，复分南、北、中卷三项。应如所请。"从之。

（《圣祖仁皇帝实录》卷一一九）

20. 康熙二十五年闰五月己酉

升四川遵义副将郑侨柱为重庆总兵官。

（《圣祖仁皇帝实录》卷一二六）

21. 康熙二十九年十二月戊午

四川遵义府知府徐孺芳，为福建按察使司副使，提调学政。

（《圣祖仁皇帝实录》卷一四九）

22. 康熙三十年五月辛亥

礼部等衙门遵旨会议，御史江蘩条奏科场事宜："查会试之分南、北、中卷，原为因地取才起见。行之既久，其势不能均平，若不稍加变通，恐遏方士子，不能仰承皇上广兴文教、乐育人材至意。嗣后，应于南、北、中卷内再分江南、浙江为南左；江西、湖广、福建、广东为南右；直隶、山东为北左；河南、山西、陕西为北右；四川、云南为中左；广西、贵州为中右。仍照定例，各计卷数之多寡，凭文取中，既于科场条例并无更改，又于各省中额不致偏枯……"从之。

（《圣祖仁皇帝实录》卷一五一）

23. 康熙三十二年八月甲戌

谕户部："朕抚御寰宇，早夜孜孜，惟以实惠及民，俾登康阜为念。广西、四川、贵州、云南四省，俱属边地，土壤硗瘠，民生艰苦，与腹内舟车辐辏，得以广资生计者不同。朕时切轸怀，历岁以来，屡施恩恤：……贵州省，康熙二十二年秋、冬及二十三年春、夏地丁钱粮，又贵州、四川二省，康熙二十五年未完及二十六年应征钱粮，……俱经次第蠲豁。兹念育民之道，无如宽赋。矧边省地方，非再沛优恤之恩，则闾阎无由充裕。所有康熙三十三年四省应征地丁银、米，著通行蠲免。仍行文该督抚遍加晓谕，令人沾实泽，以称朕加惠远省民生至意。如有不肖有司，借端蒙混，私自征收者，该督抚指名奏劾，从重治罪。尔部即遵谕行。"

（《圣祖仁皇帝实录》卷一六〇）

24. 康熙三十八年二月戊午

设贵州清浪卫学教授一员，开州、广顺、永宁、独山、麻哈五州学，学正各一员。普安、余庆、安化、普定、平越、都匀、镇远、铜仁、龙泉、永从十县学，训导各一员。取进文、武生员额各八名。

（《圣祖仁皇帝实录》卷一九二）

25. 康熙三十九年十一月丙午

云南、贵州、四川、广西四省在监乡试，亦编入南监内，俱一体分别编官字号，照额取中。会试满合字号、南北字号，亦编官字号，每二十卷取一卷。云南等四省中额，仍照现例行，不另编官字号。各项监生，有愿在监入场者，俱由国子监录取，责令祭酒等力行考课之法，考课不缺者，准其入场。照例分别南北官、民卷。其愿在本地乡试者，与生员一体，分别官、民卷取中。童生内有将经书、小学真能精熟及能成诵三经、五经者，该学臣酌量优录。论题将性理中太极图说、通书、西铭、正蒙等书，一并命题。

（《圣祖仁皇帝实录》卷二〇二）

26. 康熙四十一年十一月乙卯

上谕大学士等曰："蠲赋为爱民要务，征取钱粮原为国用不足，国用若足多取奚为？比年以来，附近省分俱屡行宽免，惟云南、贵州、四川、广西等处未得常邀蠲恤，今户部库帑有四千五百万两，每年并无糜费，国帑大有赢余，朕欲将此四省四十三年钱粮悉行蠲免，倘有宽裕，并及广东省亦令蠲免。其蠲免四省谕旨，明春即行晓示，庶经费易为措置也。"

（《圣祖仁皇帝实录》卷二一〇）

27. 康熙四十四年十月甲辰

添设贵州永宁、麻哈、独山三州学正各一员；普定、平越、都匀、镇远、安化、龙泉、铜仁、永从八县教谕各一员。

（《圣祖仁皇帝实录》卷二二二）

28. 康熙四十五年四月己亥

九卿等遵旨议覆："云南、贵州、广西、四川四省官员空缺甚多。嗣后，知府以下，知县以上员缺，凡候选人员内，有愿往效力者，递呈之后，令彼掣签。云南、广西各二十二员，贵州十五员，四川四十员，预先遣往。缺出，则该督抚照名次补授。如无情愿效力者，则令双单月投供者，掣签遣往，俱于每年五月初十日内掣签。"

上曰："此议未当。向因四省员缺，规避者多，故严立条例，恐犹有规避之人。尔等乃议定月分掣签，必生巧计规避。俟五月四省员缺选完之后，然后投供，此事不可限定月分。每年自正月起，投供官员到齐后，即来请旨，俟朕命下，使彼掣签。如此，则不能规避矣。"

（《圣祖仁皇帝实录》卷二二五）

29. 康熙四十九年十月甲子

……直隶、奉天、浙江、福建、广东、广西、四川、云南、贵州所属，除漕项钱粮外，康熙五十年应征地亩银，共七百二十二万六千一百两有奇，应征人丁银共一百一十五万一千两有奇，俱著察明全免。并历年旧欠共一百一十八万五千四百两有奇，亦俱著免征。其五十一年、五十二年应蠲省分，至期候旨行。民间旧欠既经豁免，嗣后每年额征钱粮务如数全完，倘完不及额，或别有亏空，托称民欠，则负国甚矣，即责令督抚以下官员偿补，仍从重治罪……

（《圣祖仁皇帝实录》卷二四四）

30. 康熙五十年十月丙辰

户部议覆："福建巡抚黄秉中疏言：康熙四十九年，奉上谕蠲免直隶、奉天、浙江、福建、广东、广西、四川、云南、贵州等省康熙五十年应征地丁银两……"

（《圣祖仁皇帝实录》卷二四八）

31. 康熙五十一年二月壬午

谕大学士九卿等："……前云南、贵州、广西、四川等省遭叛逆之变，地方残坏，田亩抛荒，不堪见闻。自平定以来，人民渐增，开垦无遗，或沙石堆积，难于耕种者，亦间有之，而山谷崎岖之地，已无弃土，尽皆耕种矣。由此观之，民之生齿实繁。朕故欲知人丁之实数，不在加征钱粮也。今国帑充裕，屡岁蠲免，辄至千万，而国用所需，并无遗误不足之虞，故将直隶各省，见今征收钱粮册内，有名人丁永为定数。嗣后，所生人丁免其加增钱粮，但将实数另造清册具报。岂特有益于民，亦一盛事也。直隶各省督抚及有司官，编审人丁时，不将所生实数开明具报者，特恐加征钱粮，是以隐匿不据实奏闻。岂知朕并不为加赋，止欲知其实数耳。嗣后，督抚等倘不奏明实数，朕于就近直隶地方，遣人逐户挨查，即可得实，此时伊等亦复何词耶？此事毋庸速议，俟典试诸臣出闱后，尔等会同详加确议具奏。"

（《圣祖仁皇帝实录》卷二四九）

32. 康熙五十一年四月辛未

谕翰林院："选拔庶常，原系作养人材。今科进士，特加简阅。取……郑之侨……等六十六名，俱著改为庶吉士。"

（《圣祖仁皇帝实录》卷二五〇）

33. 康熙五十一年十月癸丑

谕户部："朕宵旰孜孜勤求民瘼，永惟惠下实政，无如除赋蠲租。除每岁直隶各省报闻偶有水旱灾伤，照轻重分数蠲免正供仍加赈恤外，将天下地丁钱粮，自康熙五十年为始，三年之内全免一周，使率土黎庶，普被恩膏。除将直隶、奉天、浙江、福建、广东、广西、四川、云南、贵州及山西、河南、陕西、甘肃、湖北、湖南康熙五十年、五十一年地丁钱粮一概蠲免……各该督抚务须实心奉行，体朕轸念民生至意，如有侵欺隐匿，使惠不及民，借端科派者，该督抚严行察参。督抚失察事发之日，亦严加究治。谕旨到日，立即遍示城郭乡村，咸使知悉。尔部即遵谕行。"

（《圣祖仁皇帝实录》卷二五一）

34. 康熙五十二年七月己未

升四川遵义副将魏相为四川川北总兵官。

（《圣祖仁皇帝实录》卷二五五）

35. 康熙五十二年十一月乙丑

谕吏部："庶吉士王图炳等教习已及年余，今加考试，应分别授职。除王世琛、徐葆光已授修撰、编修外，其庶吉士……谢济世……郑之侨……等，授为检讨。"

（《圣祖仁皇帝实录》卷二五七）

三、世宗宪皇帝实录

1. 雍正二年七月庚戌

谕吏部："远省州县员缺，旧例部选，月官领凭赴任。每至需迟累月，甚而悬缺日久，署印屡易其官，以致遗误地方不少。朕意将拣选举人，选期尚远者，挑选命往各省，听候缺出，委用署事。至应选时，仍来京候选。庶远省署事不致乏人，于吏治有益。尔部可定议具奏。寻议：会试后下第举人，应取具同乡京官印结，吏部拣选、引见，发往云贵川广五省委署试用。如果才守兼优，著有实效，该督抚保题于本省补用。平常者，咨部请旨，有情愿会试者听。"从之。

（《世宗宪皇帝实录》卷二二）

2. 雍正二年九月庚戌

命赏给会试举人盘费，云南、广东、广西、四川、贵州五省，每人银十两……

（《世宗宪皇帝实录》卷二四）

3. 雍正三年二月乙酉

贵州巡抚毛文铨疏言："贵州山高多雨，积贮米石，恐致潮湿霉变。"得旨："积贮仓粮，特为备荒赈济之用。南省地气潮湿，贮米在仓，一二年便致霉烂，实难收贮。著改贮稻谷，似可长久。应否改折稻谷收贮之处，著九卿详议具奏。"寻议："南方诸省土脉潮湿，兼有岚瘴，积贮仓米，易致湮烂。不若稻谷可以耐久。嗣后，江南、浙江、福建、湖广、江西、四川、广东、广西、云南、贵州等省存仓米一石，改换稻谷二石，加谨收贮，需用之岁，碾旧贮新尤为尽善。"从之。

（《世宗宪皇帝实录》卷二九）

4. 雍正三年二月甲午

增四川省各学取进文童额数。……成都、崇庆州、简州、阆中、南部、遵义、眉州、邛州、雅州、泸州十州县，向系中学，升为大学，各取进十五名。温江、新繁、新津、郫县、巴县、江津、南充、宜宾、富顺、奉节、绥阳、洪雅、遂宁十三州县，向系小学，升为中学，各取进十二名。

（《世宗宪皇帝实录》卷二九）

5. 雍正三年三月丁未

以贵州提督赵坤为銮仪卫銮仪使。升云南永北总兵官马会伯为贵州提督。

议政王大臣等遵旨议覆："条奏内称，查得大将军年羹尧条奏善后十三款内……议裁四川重庆、川北二镇，化林一协，并将遵义等营共裁汰兵三千四五百名。……将年羹尧议裁之川北、重庆、化林、遵义……各处镇协并经制官兵，仍照常设立……"从之。

（《世宗宪皇帝实录》卷三〇）

6. 雍正五年八月乙未

工部等衙门议覆："川陕总督岳钟琪遵旨查覆四川永宁协副将张瑛条奏内，酌议可行者四款：

……一、云南东川府会理州、贵州威宁府属之阿底盐仓等处、永宁之各夷屯,归流已久,其土目各治其民,流官向土目收粮终非久计,请将土目迁往腹地,其催粮之里长甲首,令内地轮流充当,其土民悉令薙发,男妇俱照内地服饰。一、贵州威宁府属之永宁县去府千里,驻扎衙署,乃与四川之叙永同知,共在永宁,而所属人民,散处于四川江安、纳溪、兴义等县,且无贵州营汛,而以四川永宁协营弁代为稽察,奸良莫辩。请将永宁县改归四川,隶于同城之叙永同知管辖……均应如所请。"从之。

(《世宗宪皇帝实录》卷六〇)

7. 雍正六年七月戊寅

改四川遵义、桐梓、绥阳、仁怀四县,正安一州及遵义协官兵,俱隶贵州管辖。从云贵总督鄂尔泰请也。

(《世宗宪皇帝实录》卷七一)

8. 雍正七年四月庚子

升四川遵义副将张玉为四川川北总兵官。

(《世宗宪皇帝实录》卷八〇)

9. 雍正七年六月乙酉

谕内阁:"朕爱养黎元,遐迩一体,而边远之地,小民家计不及近省,尤朕心之所系念。数年以来,甘肃、四川、云南、贵州、广西五省,有用兵西藏,及剿抚苗蛮等事,其一应军需皆动用公帑备办,秋毫不派及于民间,而粮饷转输,亦有资于民力。今藏地、苗疆俱已宁谧,朕心嘉慰,特沛恩膏。著将庚戌年甘肃、四川、云南、贵州、广西额征地丁银两悉行蠲免……此六省督抚大吏,宜仰体朕心,转饬所属有司敬谨奉行,务使间阎均沾实惠。如有奉行不力,被不肖有司,暗饱私囊,或奸胥土棍、强绅劣衿,包揽侵蚀者,经朕访闻,必将通省大小官员分别从重治罪……"

(《世宗宪皇帝实录》卷八二)

10. 雍正七年闰七月癸酉

礼部议覆:"云贵广西总督鄂尔泰疏言:贵州一省,原辖十一府、四十州县,每科乡试,额取文举人三十六名、五经二名、武举二十名。近于四川、湖南两省内将十三州县改隶贵州,赴试人数较多。请增贵州乡试解额:加中文举人六名,共四十二名;武举三名,共二十三名,庶不致人多额少。黔省既经议加,则四川、湖南应行议减……应如所请。"从之。

(《世宗宪皇帝实录》卷八四)

11. 雍正七年九月己丑

谕内阁："年来用兵西藏，剿抚苗蛮，一切办理军需，皆动支公帑，而粮饷转输，不无资于民力，朕心深为轸念。是以降旨，将甘肃、四川、云、贵、广西五省庚戌年地丁钱粮全行豁免。"

（《世宗宪皇帝实录》卷八六）

12. 雍正八年七月甲申

旌表贵州遵义县烈妇张问明妻胡氏，守正拒奸，被刃殒命。给银建坊，入祠致祭如例。

（《世宗宪皇帝实录》卷九六）

13. 雍正八年九月庚辰

移贵州遵义府粮捕通判驻仁怀县旧城。其仁怀县署改驻生界地方，拨把总一员、兵五十名驻防。从云贵广西总督鄂尔泰请也。

（《世宗宪皇帝实录》卷九八）

14. 雍正九年十二月丁未

改……贵州遵义、黔西二协左、右营游击，平远、定广二协中军守备，普安、永安、安顺、新添、平伐、仁怀、石阡等营守备……各缺，俱为都司金书。从云贵广西总督鄂尔泰请也。

（《世宗宪皇帝实录》卷一一三）

15. 雍正十年二月癸巳

户部议覆："云贵广西总督今升大学士鄂尔泰疏言，黔省遵义府属之正安州，现在州治地僻人稀，并无城郭，其土坪旧治地势宽阔，编民亦众，请将正安州治移驻土坪。又，绥阳县旺草里，离县窎远，接壤土坪，请将旺草里改归正安州管辖。俱应如所请。"从之。

（《世宗宪皇帝实录》卷一一五）

16. 雍正十年三月戊寅

兵部议覆："升任云贵广西总督鄂尔泰疏言，黔楚交界之生苗，久居化外，今铜仁所属坡东坡西，向化归诚者一百五十一寨，均宜设协安营，移兵驻扎。请于铜仁协添兵八百名、大定协添兵五百名、遵义协添兵一百八十八名、镇远协添兵一百名；令原设将弁带领分防松桃、水城等处；裁去思南营参将一员、留守备一员，与所辖之石阡营俱归镇远营游击管辖；移正大营同知驻扎松桃，大定府通判驻扎水城。均应如所请。"从之。

（《世宗宪皇帝实录》卷一一六）

17. 雍正十一年三月丙戌

谕内阁："云南、贵州、广东、广西、四川、福建六省举人赴京会试，邮程遥远，非近省可比。朕意欲于落卷中，择其文尚可观，而人材可用者，添取数人，候旨录用，以昭朕格外加恩之意。著传谕主考官于六省试卷遵旨取中外，其次等可取之卷，不拘数目，秉公选出，俟发榜后，朕另派大臣会同主考官，验看人材，更加遴选。再，六省下第举子内，除愿与下科会试者不必报名外，若有情愿小就，以图即行录用者，著在礼部报名，一并交与派出之大臣、主考官拣选，奏闻请旨。"

（《世宗宪皇帝实录》卷一二九）

18. 雍正十一年五月壬午

谕翰林院："选拔庶常，原以作养人材。今科进士……胡定、张兰清、于开泰、杨琨、傅为诒、饶鸣镐、辛昌五、聂位中、陈中荣、王以昌、宋楠六十八员，俱改为庶吉士，分别清汉书教习。"

（《世宗宪皇帝实录》卷一三一）

19. 雍正十二年六月己巳

云贵广西总督尹继善等疏奏："黔省遵义府除遵义、仁怀两大税之外，又有遵义县小板山场、绥阳县永兴山场、桐梓县新街山场，共小税银四百十九两零。到场之物皆系遵义、仁怀两大税处，已经征税者。查黔省原有各山场小税，久经豁免。遵义向隶川省，是以仍循旧规，今既改隶黔省，应请一例邀免，以除民累。"

得旨："遵义等县山场小税，已经征收大税，若分贩小场，又复抽取，重叠征敛，催头衙役，更得藉端需索，侵食中饱，甚为不便。著照黔省通例，一并加恩豁免。"

（《世宗宪皇帝实录》卷一四四）

20. 雍正十二年九月乙未

谕内阁："四川叙永厅与永宁县同处一城，从前厅隶四川，县隶贵州，各设税口征收盐杂等课，嗣经两省会勘，将永宁改隶蜀省，所有田地丁粮已俱改照川省条例征收，惟税课一项，仍系厅县兼收，实属重复，著将县税裁除，止留厅税，一切俱照川省之例行。"

（《世宗宪皇帝实录》卷一四七）

21. 雍正十三年闰四月辛未

兵部议覆:"云贵总督尹继善疏言,贵州安笼一镇,为苗疆要区,设有三营,请添兵三百名,以备调遣。其定广协界连粤省,傜仲杂处,应添兵一百四十名,将附近之新添营归并管辖。思南营壤接川省,所有守备请改为中军守备,并添设游击一员、兵一百五十名,就近归铜仁协管辖,仍听台拱镇统辖。石阡营请添兵一百名。遵义、黔西二协请各裁去都司一员、守备一员,即将左营改为中军都司,右营改为守备。梓潼县请留遵义协右营千总一员、兵一百名,驻扎防守,其原防之把总一员、兵五十名撤回本营。均应如所请。"从之。

(《世宗宪皇帝实录》卷一五五)

22. 雍正十三年七月甲子

云贵总督尹继善折奏:"黔省生、熟顽苗,勾结悖逆,焚劫重安、凯里,攻陷黄平、新州,围困丹江、鸡讲,阻塞驿路,蔓延内地。臣咨会提臣哈元生亲往清平,就近调度,并咨调湖广、广西及云南官兵策应。据陆续报捷:清平之贼,屡经大定副将纪龙奋力剿杀,焚洗逆巢;参将哈尚德,连复新、旧黄平二城,与副将纪龙合兵直至重安,渡江杀贼;副将周仪、参将崔杰、都司陈思仪等,俱率兵沿途剿散逆苗,乘势恢复余庆县,随搜洗山箐,拿获贼首罗万象等;广西总兵王无党,率领粤兵二千五百名到黔,与古州总兵韩勋援剿八寨;广东总兵谭行义,率领广东兵四千九百名,前赴古州协剿镇远一路;其湖南兵三千名前已调往。因贼势猖狂,分应不暇,臣随委总兵王无党统率粤兵,前至镇远。又,湖北兵二千名,襄阳镇总兵焦应林已经统率起程。大兵云集、分路会剿,焚洗逆巢数十,剿杀逆苗千余;擒获大贼首阿九,严加究讯,知大贼首枉汪等,聚于空拜等寨,筑坭负固。随严饬诸将,并力擒剿。现在清平、黄平、余庆、平越等处,俱已平定;镇远、施秉、偏桥、都匀、黎平,俱无疏失。"

得旨:"据尹继善奏报,苗疆进剿情形,哈元生等所办,已有头绪,其各省会剿兵丁,业已敷用。前议前往常德驻扎之热河、保定、浙江、湖广兵丁,俱著停止,不必派调。"

(《世宗宪皇帝实录》卷一五八)

四、高宗纯皇帝实录

1. 乾隆元年三月戊午

谕礼部:"云南、贵州、广东、广西、四川、福建六省举人赴京应试,未经中式者,著照雍正十一年之例，拣选奏闻请旨，其上次记名二十一人，一并入于此内请旨。"

（《高宗纯皇帝实录》卷一五）

2. 乾隆元年四月癸未

内阁、翰林院带领癸丑科散馆修撰、编修、庶吉士引见。得旨："清书庶吉士梁文山、周正思、王检、汪师韩、张映辰、赵瓚，为编修。陈中荣、刘元炳、杜谧、王芥园，为检讨。"

（《高宗纯皇帝实录》卷一七）

3. 乾隆元年七月己亥

又谕："据贵州总督张广泗奏称镇远、思州、黄平、施秉、余庆、青溪、玉屏等府州县，于本年四月后，或被水灾，或遭冰雹。虽山溪水涨涸不待时，冰雹所过，仅一二里，而此一带之田亩，民房多遭伤损。已委员星赴各处查勘，动拨银两，即行散赈，竭力抚绥等语，黔省地方，上年被逆苗之扰，今镇远、思州一带，又有被水淹没之处，朕心深为轸念。著该督张广泗加意抚恤，严饬各该地方官，实力抚绥，务使被灾民人，不致失所。至黔省应征钱粮，上年已蒙皇考圣恩，将通省钱粮蠲免一年，其被扰之处，蠲免三年。今该省又有被水处所，而通省民人，办运军需等项，未免生计维艰，著再加恩，将乾隆元年分，通省应征钱粮米石耗羡，概予蠲免。该督张广泗，即通行晓谕，咸使闻知。再黔省自上年军兴以来，先后已拨解帑银二百万两。虽现今军务渐竣，而善后事宜及目前赈恤，尚在需费，即使已经敷用，而该省藩库，亦应富余储蓄，以备缓急之需。著该部再拨银六十万两，解送黔省，毋得迟缓。"

（《高宗纯皇帝实录》卷二二）

4. 乾隆元年七月庚申

又议覆："经略苗疆贵州总督兼巡抚张广泗奏：遵义县小洪关铅厂，硐老山空，开采无益，应准封闭。"从之。

（《高宗纯皇帝实录》卷二三）

5. 乾隆元年九月戊午

户部议准经略苗疆贵州总督兼管巡抚张广泗奏："平越、镇远各府州县条丁改征粮米，原与征银无异，请照条丁之例蠲免三年。"从之。

（《高宗纯皇帝实录》卷二七）

· 177 ·

6.乾隆二年六月乙丑

内阁、翰林院带领新进士引见。得旨："……郑之侨……，著以知县即用。"

（《高宗纯皇帝实录》卷四四）

7.乾隆二年九月己丑

兵部等部议覆："贵州总督张广泗疏言，黔省上下两游地广兵单，前经疏陈下游新疆改置营镇官兵，准行在案。其上游各标协营官兵额制，亦宜详酌险易，量为改移添置。一、抚标额兵一千五百名，续经裁拨，长寨营实止一千三百八十名，应添兵二百二十名。一、提标额兵二千八百名，续经拨去四百名为安顺府城守，应仍拨回提标，另设安顺府城守营，添设游击一员，兵四百名。其原设之安顺营都司一员，兵三百名，应将都司改为守备，分防安顺旧州，归安顺府城守营管辖。一、贵阳城守营，额兵六百名，应添二百名。一、归化营额兵六百二十五名，应添兵一百七十五名。一、定广协，额兵八百名，应添兵二百名，并添设守备一员，与原设都司一员，分左右两营，以左营都司存城，右营守备驻扎高寨后山。一、平伐营额兵二百七十名，应添兵三十名。一、长寨营，额兵八百七十名，续经裁拨归化营，实止六百四十五名，应添兵一百五十五名。一、毕赤营，额兵六百名，应添兵一百名。一、大定协，左营游击带兵五百名，分驻水城，应改为水城专营，添设中军守备一员、兵一百名，仍归大定协管辖。至大定协原设左右两营，额兵一千五百名，今既拨出左营游击及兵五百名，应添兵二百名，添设左营游击一员，仍分左右两营。一、黔西协，额兵一千一百名，应添兵一百名。一、平远协应添设守备一员，与原设都司分左右两营。一、普安营，额兵二百八十名，应添兵二百二十名。一、安南营，额兵四百名，应添兵一百名。一、永安营，额兵二百八十名，应添兵一百二十名，原设都司一员，改驻郎岱。一、长坝营，额兵五百名，应添兵三百名。一、遵义协，额兵一千二百名，续经拨减，既又增至一千一百名，应添兵一百名，复原额。一、仁怀营，额兵三百五十名，节次拨减，实止一百八十八名，应添兵一百十二名。一新添营，额兵二百七十名，应添兵三十名。一、平越营，额兵六百名，续经拨减，实止四百八十名，应添兵一百二十名。俱应如所请。"从之。

（《高宗纯皇帝实录》卷五○）

8.乾隆三年三月庚辰

兵部议覆："贵州总督张广泗疏称，题缺之平远协副将、都司、守备各缺，应改为部推之缺，其新设添设之古州镇标、三营游守，清江、上江、二协副将游守，丹江、下江二营参将游守，台拱、郎洞二营参将守备，古州道标守备，荔波营游守，凯里营都司，长寨营参将守备，归化营游守，并新改之威宁镇左右两营游守，水城营游守，向系部推之长坝营游守，抚标中军参将，提标中军参将，安笼镇标中军游击，镇远镇标中军游击，铜仁协副将，右营游击，均请改为题缺。抚标左营守备、右营游守，提标左营守备，右、前、后三营游守，安笼镇标中营守备，左右两营游守，镇远镇标中营守备、左右两营游守，铜仁协左营游守，右营守备，遵义、贵阳、安南、普安、永安、仁怀、平伐、新添、平越、黄平、思南、石阡、天柱十三协营副游都守，与新改之安顺城守营游守，俱改为部推之缺。应如所请。"从之。

（《高宗纯皇帝实录》卷六五）

9. 乾隆三年五月丁卯

户部议准："贵州总督张广泗疏称，黔省台拱等处，逆苗不法，扰害黄平、清平等处，居民逃避，家赀荡然。迨今复业，所有平越、思州等各府厅州县复业难民一万四千一百七十余户口，共田八万一千二百六十亩有奇，土三万八千六百九十亩有奇。借给籽种牛具银二万一百二十两有奇。自二年七月为始，作十年完纳。"从之。

（《高宗纯皇帝实录》卷六九）

10. 乾隆三年十月壬午

户部议覆："贵州总督兼管巡抚事张广泗疏报，黔省各税所情形：斟酌应去应留款项。一、税所虽系乡镇，实系贩卖成群，归关纳税，并非重征者，请仍照旧存留。应如所请。贵阳、安顺二府属之鸡场等税所，准其仍旧征收。一、本地零星土产，如贵阳等府、州、县，铁锄、铁耙各税，应请一并革除，查册开土产，应裁税八十二条，内如穤锄、箕帚、鱼虾、蔬果等三十余条，系小民日用零星，自应裁革，其烟茶等项，数至百斤，并非零星土产可比，久经例载，未便一概议裁。一、清镇隔境之六归、倮结两河盐税所，相隔一岸，两河抽税，应请裁革。查黔省盐税奏销案内，并无六归、倮结两河盐税，其设自何年？额征税银若干？于何案内报销？应令该督查明具题到日再议。一、遵义昔年隶川，修文隶黔，是以对河彼此盘查收税，今遵义改归黔省，不应对河仍前抽税。应如所请。嗣后遵义抽税，修文验票放行；修文抽税，遵义验票放行。至遵义税额，虽系川省旧定，既经改属黔省，应令该督酌定画一征收。一、南笼、安南等处盐税，并非取自商贩，不过各里头人向民苗等零星摊收，汇总交官，恐滋弊窦，应请革除。查南笼等处盐税，汇入盐法志书，遵行已久，且此项向为该省驿站经费，应将该督所请裁革之处，无庸议。"从之。

（《高宗纯皇帝实录》卷七八）

11. 乾隆三年十月乙酉

兵部议准："贵州总督兼管巡抚事张广泗疏请大定、石阡二府；广顺、咸宁、平越、黔西、正安等五州；贵筑、修文、永从、普安、安南、湄潭、余庆、龙泉、毕节、遵义、绥阳、仁怀等十二县，并新疆之古州、台拱、八寨、都江、清江、丹江、凯里等七处。共补设铺夫七百二十名。"从之。

（《高宗纯皇帝实录》卷七八）

12. 乾隆三年十一月癸丑

吏部议准："贵州总督兼管巡抚事张广泗疏言：仁怀县属之仁怀河西、土城三里地方，请照郎岱同知、归化通判之例，拨归驻扎仁怀旧城之通判管辖，命盗案件，征解钱粮，监散兵米等项，归该通判就近管理。"从之。

（《高宗纯皇帝实录》卷八〇）

13. 乾隆四年五月癸亥

裁贵州遵义府属之绥阳、正安、桐梓、仁怀四州县耗外带征帮贴银两。

（《高宗纯皇帝实录》卷九三）

14. 乾隆四年五月甲戌

谕："……前御史罗弥高条奏贵州遵义府浮粮一事，朕恐其有累民生，乃地方应行豁免之项，特交与硕色、张广泗会同详查具奏。今据硕色、张广泗将从前原委及现在情形一一查明具奏。是此项皆有地有粮，并非额外加添应行豁除者。罗弥高以本地之人，挟私妄奏，情事显然，若不加以处分，则科道等托建言之名，假公济私，此风断不可长。罗弥高著交部议处，并将此传谕众科道等知之。"

（《高宗纯皇帝实录》卷九三）

15. 乾隆四年六月辛丑

贵州总督张广泗奏："遵义府属绥阳县月亮岩地方，产有铅矿，铁星坪、版坪产有煤块，并无干碍田园庐墓，应请开采，照例纳课。"下部议行。

（《高宗纯皇帝实录》卷九五）

16. 乾隆四年七月壬申

贵州总督张广泗题报："乾隆三年，陆续据思州、大定二府，普安、镇宁、永宁、正安四州，普安、瓮安、湄潭、施秉、玉屏五县，册报民苗开垦额内、额外田地八百四十四亩有奇，又垦地土六十七亩有奇。”

（《高宗纯皇帝实录》卷九七）

17. 乾隆四年十二月辛卯

户部议覆：“贵州总督张广泗疏称，查议黔省各税口地方，乡镇落地税暨土产等物税款：一、贵阳等属所产茶、烟、黑香、木耳、花椒、藤蔑等物，不过零星数斤者，请免征税，外省兴贩，及本地土产数及百斤者，仍照额征收。查与例符，应如所请。一、大定、铜仁等六处所属城市牙行，包纳猪羊税、屠户帮纳杂税，概请裁革。查该省赋役全书，旧载有杂税，牙帖等银，并非额外加税。至遵义等处，系城市税，非乡村可比，应令照旧征收。一、铜仁府城南门地租，因城圮，民自造屋，认纳地租，现议清出基址建城，此项地租请汰。查该处地租起自何年？现在前项民居曾否拆毁？应令查覆另议。一、遵义府桑木关靛税，每年不论出靛多寡，照额纳税，实为民累，请裁革。查该处靛税，定额何年？因何不能照旧输纳？应令查覆另议。一、遵义府黄滩、羊岩等渡盐税，凡川来盐斤，已经纳税本城，运至各渡，又复征税，请裁革。再遵义既归黔辖，税则请归画一。查黔省盐法志书内，该府并无额征盐税银两，又遵义则例每盐一驮，重约一百四五十斤，征课一钱，黔省则例，每盐百斤，征课二钱四分，与盐法志内开载不同。应令详查另议。一、大定府属之六归河、黔西州属之倮结河，贩卖川盐，相沿收纳半税，原非额设，以致两岸重征，请裁革。查此项税银，奏明入于通省税羡，充各官养廉公费之用，今经请裁，于廉费有无不敷。应令一并查明，分案题覆另议。”从之。

（《高宗纯皇帝实录》卷一〇七）

18. 乾隆五年四月己卯

又议准贵州总督兼管巡抚事张广泗疏：“请开采绥阳县属月亮岩铅矿，并遵部前议，令民间自备工本前往开采。所出铅斤，官、商分买，如出铅一万斤照例抽课二千斤，其余八千斤，官、商各买一半。核算每年收买连抽课约可收铅百万余斤，即由月亮岩分路解运。其不敷办解京局之铅，仍于莲花、硃砂二厂收存铅内拨运。”从之。

（《高宗纯皇帝实录》卷一一四）

19. 乾隆五年十一月癸酉

大学士九卿会议：“贵州总督张广泗、将署贵州布政使陈德荣奏黔省开垦田土，饲蚕纺绩，栽植树木一折，酌议应行各款。一、水田宜劝修渠堰。查黔地多山，泉源皆由引注，必善为经理，斯沃壤不至坐弃。应如所议。凡贫民不能修渠筑堰，及有渠堰而久废者，令各业主通力合作，计灌田之多寡，分别奖赏。如渠堰甚大，准借司库银修筑，其水源稍远必由邻人及邻邑地内开渠者，官为断价置买，无许指勒。至请仿江、楚龙骨车灌田，并雇匠教造之处，应于借给工本款内另议。一、山土宜广行垦辟，增种杂粮。查黔省山土既多未辟，收获惟恃稻田，应如所议。凡有可垦山土，俱报官勘验，或令业主自垦，或招佃共垦，按其勤惰，分别劝惩。其无业主之官山，一概招人认垦，官为立界，给照营业，至劝民随时播种杂粮之处，应令地方官酌借谷种。一、树木宜多行栽种。查黔地山多树广，小民取用日繁，应如所议。令民各视土宜，逐年栽植，每户自数十株，至数百株不等，种多者量加鼓励。一、蚕桑宜劝民兴举。查黔地多桑，惟清镇、婺川二邑，能习蚕织。应如所议。各属素未饲蚕者，令雇人于城市设局饲养，民人有率先遵奉者，酌赏。或织成丝绢，准令赴局收买。至请募山左善放山茧人等之处，统于后款另议。一、劝民种棉织布。查棉性喜暖，黔省除威宁、大定等处，山高气寒，其余可种棉者甚多。应如所议，令民如法试种，其苗寨素知种棉者，劝令广种，有率先遵奉者，酌赏。至请募楚、粤织葛机匠之处，亦于后款另议。一、种植既广，宜劝民以时保护。查种植在山，非稼穑在田者可比，应如所议。嗣后民间牲畜，如有肆行纵放，致伤种植，及秋深烧山，不将四围草莱剪除，以致延烧者，均令照数追赔。一、工本宜酌量借给。查现议各项事宜，莫不各需工本，令该督请将筹办各款，分别动支。臣等酌议，如开渠筑堰所需工料价值，于司库公费内借给，分限二年缴还，酌借谷种，于各州县捐输谷内拨给，俟秋成后缴还；又设局收丝，即可变价抵项，该价若干，仍听该督酌定；至养蚕、缫丝、织茧、织葛等匠，不必通省纷纷之雇募，应于省城酌定名数，给以工食，使教导本地匠作，渐次遍及；即制造龙骨水车，亦止可各府州县分给一架，劝民照式成造。一、考课宜分别劝惩。查黔省现行各款，全在地方官，实力奉行，应如所议。令各道等饬属善为经理，岁底将境内开筑、垦种、缫织等项举行成效各数目，册送该道查勘，仍令布政使汇送督抚查核，列为上中下三等，分别议叙处分。如遇升调卓荐，查有劝课实迹者，方准保题。又刑部左侍郎张照疏称，此案条奏各款，内请兴水利，开垦升科二条，臣前目睹黔省形势，觉与所题不合，未便随同议准。查兴修水利一条，闻黔地古谚有之：天无三日晴，地无三尺平。盖黔省自平溪、清浪以下，无地非山，间有四山不相连接，旷而且平，若四五里，或五六里，即建县治，若止一里半里，即是村镇，房屋城池遍满无隙可耕，若田则多在山上。凡渠堰之设，必系平地，今黔省在在皆山，高者岭，低者箐，何处可以开筑？然山田无水灌溉，而百谷亦生者，以天无三日晴之故，其常有雨而不潦者，以地无三尺平之故，是不特无地可以开渠筑堰，亦无所用其开渠筑堰也。又开垦升科一条，查黔省有军田、苗田，皆以承平日久，无土不垦，惟平越府以下，曾遭苗害，或有绝产荒田，应官为料理者，但其地仍在历来鱼鳞旧册内，并非未经开垦，而须另报升科也，今若令开垦报科，严立劝惩，必有抑勒虚报等弊，至苗地益所不宜，既有劝垦，必有丈量，胥役等肆行纷扰，百弊丛生。又如添种杂粮及一年两种，岂不甚利，但黔省虽属僻远，而承平已八十余年，岂至今尚不知种植，则其天时地利，必有异于他省者，此理甚明，虽加劝导，窃恐徒滋扰累。以上二条均毋庸议。再黔省无蚕桑、木棉之利者，似不尽由民愚妇惰，蚕喜晴而黔多雨，木棉喜暑，而黔六月如秋。窃恐职此之故，然未经历试，不敢异议。"得旨："此本两议具奏，朕观张照所议，若果如所言，则必不可行之事也，张广泗身为总督，久任黔省，于地方情形，自应熟悉而为此奏者何耶？著交与署督张允随，再行秉公详悉，查明具奏。若仍含糊两可，以致有行之之名，而无行之之实，日后发露，朕惟张允随是问。"

（《高宗纯皇帝实录》卷一三〇）

20. 乾隆六年四月丙申

又议覆："署贵州总督张允随奏称：月亮岩所获余铅，业经题请官商分买，一切发给工本，必须人员经管。应如所请。现将设铁星、坪坂二处，坐厂抽收官二员，照从前各厂例给养廉。"从之。

（《高宗纯皇帝实录》卷一四〇）

21. 乾隆六年四月壬戌

户部议覆："署理贵州总督兼管巡抚事务张允随奏称，贵州遵义府牲畜一税，重征累民。铜仁府之永安场、威州之蛇街等处，并非有名市镇，征收无多。又安顺府属之清镇县，于鸭池河渡口设立税所，每年额征盐杂税银七百余两，又大定府之六归、黔西州之俫结，两河各于渡口重征税银，请行裁革。又铜仁府南门，前因城垣倾圮，民间造屋栖处，收纳地租，现议修城，即需拆毁，请免纳税。又遵义府桑木关靛税，缘该处种植不常，请照每年收成分数输纳。均应如所请。"从之。

（《高宗纯皇帝实录》卷一四一）

22. 乾隆六年五月癸巳

又奏："遵义府仁怀县所属桃竹坝地方，雨水涨积，淹毙人口，冲刷沙压田地五六十亩，又平越府属高坪司地方，沿河被水冲决，田一百四十七亩有奇，又平越营打铁关顺河一带地方，水淹、沙壅田三十八亩。除地方官各自捐赈外，复饬司动项查明加赈，并借籽种。"得旨："所奏俱悉。"

（《高宗纯皇帝实录》卷一四三）

23. 乾隆六年七月丁亥

又遵旨议准："云南巡抚署贵州总督张广泗奏称，黔省开垦田土、饲蚕、纺织、栽植树木一折。一、黔中山稠岭复，绝少平原，凡有水道，亦皆涧泉山溪，并无广川巨浸，可以灌溉，故各属田亩，导泉引水，备极人劳，其未开之田，多因泉源远隔，无力疏引之故。自官为督劝后，各属请借工本，开修水田者，如贵筑、施秉、余庆、仁怀、丹江厅等处，或现在开修，或已经工竣，凡有宜用龙骨车，工匠多能制造，毋庸赴江、楚雇募。一、开山垦土、乃黔民资生长策。凡陂头岭侧，有可播种杂粮者，无不刀耕火种，然不过就近增开，其离村稍远之官山，则不敢过问。应劝谕农民尽力播种。一、黔中无地非山，仅可储种材木，乃愚苗知伐而不知种，以致树木稀少，应劝谕民苗，广行种植。一、黔省自劝民养蚕以来，已经试有成效，应饬各府州厅县，酌量地方气候，从容劝导，不愿者，不必勉强督责。一、黔省惟思南府属皆种棉花，其余地方或种而不生、或花而不实，皆因黔地昼热夜凉，与棉性不宜之故，未可以一二处相宜，概之全省。一、种植既广，劝民以时保护，并借给工本，考课劝惩等事，所当从容不迫，不得抑勒粉饰扰累。"从之。

（《高宗纯皇帝实录》卷一四七）

24.乾隆六年九月戊寅

以贵州遵义协副将吴世英为江西南昌镇总兵。

（《高宗纯皇帝实录》卷一五一）

25.乾隆六年十月癸卯

贵州总督兼管巡抚张广泗疏报："乾隆五年分平越、思州二府并镇宁、黄平二州，贵筑、修文、瓮安、湄潭四县，民苗开垦额内荒田一百五十八亩有奇，额外荒田一十一亩有奇，山土一十七亩有奇。"

（《高宗纯皇帝实录》卷一五二）

26.乾隆七年三月乙丑

兵部议准贵州总督张广泗，议覆臣部咨："将贵州新兵，量为汰减，谨酌裁抚标左右营，安笼镇标中左右营，各五十名。威宁镇标左右营、镇远镇标中左右营，各百名。大定、平远、黔西、定广、遵义、清江、铜仁、上江八协，一千三百五十名。长寨、丹江、台拱、朗洞、贵阳、毕赤、长坝、安南、归化、下江、水城、天柱、永安、普安、仁怀、黄平、凯里十七营，并安顺城守营，二千一百名。古州道标一百名，古州、八寨、清江、丹江、台拱、都江各厅标三百名。其裁存马兵改步者，三百九十五名。又裁经制把总，及外委千把五十四员。"从之。

（《高宗纯皇帝实录》卷一六二）

27. 乾隆七年四月戊午

贵州总督兼管巡抚张广泗覆奏、署督臣张允随原奏："威宁州属铜川河铜厂，可期旺发，今开采一载，总因矿砂淡薄，报获无多。又原奏大定府属乐贡里杓底地方，产有水银，可期旺发，今开采九月，苗引全无，厂民星散。其遵义府属抵水厂虽有矿砂，亦甚微细，数月不效。惟婺川县属之大岩山，试采有效，现亦照引鼇取。并修文县属红白二厂，较前产稍多，均可望有旺机。臣复查威宁州之兄姑地方，出有水银、朱砂，现在饬令试采。至署督臣奏开思州府属之桑平、盐井坳二处并非盐井，并遵义府属之盐井沟、盐井坡二处，凿深五十余丈，尝无咸味，似属无益，仍令不必停工，冀可得盐，以济民食。"得旨："无益之事不可为，有益之事不可止。酌中为之，若分彼此之见则非矣。"

(《高宗纯皇帝实录》卷一六五)

28. 乾隆七年六月丁巳

署贵州布政使陈德荣奏："贵阳、贵筑、仁怀、施秉、普安、安南、开州、镇宁、荔波、余庆等府、州、县之各堡坪，皆可引水垦田，四五千亩不等，现亲履查勘，给本兴工。至栽桑育蚕，惟大定、威宁地气寒冷不宜，其余各属，均设官局试养，并于省会收茧，雇匠缫织。又黔山栎树，今年饲养春蚕，亦已结茧有效，似较树桑为便。"得旨："此事论之似迂，行之甚难，而若果妥协办理，则实有益于农民者也。"

(《高宗纯皇帝实录》卷一六九)

29. 乾隆七年九月丁丑

贵州总督兼管巡抚事务张广泗疏报："乾隆六年分，贵阳府，郎岱同知，归化、遵义二通判，开州、镇宁、普安、永丰、黄平、麻哈等六州，贵筑、清镇、安平、安南、瓮安、湄潭、都匀、荔波、施秉、婺川、龙泉、遵义、桐梓、仁怀等十四县，册报民苗开垦额内额外荒田，四千六百三十九亩有奇。"

(《高宗纯皇帝实录》卷一七五)

30. 乾隆八年四月癸丑

张广泗又奏："黔省各属平粜买补出入数目，各据详报。米价稍平之思南、黎平、石阡、思州四府，定番、平远、黔西、普安、正安五州，修文、仁怀、桐梓、瓮安、施秉、天柱、清平、婺川、开泰、龙泉、铜仁十一县，并永丰州分驻之册亨州同，平粜米谷，已全数买补过米三万四千三百余石，谷五千一百余石。又南笼、平越二府，开州、威宁、永丰三州，龙里、安南、毕节、普安、平越、余庆、清溪七县，平粜过米三万五千二百三十余石，谷二千三百八十余石，荞麦二千二百二十石，买补过米一万八千七百一十余石，谷一千一百九十余石，荞麦一千一百一十余石。其贵阳、安顺、大定、铜仁四府，广顺、黄平二县，贵筑、贵定、清镇、普定、安平、遵义、镇远、安化、印江、玉屏十县，平粜过米七万四百四十余石，谷四千六百九十余石。各该处秋成时，米价昂贵，难以买补，请俟本年秋收后，再为买贮。查未经买补之各州县，现存仓谷，尚堪接济，应缓至本年秋成后，买补还仓。"得旨："虽然如是，然仓贮足数，自是属员畏难之事，亦不可听其日攘之说也。"

（《高宗纯皇帝实录》卷一八九）

31. 乾隆八年六月癸亥

兵部议准："贵州总督张广泗疏称，该省各标、镇、协、营裁兵事宜。有汛防宜裁改者：安笼镇标中营之马鞭田汛、洛坝汛，右营之土桥汛，镇远镇标中营之焦溪汛，右营之塘头哨汛、响水汛，定远协左营之威远汛、大华汛，遵义协右营之鸭溪汛，平远协右营之牛场汛、比却汛，俱改为塘。大定协左营裁塘四，右营裁塘五。黔西协左营裁塘六，右营裁塘四。有员弁当移驻者：安笼镇标中营之把总，威宁镇标右营之守备，镇远镇标中营之外委、右营之外委，大定协左营之把总，平远协右营之把总，定远协左营之外委，遵义协左营之把总，铜仁协左营之外委，归化营之外委、把总各一员，俱撤回存城。城安营之外委、把总各一员，悉撤去。其大定协右营之外委，原驻公鸡山塘者，移笼已仓汛，原驻落脚河塘者，与归化营之游击移驻威远。都匀协右营，原驻匀城之游击外委，并原防独山汛之把总，移驻独山，原防独山之守备一员，并八寨汛把总、外委各一员，移驻府城。有兵丁宜裁撤者：安笼镇标之中营裁五十名，左营裁五十名，右营裁六十六名，威宁镇标之左营裁一百名，右营裁一百名，镇远镇标之中营裁一百名，左营裁九十四名，右营裁一百名，大定协之左营裁一百三十二名，右营裁一百名，平远协之左营裁二十名，右营裁五十名，黔西协之左营裁五十名，右营裁五十名，定广协之左营裁六十名，右营裁四十三名，遵义协之左营裁一百名，右营裁一百十名，清江协之左营裁五十名，右营裁一百五十名，铜仁协之左营裁五十四名，振武营裁十名，太平营裁十九名，滑石营裁十七名，嗅脑营裁三十二名，正大营裁六十八名，长寨营裁一百五十名，丹江营裁二百名，台拱营裁二百名，郎洞营裁二百名，贵阳营裁八十五名。毕赤营裁五十名，长坝营裁一百名，安南营裁四十七名，归化营裁二百名，下江营裁二百名，城安营裁一百九十四名，水城营裁一百名，天柱营裁一百十名，永安营裁四十名，普安营裁六十名，仁怀营裁五十名，黄平营裁一百五名，凯里营裁一百名。"从之。

（《高宗纯皇帝实录》卷一九四）

32. 乾隆八年十月辛亥

贵州总督兼管巡抚事张广泗疏报："平越、都匀、思州、铜仁、大定等五府，及遵义厅，开州、镇宁、普安、黄平、威宁等五州，普安、瓮安、清平、荔波、镇远、施秉、婺川、玉屏、桐梓、绥阳、仁怀等十一县，乾隆七年分报垦额内田二千二百五十亩有奇，额外田五千四百亩有奇。"

（《高宗纯皇帝实录》卷二〇二）

33. 乾隆十年四月庚申

工部等部……又议覆："贵州总督张广泗疏称，黔省威宁、大定等府州、县，崇山峻岭，不通舟楫，所产铜、铅陆运维艰，合之滇省运京铜，每年千余万斤，皆取道于威宁、毕节，驮马短少，趱运不前，查有大定府毕节县属之赤水河，下接遵义府仁怀县属之猿猱地方，若将此河开凿通舟，即可顺流直达四川、重庆水次。委员勘估，水程五百余里，计应开修大小六十八滩，约需银四万七千余两。此河开通，每年可省脚价银一万三四千两，以三年余之节省，即可抵补开河工费。再黔省食盐，例销川引，若开修赤水河，盐船亦可通行，盐价立见平减。大定、威宁等处，即偶遇丰歉不齐，川米可以运济，实为黔省无穷之利。应如所奏办理。"从之。

（《高宗纯皇帝实录》卷二三九）

34. 乾隆十年五月辛丑

贵州总督张广泗等奏："黔西州逆犯夏如春，党羽众多，现已获一百六十四名。伊子夏长荣尤为此案首逆。经遵义府知府陈玉璧、署遵义副将亢宗伟，差役入川踩缉，于五月初九日在涪州地方，将夏春荣并伙犯童朝纲、丁玉书拿获，解黔审讯。旋又讯出夏如春在川勾结姓名簿一本，初藏修文县磨盘寨吴士仁家，转交贵筑县丁官寨郑之凤家，后仍交吴士仁家，因委员迅往查追，已为吴士龙妻周氏及士仁妻萧氏烧毁无存。随令夏如春将登记姓名指供，据供出伙犯杨玉芝等八十一名，先后给送盘缠，并未至黔勾结为匪。因将开出姓名住址，照抄飞咨川省，按名缉拿，惟是隔省关提，人犯众多，难免疏虞，倘其中有挟私妄扳者，递解往返，尤为无辜拖累，应请川省将来拿获伙犯，即解成都，交该抚委员严审，如供情不符，咨黔讯取如春父子确供定案。倘必须如春父子面审质对，应照例移少就多。专委员弁，多拨兵役，押解赴川收审。"得旨："嘉悦之外，无可批谕也。"又批："陈玉璧、亢宗伟入川踩缉句。此等急公之员，应俟事竣奏闻，酌与议叙，以示鼓励。"又批："萧氏等烧毁姓名簿句，此二妇人，不宜轻纵。"又批："既已烧毁，亦可使反侧子自安。"又批："严审夏如春登记姓名句，此亦不可少。"又批："其中有挟私妄扳者句，所见周到之极，正合朕意。"又批："将如春父子押解赴

・187・

川句，此可不必，应质审者，想亦不过数人，仍以解黔为妥。"

（《高宗纯皇帝实录》卷二四一）

35. 乾隆十年六月己酉

四川巡抚纪山……又奏："本年五月初六日准贵州督臣张广泗咨称，匪犯夏如春，籍隶四川盐亭，在黔造作妖言，散给伪札。已于四月初八日拿获，并询出余党汪似海，汪锡奇、李占春等，应查照饬属，逐一严拿。当即密谕文武各官，遴选干弁，分路严缉，于五月初九日拿获李占春。俟将夏如春家属拿解到日，一并解黔质究。"得旨："此事须严密为之。张广泗于此事甚留心，实得大臣之体，恐汝等不及也，勉为之。"

（《高宗纯皇帝实录》卷二四二）

36. 乾隆十年六月甲寅

谕军机大臣等："张广泗所荐贵州遵义副将周广清，副将唐开中，朕看二人才具，俱属中平，非大材料，似只可胜副将之任。纵好，亦只可用事简总兵。或者二人实系卓荦材，引见片时，朕未能详鉴耳，可寄信询问张广泗，亦必有深知处。再此外副将中，实无有优于此二人者耶？令其据实回奏。"寻奏覆："黔省副将内，惟二员尚属稍优，是以并列保荐。此外，若铜仁协副将温朝宰，累著劳绩，亦经附疏荐举。"得旨："就黔论黔，只此数人，卿亦无可如何，此人才所以难得也。而预为培植作养，则急应留心者耳。"

（《高宗纯皇帝实录》卷二四二）

37. 乾隆十年六月庚午

四川巡抚纪山……又奏："拿获逆犯夏如春余党，人数既多，人心易惑，现因缉拿逆犯家属，居民惊惶，已有挈家逃窜之事，亟宜剀切晓谕，以安其心。"得旨："甚是。此办理之所以难也，惟张广泗解此，故黔中屡获此等逆犯，而亦无愚民惊惶之事。今川省甫缉数犯，即有此事，则办理不善，未曾先事绸缪之失在汝。语云：经一事，长一智。此后勉之。诸凡留心。"

（《高宗纯皇帝实录》卷二四三）

38. 乾隆十年八月己巳

贵州总督兼管巡抚事张广泗奏："逆匪夏如春供出在川伙犯八十余名，据川省咨称，先后缉获多人，然互相狡赖，多不承认。臣查事关逆案，固不可拖累无辜，亦未便任其漏网，应将该犯等移解来黔，以凭质审。"得旨："所见甚是，亦应速结，以快人心而靖恶习。"

（《高宗纯皇帝实录》卷二四七）

39. 乾隆十年十月辛丑

贵州总督兼管巡抚事张广泗疏报："乾隆九年分，南笼、平越、都匀、镇远、思南、石阡、思州、大定、遵义、定番、开州、永宁、普安、黄平、正安、贵定、龙里、安平、安南、瓮安、湄潭、荔波、施秉、清溪、毕节、桐梓、仁怀等府、州、县，陆续报垦水旱田地共二千八百三亩有奇。"

(《高宗纯皇帝实录》卷二五〇)

40. 乾隆十年十一月丁丑

贵州总督兼管巡抚事张广泗奏："夏如春等结党谋逆之案，黔省应缉人犯，黔西州九十二名，已故二名，初获六十三名，续获二十四名；贵筑县二十二名，现获二十一名，绥阳县二十七名，现获二十六名，修文县四十四名，全获。余未获数名，饬文武各官，上紧屦缉，并即提取各犯，逐名细鞫。除刘金榜、吴大桂二名无辜拖累，确讯省释外。余虽所犯情罪，轻重不同，并无诬枉。此外，亦无另有党羽。至夏如春供出在川伙党八十余名，经该省文武官弁查缉，未获人犯，亦只数名。"得旨："欣悦览之。卿自能办此事也，西南保障卿实堪当，至于苗疆更无出卿右者，因思无人学习，恐新手难继其后，今用爱必达为贵州布政使。此人以朕视之，甚可造就，卿其尽心指示作成之，即将来别有用卿处，亦有人当此岩疆方面矣。"

(《高宗纯皇帝实录》卷二五二)

41. 乾隆十年十一月丁酉

贵州总督兼管巡抚事张广泗奏报："开修赤水河，工程已竣十分之八，俟明春工程将竣时，亲赴查勘，便道巡察上游之威宁、大定、黔西、遵义等府州属地方情形，兼阅验各镇、协营伍。"得旨："好，卿一巡阅，自必于工程、地方均有裨益也。"

(《高宗纯皇帝实录》卷二五三)

42. 乾隆十一年四月壬午

谕军机大臣等："据张广泗奏称，开修河道工价，原估银四万七千余两，约以三年运铅脚价节省银两补还，不必另动帑项。今河工已竣，用过银三万八千余两，较之原估节省将及万金，所有开河工费，只须二年，即可补苴还项等语。可传谕询问张广泗，此项节省银两，既系从前张广泗所奏，改陆运为水运，通计铅、铜两项每年可节省一万三四千两之内，今河工告竣较之原估，又有节省，作何归结？并将来开河工费归还之后，所有节省，如何办理之处，令其具折以闻。"

(《高宗纯皇帝实录》卷二六五)

43. 乾隆十一年五月甲寅

谕军机大臣等："从前降旨，令各省督抚、提督于所属副将内，保举可胜总兵之员，经各督提等陆续保奏，朕俱调来引见，现在将次到齐。如……贵州遵义副将周广数人，尽皆平常，非大材料，其余所保，亦只中平，并无卓荦之材。……朕思总兵为将弁之表率，必实在才具出众方可胜任……"

（《高宗纯皇帝实录》卷二六七）

44. 乾隆十一年六月癸酉

又谕："据张广泗奏称，开修赤水河一道，所有用过银三万八千余两，系于黔省铅斤脚价内二年补足。其滇省铜运脚价，每年可节省若干，应听滇省查办等语，可传旨询问张允随，滇省铜斤由赤水河运送，较之从前陆运，每年脚价可节省若干之处，令其查明具奏。"

（《高宗纯皇帝实录》卷二八六）

45. 乾隆十一年八月戊辰

又谕："据四川巡抚纪山奏称，铁船教之伙犯胡恒，供出铁船掌教之朱牛八，在贵州罗贡生家，招为女婿。罗贡生家佃户甚多，都是苗子等语。朱牛八明系铁船掌教之首逆，罗贡生招伊为婿，以主呼之，且佃户俱系苗子，甚有关系。尔等可传谕张广泗，严缉务获，一一究出伙党，速奏以闻，并将胡恒供词钞录寄去。"

寻据张广泗奏覆："铁船教主朱牛八，臣叠次差弁，会同川省委员，于仁怀、黔西一带，细访无踪。至仁怀县安罗里，虽有罗姓，并非贡生，原系衣食充裕之家，佃户计有六七十户，多系苗人。该处归化数百年，风俗安静，并无一人入教。"报闻。

（《高宗纯皇帝实录》卷二七二）

46. 乾隆十二年十一月癸巳

吏部等部议覆："贵州巡抚孙绍武疏称，遵义府仁怀县，幅员最宽，自雍正八年移驻新县后，将府属通判，移驻旧县，所有仁怀、河西、土城三里地方，一切刑钱案件，拨归分理，惟士子应试，未经议及。现在教谕、训导均驻新县，旧县距六百余里，生童赴试维艰。请将训导移驻旧城等语。查该县相距既远，教职士子两有未便，应准其移驻。又称岁科两试，即由该训导录送，通判考取送府，并请颁给仁怀旧县训导学记等语。查通判考取送府，止代县考，应令该生向通判衙门报名候考，毋庸该训导录送。其学记咨礼部铸给，至入学名数，该县僻处边隅，人文尚未加盛，且分隶者，亦止仁怀、河西、土城三里地方，亦应仍照旧额取进。"从之。

（《高宗纯皇帝实录》卷三〇二）

47.乾隆十三年正月甲辰

调原任贵州桐梓县知县王式烈来京引见。

（《高宗纯皇帝实录》卷三〇七）

48.乾隆十三年三月癸丑

云贵总督张允随覆奏："米贵之由，一在生齿日繁，一在积贮失剂，而偏灾商贩囤积诸弊不与焉。天下沃野，首称巴蜀，在昔田多人少，米价极贱。雍正八、九年间，每石尚止四、五钱，今则动至一两外，最贱亦八、九钱。查贵州旧案，自乾隆八年至今，广东、湖南二省人民由黔赴川食者，共二十四万三千余口，其自陕西、湖北往者，更不知凡几。国家定蜀百余年，户口之增，不下数十百万，而本地生聚，尚不在此数，一省如此，天下可知。此时势之不得不贵者，况加以采买之不已乎！夫积贮非病，病在处处积贮；采买非失，失在年年采买。……民未受积贮之利，先受米贵之害。救时急务莫如暂停采买。暂停之议，止可行于东南泽国，商贾四达之区；不可行于沿边重地，舟楫不通之所。……至滇黔两省，道路崎岖，富户甚少，既无商贩搬运，亦无囤户居奇。夷民火种刀耕，多以杂粮苦荍为食，常年平粜，为数无多，易于买补，与他省情形迥别。乃近年米价亦视前稍增者，特以生聚滋多，厂民云集之故。近开凿金沙江，川米流通，滇属东、昭二府，向来米价最贵之处，渐获平减。上年滇省夏雨愆期，秋成稍薄，臣虑米价翔涌，饬各属将应买谷价暂存，以俟今秋买足，数月来，米价并无增长，此亦可为暂停采买之验。"得旨："俟奏齐交议。"

贵州按察使介锡周奏苗疆宁谧情形。得旨："览奏固足慰，但亦不可存忽视之念，惟在汝等大员，和衷共济，视无事若有事，斯地方常得安静矣。"

又奏："米贵之由，黔省崇山峻岭，不通舟车，土瘠民贫，夷多汉少，既无搬运商贩，亦未接济邻封，本地小贩不过肩挑背负，并无囤积垄断诸弊。丰则米贱，歉则米贵，自必然之理。而黔省山田，处处皆是，向来不至大荒，如水潦则低洼淹没，而高阜悉得露足，常有七、八分收成；岁旱则高阜干枯，而低洼反获倍收，秋成亦三四五分。所以黔中民苗，从无逃散之事。如因仓储采买，致妨民食，黔省节年买补，早足原额，各处积贮米谷，已有一百二十余万，每年尚有支放余米三万六千余石，惟古州等处新疆，暨荔波一县，制兵月粮，每年采买屯苗米一万三千余石。各府州县，则每年俱将余米平粜，不用买补，偶或平粜过多，照数按年采买，亦不致民间所出，半入仓庾。再如户口繁滋，黔省地方辽廓，土旷人稀，亦与南北省人稠地窄相殊，是皆非黔省米贵之所以然也。臣于雍正四年，初莅黔省，彼时京斗米一石，不过四钱五分及五钱有零。省会暨冲衢各郡邑，人烟疏散，铺店无几，士庶一切酬酢，率皆质朴，偏远乡曲，从无酒肆。自雍正五、六年以来，新自四川割归遵义一府五属，湖南割归开泰、青溪五县，广西割归永丰、荔波各州县，兼以开辟古州等处新疆，添设文武弁兵驻镇其地，幅员日广，加以银、铜、黑白铅厂，上、下游十有余处，每厂约聚万人、数千人不等，游民日聚。现今省会及各郡县，铺店稠密，货物堆积，商贾日集，又如士庶一切冠婚、丧祭，争趋繁华，风俗日奢，且新疆大村小寨，暨各处僻乡，酿酒日多，是皆川、粤、江、楚各省之人，趋黔如鹜，并非土著民苗。现今丰收之年，亦须七八九钱一石，岁歉即至一两一、二钱至二两不等。此黔省米贵之原委也。计惟有崇俭禁奢，清查酒肆，通都郡邑，官为定数。新疆村寨，一概禁止，尤在劝开垦，惩奸民，兴水利，以开其源。缘黔省虽节年首报开垦，而山坡箐林，尚多荒土，每有外来游民，往赴力垦，无奈地棍即思攘夺，或压为佃户，或踞为本业，以致开垦无成，游民隐忍而去。而水源低下之地，或应筑坝以壅之，水源隔远之处，或应开渠以引之，小民工本无资，多致困守瘠土，更或水源须过他姓之山，更隶隔县之界，豪强出而争占，则群力废返，应饬令地方官，凡遇报垦荒山，务即亲履勘明，给照为业，其无力引水之田，则照例官借工本，限年完项，分别升科，土棍豪强，严加惩处。如此则地无遗利，家有余粟矣。"得旨："知道了。恐亦有扞格难行之处也。"

（《高宗纯皇帝实录》卷三一一）

49. 乾隆十三年九月庚申

贵州巡抚爱必达疏称："修文、瓮安、湄潭、玉屏四县，开垦额内田地三十四亩有奇，额外田地一百五十五亩有奇。"

（《高宗纯皇帝实录》卷三二四）

50. 乾隆十四年四月庚寅

又议准："贵州巡抚爱必达疏称，遵义府月亮岩铁星坪厂，硐老山空，炉民星散，应封闭。"从之。

（《高宗纯皇帝实录》卷三三八）

51. 乾隆十四年九月乙卯

贵州巡抚爱必达疏报："修文、平越、瓮安、镇远、婺川五县开垦乾隆十三年分地亩八顷有奇。"

（《高宗纯皇帝实录》卷三四八）

52. 乾隆十四年十一月戊申

谕军机大臣等："前据丁士杰奏称，接抚臣爱必达来札内称，据遵义府知府四十七，奉尚书舒赫德面谕，寄信抚臣，以安笼、古州俱有瘴气，可否于经由大道调出看验，抚臣因酌拟将安笼调至普安，古州调至都匀看验。但苗性多疑，不可不虑，随将不可调验情由具覆等语。当经朕降旨传谕舒赫德，令亲往阅看。已据舒赫德具折奏覆，并亲往古州阅兵事竣。今哈尚德又奏，前接准抚臣爱必达咨称，据司道会议，交秋以来，古州时疫渐起，钦差大臣不便轻临其地，应将古州调赴都匀，但调验之处，实属未便，经臣札致抚提等语。此事是否先经舒赫德，谕令四十七寄信爱必达，商酌调验，抑系爱必达同司道商议调验之说，移咨提镇，哈尚德曾否札致抚提。现在阅兵事毕，此等情形亦属无关紧要，但所奏既有互异，须查明确实。著传谕爱必达，令其据实覆奏，不必别生疑揣。其丁士杰、舒赫德原折，著抄录于爱必达奏事之便，寄与阅看。”

寻爱必达奏：“五月初，据委赴威宁之遵义府四十七到省，述钦差面谕，闻古州、安笼颇有瘴疠，可否于经由大道，走入一、二站，官兵调出一、二站，彼此相就验看，并云六、七月间，可抵贵州等语。原据口禀，未准来文书札，臣思该处秋夏之交，实有瘴疠，古州更岁有时疫，今钦差到彼，适当其时，因同司道商酌，咸以调验为是，是以商之提臣，有安笼调出普安、古州调至都匀之议。旋准舒赫德、新柱来咨，不必檄调，即在各镇预备考验，兼知钦差抵黔，已在八月尽间，迨至古州，时逾霜降，疫气已减，即经通咨照办。时古州镇总兵哈尚德离省较远，未及知亲临考验之咨，因尚有不便调验之说。”报闻。

（《高宗纯皇帝实录》卷三五二）

53. 乾隆十四年十一月癸丑

吏部议准：“贵州巡抚爱必达奏称，思州府属之大栏山，离龙泉县仅八十里，偏刀水近接龙泉仅二十里，均应改归龙泉管辖。至偏刀水之上，系思州府属之大都上地，及石阡府属之大都下二地、迎仙峰等处，俱近在十里内。偏刀水之右二里许，系思属之上株树偏岩，五里许系镇远、石阡、思州、平越、思南五府，施秉、湄潭二县交错之尼地桥屯等处，亦应归并龙泉，又施秉县属煤水沟，距邑更远，去湄潭止三十里，而落花屯距湄邑亦止五十余里，均应拨归湄潭。又大栏山至偏刀水，俱系连山接箐，烟户畸零，而偏刀水实为各处适中，最易藏奸，应设一汛，拨石阡营外委把总一员，步兵二十名驻防，即于大都地分设一塘，再于河地添设一塘。分驻游巡。”从之。

（《高宗纯皇帝实录》卷三五二）

54. 乾隆十五年正月辛未

又谕曰：“贵州巡抚爱必达所奏，该省赤水河工程，动过银一万七千余两。查自乾隆十一年试运至今，统计节省铅运脚价一万四百余两，但原议二年抵补，迄今仅有此数，应著令原办之人赔补。张广泗应赔缴六分，无可著追，请著落历任巡抚司道，并协理各员代赔。将孙绍武等名下应赔分数，勒限开单进呈。爱必达此奏必因金沙江上游无益工程，曾著落原办督臣等分赔，是以如此办理。不思金沙江工费浩繁，上游各滩，虚糜无益，自属应行著赔。然所有节省铜运银两，尚令扣抵补项。赤水河非金沙江可比，现在节省运脚银，即不能全抵，而将来转运数年，亦即可抵完，何得概令著赔？况外省督抚，于地方工程，偶有兴作，后来不能即收其效者，不一而足，此端一开，必且有意搜求，概著赔补，殊非政体。爱必达著饬行，折并发。"

谕军机大臣等："爱必达自简任巡抚以来，于地方事务，尚属黾勉奉公。今所奏赤水河工程，著落原办各员分赔，并预筹减拨二折，是其著意办理，自欲见长之处，而所见甚小。朕办理政务，一秉至公。赤水河工程本非从前金沙江需费浩繁，无裨实用者可比，即据伊所奏，亦应将所省运脚银两扣补，何得概令著赔？况已节省运脚一万余两，未完者不过七千，再展数年，即可全抵，乃将动项全令著赔，于情理殊失其平，已明降谕旨申饬。至去岁所颁谕旨，原因外省修理工程，未能酌量缓急，所当留有用之经费，以资调剂，初不为减省钱粮起见，爱必达请将缓修工程之十二万两，支给俸饷，已属误会原旨，况该省每年拨协数至七十万两，即如该抚所奏，所减几何？上年军务告竣，岁值丰登，库帑储备，尽已宽裕，无事鳃鳃过计，爱必达若如此存心，将不克胜封疆之任。著详悉传谕，令其知所改勉。"

（《高宗纯皇帝实录》卷三五七）

55. 乾隆十五年五月辛未

贵州巡抚兼管提督印务爱必达奏："黔省地连楚、粤、川、滇，汉夷杂居，而通川诸处，更多崇山大箐，僻径四出，应增设塘隘。查桐梓县边邻川境之二坡沟、七阵溪、木交口、狼渡河、麻子坝，仁怀、遵义二邑连壤之牛渡河，仁怀所属之羊肠坝，绥阳所属之郑场，遵义所属之石子台、石壁庄等处，应各设一塘。再仁邑之小溪里、放牛坪场，正安州界连川省之南川，彭水等县之漆林、晏溪地方，应于适中地方，各设一隘，以上共增十塘二隘。所需兵房牌坊、烟墩、哨楼等项，俱于充公项内拨用。报闻。"

（《高宗纯皇帝实录》卷三六五）

56. 乾隆十六年四月甲戌

兵部议准："护贵州巡抚布政使温福疏称，思州府属偏刀水地方，改并龙泉县管辖、请拨石阡营外委一员，兵二十名，设立台汛分驻。内偏刀水汛外委一员，兵十五名，大都巴塘兵三名、河坩塘兵二名。"从之。

（《高宗纯皇帝实录》卷三八六）

57. 乾隆十六年八月壬戌

户部遵旨议覆："四川总督策楞奏称，滇、黔办运铜铅，川江水急滩险，大船转运不灵，向用夹䑴秃尾中船，恐满载太重，每船约载七八万斤，以八分为度，若改用小船，所载不及此数，而船多雇觅维艰，必致违限，不如照旧为便。应如所议，仍用夹䑴秃尾中船，运员不得减少船只，额外装载并私带货物。经过地方，有司实力稽查。"从之。

（《高宗纯皇帝实录》卷三九七）

58.乾隆十六年十二月己亥

户部议覆："云南巡抚爱必达疏称，滇、黔二省，运京铜铅，路经川江险隘，遇风覆溺，请照川督所奏，限一年捞获。如不在险隘，限满不获，令正运员赔三分之二，协运赔三分之一，按已完未完分别参处。若实系遇险，并无私带，打捞不能足数，应令该地方官确查出结，该督抚题豁。应如所请，但京局鼓铸铜铅，不容缺额，豁免之项，仍令该抚照数补解。"从之。

（《高宗纯皇帝实录》卷四〇四）

59.乾隆十六年十二月丙午

定拔贡朝考选用例。谕："各省选拔贡生，经朕降旨以十二年举行一次，计至癸酉年即届选拔之期。……所有选拔贡生赴部验到，作何定限及朝考录用，一切规条，俱应详悉酌定，永著为令，大学士九卿集议以闻。"寻议："各选拔赴部，应以该年十月起限。云南、贵州、四川、广西、广东、甘肃限次年五月到部，湖南、福建、江西、浙江、湖北、陕西限次年三月，江南、河南、山东、山西、奉天、直隶限次年正月。其有患病事故者，许呈明咨部。朝考之法，除前项选拔补考人少，仍照向例，在礼部考试外，其新选拔应照拟定限期分为三次，由礼部奏请钦点大臣，于午门内考试。拟定等第进呈，卷分三等，不入等者，本生斥革，发回原学，该学政及督抚府尹，一并议处。再向例朝考后，礼部会同九卿，拣选引见。有奉旨以知县及知县以下等官试用者，余札监肄业，三年期满，以教职选用。其考取景山等处教习，期满引见，候旨分选知县、教职。归本籍肄业者，遇考职之年，准考取州同、州判、县丞。有愿就佐贰及教职者，以直隶州州判，复设教谕选用。乾隆二年议停，今请照旧拣选一、二等引见，候旨简用。"从之。

（《高宗纯皇帝实录》卷四〇四）

60.乾隆十七年六月戊午

贵州巡抚开泰奏："前奉旨直省垦报升科，准业户自首，以一年为限。嗣据平越府，水城厅，及开州、威宁州、贵筑、余庆、开泰、毕节、绥阳、平越等州县册报：乾隆十六、十七两年自首田地共二千余亩。查黔省山多田少，以通省顷亩计之，不敌内地数大州县。从前虽经查丈，阅年已久，兼之民苗旧俗，凡田土若干，止据谷种之多寡

195

为凭，不知按照弓口合算，现今顷亩难保不浮于粮册。第苗疆情形，既不便履亩丈量，致滋纷扰；又不得任豪强狡黠，影射占侵。嗣请饬地方官，凡遇民苗田土之案，务亲行踏勘，逐一丈量，秉公剖断。其有隐漏，免其治罪，汇入升科。"得旨："所见是。"

（《高宗纯皇帝实录》卷四一七）

61. 乾隆十八年二月丙午

兵部议覆："原任四川总督策楞疏称，重庆府属之金佛山，与黔省正安、婺川接壤，离城窵远，应于西面三岔沟设外委一员……应如所请。"从之。

（《高宗纯皇帝实录》卷四三三）

62. 乾隆十九年九月乙巳

贵州巡抚定长奏："乾隆十年奏准，动项开通毕节县之赤水河，直达川省重庆，以便铅运。嗣因河道险阻，仍多由陆运。又将威宁、水城应运铅俱运交毕节县合办，更属周章。应请将水运铅改由白沙以下之鱼塘为口岸，运至新龙滩起剥，陆运至二郎滩下船，直达川省。其毕节应办之水运铅，仍令就近办运。威宁州及水城厅应运之铅，照向例各由陆路分运永宁水次，就便省费。"报闻。

（《高宗纯皇帝实录》卷四七三）

63. 乾隆二十年二月癸亥

户部议准贵州巡抚定长奏："黔省常平仓粮一百万石，向系粮道经管。但藩司事较简，应归藩司。其借粜岁不过五六万石，未免红朽。请将各属每年收支秋粮等米十五万四千五百余石，于常平项内拨给补还。至贵西、贵东二道，辖地辽阔，应将贵阳一府二厅七州县，平越、石阡二府六州县改隶粮道管辖，换给督理贵州清军粮驿道兼辖分巡贵阳等处关防。"从之。

（《高宗纯皇帝实录》卷四八六）

64. 乾隆二十年九月甲午

户部议覆："云南巡抚爱必达奏称，滇省运铜，应照黔省运铅例，沿途船只，专责运员随时办理，无庸会同地方官逐节换船。其稽查催趱事宜，仍遵往例，应如所请。"从之。

（《高宗纯皇帝实录》卷四九七）

65. 乾隆二十一年八月丙午

贵州巡抚定长疏报："思州、镇宁、清镇、清平、瓮安、黄平、湄潭七府州县，二十年分报垦田二百七亩有奇，又垦山土坡地五百三十一亩有奇，分别六年、十年后入额升科。"

（《高宗纯皇帝实录》卷五一八）

66. 乾隆二十二年四月丁丑

工部议准："贵州巡抚定长疏称，黔省苗疆城堡，最关紧要，请将贵筑等九处，定番州等五处，遵义县等五处城垣，分别最急次急，按三年兴修。"从之。

（《高宗纯皇帝实录》卷五三七）

67. 乾隆二十三年十月癸亥

旌表守正捐躯之贵州正安州民陈登亮妻童氏。

（《高宗纯皇帝实录》卷五七二）

68. 乾隆二十四年正月乙未

谕军机大臣等："周人骥审拟湄潭县民喻老晚等聚众夺犯一案，已将喻老晚照例拟绞。从犯杨坤、徐奇等虽属为从，因系县役营兵，且首先商同帮抢，不便照为从例拟徒，请从重分别定罪等语。所奏殊不明晰，国家用刑，原当按律定拟，轻重出入之间，一准至当，斯为平允。杨坤、徐奇身为兵役，即有护解之责，乃反敢伙同抢夺，且首先倡议，是其藐法已极，即应照光棍例分别定拟，何得引寻常为从之例，多方比拟？乃该抚多引例条，故为比附，以见办理并无宽纵。此皆俗吏故套，幕宾长技，最为外省锢习。而外间无识之徒，又遂以为从重矣。曾经屡降谕旨，岂该抚独不闻之乎？著传谕周人骥，即将此案另行明确定拟具奏，再降谕旨。并敕内阁于此本到日，先行驳回。"

（《高宗纯皇帝实录》卷五七八）

69. 乾隆二十六年八月庚辰

贵州巡抚周人骥疏报："都匀、镇宁、黄平、威宁、正安、安南、余庆、瓮安、婺川、玉屏、青溪、绥阳等十二府州县，乾隆二十五年分，开垦田土坡地三百八十五亩有奇。"

（《高宗纯皇帝实录》卷六四二）

70. 乾隆二十六年十月甲午

贵州巡抚周人骥奏："黔省近年多种棉苧，仁怀厅等处兼放山蚕，结茧数万，试织茧绸，各属放行，渐知机杼。"得旨："嘉奖。"

（《高宗纯皇帝实录》卷六四七）

71. 乾隆二十七年三月戊申

（吏部）又议准："原任贵州巡抚周人骥奏称，遵义府通判分驻仁怀旧城，地险孤悬，难于防守。请裁大定府司狱，改设遵义府照磨一员，与通判同驻。所裁司狱事务，归并大定府经历兼管，其俸工养廉，即改给照磨支领，并添设照磨门子、马夫各一名，所需工食，抽减仁怀民壮二名改给。"从之。

（《高宗纯皇帝实录》卷六五六）

72. 乾隆二十七年八月辛丑

云贵总督吴达善疏报："乾隆二十六年，贵州平越、都匀、镇远、思州、铜仁、黎平、归化、开州、正安等九府、厅、州、县，开垦民田二百七十三亩有奇，山土坡地二百一十七亩有奇。"

（《高宗纯皇帝实录》卷六六八）

73. 乾隆二十八年五月戊寅

谕："据乔光烈奏，遵义县知县王锡蕃，盘获陕西盗犯文喜，请即行正法一折。已交三法司核拟速奏矣，王锡蕃于隔省犯罪脱逃、漏网十年之犯，留心履缉拿获，甚属能事。王锡蕃著该督等查明平日居官若何，出具考语，送部引见。"

（《高宗纯皇帝实录》卷六八七）

74. 乾隆二十八年七月己巳

谕："据乔光烈奏，遵义县知县王锡蕃拿获盗犯吴尔禄，请旨即行正法一折，已交三法司核拟速奏矣。王锡蕃前将盗犯文喜盘获，看来尚属能事，曾经降旨著该抚等查明该员平日居官如何，如何出具考语，送部引见。今该员复能于山洞无人之处，持火进内搜查，将盗首吴尔禄拿获。似此遇事奋勉，实心出力之员，殊属可嘉。著该抚即将王锡蕃送部引见。"

（《高宗纯皇帝实录》卷六九〇）

75. 乾隆二十八年八月乙巳

调任贵州巡抚乔光烈疏报："都匀、铜仁二府，广顺一州，普安、瓮安、湄潭、天柱四县，开垦额内额外田四十一亩有奇。"

（《高宗纯皇帝实录》卷六九三）

76. 乾隆二十八年十一月戊午

又谕曰："贵州遵义府知府梁敦书，现在俸满来京引见。大学士梁诗正恳请，留其子以部属用。著如其请，梁敦书加恩以户部郎中用。"

（《高宗纯皇帝实录》卷六九八）

77. 乾隆二十九年十二月丙午

护理贵州巡抚钱度奏："黔省城垣共八十五座，除全行完固六十余处外，安南、普安、绥阳等三县，坍塌无多，均经修整。惟贵阳府城及镇宁州城，应须拆修。又天柱、开州、广顺、石阡、思南、永宁、普安、毕节、瓮安、湄潭、龙泉、婺川、印江等十三处城垣，均应修建。但黔省钱粮无几，未便概行兴修，俟明岁将贵阳、镇宁酌办后，再行分别缓急，次第办理。"报闻。

（《高宗纯皇帝实录》卷七二五）

78. 乾隆三十年五月己丑

吏部议准："贵州巡抚方世儁疏称，平越府属湄潭县，向因地广人稀，政务较简，定为简缺。近生齿日繁，实属难治，非拣选强干之员不能胜任。又安顺府属清镇县，昔为兼三要缺，近则该处民苗相安，事务较少。请将湄潭县改为繁疲难兼三要缺，在外拣补，清镇县改为冲难兼二中缺，归部铨选。至石阡府属龙泉县，向例定为简缺，今亦请加以繁难二字，改为中缺，归选等语。应如所请，准其更调注册。"从之。

（《高宗纯皇帝实录》卷七三六）

79. 乾隆三十年九月庚辰

贵州巡抚方世儁疏报："乾隆二十九年分，开垦思州、铜仁、瓮安、湄潭、天柱等府县，额外田一百七十亩有奇，垦复额内田三十一亩有奇。"

（《高宗纯皇帝实录》卷七四四）

80. 乾隆三十年十一月壬申

又议准："贵州巡抚方世儁奏称，贵州巡抚关防，有兼理湖北、川东等处地方字样。查向隶楚省之平江、青浪、偏桥、镇远、石开、铜鼓六卫，川省之湄潭、龙泉、瓮安、余庆等四县，俱已改隶黔省。现隶川楚等省各地方，黔省并未管辖，应将关防改铸。"从之。

（《高宗纯皇帝实录》卷七四八）

81. 乾隆三十一年九月己卯

贵州巡抚方世儁疏报："南笼、都匀、思州、铜仁四府，安南、瓮安、湄潭、天柱、铜仁、毕节、绥阳七县，乾隆三十年分，开垦额内、额外田五百六十七顷有奇。"

（《高宗纯皇帝实录》卷七六八）

82. 乾隆三十二年六月辛亥

旌表守正捐躯之贵州仁怀县民张世虞妻杨氏。

（《高宗纯皇帝实录》卷七八七）

83. 乾隆三十三年二月癸酉

署贵州巡抚良卿、贵州提督李国柱奏："准云南抚臣鄂宁来咨，于黔省再采买马二千匹。查下游各府距滇较远，惟恐采送稽迟。当饬上游之安顺、遵义、南笼三府，各买马四百，贵阳、大定二府，各买三百，平越一府买二百，派员速解备用。报闻。"

（《高宗纯皇帝实录》卷八○四）

84. 乾隆三十三年七月癸丑

谕："据良卿参奏，绥阳县知县单芸，派协普定县马匹，擅将应给雇值及恩赏银两，私向乡约头人取回，派令粮户缴银，为代为买马喂养等语。单芸承办军需马匹，辄敢将雇值及恩赏银两侵欺肥橐，复派粮户缴银，情罪甚属可恶。单芸著革职拿问，交与该抚严审定拟速奏。"

谕军机大臣等："本日据良卿奏，绥阳县知县单芸，擅将应发雇价及恩赏银两，于给发之后，私自取回，仍令粮户缴银，代买马匹喂养，请旨革职拿问一折。已降旨将单芸革职，交该抚严审定拟具奏矣。前以云南用兵，所有京兵经过州县，虽一切动用官帑，而预备夫马等项，恐不无稍资民力。是以特降恩旨，赏给银两，以示优恤。该县单芸，乃敢取回肥橐，复行派累缴银代买马匹喂养应差。情罪甚属可恶，更非寻常婪赃蚀法者可比。著该抚即行严加审讯，定拟速奏，赶入本年秋审情实。其漫无觉察之知府郑廷望，俟审明单芸定案奏到之日，再降谕旨。"

（《高宗纯皇帝实录》卷八一五）

85. 乾隆三十三年八月壬戌

贵州巡抚良卿疏报："黄平、清镇、普安、湄潭、绥阳、天柱、婺川、铜仁等八州县，乾隆三十二年分，开垦额内额外田土坡地四百十六亩有奇。"

（《高宗纯皇帝实录》卷八一六）

86. 乾隆三十三年十一月甲午

又谕:"据良卿奏,准吏部咨,正黄旗满洲一等侯德宁病疯革职,应将伊亲弟贵州湄潭县知县德坤拟正调取,限令十一月内赴京引见,袭爵。惟该员现署毕节县印务,交待需时,未能依限回旗等语。承袭世爵,向例拟正者,应调取外任,但各员均有经手事件,一时未能赴京,倘引见仍不补放,转致往返徒劳。嗣后缺出,应行拟正之外任官员,毋庸预期行文,著先将家谱进呈,候朕酌量办理。再八旗宗人府径咨行外省,亦属不合,嗣后均咨该部转行,著为例。"

(《高宗纯皇帝实录》卷八二二)

87. 乾隆三十四年七月丙午

贵州巡抚良卿疏报:"黄平、瓮安、湄潭、天柱等州县,乾隆三十三年,开垦额内、额外田地,一百九十八亩有奇。"

(《高宗纯皇帝实录》卷八三九)

88. 乾隆三十五年二月壬申

钦差湖广总督吴达善、刑部侍郎钱维城、内阁学士富察善奏:"据遵义都司禀称,桐梓县刁民聚众,带兵往拿,已获赵式璧等四犯,案情重大,现在兼程前往查办。"得旨:"是尔等审案已当完,此案即当尽法严处以示警,不可姑息。愚民太不知恩,然亦地方官有以致之耳。"

谕军机大臣等:"据吴达善等奏,桐梓县民赵式璧等因勒派军需聚众一案,已于折内逐一批示矣。黔省地方自良卿歪法营私,一切漫无整顿,吏治败坏已极。即如承办兵差一事,并系发给公帑,不令丝毫扰及闾阎,何至有征派军需之事。即此可见地方官之办理不善,而所委之贡生、生员等,又复从中渔利,酿成衅端,皆所必有之事。但自办理军需以来,于支发经费以外,尚恐夫役运送等事,不能不稍资民力,复格外加恩赏赉,体恤不可为不至。百姓等具有天良,当共知感激。即或地方官有违禁科派之弊,何难赴上司控理。乃竟公然聚众,屡次哄闹,挟制官长,实乃目无法纪。此等刁民,若不尽法惩治,何以儆刁顽而安良善。著再传谕吴达善等,即上紧将案内首从各犯,彻底根究,严拿务获,尽法重治,以示炯戒。至该犯等敢于纠众抗官,未必不由风闻普安州控告派累一案,本管官缘此参革治罪,辄尔效尤滋事,此风实不可长。所有此案内办理不善之文武各官,此时且不必参处,俟本案审结,奸民正法以后,徐为查办,庶不致更启刁风。仍将现在查讯案犯情节,迅速审拟具折奏闻。"寻吴达善等奏:"刁民聚众,已拿获六十名,分别解省,现将头起人犯赵式璧等严讯,俟得确情,尽法处治。"得旨:"览看汝等模棱者模棱,思家者思家,奈何,奈何!"

又谕："本日据吴达善等奏称，桐梓县民赵式璧等，因该县派办军需典史将总甲周文伦等枷号，辄敢聚众百余人，勒令典史开放，复打毁贡生等房屋器物。现今拿获首犯，并经喀宁阿前往查办等语。已于折内批令吴达善等，尽法处治，以儆刁风。看来黔省自良卿在任，欺罔长奸，吏治败坏至不可问。前此既有普安州民人，于军报私附呈词，控告派累一案，今复有此刁民聚众之事，若不亟为整顿，益复无所底止。喀宁阿不过一谨守之人，临时未免稍觉软弱，且任巡抚日浅，未经阅历，恐不能实力整饬。因思巡抚中惟明德历任封疆，颇为谙练，亦尚能振作有为，意欲将伊调任黔省。又虑其经办军需诸务尚未报销，难以遽易生手，未便轻为更调。但藩司钱度，亦系承办之人，或可代明德综核销算，不致疏漏浮冒，则明德原不妨移之贵州，以资整理。著传谕彰宝，即行详悉妥酌，迅速据实覆奏，并令明德自行忖度，能否令钱度接办之处，一并覆奏。至彰宝虽驻云南，而贵州亦其所辖，今该省吏治民风不堪若此，亦当留心董饬，大挽浇漓，不得因相隔辽远，遂自诿为鞭长莫及，辄思卸责也。至傅恒在滇已久，于明德办理军需，现在是否可以更调，令钱度代为报销之处，知之必深，并著据所见速行奏闻，候朕酌量降旨。所有吴达善等原折及钞禀一件，并录寄阅看。"

（《高宗纯皇帝实录》卷八五三）

89. 乾隆三十五年三月甲申

谕："据喀宁阿奏，贵州桐梓县刁民赵式璧等，借端聚众滋事。署典史童士奇、驻防把总李翊，既不能先事提防，复不能立时拿究，已属畏葸无能。而童士奇又将护副将李中隆交收之首犯等不即收禁，致令潜逃，均非寻常不职可比。李中隆明知该典史庸懦不堪，辄将要犯交发，亦难辞咎。又案内首犯，讯有生员李方荣等同谋，该教官毫无觉察，殊属溺职。请将童士奇、李翊革职拿问，教谕徐经、训导甘型圣革职，护副将李中隆交部严加议处等语。童士奇、李翊，当知县办差公出，城内事务皆伊二人专责。乃于奸民聚众不法，不能立时拿获，而童士奇又将副将所交已获要犯，玩纵脱逃，均属可恶。童士奇、李翊俱著革职，拿交刑部治罪。徐经、甘型圣俱著革职，李中隆著交部严加议处。其该管上司，并著交部议处。"

谕军机大臣等："前以黔省地方，自良卿等蔑法营私，诸事废弛，吏治民风，败坏几不可问，不可不力为整顿。因喀宁阿谨守无能，是以降旨简调宫兆麟，并传谕令其速赴新任。该省现有桐梓县奸民聚众一事，前经奏到时，恐非喀宁阿一人所能审办，业已传谕吴达善等，会同尽法惩治。兹复阅喀宁阿所奏前往该处查办情形一折，案内首从各犯现获十八名，未获者尚多。先将现获各犯押赴省城，严行究审，一面饬拿逃犯务获，一并从重讯拟等语。此案奸民赵式璧等，聚众百余人，屡次哄闹，挟制官长，实乃目无法纪，不可不严行惩治。此时虽有吴达善等在彼审讯，而缉捕要犯、绥靖地方等事，乃巡抚专责。喀宁阿已令来京，宫兆麟应即速赴新任，上紧勒缉要犯，毋令一人漏网，会同钦差将案内首从各犯彻底根究，尽法严惩，以示炯戒。至黔省吏治民风，废弛不堪，宫兆麟到任后，务须极力整顿，一改从前积习。其喀宁阿另折所参之童士奇、李翊等，已明降谕旨，著一并钞寄，并谕吴达善等知之，仍将查办情形速即具奏。"寻吴达善等奏："此案已获犯六十名，讯知起意为首系李方荣，赵式璧等乃助恶之人，余或被胁同行，或在场观望，共百余名。现刑讯根究，俟明确后具奏。即将起意为首各犯正法，分别枭示。又据供二月初八日递词时，李副将谕令在典史衙门暂住，次日算帐。是都司李中隆，既不即时锁押，次日又不查拿，以致各犯免脱，实属庸懦不职，请旨革职拿问。又据供，起衅由绅士苏西山经手数太多，伊等不平，不肯上纳。是否官吏串通滥派，亦应查明治罪。现调桐梓县连年办理协济马匹案卷，及经收、给发底簿，行提绅士、书役等，赴省查办。"得旨："是此处应严查实情，不可姑息。"

（《高宗纯皇帝实录》卷八五四）

90.乾隆三十五年三月壬辰

又谕："前据喀宁阿奏，贵州桐梓县刁民赵式璧等聚众滋事一案，以护副将李中隆，辄将要犯交与典史童士奇收管，致令潜逃，难以辞咎。业经降旨，将李中隆交部严加议处。今复据彰宝奏，于喀宁阿原参李中隆各情节外，并称李中隆怯懦苟安，且仅据把总李翊二次专差禀报，前往查办。而于初次之禀，称系邮塘尚未递到，其中似另有隐瞒别情，请将李中隆革职究审等语。李中隆著革职，交与宫兆麟查审具奏。"

（《高宗纯皇帝实录》卷八五五）

91.乾隆三十五年四月戊申

谕军机大臣等："王士棻因桐梓县刁民聚众不法一案，有生员在内唆使，请将不能约束之教谕徐经、训导甘型圣革职，并自请交部严加议处一折。此案前于喀宁阿奏到，业经降旨将该教官革职，此折毋庸交部。至学政有董率教职、训饬生徒之责，乃竟有生员合伙倡唆之事，该学政本有应得处分，并不系于到任之久暂。将来审明定案时，自当同失察之各上司，分别按例议处，何必汲汲自行陈请。其所奏请严加议处之处，此时亦毋庸交部。将此传谕知之。"

（《高宗纯皇帝实录》卷八五六）

92.乾隆三十五年四月丙寅

又谕："据吴达善等奏，审拟桐梓县刁民聚众一折，已批三法司核拟速奏矣。此次承办兵差，俱系官为发帑，不令丝毫扰及闾阎，且念经过地方应用夫役，不无稍资民力，复格外加恩赏赉，并无勒派军需之事。即或有司办理不善，纵容胥役人等，藉端科敛，甚至不肖官吏，娄索侵渔，该民人何难赴上司控告。一经勘讯得实，自必尽法严惩，以除民累。乃此案刁民，辄敢纠集多人，入城肆横拆毁民房，并至拥赴衙署，勒放枷犯，直是目无法纪。此等莠民之尤，孽由自作，于情理难以姑宽。业将首恶各犯，按律骈诛，用示炯戒。至折内称该县里民聚众不法者，惟芦溪、东芝、漆溪三处，其娄化、夜郎二里，并未约会等语。可见桐梓百姓，不尽奸顽，虽据首犯供此二里地处弯远，一时未及纠约。但匪众因赶集入城滋事，三次号召多人，其事已哄传合县。而娄化、夜郎二里，独无一人随同附合，是该二里民人尚知守分奉法，具有天良，不可掩没其善。朕惠爱黎元，无所不至，而彰善瘅恶，一秉大公。其有藐视国法者，断不肯姑息长奸，而驯谨良民，则深所嘉予，刑赏悉视其人之自取，随事具有权衡。著该抚宫兆麟，即行确查，将该二里里长、民人量加奖赏，仍出示晓谕，俾众人知所激劝，并将此通谕知之。"

（《高宗纯皇帝实录》卷八五七）

93. 乾隆三十五年四月戊辰

又谕："据吴达善等奏，桐梓县刁民聚众一案，所有逸逃要犯，业经分差员弁兵役全数拿获等语。刁民聚众滋事，情罪重大，首恶同谋各要犯，自不可容其稍有漏网。今既全行弋获，即当尽法严究。所有差往之员弁兵役等，实心根缉，不致重犯远扬，颇属奋勉任事。著传谕宫兆麟，查明出力之文武员弁，出具考语，送部引见。其兵役人等，亦著查明，分别奖赏，以示鼓励。"

（《高宗纯皇帝实录》卷八五七）

94. 乾隆三十五年四月丙子

贵州巡抚宫兆麟奏："桐梓县纠众刁民，已获九十余名，讯因兵差派马，众人疑董事侵渔，州县不为核算，遂酿大案。通省州县，大概皆然。已限各州县，将细帐传绅士同阅，众心自服，阘茸不即清算者查参。"得旨："是，知道了。经此一番料理，百姓亦不敢复生事，正宜及此整顿。"

（《高宗纯皇帝实录》卷八五七）

95. 乾隆三十五年五月己卯

又谕曰："吴达善等在黔省审办各案，为时已久，现在俱经陆续完结。惟桐梓县刁民聚众案内，尚有一二逸犯未获，及通查各属有无派办军需之事，均可交与巡抚宫兆麟，俟缉获查明之日，妥协办理。吴达善可即回湖广总督之任，钱维城、富察善著即行回京。将此传谕知之。"

（《高宗纯皇帝实录》卷八五八）

96. 乾隆三十五年五月壬辰

谕曰："吴达善等奏，桐梓县刁民聚众一案，该县胡守业因有协济派帮之事，知必吊查收支帐目，辄将原帐私行更换，并将从前各任收用帐簿代为改造。其中恐有嘱托弥缝情弊。请将署县胡守业、前署县缪良栋、前署县事经历金德琳一并革审。又金德琳发银底簿内，载有典史任埰支用赴站盘费银三十两，亦应请该典史革职等语。胡守业、缪良栋、金德琳俱著革职，交与该抚将历任各员有无串通侵肥情事，严讯确情具奏，其典史任埰，并著革职。"

谕军机大臣等："前因吴达善等黔省审办各案，俱已陆续完结，曾降旨令吴达善即回湖广总督之任，钱维城、富察善即行回京。今据该督等具奏，审拟桐梓县刁民聚众一折，业经批交三法司核拟速奏矣。折内称李方荣一犯，聚众时列名登簿，藏石岩孔洞黄连树下石穴中，现已委员前往搜查，俟饬起到日按名核办等语。吴达善等在黔为日已久，此案既经审明，惟藏匿名簿一节尚须查究。著传谕伊等速行提验，彻底清查，办理完竣后，仍遵前旨，即行起程。其另折所奏，桐梓县知县私改协济兵差底帐一案，所有革职各员，即交与宫兆麟查审，吴达善等毋庸在彼会办。"

（《高宗纯皇帝实录》卷八五九）

97. 乾隆三十五年五月甲午

又谕："昨召见喀宁阿，询及桐梓县知县胡守业办理军需一事。据称，伊往桐梓查办此案，即将收支帐册吊齐，携至省城。而吴达善等参奏知县捏改帐册之事适至，若喀宁阿果携册而归，则该县安得复有捏改之事？因令军机大臣询问，乃称伊赴县缉犯时，谕令该府县将历年收支簿册检齐，送省一并查办等语。是伊昨日所奏殊为不实，且喀宁阿既往该处查办此案，即应将收支各册，立时提取封固，亲携稽核，其中情弊自可彻底清厘。乃转令该府县检齐送省，是明予该县以捏饰改造之隙，尤属全不晓事。喀宁阿著交部严加议处。"

（《高宗纯皇帝实录》卷八五九）

98. 乾隆三十五年五月癸卯

又谕曰："吴达善等及宫兆麟奏，古州党堆寨苗人聚众不法，拒伤兵役，即前往该处相机剿捕等语。所办尚为迅速，此等匪苗滋事，自应即时擒捕，立置重典，以示惩儆。今宫兆麟一闻禀报，即亲往该处督同该镇协拿，吴达善等亦已同往会商妥办，自能措置合宜。顽苗敢于抗拒，其罪自不容诛，但野性犷愚，易生惊畏，若办理稍有不善，致各寨闻风勾结，合力救死，其势转难解散。此时止宜就党堆一寨纠众伤人各犯严行拿获，立置重典，以警其余。设敢负固不服，不妨即为剿洗，此外各寨，宜晓谕抚辑，俾知官法所及，止治顽梗生事之徒，其守分良苗概不株累，以安其心，自皆怀德畏威不敢轻动。即间有一二附近党堆无知苗众，随声逐队，原可无庸彻底根求，正合胁众罔治之道。非若内地民人纠众附和之案，必当穷其党羽，毋任漏网也。吴达善等平日尚属晓事，自当就该处实在情形妥协筹办，一切机宜，皆须随时措置，朕亦难为悬定指示。总之，办理此事，有应擒捕者，速宜就获，毋稍稽延；有应抚谕者，处以镇静，毋使疑骇。设或苗众竟敢自作不靖，彼此勾连渐成事端，则又当用兵剿荡，勿稍姑息。不得因有此旨，妄生揣度，遂思化大为小，化有为无，迁就完事也。至起衅之由，尽归罪于龚学海亦未必然，总由良卿数年来吏治废弛，败坏已极，如安顺刁民控告，桐梓奸徒聚众之案，不一而足，良卿实死有余辜。但龚学海办理不善之处，俟本案办完，亦当查究。看来龚学海系尚气好事、不知大体之人，即如丹江兵米一案，不禀上司，遽揭部科，其心已可概见，总因降官之后，急欲有以自见，冀图复用。龚学海过于求细滋衅之语，系魏涵晖在省，据伊子魏传曾所禀，其言自出于公论，非由同官等之事后透过也。但龚学海系魏涵晖正属，平日见其举动，即应早为提策或申报上司，乃竟听其任意妄行。是魏涵晖之不能驾驭属僚，亦难辞咎，并著于结案后，查明参奏。至现在办理情形若何，仍即速行奏闻。将此传谕吴达善等并宫兆麟知之。"

（《高宗纯皇帝实录》卷八五九）

99. 乾隆三十五年八月丁亥

以参革贵州安化县属覃韩偏刀土巡检陆明德子宗荣袭职。

（《高宗纯皇帝实录》卷八六六）

100. 乾隆三十六年八月己卯

旌表守正捐躯之贵州龙泉县民李先友妻陈氏。

（《高宗纯皇帝实录》卷八九〇）

101. 乾隆三十七年三月甲子

谕军机大臣等："桂林奏，据川东道禀称，节据彭水县典史蔡廷辂、涪州吏目蔡尚琥禀报，查获传习天主邪教之案。并于各犯家内，起有铜像书本，均据供自贵州务川县携来。而涪州知州王用仪，则禀称二月初七日，准婺川县拿获天主教犯蒋登庸等，供出涪州居民蒋应元、蒋应聘同孙姓俱习天主教，移关到州各等情。阅禀内情节，显系接到婺川咨文，始行拿获，因含混日期禀报，以免规避处分。已派驿盐道杜玉林会同川东道托隆，速赴该处，究系何人倡始，并查是否于婺川移关之前自行访获。请敕图思德派委干员，前赴两省交界处，会同秉公严审，彻底清查等语。著传谕图思德，即委明干大员，迅赴川省交界，会同杜玉林等秉公严讯确情，究拟具奏。至此案于二月初七日，即经婺川县移关川省，是该县查办案犯，发觉已久，自无不即时禀报上司之理。其于川省之孰先孰后，自无难立辨。但此等邪教案情，既经访获，何以未见图思德奏及，是否现在查办，抑因该县已移川省，遂于黔省不复追究。并著图思德查明，据实覆奏。"寻奏："此案初接婺川县禀报时，正办欧韵清案，未暇分身，委署按察使国栋、镇远府高积厚，驰究流传党伙，并飞咨川省，会同查办。嗣据国栋押犯并经像到省，虽查无悖逆书词，但称教惑众，大干法纪，仍发该司严审。因金供四川涪州蒋应聘、彭水县李二传教，须二犯解黔质讯，复咨川省查办。嗣在毕节督办兵差，接川督桂林来咨，并抄录奏请两省派员会办奏稿前来。臣以会办事件不便停犯待质，即委贵东道龚学海、石阡府董醇，带犯卷星赴川黔交界处，会同川省委员究办。"得旨："览。"

礼部以会试中额请。得旨："这会试……贵州取中三名……"

（《高宗纯皇帝实录》卷九〇五）

102. 乾隆三十八年四月己丑

又谕："据陈辉祖奏，竹溪县凶犯张世华因图奸杀死四命，并致伊母自缢，旋即逃匿谷城、光化等处，经光化县知县唐惟克盘获，究出前情，现在审拟具题，该令唐惟克应否送部引见，请旨遵行等语。张世华因奸杀死四命，并致伊母投缳，情罪实为重大，已饬该部速行核办。至该县唐惟克，于该犯甫入县境，即能督役捕获，尚属能事，著传谕该抚，将其平日居官如何之处，出具考语，送部引见。"

（《高宗纯皇帝实录》卷九三二）

103. 乾隆三十八年八月丁亥

贵州巡抚觉罗图思德疏报："安南、湄潭、天柱三县，乾隆三十七年，开垦额内额外田三十八亩有奇，山土四十一亩。"

（《高宗纯皇帝实录》卷九四〇）

104. 乾隆三十九年九月乙丑

署云贵总督觉罗图思德疏报："开垦瓮安、湄潭二县额田四十八亩，山地二十九亩，升科如例。"

（《高宗纯皇帝实录》卷九六六）

105. 乾隆四十一年五月壬辰

吏部议准："贵州巡抚裴宗锡疏称，遵义府属仁怀通判，远驻赤河，与四川泸州、合江、叙永厅三面联界，五方杂处，最易藏奸，应改为直隶要缺同知，在外拣选题补。原设之厅照磨，归新改同知管辖，案件例由该管巡道核转。惟原管之贵西道，驻扎威宁，程途纡远，应改隶省城之粮道较便。又毕节县知县原定要缺，后改中缺。查该县当黔川门户，人烟稠密，现在水城、威宁两路，运川铅斤，汇出其途，兼有例应代运铅料，应仍定为要缺，在外拣调。旧定苗疆要缺内，有贵阳府属长寨同知，地处简僻，民苗安静，应作为中简缺，改归部选。"从之。

（《高宗纯皇帝实录》卷一〇九）

106. 乾隆四十二年正月丙申

贵州巡抚裴宗锡奏："从前试采铅厂，奏明在案。兹查松桃厅属巴坝山一处，即名大丰厂，地近楚省，遵义县属新寨一处，地近川省，所产纯系白铅，矿砂盛旺，足资拨运。请以大丰厂铅，全拨楚省额运，新寨铅酌拨京运一百余万斤。较莲花、福集厂办理既易，兼可节省水陆脚费四万余两。其莲花、福集二厂，减运铅斤，仍照数积贮。"得旨："嘉奖。"

（《高宗纯皇帝实录》卷一〇二五）

107. 乾隆四十三年五月丙寅

谕军机大臣等："据步军统领衙门奏，贵州遵义府仁怀县民人杨玫呈控民人谢希廷等霸占伊家祖遗地亩，又将伊子杨玉安、杨奉安用箭射死，地方官并未质审，率行拟杖完结等情一折。李侍尧现已起程来京陛见，路过黔省，此案即交李侍尧秉公查审具奏。即或该督现已过黔，或在湖南等处，接奉此旨仍著回至贵州审办，俟定案完结再行起程来京。其原告杨玫已交该部，饬发沿途地方官迅速解往质讯。原折并著钞寄阅看，将此由四百里谕令知之。"

（《高宗纯皇帝实录》卷一〇五六）

108. 乾隆四十三年五月戊辰

谕军机大臣等："前据步军统领衙门奏，贵州仁怀县民人杨玫呈控谢希廷等霸占地亩等一案，已降旨将该犯解往，令李侍尧于路过黔省时将此案秉公查审。如已过黔，或在湖南等处，著仍回至贵州，审办完结，再行来京。本日据李侍尧奏，已于四月初七日自滇起身赴京，迄今已将一月，计其行程离黔已远，若再回赴贵州审办此案，未免徒劳往返。著传谕李侍尧，接奉此旨，仍即来京陛见，俟回任时路过黔省再行审办。其解往之杨玫一犯，途次遇见时即令该处州县严行监禁，俟李侍尧回程至彼再行带赴黔省审办。此旨著由五百里发往沿途探听，传谕李侍尧知之。"

（《高宗纯皇帝实录》卷一〇五六）

109. 乾隆四十三年七月辛亥

旌表守正被戕贵州正安州民罗宗得妻康氏。

（《高宗纯皇帝实录》卷一〇六三）

110. 乾隆四十四年九月癸卯

护贵州巡抚布政使李本疏报："麻哈、普安、湄潭、施秉、毕节五州县乾隆四十三年分开垦额内田八十九亩有奇，额外田十亩有奇。"

（《高宗纯皇帝实录》卷一〇九一）

111. 乾隆四十五年八月己酉

谕军机大臣等："步军统领衙门奏，四川资州盐商宋柳安呈控，向来资州与富顺县两处盐斤俱运至纳溪县江门镇销售，预备接济贵州盐斤短少之用，嗣经犍为县加添盐引，运至永宁县售卖，以致江门镇盐引不行。查江津县狗脚湾地方，路通贵州，若从此运贩可获重利，愿加添盐引一千三十五张，每年多交税银等语。前因川省私盐偷漏往滇，以致滇省官盐壅滞，节经降旨，令将川滇二省盐斤实力调剂，并令于交界处所设人严查防范。今宋柳安乃欲于狗脚湾地方运贩加引，以备贵州接济盐斤之用，而贵州即系通滇大路，其意不过欲借此偷漏云南，以便其营私射利之计。……宋柳安又赴黔省，呈请加增川盐水引，改由川属江津县狗脚湾运至黔属仁怀县两路口设店售销。经藩司查明，两路口距茅台村甚近，该处现系川商承运川盐行销，未便任其挽越，致妨正引。当即饬县查拘宋柳安解籍收管，今该商复隐匿案情，赴京呈控，妄图罔利，应请交四川督臣将该犯从重治罪。至两路口虽距滇境尚远，但恐有奸民偷漏私售，现饬严密缉查，以期滇引畅销。下部知之。"

（《高宗纯皇帝实录》卷一一一二）

112. 乾隆四十六年六月庚子

又谕："据李本奏，婺川县禀报拿获川省啯匪彭昌文，讯供首匪系刘老十、毛老九等七八十人，因川省查拿，假装行旅由四川彭水县入婺川境，现赴正安州一带逃窜。随即追至正安之小溪沟，与该州兵役会合截拿，当经拿获钟凤鸣等二犯，杀伤匪徒甚多，贼匪亦持械抗拒，被伤兵役二名，现在并力穷追等语。此案前据舒常、刘墉先后奏到时，已屡经谕令该督抚等，上紧查拿，尽法处治。匪徒敢于聚集多人，随处抢劫，抗拒兵役，情罪甚为可恶，必当搜获无遗，迅速审办，凡属同行之人，不分首从，概行正法，不可稍存姑息。至贵州、湖广现在查拿紧急，恐其仍窜回四川境，并著谕文绶，务即督饬各属严密擒拿，毋任一名兔脱。"

（《高宗纯皇帝实录》卷一一三五）

113. 乾隆四十六年七月癸丑

又谕："据福康安奏，先后接据贵州各属禀报，有啯匪多人在途抢夺，戳伤事主，现已陆续拿获彭昌文、钟凤鸣等各犯，业经飞饬两司，严提取供驰报，并飞札署提督保成等酌量情形，如须亲往，即起程驰赴，会同查捕等语。此案啯匪聚集多人，肆劫不法，总由川省查缉不严，致令窜逃别省。而舒常、郑大进等所获啯匪不过一二人，又不将该犯等如何聚众肆劫情形详晰审明，确供具奏，办理均属疏玩；至文绶身为总督，平日既不能尽心查缉，及至事发又不亲往太平严行督办，竟尔安坐省城，所办何事？文绶著传旨严行申饬。此案惟毕沅及其属员所办尚属认真，而舒常、郑大进、刘墉、李本等均未能实力查拿，觉上下官员不过一奏一报了事，甚属不认真，著传谕该督抚等各责成该地方文武，于交界处所堵截严缉，务令全获，毋使一名免脱，仍将现获各犯迅速讯取确供，从重定拟具奏。将此并谕文绶、福康安等知之。"

（《高宗纯皇帝实录》卷一一三六）

114. 乾隆四十六年七月丙辰

谕："据李本奏，拿获啯匪伙犯陈正山、钟凤鸣等，审明分别定拟，请敕法司核覆一折。甚不解事，已于折内批示矣。此案啯匪聚集多人，由川省潜窜楚黔，持械拒捕，滋扰地方，情罪甚为重大。前已降旨，谕令四川、湖广、云贵各督抚，于拿获啯匪审明时，凡帮同拒捕之人，俱一面正法，一面奏闻，其余随行未经拒捕者，亦应发伊犁给厄鲁特为奴，毋得存姑息将就之见。今李本既经拿获拒捕啯匪，审得实情，自应即请王命，立正典刑，其余各犯，即行从重分别定拟，一并具奏，何待法司核覆，致要犯久稽显戮耶？李本著交部严加议处；其啯匪陈正山、钟凤鸣、刘贵三犯，俱著处斩，余仍著该部议奏。"

（《高宗纯皇帝实录》卷一一三七）

115. 乾隆四十六年八月丙子

兹据福康安奏："讯据吴大汉供认，前在婺川有抢夺商民之事，并有伙犯十余人，是吴大汉各犯不可不严行查办。著再传谕李本，即提犯审讯确供，究出实情定拟。其从前因何未审出实情之处，亦著李本明白回奏。"

（《高宗纯皇帝实录》卷一一三八）

116. 乾隆四十六年八月壬午

谕曰："文绶于办理啯匪一案，平日并不督率文武各属实力缉捕……文绶著革任发往伊犁，令其自备资斧，效力赎罪。四川总督员缺，著福康安调补，其云贵总督员缺，著富纲补授，富纲未到任之前，著刘秉恬署理。"

（《高宗纯皇帝实录》卷一一三八）

117. 乾隆四十七年十月癸酉

贵州巡抚李本疏报："平越、广顺、黄平、安南、瓮安、湄潭六府州县，乾隆四十六年开垦荒地三百二十八亩有奇。"

（《高宗纯皇帝实录》卷一一六六）

118. 乾隆四十七年十一月丙辰

谕军机大臣等："据富纲、李本同日奏到，贵州桐梓县民梁凤珍，因与娄连开等争土捏控，批府行县差拘。梁凤珍父子率同佃户廖老五等拒捕伤差一案，自应按律严办，不得稍事姑息。但查富纲折内所奏情节，梁凤珍既使其子赴省呈控，业经该抚批府提讯，自应到案剖诉，静听审断，何致有拒捕之事？即李本折内情虚畏讯之语，亦属悬揣，其究系因何抗拒，自必另有实情。著传谕李本即行亲提此案犯证，秉公严讯。其中是否地方官回护前断，因该犯赴省翻控，遂致挟嫌威逼，并胥役人等临时有需索滋扰情事，一并逐细根究，务得确情，究拟具奏，毋得稍存颟顸了事之见。况该省苗民错处，一切案狱尤当审断公平，毫无冤抑，俾黎庶心服，地方自然宁静。富纲折著抄寄李本阅看，将此由五百里谕令知之。"

（《高宗纯皇帝实录》卷一一六九）

119. 乾隆四十八年十二月辛酉

贵州巡抚李本疏报："黄平、普安、瓮安、湄潭、施秉、婺川、毕节等七州县乾隆四十七年分开垦成熟地三顷六十亩有奇。"

（《高宗纯皇帝实录》卷一一九四）

120. 乾隆四十九年五月庚申

谕："今日召见贵州遵义府知府德明，询知伊父年逾八旬，著改近调补山西潞安府知府，所遗员缺，著刘诏陞调补。"

（《高宗纯皇帝实录》卷一二〇六）

121. 乾隆四十九年九月庚申

贵州巡抚永保疏报："黄平、麻哈二州，湄潭、瓮安、清平、天柱、婺川五县，开垦额内田七十二亩有奇，额外田六十五亩有奇，又额外旱田二十四亩有奇。"

（《高宗纯皇帝实录》卷一二一四）

122. 乾隆五十年五月辛酉

又谕曰："富纲参奏遵义协副将张景烈贪安纵酒，苦虐兵丁，复违例坐轿，有乖职守，请将张景烈革职严审等语。张景烈前在江西南昌镇总兵任内，因陈奏不实，部议降调，经朕加恩弃瑕录用，乃不思悛改，又复偷安纵酒，苦累兵丁，实属任性不职，若仅照常审办，不足示惩。张景烈著革职，交该督严行审讯明确，解交刑部治罪。"

（《高宗纯皇帝实录》卷一二三〇）

123. 乾隆五十年九月丁卯

调任贵州巡抚永保疏报："湄潭、天柱二县乾隆四十九年分开垦额内外田一百五十亩有奇。"

（《高宗纯皇帝实录》卷一二三九）

124. 乾隆五十三年七月丙戌

豁贵州委员遵义县知县黄朝栋沉铅十八万二千斤有奇。

（《高宗纯皇帝实录》卷一三〇九）

125. 乾隆五十三年八月庚戌

贵州巡抚李庆芬疏报："乾隆五十二年黄平、麻哈、普安、湄潭、瓮安、毕节、天柱七州县，共垦田一百四十亩有奇。"

（《高宗纯皇帝实录》卷一三一一）

126. 乾隆五十三年十月戊申

以贵州余庆县属九品土官杨昭子报廷袭职。

（《高宗纯皇帝实录》卷一三一五）

127. 乾隆五十四年八月庚申

调任贵州巡抚郭世勋疏报："思州府黄平、麻哈二州，湄潭、瓮安、毕节三县，乾隆五十三年分开垦田土七十亩有奇。"

（《高宗纯皇帝实录》卷一三三六）

128. 乾隆五十五年六月丁卯

谕曰："毕沅等奏黔省委员桐梓县知县吴寿朋领运京铅，该县带有家眷多人，并柴米物件，以致船身加重，于巴东县等处地方沉溺船只铅斤，请将吴寿朋革职审拟，并著落照数赔缴等语。运京铅斤，鼓铸攸关，押运委员自应小心谨慎，乃吴寿朋携挈家眷多人，并带有柴米物件，种种累坠，以致连溺船三支，沉铅二十一万斤之多，殊属玩误，迥非遇有险滩风暴失事者可比。吴寿朋著革职，交毕沅等提同船户人等，秉公查审，该参员有无盗卖铅斤、捏报沉溺等事，讯明具奏。其沉溺铅斤，并著照数赔缴。至吴寿朋在黔挈眷同行，本省巡抚何以漫无觉察？亦著查明交部议处。此等押运事务，不过一二年即可差竣，原不必携带家眷。嗣后遇有解运铜铅及因公奉派押解官物等事，俱不准委员等挈眷同行，以昭慎重。"

（《高宗纯皇帝实录》卷一三五七）

129. 乾隆五十五年十月庚申

谕军机大臣等："据步军统领衙门奏，本月十一日在海甸地方盘获欲行叩阍之贵州民人傅志荣，并搜出黄纸呈词，当即详加讯问。据供，系贵州遵义府桐梓县人，与伊母邹氏、伊弟傅志华同住。有堂弟傅志舜素行无赖，屡向索诈银钱，未经给与，于去年六月在本县控告伊弟傅志华，将他殴打，并串通刑书李如林、差役李兴等，无故锁拿傅志华，抢去什物，并砍伤伊母邹氏毙命。历经控告，未获伸雪。本年五月到京后，正欲叩阍，即被拿获，请将傅志荣解交该省审明定拟等语。此案傅志荣所控伊堂弟傅志舜串通吏役，擅行锁拿，并黩夜抢去什物，将伊母邹氏手足砍伤致毙之处，如果属实，则该地方官于人命重案，竟不悉心究办，一任书吏舞弊殃民，实属大干法纪。但或该犯挟嫌诬捏，架词耸听，妄冀叩阍，亦未可定。均不可不彻底根究，以惩积弊，而儆刁风。昨据富纲奏请陛见，业经准令前来，该督接奉后自必即日起程，由黔省经过，著即会同额勒春将此案内所控情节逐一讯究，秉公定拟具奏。俟此案审得确情，再行来京陛见，亦未为迟。所有傅志荣一犯，已交部迅速解往步军统领衙门，原折并著发交富纲等阅看，将此由四百里谕令知之。"

（《高宗纯皇帝实录》卷一三六四）

130. 乾隆五十五年十月癸酉

谕军机大臣等："据毕沅等审讯贵州委员吴寿朋领运京铅沉溺铅船一折内称，该员带有家口及柴米物件，种种累坠，以致船身加重，沉铅二十一万斤，虽沉溺各处系在著名险滩，猝遇暴风，但违例携眷，即属玩误，所失铅斤，应赔脚价，现咨黔省查明确数，著落该参员追缴等语。运京铅斤，该委员理应小心运送，即遇有名险滩，亦当加意防范，以免疏虞。今吴寿朋领运京铅，沉溺至二十一万斤之多，捞获之数仅止三万三千八百斤，恐中途有盗卖铅斤，捏报沉溺情弊。毕沅等惟当从此根究，严加诘讯，乃只称该员携带眷属、柴米，以致船重压沉，情节殊非确实。试思该员所携眷属五人，食米亦仅止六十石，能重几何？岂有将铅船沉压之理？毕沅等既经冒昧参奏于前，审讯时又复为之回护，显将有心开脱。著毕沅再行研讯确情，据实具奏，至此项沉溺铅斤甚多，自应赔缴。今毕沅将脚价银两一并著落赔缴，吴寿朋系属微员，焉有多赀赔交官项？将来必至拖欠难完，仍归无著，并著毕沅一并另行筹议具奏。"

寻奏："遵旨亲提吴寿朋等严讯，据称沉溺铅船实系在著名险滩，猝遇暴风，又以违例私带家眷，一切食米柴薪，不免宽为筹备，以致装载稍重，连溺三船，实不敢私行售卖。至应赔各项至三千五百余两，若令吴寿朋一人完缴，诚如圣谕，必致拖延，拟将应赔银两分为三股：吴寿朋赔缴一股；原委各上司于该参员违例携眷未经查参，应赔一股；失事各地方官于运船过境未能事先预防，应赔一股。"下部议。

（《高宗纯皇帝实录》卷一三六五）

131. 乾隆五十六年正月己丑

谕："向来各省民人赴京呈控案件，都察院、步军统领衙门不敢壅于上闻，即行据呈转奏。朕勤求民隐，惟恐乡曲小民含冤莫诉，每遇来京具控之案，无不特派大臣前往审办。其中屈抑者固有，而近日不安本分之徒见来京者控无不准，准无不办，赴诉求理者遂觉接踵而来。及钦差大臣提集案犯，认真研鞫，所控情节多属子虚，不过挟嫌逞忿，妄砌诬捏之词，冀遂其拖累之计。即被控之人讯明省释，而辗转审解，拘禁图圄，胥役等又复借事生风，从中吓诈，事虽得白而身家已破，情形殊堪怜悯。且钦差大臣经过地方，徒劳驿马糜费供支，于沿途驿站亦恐不无扰累。此等刁健讼棍，各省多有，而湖北、湖南为尤甚。若不严加惩创，则枉累无辜，藉端倾陷之风伊于何底。所有本日……及富纲等奏到审拟贵州桐梓县民人傅志荣诬控傅志舜串通书役毙命抢夺一案，俱著交刑部核覆时，量行加重定拟，以示惩儆。嗣后著各省督抚转饬所属，剀切出示，谕以小民等如果实有冤抑，地方官不为审理，原不禁其赴京具控，但若稍涉虚诬亦必加倍治罪。务使家喻户晓，咸怀儆惕，庶刁讦刁风渐知敛戢，而良善乡民免致株累，亦整饬风俗人心之一端也。"

（《高宗纯皇帝实录》卷一三七○）

132. 乾隆五十六年十月癸卯

谕军机大臣等："据苏凌阿等奏，贵州委员萧志翊接运吴寿朋解京铅斤，吴寿朋押解领运时，在湖北地方沉溺未获铅十七万八千一百斤，该处地方官是否打捞全获等语。上年贵州委员吴春朋在湖北省之巴东、东湖、江陵三县地方沉溺铅斤，迄今已一年有余，何以未经该督抚报明捞获数目？此项沉溺铅斤至十七万八千斤之多，若不上紧打捞，任其沉失，岂不可惜？著传谕该督抚等严饬地方官，同该委员亲属认真督令水摸，实力打捞，务期全数起获，并将曾否捞获若干斤之处，及委员如何治罪，据实覆奏，毋得久而生懈，致沉失铅斤终无获也。寻湖广总督毕沅奏，黔员吴寿朋沉溺铅船，经臣参奏，并饬分赔在案。嗣据巴东、江陵县陆续捞获四万四千八百一十斤，尚未获铅十三万一千三百九十斤。现在江水稍涸，勒限打捞，不敢稍懈。"得旨："实力为之。"

（《高宗纯皇帝实录》卷一三八八）

133. 乾隆五十七年八月辛卯

调任贵州巡抚陈淮疏报："平越、黄平、麻哈三府州，瓮安、湄潭、婺川三县，乾隆五十六年分开垦额内外田二百七十亩有奇。"

（《高宗纯皇帝实录》卷一四一一）

134. 乾隆五十七年十二月乙丑

旌表守正捐躯贵州遵义县民马滩瑞妻马氏。

（《高宗纯皇帝实录》卷一四一八）

135. 乾隆五十八年九月壬寅

署贵州巡抚冯光熊疏报："黄平、瓮安、湄潭、清平、婺川五州县开垦额内额外田一百七十八亩有奇。"

（《高宗纯皇帝实录》卷一四三六）

136. 乾隆五十九年八月丁丑

又谕曰："福康安奏访明私铸匪犯亲往督拿一折，据称，巴县知县淡士灏访得贵州所属桐梓县地方，有匪犯刘荣厚等聚伙私铸之事。该处与川省接壤，路径丛杂，恐该镇、道等前往查拿，办理不周，福康安即亲赴重庆督率办理，所有拿获大宁邪教案犯，均应由重庆经过，即可就近审讯等语，所办好，福康安驻扎重庆，若能将大宁邪教及私铸匪徒两案一律就近审办，固属甚善。昨已有旨令福康安或赴河南，或竟赴襄阳，驻扎督办。今福康安正在办理邪教，又赴重庆督拿私铸匪徒，其事恐难兼顾。看来匪徒私铸一事，止系无业贫民作奸牟利，无难查拿办理，此时究当以审办邪案为重。著福康安自行酌量，如邪教一案业已得有头绪，首要各犯俱经就获，陕西、湖北等省查拿各犯，只须各行讯取确供，互相咨会质审，孙士毅、毕沅、秦承恩三人可能办理裕如，福康安自无庸再行转回，即知照三人令其查办。黔省桐梓县地方匪徒私铸一事，现据福康安奏，该犯等蓄有不法凶器，又复聚赌行凶，且伙匪多人，难保无闻拿抗拒之事，所派总兵袁国璜等，恐未必能办理妥协，搜拿净尽。福康安即在彼督办完竣，就近由桐梓赴云南调任，更为便捷。若酌量孙士毅等三人恐办理各持意见，未能合一，则福康安仍应遵照昨旨，或赴襄阳，或即赴陕西，酌量驻扎一处，以便就近摘提要犯，归案审究，俟全案完竣再赴新任，亦无不可。总以督办有人、查拿净尽为要。将此由

· 215 ·

六百里加紧各传谕知之。"

（《高宗纯皇帝实录》卷一四五九）

137. 乾隆五十九年九月丁亥

本日据福康安奏，拿获桐梓县私铸要犯刘荣厚等一折。所办好。就福康安所奏情形，此案聚伙私铸，竟在贵州地方，非冯光熊所能办。现在邪教一案，统计四川、陕西、湖北三省获犯业将及二百名，而首犯已在湖北地方拿获，抢匿之陈金玉弟兄，亦俱就擒，易于办理。著再传谕福康安，如伊接奉前旨已回至襄阳一带，即就近将现获邪教各犯，速行审明具奏，再往滇省。如已过重庆，至桐梓一带，目下云贵钱法诸务，正关紧要，福康安即当径往贵州，将私铸一案，督率审办，俟大局明白，亦即由该处速赴新任，较为便捷。至邪教一案，川省所获皆非正犯，看来此案起事，非在湖北，即在河南，昨已将福宁补授湖广总督，其才尚足倚办。所有邪教一案，著专交与福宁，驻扎湖北、河南交界地方。董率办理，究出首犯严办，并将供出之牛八、朱红桃，搜缉务获，以副委任。其川省所获之谢添绣等，并著福康安酌量，如无关紧要，即留于川省，交与孙士毅审明定拟，如有应行质讯之处，即解往湖北，交与福宁归案审办，以期案犯得以速结，方为妥善。其湖北拿获要犯之委员等，若有实在出力者，交与福宁，于定案时查明咨部议叙。将此由六百里各谕令知之。

（《高宗纯皇帝实录》卷一四六〇）

138. 乾隆五十九年九月甲午

谕军机大臣曰："福康安奏拿获私铸匪犯审办大概情形一折，据称，该犯等开炉私铸，所用铜铅自系该处官厂奸商透漏，或系水摸人等捞获盗卖等语。此事弊端自当不出此数条。现在，此案首伙各犯俱已拿获，惟当切实根究，以清弊源而示惩儆。但该犯等纠伙多人，私行改铸，除现获各犯外，恐尚有逃窜潜匿者，福宁应饬所委员弁搜捕净尽，毋使幸逃法网。其曾石保一犯，闻拿逃逸、经兵丁李廷赓搜获擒缚，尚为出力，应酌量奖赏，授以把总之职，以示鼓励。所有署桐梓县范崑，即行革职严审。惟此案据刘荣厚供，去年十月内，即与曾石保商量收买小钱，私铸取利，是该犯等私铸已及一年之久，该抚冯光熊及司、道、府并该管之镇、协、营、汛并未查拿，所司何事？著福康安即行详悉查明，一并据实严参办理。看来冯光熊竟不能胜巡抚之任，俟福康安查参到日，候朕另行简放。至私铸一案，现在拿获首伙各犯已有二百余名。而邪教一案，川省及陕西、湖北先后获犯业已将及二百名，此外在逃及究出未获之犯尚多。以两案合计不下五六百人，审明后自当严办示惩。但私铸一事，不过无业奸民，觊法牟利，尚无聚众拒捕等事；其邪教各犯，亦只系愚民惑众骗钱，俱尚非重大案件可比，若概予骈诛，于心究有所不忍。将来定拟时，此两案为首起意之犯，自当按律问拟。

其为从伙犯．在邪教案内者，应发往黑龙江等处，给索伦达呼尔为奴；其私铸案内者，即可发往回疆，庶于惩创之中仍寓矜恤之意。"

又据福康安奏："私铸人犯审明定拟后，邪教一案亦可赶紧完结等语。所办甚好。前已有旨，令福康安酌量或赴襄阳一带督办邪教，福康安接奉前旨，如已行至襄阳一带，即就近将邪教案犯会同福宁赶紧审办完结，再赴新任；若福康安尚在重庆，未经起身，现在云南只系费淳护理抚篆，而冯光熊本乏才干，且贵州地方恐不仅此私铸一事，尚有亟须整饬事件，福康安若远驻他省，云贵总督事务乏人督办，殊深廑注。福康安竟应由重庆迅速驰赴新任，将应办事宜实力整顿，方足以副委任。……将此由五百里传谕知之，仍着将查拿私铸于何日业经办竣，何日即由重庆驰赴云贵新任之处，迅速具奏。"

（《高宗纯皇帝实录》卷一四六○）

139. 乾隆五十九年九月乙未

谕曰："富纲奏派委镇、道协获黔省私铸匪犯一折，所奏实属无颜取巧，而更拙矣。此案贵州桐梓县地方奸民潜聚私铸，早经福康安具奏，亲赴重庆派委镇、道等前往查拿，并咨会贵州省一体搜捕。其曾石保一犯，当经该镇、道等督率弁兵搜捕擒缚。乃本日富纲奏称，接据咨会，将曾石保一犯会同川省员弁拿获，并称其余伙党，饬属分路堵截，不使一名漏网等语。殊不知耻。桐梓县奸民私铸，据福康安讯究获犯刘荣厚供称，去年十月内即与曾石保商量收买小钱私铸取利，是其事已将及一年之久。富纲等如果留心查察，自应早经访获。乃平日既漫无觉察，一任奸民等玩法营私，及至此时要犯先被川省擒捕，则又称会同川省员弁拿获，以为自占地步、规避处分之计。富纲系云贵总督，于所属地方有此等私铸匪徒，并未及时查拿，冯光熊现系贵州巡抚，耳目更近，又不及早搜缉，尚复腼颜渎奏塞责，均非实心任事之道。富纲、冯光熊俱着交部严加议处。"

（《高宗纯皇帝实录》卷一四六○）

140. 乾隆五十九年九月乙巳

又谕曰："冯光熊奏督缉私铸匪犯伙党一折，已于折内批示矣。桐梓县私铸一案，经福康安访查具奏，亲赴重庆督拿办理。冯光熊系该省巡抚，不能及早查拿、前已有旨交部严加议处。今冯光熊奏到折内，尚称亲赴桐梓县拿获七十余名、仍严拿余匪等语，殊不知耻。该抚身任封圻，于地方奸民聚众私铸将及一年之久，平日既漫无觉察，追经川省访查拿获、辄又以协拿缉办为词，腼颜陈奏，以为自占地步、希图规避处分，殊属非是。除听候部议外，着再传旨严行申饬。"

（《高宗纯皇帝实录》卷一四六一）

141. 乾隆五十九年九月甲寅

贵州巡抚冯光熊疏报："乾隆五十八年分,黄平、湄潭、施秉三州县劝垦额内额外田三百五十四亩有奇。"

(《高宗纯皇帝实录》卷一四六一)

142. 乾隆五十九年十月己未

谕:"本日刑部进呈赶入贵州省秋审情实之绞犯王顺一起,该犯充当厅役,辄敢藉差需索,逼凶毙命,自当入于本年秋审情实。但细加披阅,王顺年仅十九,何以该厅将伊选充差役?实大错谬。各省吏胥人等虽属微贱,但一经在官,俱各有应办公务,无论书吏承行稿案,兼司缮写,非年幼者所能经理。即差役有缉捕人犯、行刑管解之责,亦非年未及壮、膂力软弱者可以充当。可见,外省于召募书役等事,全不实心慎选,率点充数,甚至任听夤缘钻刺,将年幼无知之人徇情佥派,以至婪赃毙命,酿成事端。今思此事,于吏治大有关系,不可不严切申明。除失察王顺酿命之仁怀厅同知李壎业经革职外,仍交部存记,永不叙用,以示惩创。各督抚务宜通饬所属,嗣后召募书役,务须遴选老成强干之人,不可以年齿太轻者滥行准充,如再有阳奉阴违,致有效尤王顺者,一经发觉,不特李壎为该州县前车之鉴,所有该管之督抚及各上司,亦当一并从重议处,决不宽贷。"

(《高宗纯皇帝实录》卷一四六二)

143. 乾隆五十九年十月壬申

谕军机大臣曰:"福康安定拟桐梓县私铸人犯一案具奏,并将私铸钱文随折呈览。朕阅私钱轮廓形模,转胜于外间行使之小钱,可见小钱充斥,总由外省官局鼓铸局员等将官钱私行减小,额外多铸,希图赢余分润。钱法日坏,分两轻减,形质脆薄,致使奸民转将小钱改铸如式之钱,乘机牟利。今福康安所呈私铸之小钱,反胜各省官局之钱,即其明证也。各督抚有稽查钱局之责,任听局员等如此营私舞弊,以局铸之钱竟至不如奸民私铸之钱,宁不自知惭愧。现办理此案,因小民等牟利作奸犯科,不得不按律治罪。若以此等私钱形制而论,局钱果能如此铸造,不当予以奖赏耶?著将福康安进呈私铸钱文分发有钱局各督抚及局员等阅看,令其各知愧悔,嗣后务须随时稽察,认真鼓铸,若再仍前偷减滋弊,恐不能当此重咎也。除就近传谕户、工二部钱局外,将此各谕令知之。"

(《高宗纯皇帝实录》卷一四六三)

144. 乾隆五十九年十月癸酉

谕："昨据福康安奏审拟桐梓县奸民私铸一案，并将私铸钱文进呈，因命取户、工二局铸存之钱送阅，轮廓字画，模糊不真，不但不及康熙、雍正年间钱式，并乾隆初年之不如。所有十年以内户、工二部管理钱法堂之侍郎及监督等，俱著查明按其在任年月久暂，交部分别严加议处，以示惩儆。"

（《高宗纯皇帝实录》卷一四六三）

145. 乾隆六十年闰二月壬辰

又谕："前因贵州铜仁府属之松桃、正大等处猝被逆苗滋扰，于农功不无妨碍，业经降旨将本年钱粮缓征，并令该抚查明覆奏到日，再行加恩豁免。兹据该督抚将铜仁府属每年额征钱粮数目查明具奏，所有铜仁府及松桃、正大等处，本年应征秋粮及改折米共六千七百余石，地丁正耗等银九百八十余两；铜仁县本年应征秋粮改折米共二千六百余石，地丁正耗等银三百余两，俱著加恩全行豁免。至附近铜仁府之镇远、思南、思州、黎平、平越、都匀、古州等府厅属士民共抒义愤，招集乡勇，堵御贼苗，及官兵经过之贵阳、安顺等府，悉皆帮运军装，急公趋事，亦应量予恩施。仍著该抚等将镇远等府厅属本年应征钱粮查明，分别蠲缓，以示朕抚绥良善、加惠闾阎至意。"

（《高宗纯皇帝实录》卷一四七二）

146. 乾隆六十年三月丙寅

旌表……逼嫁被戕贵州龙泉县民毛德有妻刘氏。

（《高宗纯皇帝实录》卷一四七四）

147. 乾隆六十年四月戊申

谕："前因贵州铜仁府属松桃等处地方猝被逆苗滋扰，业经降旨，将该处应征银两全行豁免，并令该抚等将附近铜仁府属官兵经过地方查明，分别加恩。兹据福康安、冯光熊查明覆奏，所有镇远、思南、思州三府，清江一通判，镇远、施秉、天柱、安化、印江、婺川、玉屏、青溪八县，本年应征地丁钱粮，俱著加恩蠲免十分之五；其贵阳、安顺、平越、都匀、黎平五府，古州、郎岱、下江等厅，黄平、镇宁、永宁三州，平越、清平、贵筑、贵定、龙里、普定、清镇、安平八县，本年应征地丁钱粮，著加恩蠲免十分之三；其大定、石阡二府，普安、威宁、黔西、独山、麻哈五州，安南、普安、毕节、瓮安、都匀、荔波、湄潭、余庆、龙泉、开泰、永从、锦平十二县，本年应征地丁钱粮，俱著缓征十分之五，以纾民力。该督抚务当督率妥办，遍行晓谕，俾小民均沾实惠，

·219·

以副朕念切恩施至意。"

（《高宗纯皇帝实录》卷一四七七）

五、仁宗睿皇帝实录

1. 嘉庆元年九月丙辰

以硐老山空，封闭贵州月亮岩、新寨等矿厂。从巡抚冯光熊请也。

（《仁宗睿皇帝实录》卷九）

2. 嘉庆二年五月壬戌

赈恤贵州犵苗滋扰之南笼府，并所属普安、永丰二州，普安、南安二县，册亨州同，安顺府属朗岱、归化、普定、永宁、镇宁五厅州县，又贵阳府属之罗斛、广顺各边界村寨贫民三月口粮；免南笼府属州县及普定、朗岱、镇宁、永宁、广顺、定番、长寨七厅州县元年未完银谷及二年应征正耗秋米，缓征贵阳、都匀、大定、平越、铜仁、镇远、思州七府未完额赋。

（《仁宗睿皇帝实录》卷一七）

3. 嘉庆三年三月辛未

裁贵州平越府平越县，设兴义县于兴义府黄草坝，设知县、典史、训导各一员。改黄草坝州判为新城县丞，隶普安县。改新城巡检为慕役司巡检，隶永宁州。改平越府为平越直隶州。割黄平州隶镇远府。裁平越府经历、教授、训导，设平越直隶州吏目、学正、训导各一员。从云贵总督鄂辉等请也。

（《仁宗睿皇帝实录》卷二八）

4. 嘉庆三年十一月庚申

户部议准："贵州巡抚冯光熊疏报，安平、瓮安、湄潭三县，开垦田三十亩有奇，照例升科。"从之。

（《仁宗睿皇帝实录》卷三六）

5. 嘉庆四年五月辛酉

引见新科进士。得旨："一甲三名，姚文田、苏兆登、王引之，业经授职外，……

莫与俦……著改为翰林院庶吉士。"

（《仁宗睿皇帝实录》卷四四）

6. 嘉庆四年六月辛亥

户部议准贵州巡抚冯光熊疏报："黄平、湄潭二州县，开垦地十四亩有奇，照例升科。"从之。

（《仁宗睿皇帝实录》卷四七）

7. 嘉庆六年四月丙寅

引见己未科散馆人员。得旨："此次翰林院散馆之……莫与俦，俱著以知县即用。"

（《仁宗睿皇帝实录》卷八二）

8. 嘉庆六年十一月戊寅

以故贵州余庆县正九品土官杨报廷子嘉宗袭职。

（《仁宗睿皇帝实录》卷九〇）

9. 嘉庆七年五月壬戌

引见新科进士。得旨："……王青莲……著改为翰林院庶吉士。"

（《仁宗睿皇帝实录》卷九八）

10. 嘉庆九年十一月己丑

户部议准："贵州巡抚福庆疏报，湄潭县开垦田一十七亩有奇，照例升科。"从之。

（《仁宗睿皇帝实录》卷一三六）

11. 嘉庆十年二月庚午

谕内阁："前据禄康等奏，据贵州正安州知州得顺呈称，伊父五灵泰于钱局监督任内，兑收朱士龙一起铜斤，本有挂欠四万四千余斤，其后如何补足及售卖余铜等事，俱系署监督户部员外郎百贵任内之事，与五灵泰无涉。又，收受节礼三百两，系问官逼勒画供，定案时，刑部堂官并未过堂，伊父无从申诉，被屈不甘，恳请陈奏等情，并将原呈进呈，当经派令庆桂等会同秉公查审。兹据奏称，查明上年刑部审办此案时，因首先作弊之书吏童焕曾，业经正法，无从详究历任监督赃据，率据书吏王蔚堂等所供铜斤短少，由于快收舞弊，遂以各该监督收铜时，查有挂欠并无余铜售卖者，即为无弊。其并无挂欠，而有余铜售卖者，即系有弊，悬揣定案。至五灵泰任内所收朱士龙一起，实系短少铜四万余斤，报明钱法堂。确有案据，旋即卸事。以后收兑足数，

·221·

系署监督百贵任内之事。刑部因该革员亦有收受馈送一节，率同董成谦等一律科罪，实属自乱其例。请将五灵泰照监临官员索求所部财物计赃准不枉法论至死减一等律，又按照一年限内全完，应行免罪例，声请钦定，并将刑部堂司官等分别革职严议等语。是刑部办理此案，总因蠹吏童焕曾先已正法，无凭根究赃私，讯办本不确实。其五灵泰收铜一起，报明实有短少，既云有挂欠，即无弊，乃与收铜毫无挂欠，并有余铜售卖者，科罪漫无区别，何足以服其心？至五灵泰得受书吏馈送三百两一节，现据讯明刑部承审司员向其屡次根究赃银数目，五灵泰先后画供承认，并非得自刑求，可见收受属实。况此等陋规，从前历任监督，亦未必一无沾染。即以五灵泰而论，收受或不止此数，或不及此数俱未可知，总与短少铜斤本案无涉。惟既经查出，即属有干功令，五灵泰著加恩免罪，发往热河，赏给披甲当差。至凤麟、丁树本、董成谦、遐龄、祁韵士五人，既得受书吏馈送赃私，于蠹吏串通舞弊亏折铜斤之处，岂得诿为不知，伊等所受之银，自即局内短收之铜，情罪本重。是以上年刑部照不枉法定拟时，经朕降旨，改照枉法赃治罪。嗣该部办理朝审停勾，将凤麟等归入情重案内。朕以该犯等所得赃私，究未讯有实据，始终尚属疑案，当与军机大臣等论及罪疑惟轻之义，未予勾决。今五灵泰业经末减，凤麟等系同案人犯，其情罪既稍觉可疑，且已一律完赃，亦不必令其久系囹圄。但较五灵泰之罪，轻重判然，不可不量加区别。凤麟、丁树本、董成谦、遐龄、祁韵士均著加恩免其死罪，发往伊犁，充当苦差，以示法外施仁至意。刑部承审司员，于五灵泰呈递亲供时，并不详查钱法堂收铜案卷，又未将百贵传讯，实属草率错谬，本应照议革职。但德庄、吉禄等于讯究五灵泰时，屡经追究赃私，并不以系属旗员，稍存祖护，若遽因此褫职，恐将来承审司员遇事不肯认真推鞫，殊有关系。贵保、石俊、德庄、吉禄、恒安、盛泰六员，均著从宽改为革职留任，八年无过，方准开复。刑部堂官于该司员审办此案草率错谬之处，未经驳查，定案时又不再行过堂录问，咎实难辞。董诰在军机处行走，事务较繁，且上年秋间扈从热河，旋又典试顺天，此案未经到署覆讯，尚属有因，著加恩改为交部议决。其余办理此案之刑部堂官，著交部查明严加议处。"

（《仁宗睿皇帝实录》卷一四〇）

12. 嘉庆十年四月壬戌

引见壬戌科散馆人员。得旨："……王青莲……仍以庶吉士留馆，教习三年。"

（《仁宗睿皇帝实录》卷一四二）

13. 嘉庆十二年十一月庚申

户部议准："贵州巡抚福庆疏报湄潭县开垦田二十九亩有奇，照例升科，"从之。

（《仁宗睿皇帝实录》卷一八八）

14. 嘉庆十三年四月戊子

引见乙丑科散馆人员。得旨："……王青莲，俱著以知县即用。"

（《仁宗睿皇帝实录》卷一九四）

15. 嘉庆十三年十一月丙子

户部议准："贵州巡抚福庆疏报，湄潭县开垦田三十八亩有奇，照例升科。"从之。

（《仁宗睿皇帝实录》卷二○三）

16. 嘉庆十七年十月庚申

户部议准："前任贵州巡抚颜检疏报，湄潭县开垦田八十五亩，照例升科。"从之。

（《仁宗睿皇帝实录》卷二六二）

17. 嘉庆十九年五月甲午

引见新科进士。得旨："一甲三名龙汝言，祝庆蕃，伍长华业经授职外……黎恂……俱著交吏部掣签，分发各省以知县即用。"

（《仁宗睿皇帝实录》卷二九○）

18. 嘉庆二十一年四月壬戌

以贵州遵义协副将恒安为湖北宜昌镇总兵官。

（《仁宗睿皇帝实录》卷三一八）

19. 嘉庆二十二年八月丙申

以贵州遵义协副将刘国庆为安义镇总兵官。

（《仁宗睿皇帝实录》卷三三三）

20. 嘉庆二十三年九月壬戌

户部议准："贵州巡抚朱理疏报，湄潭县开垦地一十六亩，照例升科。"从之。

（《仁宗睿皇帝实录》卷三四七）

六、宣宗成皇帝实录

1. 嘉庆二十五年九月己巳

谕军机大臣等："据庆保等奏，贵州思南属婺川县于五月间山水陡发，冲塌城墙，并淹毙人口，水消后已补种杂粮，勘不成灾等语。婺川县山水陡发，淹毙男妇至五十余名口，虽经地方官捐赀抚恤，但附近田禾已有损伤，恐收成不免歉薄。著庆保等再行确查，如有应行加恩之处，查明据实具奏，不可稍存膜视，至令穷黎失所也。将此谕令知之。"

（《宣宗成皇帝实录》卷五）

2. 道光元年七月己酉

旌表守正捐躯贵州婺川县民雷先贤妻邹氏。

（《宣宗成皇帝实录》卷二一）

3. 道光元年九月戊申

又谕："明山奏，六月分雨水粮价情形一折，内称黔省因六月间未得透雨，通省粮价较增。思南、丹江两处，现请开仓平粜。明山务饬该府厅妥协经理，以裕民食，毋任吏胥及囤户等影射滋弊。其镇远、思州、石阡、铜仁、思南、松桃等府厅属无业贫民，无钱买食者，该抚等已捐廉接济。恐未能周普，著即饬查。如有应行动项给发之处，即行据实具奏，勿令穷黎失所。将此谕令知之。"

（《宣宗成皇帝实录》卷二三）

4. 道光元年十一月丙子

贵州巡抚明山奏："遵查镇远、思南二府属办理粜济事宜，业已完竣。"报闻。

（《宣宗成皇帝实录》卷二六）

5. 道光二年九月戊戌

谕军机大臣等："本日御史陶廷杰奏请严禁州县滥买勒折一折。据称，州县奉文采买，凡地方安分之人，任意苛派，或买数十石，或买百余石，每石发给五钱，多方勒折。计一市石可合二仓石，市价一石约一两三四钱及一两八九钱，折色之价每仓石与市价相等。良民既照原价增添数倍上纳，仍将发买银两原封缴还，甚为民害。又有照粮摊买，每粮一石，或买三成，或买五成，每买一石，名虽发价五钱，实则一乡总发一封。买数愈少，勒折愈多，贫民小户罄囊不足，势将称贷，称贷不已，且将质田，更为民害。上司虽有明示，匿不张挂，往往浮买数倍，甚至年年私买，州县借采买为私肥囊橐之计，上司以买补为调剂属员之方，蠹国病民，莫此为甚等语。黔省查办仓储，前经廉奇瑜奏，将谷价提贮司库，分年买补还仓，业已降旨允准。兹该御史胪陈积弊，并以该省连年荒旱，如思南、石阡、镇远、思州、遵义等府收成歉薄，若此时即行采买，必至重益民困。著交嵩孚随时察看各属情形，如遇地方荒歉之岁，断不准辄行采买，总俟年谷丰稔，再照例办理。该抚务须确加查核。饬令各州县俱以实谷贮仓，其借碾散放、那东掩西，及假名平粜、私自售卖，及勒折、照摊、例价、流抵诸弊，概行禁革。倘各州县阳奉阴违，一经查出，该抚立即指名严参惩办，毋稍姑息，以重积贮而厚民生。将此谕令知之。"

(《宣宗成皇帝实录》卷四一)

6. 道光二年十一月甲申

谕军机大臣等："程祖洛奏拿获匪犯，搜出伪造印文及钞本书册等件，现在咨查根究一折。此案胡佑铨，在南阳县手持黄纸拜帖，自称南番大历国差赴京城投书，缺少盘费，欲至府署告助。经署知府马维骢等盘获到案，并搜出伪造印文等件。据程祖洛提讯，该犯供称系贵州遵义县人，原任广西水城提督胡天格之子，并未到过贵州。随委籍隶遵义之候补知县余从龙向讯，确系遵义一带口音，即该犯原籍村庄住址，亦能言之凿凿。显有捏饰。该抚现已行咨贵州，确查该犯是否系胡天格之子，因何游荡在外，有无在籍为匪别情，曾否遣人往取家谱。并所供南公师，胡帼太、陈法靖，果否实有其人。传到胡姓邻族研讯。著陈祖洛俟咨覆到日，即行详细根究。该抚于此案，务当悉心审办，不必急于定案。总须审明确实情形，按律定拟具奏。不可以该犯供词狂悖，似有疯状，草率了结。并著严密防范，毋使幸逃法网。将此谕令知之。"

寻奏："据胡天格之嗣子胡佑陞来豫质对，与该犯各不相识，并供伊父胡天格并无亲子。提该犯详细研鞫，语多诞妄，略加熬讯，即痰气上涌，俟其神气清醒，逐加研讯。据供伊本名陈铨，系贵州遵义县人，向从胡天格之妹夫王清文学医，因在王清文家借得胡氏族谱熟悉胡天格家世。与贵州抚臣咨覆年岁亲属与邻右所供均符。其如何捏冒胡佑铨，假充南番使人，暨如何伪造印文拜帖，及钞本书册，该犯坚称全不记忆。察其形状，虽非疯癫，确系痰迷心窍。若非迷瞀，断不敢挺身进署，自投法网。虽鞫无另有谋为重情，而书词狂背，应比照妄布邪言，书写张贴，煽惑人心例，拟斩立决。"下刑部议。寻议奏："该犯书写狂背词说，应如该抚所奏，惟究由痰迷所致，既据讯无另有谋为别情，与有心悖逆者不同，可否准其末减。"得旨："陈铨改为斩监候。"

(《宣宗成皇帝实录》卷四四)

7. 道光三年五月庚寅

谕军机大臣等:"程国仁奏,访闻贵州黎平府下江厅属,有生苗与红苗挟仇械斗,杀毙多命之事。现在分饬委员驰往查办等语。苗民彼此仇杀,必有起衅根由。此案乌吉寨红苗,租种加叶寨生苗山地争闹,先经生苗将红苗吴老扣杀毙,红苗往向讲理,复被生苗纠殴,率众焚烧红苗乌腊、乌吉等寨多处。该抚查办此事,切不可过于张皇,务将首从各犯,严密缉拿到案,详究互斗确情,剖断平允,使两造之心,自然折服。若稍有不公,恐该苗民等冤抑莫伸,仍复逞其犷悍,滋生事端,殊失绥靖边陲之道。据该抚奏称,查明遵义协都司杨昌礼熟习苗情,且晓苗语,已饬调该员随同道府分赴苗寨,明切晓谕。断不可矜张以滋纷扰,亦不可疏纵以贻后患。著即饬知该委员等实力拿究,相机妥办可也。其于苗人仇杀多命重案,延不禀报之下江通判陈五色,著先行革职,留于地方协缉,俟凶犯有无弋获,再行照例办理。将此谕令知之。"

(《宣宗成皇帝实录》卷五二)

8. 道光三年六月丙午

谕军机大臣等:"前据程国仁奏,贵州下江厅属,有生苗与红苗挟仇斗杀,委员前往查办,已降旨饬令缉拿究讯。兹复据该抚查明,该苗等互相驱杀,实未伤及汉民。惟生苗、红苗,各有受伤之人。现在红苗分途逃窜,生苗避匿不出,地方均已安静等语。凶苗构衅仇杀,先恐扰害平民,并虑有水苗等彼此纠结,或致别滋事端。今既查无水苗杀伤之事,红苗业经四散,生苗亦知畏匿,正可乘机侦捕。该抚务饬该道及委员等严密访拿,勒限就获。令其指出原谋首犯,下手正凶,有无汉奸主使,按名查缉。如查有汉奸主使,必须严加惩办。至红苗已验尸身,此外是否尚有隐漏生苗老果、老良等尸身,亦著确查验报,归案审判。其各该地方遇有逃往红苗,即妥为安抚。如有应讯之人,听候质审。苗疆要地,办理此等重案,断不可过示矜张,亦不可稍形疏纵。镇静秉公,是为至要。将此谕令知之。"

(《宣宗成皇帝实录》卷五三)

9. 道光四年三月癸巳

以已革贵州安化县属覃韩偏刀水土巡检陆承烈子祖绥袭职。

(《宣宗成皇帝实录》卷六六)

10. 道光四年四月戊午

赏前任贵州遵义协副将适普托善头等侍卫,在大门上行走。

(《宣宗成皇帝实录》卷六七)

11. 道光五年八月丁卯

江苏兴办太湖水利。前据魏元煜等奏，验收黄浦一路，挑工完竣，请将办工各员分别留工议处议叙。降旨："交琦善等覆核具奏。兹据该督等查验各工，并无偷减虚糜情弊。访查承办各员，尚属认真。惟所办工程，较原估只四分之一，工段无多。所有苏州府知府额腾伊，前任松江府知府杨树基，前署青浦县李宗颖，前署华亭县王青莲，及随同办工之嘉定县县丞姚大成、均著毋庸议叙。至总催工程之苏州府总捕同知范博文、专司总局之知州衔长洲县知县现任苏州府督粮同知俞德渊，经理均属得宜，俱著交部从优议叙。其咨补靖江县巡检周恭寿、青浦县巡检方景雯、候补主簿陈德培，随同估浚，始终竭力。周恭寿、方景雯，俱著尽先升用。陈德培著无论繁简、遇缺即补。降调道员沈惇彝估催工段，尚为出力，亦著交部议叙，毋庸留工差委，即饬令该员赴部候选。娄县知县徐梦熊承办工段，尚无贻误，惟办理稽延，著交部察议。该部知道。"

（《宣宗成皇帝实录》卷八七）

12. 道光八年七月庚戌

又谕："杨遇春奏请留推升都司一折。甘肃迪化城守营守备贾芳，业经推升贵州仁怀营都司。该员并无出征劳绩，兹回疆军务已竣，亦无必须该员一手经理之事，贾芳著仍照部推升补贵州仁怀营都司，饬令赴部引见。该督请将贾芳仍留乌噜木齐提属差遣，遇有相当都司缺出请补之处，著不准行。"

（《宣宗成皇帝实录》卷一三八）

13. 道光九年三月壬子

又谕："戴三锡奏，拿获南川县滋事匪徒，审明定拟一折。此案四川南川县匪徒罗声甫，以伊曾拜从陶月三学得符咒，自能舞弄拳棒，传徒一百余人，因得钱无几，起意纠众抢掠，并私筑营寨，逼胁乡民入伙，杀毙不肯随从之黄占荣等三人。经该署县张瑞瀚、把总常金，带同兵役驰往查拿……武生王扬庭，首先歼毙首犯，奋勇可嘉，著加恩即以把总拔补。贵州正安州知州陈五色，会同营弁拿获逃至该州境内要犯十五名口，不分畛域，缉捕勤能，著加恩赏加知府衔，以示鼓励。"

（《宣宗成皇帝实录》卷一五四）

14. 道光九年三月乙卯

旌表守正捐躯……贵州仁怀县民平岱妻唐氏。

（《宣宗成皇帝实录》卷一五四）

15. 道光十年正月丙辰

谕内阁："各省道府州县于应办案件，必须迅速提讯，随案审结，断不准稍有积压，拖累闾阎。前据嵩孚等奏，湖北候补知县唐树义，帮同审办案件，一年之内，讯结一千余起。本日据讷尔经额奏，山东委员审结京控奏咨及本省上控新旧各案六百余起，济南府知府吴振棫，审结案数较多。朕均已分别施恩鼓励。惟各该省积案如此之多，总由地方官延不审结，或听断不公，因而上控。及上控后，并不急为清厘，又致京控，并有将就了结。两造未能输服、旋结旋翻者，且或借口人证不齐，或以监候待质，咨部展限，耽延时日，致原被告均受拖累。而讼师乘间播弄，情伪百出。乡愚堕其术中，为害尤甚。现在各省只知于委员审案出力者，奏请鼓励。而积压案件之员，总未据实参奏，殊不足以昭劝惩。著各该督抚严饬所属，于自理词讼及奏咨各案，务须随到随结。遇有因循不办、积案过多者，一经查出，即行从严参办。总期功过分明，力除疲玩积习，以清庶狱而肃官常。将此通谕知之。"

（《宣宗成皇帝实录》卷一六四）

16. 道光十年七月丙寅

又谕："据御史宋劭谷奏，贵州科场供给，向系责成贵筑县承办，凡一切需用之物，无不派敛民间。又勒令各户，轮举一人为首，承应差事，吏役等藉差肆行需索，扰累闾阎，请饬严行禁革。又贵州遵义府，向例于郡城及乌江岸设关，征收杂税。而四乡复私设税口，多至四十余处。其他府州亦各设至八九处或六七处不等。本官家丁及胥役等从中渔利，吓诈扰害，无所不至。请饬严拿惩办各一折。著交杨怿曾等，于审办云南京控案件完峻后，路过贵州，就近将所奏各情形，详细查明，是否属实，据实具奏。将此谕令知之。"

（《宣宗成皇帝实录》卷一七一）

17. 道光十年九月丁丑

又谕："前据御史宋劭谷奏，贵州遵义等府，有私设税口，家丁胥役从中扰害，请饬严拿惩办。又贵州科场供给，派累民间承办，差役藉端需索，请饬严行禁革。当降旨令钟昌、杨怿曾于路过贵州，就近详查。兹据奏称，密行查访，并讯得遵义府例设税口共十九处。历任知府，因商贩等每由小路潜行，易于偷漏，向于附近要隘，设立子口十四处，分派家人、书役稽查。每逢集场，将零星货物，收取税钱，又未将征税则例刊刻榜示，均属与例不符。并查思南、镇远、铜仁、大定、石阡、兴义各府税务，大略相同，自应严行饬禁。著贵州巡抚饬令有税府厅州县，将原派子口家丁、书役，一并撤回，只留巡役一二人在彼稽查，仍将收税则例，刊刻木榜，竖立通衢。其集场收取税钱，严行禁革，以杜滋扰。又据奏查明科场供给，由贵筑县承办，因前有控告派累之案，该省现已立定章程，尚无官价勒买情事。著该抚饬令承办之员，永远遵照旧章革除积弊，毋得再有勒派折收，藉差需索，以靖闾阎。"

（《宣宗成皇帝实录》卷一七五）

18. 道光十一年七月戊午

谕军机大臣等："陶澍等奏查勘灾地水势暨续报被淹应行抚恤情形一折。该督行抵高邮，沿途所勘江水形势，圩田均已被淹，江水仍未消落，且有增长，所有上元、江宁、句容、高淳、江浦、六合、江都、仪征等县沿江被水各处，一片汪洋，仅存屋脊。镇江府属之丹徒、丹阳两县滨江田庐，被淹亦多。淮安府属之桃源县、扬州府属之高邮州、甘泉县、宝应县、情形尤为着紧。并下游之兴化、盐城等县因高邮之马棚湾、十四堡等处东堤漫溢掣塌，水溜奔腾下注，庐舍田亩，定皆淹浸。因水势阻隔，文报有稽，尚须确探。各处灾民迁依埝阜，四面水围，栖食全无，凄惨景况，不堪设想。现经该督等赶紧设法拯济，据称已饬藩司动项，委员分头驰往抚恤。此时百姓仓猝转徙，无从挨查户口，惟有将银赶紧易换钱米，随查随给，以资济急，所办甚是。若仍拘泥向例，查勘分数，分晰轻重，何济于事。务要赶紧拯救，均露实惠，或可免委于沟壑也。至下河盐场各所，前被雨水，现复饬启拦潮各闸，分泄盛涨，场灶受淹愈甚，并著该督等妥为拯济。此时扬州一府，最为吃重。现署知府恩龄，猝遇大灾，茫无头绪。署高邮州知州光谦，办理灾务，亦竭蹶未遑。将该二员撤任另委，所办亦是。著照所请，即以镇江府知府王青莲，调署扬州府知府。"

（《宣宗成皇帝实录》卷一九二）

19. 道光十一年七月丁丑

缓征贵州贵筑县水冲沙压田亩额赋，给石岘卫被水屯军谷石、桐梓县被水灾民口粮，并房屋修费、瘗埋银。

（《宣宗成皇帝实录》卷一九三）

20. 道光十一年九月癸亥

据朱士彦奏："灾民搭棚居住，挑土趁工以资糊口。惟其中老幼妇女，不能工作，环绕求赈。著林则徐等，即饬该地方官作速查勘给赈，毋使一夫失所。至白镕奏行至高邮，有兴化灾民迎递呈词五纸，委员讯问，供词闪烁。并据汤誉光禀称具呈姓名，即有该员于道光六年兴化查灾时，稔知积惯吞赈之顾瑞华、张文华等在内，使此次批准呈词，则大赈即可纵其所欲等语。此等匪徒假冒灾民，借图渔利，必应严行惩办。该左都御史已面饬扬州府王青莲，带同严讯。著该督即饬林则徐等，严切根究。将唆使之书差同伙人等，一并按律惩治，以杜弊端。其江宁藩司一缺，是否应行委员署理，著陶澍酌量具奏。将此谕知陶澍，并传谕林则徐、张岳崧知之。"

（《宣宗成皇帝实录》卷一九六）

21. 道光十一年十月戊申

开贵州桐梓县戴家沟河道。从巡抚嵩溥请也。

蠲缓贵州桐梓县被水村庄额赋有差。

（《宣宗成皇帝实录》卷一九九）

22. 道光十二年正月甲寅

贷贵州桐梓县上年歉收贫民籽种。

（《宣宗成皇帝实录》卷二〇四）

23. 道光十三年五月壬午

以贵州遵义协副将庆昌为巴里坤镇总兵官。

（《宣宗成皇帝实录》卷二三七）

24. 道光十三年八月己未

谕军机大臣等："有人陈奏：贵州省买铅运铅，每年六员，该省以此为调剂。每当铅员离省出有苦缺，令美缺者署理。而美缺，则改委他人出有美缺，令苦缺者署理。而苦缺，则又委佐杂。近来求调剂者愈多，遂于铅员之外，将著名美缺，辗转差委，本任之员，令其署理他缺，而此缺另委调剂之员。如大定府属之毕节县、黔西州，安顺府属之清镇县，遵义府属之遵义县，贵阳府属之修文县，镇远府属之天柱县，以及仁怀直隶同知等缺，皆转相差委，不令久留，并将并无铅差之佐杂各缺，亦在调剂之列。如贞丰州之册亨州同、定番州之大塘州判、罗斛州判，兴义县之捧鲊巡检，镇远县之邛水县丞等缺，每届年终即须更易等语。国家设官分职，各有攸司。如果人地实在相需，原准各督抚奏调。若如所奏，量缺肥瘠，计年久暂，因人择缺，一年一换，半年一换，尚复成何事体。不肖州县，势必遇有命盗案件，托言要证不到，沈搁不办其行凶扰害者，前任出示访拿，藏匿年余，即可复出。作奸犯科者，前任不能钻营，一经卸事，即可谋干。其不肖州县，于将届卸任时，将钱粮税契各项，减价收纳，坐得盈余。或更有禀求调剂情事，于该省吏治殊有关系。著阮元、嵩溥，据实查明。该省办理铅运章程，是否属实？其辗转差委各缺，是否起于近年？抑或循照历届旧章办理？其佐杂差委，何以必须年年更易？若为人材起见，尚无通融情弊，倘为调剂见好地步，国家有如此政体耶！该督等务须破除情面，秉公考核，实力稽查，据实覆奏，不许稍有含混。将此各谕令知之。"

寻奏："查黔省运铅，担险多劳，人皆视为畏途，故拣择勤慎之员，当堂掣笺派委。但视其人之能否胜任，并不问其缺之美恶，即候补人员，亦可掣委，通省领运，酌派六员，前运未回，后运继往。每岁出十余缺，加以升调事故缺出，均须委署。候补无人，不得不酌委，实缺正印无人，不得不酌妥佐杂。黔省佐杂，多系苗疆，半有地方之责，遇有缺出，慎选委署。如经理得宜，即令久于其任。否则立即撤回。原不拘定一年半年之限，俱系循照多年旧章办理，并非起于近年，亦并非为通融起见。"报闻。

（《宣宗成皇帝实录》卷二四二）

25. 道光十三年十二月癸丑

以捐修湖北堤工，并防汛出力，予知县唐树义等加衔升叙有差。

（《宣宗成皇帝实录》卷二四七）

26. 道光十四年四月庚戌

贵州巡抚裕泰奏："遵义、兴义两府，时有匪棍出没，且有川匪混入，勾结扰害，必须严拿惩治。"得旨："除莠安良，必须实力，外省之规避讳饰，畏难姑息诸恶习，实堪痛恨。若能力挽颓风，方为不负委任，不可始勤终怠也。"又奏："批发州县审办案件，勒限讯明详结。其自理词讼，亦即随到随审，随审随结。不使差役羁押，人证守候。"批："所见甚是。然总要得一实字，方是为政之道，一切勉力而行，不可一奏了事。"

（《宣宗成皇帝实录》卷二五一）

27. 道光十四年六月壬子

寻鄂顺安奏："委归绥道瑞福、冀宁道王青莲、保德州知州林树云，前往归化城，会同副都统惠显，将奸民田四骡孜等按名拿获，从严惩办。"报闻。

（《宣宗成皇帝实录》卷二五三）

28. 道光十五年二月丙辰

裕泰奏："开河工竣，请捐廉归还借款，邀免摊征一折。贵州桐梓县戴家沟地方，前据嵩溥奏请开河一道，藉资宣泄，所需工费，除官员绅士捐银外，并准其在于该省司库报部公费项下，借支银九千两，其四千两，由该抚等酌量捐廉，分作五年扣还。其五千两，归于该县民粮，分作十年匀摊带征还款。兹据奏桐梓县河工所开明河暗洞，俱已一律深通，其借动库款九千两内五千两，若于民粮内每年摊征，该县地瘠民贫，民力不无拮据。著俟借款四千两，在于该抚与司道府厅州县养廉内扣清后，所有原请

· 231 ·

在民粮内摊征之五千两，亦著于该抚等养廉内，自十六年冬季起，分作五年接扣还款。此项工程，系官民捐办，并于养廉内扣还借款，著免其造册报销。"

（《宣宗成皇帝实录》卷二六三）

29.道光十五年三月乙丑

以山西冀宁道王青莲为广东按察使。

（《宣宗成皇帝实录》卷二六四）

30.道光十五年闰六月癸亥

旌表守正被戕贵州龙泉县民周沅俸妻陈氏。

（《宣宗成皇帝实录》卷二六八）

31.道光十七年五月壬寅

谕内阁："林则徐奏铜铅船只夹带私盐，请将运员总兵分别议处一折。所奏甚是。滇、黔铜铅，向由川船装载，藉差夹带私盐，为弊滋甚。前降谕旨，饬令经由卡隘，认真查验，有犯即惩。原所以杜私卫引，整饬醝纲。兹据该督查明，云南委员署大关同知彭衍墀领运铜铅，并不拢卡，经兵役等追获私盐；贵州委员龙泉县知县童羣，船不泊岸，顺流直下，追赴下游，就彼验放。该运员于船户冒越避查，均有失察之咎。彭衍墀、童羣俱著交部分别议处。护宜昌镇总兵倭仁布，并不遵照前奉谕旨，亲督卡运各员，实力查验，迨该船不听搜查，仅以赶往截验一语，含糊具禀，显系意存迁就，倭仁布著交部议处。此次议处各员，著该部专折具奏。至铜铅船只，夹带川省私盐，最为淮纲之害，著四川总督，督饬夔州府，于各船过关查税之便，务将所带私盐一并认真查起，并严饬泸州、酆都、忠州、云阳、巫山各州县随时随地加意稽查。倘该处场店，胆敢将川盐卖给船户，一经查出，即行严拿按律惩治，毋稍徇纵。该督等惟当以公事为重，不分畛域，实力稽查，务期买私诸弊，一律肃清，庶于盐务、铜运，两无妨碍。如敢意存膜视，任听私贩充斥，再经楚省搜获，除将失察透私之州县及纵漏之夔关，照例查参议处外，定将该督一并惩处，决不宽贷。"

（《宣宗成皇帝实录》卷二九七）

32.道光十七年十二月戊午

予故贵州正安州吏目徐阶平、黎平府知府吴光廷、遵义府知府陈玉璧，陕西汉阴厅通判钱崔年，各入祀名宦祠；贵州故平越州学正张廷彤、四川故广西藤县知县陈廷璠，各入祀乡贤祠。从巡抚贺长龄、富呢扬阿、总督鄂山请也。

（《宣宗成皇帝实录》卷三〇四）

33. 道光十八年闰四月癸酉

以广东按察使王青莲为山东布政使。甘肃巩秦阶道乔用迁为广东按察使。

（《宣宗成皇帝实录》卷三〇九）

34. 道光十八年十二月戊辰

谕军机大臣等："本日据伊里布等奏：贵州遵义府属之仁怀县与川省接壤，有民人穆继贤与武生赵应彩，因仇涉讼，将赵应彩杀毙，纠集匪徒数百人乘势恣抢。并纠合谢姓疯女及素能医病之袁明伦，妄称能知祸福，煽惑乡愚。经仁怀县知县王鼎彝、綦江县知县毛辉凤，督率兵役、乡勇，杀毙贼匪赵应松一名，拿获李永远等十名。外委章泗明及兵勇十余名，猝被戕害。现在挑派省标兵五百名，饬委署贵阳府事石煦及尚未交卸之铜仁府知府周作楫等，驰往协力督剿，提督余步云尚未交卸，即偕藩司庆禄，带同署永安协王志元等，星夜前往督办等语。该匪徒等胆敢聚众滋事，设立名号，拒伤官兵，实属不法，亟应痛加剿办，以靖地方。惟乌合之众，纠集未久，不难即时扑灭。著伊里布等即妥派文武员弁，赶紧趁势剿办，毋任滋蔓裹胁。至所获匪徒供称有头目十名，如袁天冈即袁明伦，困山大王即穆继贤，千手观音即谢姓疯女，均须按名弋获，无任漏网。其已拿获之谢士举、谢世彩、杨升、穆先贵等，是否在此十名之外，抑逃窜人数尚夥，均须根究明确，不得任其蒙蔽狡卸。所有赵应山、赵应松、袁国方三名头目，虽据该犯等供称已经杀毙，难保非藉词朦混，亦应质讯确切。先后拿获各犯，著即分别就地正法，以昭炯戒。该匪徒等，如果有讯出被胁入伙之人，既肯自首，该督抚等自应酌量情节免罪。即有捉获贼首来献者，亦系该匪徒势穷力竭，反噬幸生。此等无赖奸徒，至宽亦不过贷其一死。该督等奏称吁请加恩之处，断不可行。仁怀县毗连川省，匪徒易于逃窜。著伊里布等一面咨会川省，认真防堵；一面分路搜拿，剿除净尽。毋使稍留余孽，以肃边徼而靖闾阎。将此各谕令知之。"

（《宣宗成皇帝实录》卷三一七）

35. 道光十八年十二月己巳

谕军机大臣等："昨据伊里布等奏：贵州遵义府属之仁怀县匪徒穆继贤等，纠众滋事，戕害官兵，当降旨著伊里布等即妥派文武员弁，赶紧剿捕矣。兹据苏廷玉奏，四川省綦江、江津等县与仁怀县连界，诚恐拦入为害，已饬重庆镇张作功等分守要隘，严密巡防，并饬与仁怀毗连之叙永、合江等厅县，一律防御。其綦江、江津两县，均已派拨弁兵，会同地方各员，布置周密，该镇与重庆府知府汪日宣，驻扎适中之地，左右策应等语。该匪徒等妖言煽惑，焚掠乡村，伤害兵弁，罪大恶极，亟宜尽力剿捕，明正典刑。现在该匪等，自遁入山沟之后，并未肆出扰掠。贵州提督余步云等领兵到

• 233 •

彼，自必一鼓歼擒。著宝兴严饬该镇、府，不分畛域，协力捕拿。并于各要隘处所分兵堵截，务使该匪不得一名窜入川境，致有煽惑。其现获各犯审明后，即押赴贵州省归案核办。将此谕令知之。"

（《宣宗成皇帝实录》卷三一七）

36. 道光十八年十二月癸未

贵州故山西阳曲县知县唐廉，入祀乡贤祠。

（《宣宗成皇帝实录》卷三一七）

37. 道光十八年十二月辛卯

谕军机大臣等："本日据伊里布奏：贵州仁怀县匪徒穆继贤等，纠众滋事，据险抗拒，现在进攻未能得手。查核情形，非厚集兵力，不能克期剿灭。已调提标及威宁、定广、永安、平远、长寨、毕赤等标兵二千二百余名，分往协剿。并带同安义镇总兵阿精阿前往。现经该提督与司道等分路进攻。该处四面皆山，形势险峻，山口路狭，人难连骑。又被该匪徒垒石树栅，将路截断。我兵枪炮兼施，杀毙数十人，我兵亦阵亡外委一员，兵丁数名。贼巢墙垣高厚，并用大木夹立栏栅，蒙以牛皮，坚固异常，一时不能摧破等语。此等幺麼小丑，众皆乌合，乃敢伤及官兵，负隅抗拒，亟应厚集兵力，聚而歼旃。该督等，惟当催令未到各兵赶紧驰往，与提督及司道各员弁等，体察情形，分路攻剿，务使扫穴擒渠，迅速蒇事。不得令该匪徒等闻风逃窜，致滋蔓延。虽据奏称，并未勾串苗民，仍当加意巡防，毋令乘间裹胁。又另片奏：请将署仁怀县知县王鼎彝革职审讯等语。穆继贤、袁明伦二犯，因何事拿获到案？到案之后，又何以复行出外滋事？现已明降谕旨，将王鼎彝革职审讯矣。著该督即提取原卷，确切根究，据实具奏。毋任饰词狡展，致有不实不尽。将此各谕令知之。"

（《宣宗成皇帝实录》卷三一七）

38. 道光十八年十二月乙未

又谕："本日据伊里布等由四百里驰奏：官军攻破贼巢并歼擒首逆各要犯一折。所办甚为妥速，可嘉之至。此案，贵州匪徒谢法真假托降神，捏造天书，聚众谋逆，伪封名号。穆继贤先为困山大王，嗣封川主，统领众目，抗拒官兵。经伊里布等拣调兵弁，亲往督剿。该逆等仍敢恃险负隅，突出迎敌，并于地道中暗放枪炮伤我兵丁。余步云及藩司庆禄等，筹添铁裹挡牌及土囊、柴草，一切火攻器具，统率兵弁四面协攻，竭一昼夜之力，杀毙贼匪二百余人，并焚毁贼巢，烧毙、压毙之贼，不计其数；坠墙投池及自行缢毙者，亦不下二三百人。复经各员弁分路扑攻、四面搜捕，合计杀获首伙各犯约及千名。其首逆谢法真及穆继贤、袁明伦等，均已就擒，地方业已肃清。该督等悉心筹画，督率有方，俾滋事匪徒全数就获，不致蔓延各处，糜饷劳师。自应特沛恩施，以示嘉奖。伊里布著赏戴双眼花翎，仍交部从优议叙，并赏给玉搬指一个、玉翎管一个、双眼花翎一枝、黄辫大荷包一对、小荷包四个、玉鼻烟壶一个。余步云著晋加太子太保衔，仍交部从优议叙，并赏给玉搬指一个、玉翎管一个、黄辫大荷包一对、小荷包二个。贺长龄在省督办粮饷，经理得宜，著交部议叙。布政使庆禄，著赏戴花翎，仍交部从优议叙。其川、黔两省自总兵阿精阿、张作功以下，在事之大小员弁兵丁，著该督择其尤为出力者，核实保奏，候朕施恩。并将现在首先擒获首要各犯之员弁，分别查明，据实覆奏。其阵亡各弁兵照例赐恤。至署仁怀县知县王鼎彝，前因将穆继贤、袁明伦案拿获，复行出外滋事，革职审讯，仍著该督遵照前旨，确切根究，不得因现已藏事，稍存迁就。将此通谕中外知之。"

（《宣宗成皇帝实录》卷三一七）

39. 道光十九年三月戊戌

又谕："伊里布等奏：查明逆匪滋事案内应行参办之文武员弁，请旨分别治罪降革一折。贵州仁怀县逆匪谢法真等聚众滋事，已革知县王鼎彝形同聋瞆，毫无觉察，著发往新疆效力赎罪；仁怀营分防猿猴汛把总张顺、协防外委詹清，于该汛居民纠众谋逆，不能察出，实属昏懦，著一并革职，发往新疆充当苦差；遵义府知府平翰，既失察于前，迨该匪等起事后，与遵义协副将福谦带兵驰往，其时匪党无多，不能迅速设法扑灭，殊属无能，著降为知县，留于该省补用；福谦又与署抚标中军参将事提标中军参将李凤和领兵会剿，失去火器铅药，福谦著并案降为守备；李凤和著注销豫保，降为都司，均归部铨选；准升平越直隶州知州石煦，系与李凤和带兵同往之员，亦难辞咎，惟究系文员，著留于该省以知县降补；提标前营千总邹必达，调赴军营差遣，不能得力，著降为外委；现署仁怀营都司安顺营守备刘振彪，到任未久，在营出力，功过尚足相抵，著免其议处；伊里布、贺长龄及藩司庆禄、前署臬司粮储道任树森，本有失察之咎，惟此次办理迅速，逆匪不致漏网，著加恩免其议处。该部知道。"

以剿办贵州仁怀县逆匪迅速，赏道员周廷授、副将汪凤临、参将王志元、都司庆德、施应贵、李万忱、守备周开宪、千总虎嵩林花翎，知县郎汝琳等蓝翎，余加衔升补有差。予阵亡外委章泗明等祭葬世职。

（《宣宗成皇帝实录》卷三二〇）

40. 道光十九年五月壬寅

礼部议准："贵州巡抚贺长龄疏报，采访湄潭县节妇张邹氏等三十九口，请建总坊旌表。"从之。

（《宣宗成皇帝实录》卷三二二）

41. 道光二十一年三月乙巳

谕内阁："裕泰奏，垫修坍溃堤工，分别追赔还款一折。湖北监利县查王月堤于保固限内坍溃。业经筹垫修复，自应按例分赔，追解还款。所有领修之前任监利县现升甘肃兰州府知府唐树义，应赔七成，银九千五百四十六两零，著即如数解楚，不许稍有藉延。其接防之现任监利县知县劳光泰，应赔三成，银四千九十一两零，亦著如数完缴，归还垫款。该部知道。"

（《宣宗成皇帝实录》卷三四九）

42. 道光二十一年三月庚戌

拨贵州仁怀县入官田八顷三十一亩有奇，为尚节堂及幼堂养赡经费。从巡抚贺长龄请也。

（《宣宗成皇帝实录》卷三四九）

43. 道光二十一年十二月癸巳

贵州巡抚贺长龄覆奏："御史花咏春请饬边疆训练事宜。查全黔形势，四镇分设四隅，贵东道与古州镇同城；镇远镇所驻之镇远府亦系该道管辖；贵西道与威宁镇同城；安义镇所驻之安义府，亦系该道管辖。所有四镇兵马粮械训练一切，应责成该两道就近分查，并请将驻省之粮储道，加兵备道衔。所辖贵阳、石阡、平越、仁怀等处，责令分查，俱定为每年一巡，因公顺道查验，统于年终结报一次。"下部议。从之。

（《宣宗成皇帝实录》卷三六三）

44. 道光二十三年七月辛酉

以剿办青海野番出力，赏甘肃道员唐树义，知府许乃安，知州邵煜，副将站柱，参将毛鸿鹏、吴珍，游击隆盛友、马麟、马进禄、朱成贵、韩仲档、李攀林，都司布克慎、吉连、王集贤、周邦顺、陈桢，守备朱晡南、萧鸣章、赵玉俭、蔺呈莹、李友禄花翎。把总萧进先等蓝翎。余加衔升补有差。

（《宣宗成皇帝实录》卷三九四）

45. 道光二十三年七月庚午

以缉捕出力，予贵州知县平翰等，升用有差。

（《宣宗成皇帝实录》卷三九四）

46. 道光二十五年三月甲申

以甘肃兰州道唐树义为陕西按察使。

（《宣宗成皇帝实录》卷四一五）

47. 道光二十六年三月乙酉

以三品顶带署陕甘总督林则徐为陕西巡抚，命筹办番务事竣，再赴新任。以陕西布政使裕康署巡抚。按察使唐树义署布政使。

（《宣宗成皇帝实录》卷四二七）

48. 道光二十七年正月丁酉

命湖北布政使朱士达原品休致。以陕西按察使唐树义为湖北布政使。调广东按察使严良训为陕西按察使。浙江按察使李璋煜为广东按察使。江苏按察使周祖植为浙江按察使。以江苏苏松太道宫慕久为按察使。

（《宣宗成皇帝实录》卷四三八）

49. 道光二十七年五月癸未

引见新科进士。得旨："……赵廷铭……俱著交吏部掣签分发各省以知县即用。"

（《宣宗成皇帝实录》卷四四二）

50. 道光二十九年六月戊子

又谕："裕泰、唐树义奏请将乡试展期一折。湖北本年阴雨过多，贡院内号舍积水，急难宣泄。所有本年湖北文闱乡试，著准其展至九月初八日举行。至湖北正副考官，现已闲放。著童华、张之万查照现展日期，俟一月后起程。其武闱乡试，俟文闱事竣，再行接办。"

谕军机大臣等："裕泰、唐树义奏地方被水较重，筹办安抚情形一折。湖北省自上年被水，民鲜盖藏。本年自春徂夏，阴雨过多，以致江湖并涨。低洼田地，均被漫淹，贫民荡析离居，情形殊堪悯恻。前已降旨将湖北藩关各库银两，留于该省，以备赈恤。兹据该督等奏称，开仓碾谷，设厂平粜。并于上年捐输存剩银内拨银三万两，委员速解，妥为安抚。该督等即遴委贤员认真经理。务使实惠及民，毋令一夫失所。倘委员等办理不善，以致困苦灾黎，未能均沾惠泽，即著该督等严参惩办，并将勘明情形迅速具奏，以慰廑念。将此谕令知之。"

（《宣宗成皇帝实录》卷四六九）

51. 道光二十九年七月辛亥

谕内阁："裕泰、唐树义奏请将漂失米谷较多之知县撤任查追等语。湖北咸宁县知县施均，于存贮仓谷并拨运征存米石，值雨多水涨，溢灌入城，未能赶即搬贮，致将未及抢出各项米谷，漂失二千余石之多。又该县距省不及二百里，所报连被暴雨情形，与省城大不相同，显系禀报不实。难保非先已亏挪，借口掩饰。施均著先行撤任。该督等即委员前往接署，并责成该管知府，督同确查，是否亏挪捏报，悉心研讯。断不准任其狡展。并查该员经手钱粮，有无短绌，一并勒限追赔。严参惩办。"

又谕："裕泰、唐树义奏堤塍被水漫淹，请将办理不善之知县，分别革职议处一折。湖北黄梅、广济二县，上年溃口，拨银修筑。乃该县等承修溃堤，并不审度水势，尽心筹画。以致本年堤塍弥漫过顶，田庐被淹。且黄梅县于被水后，该县不即安抚，辄任灾民结伴外出，更属玩视民瘼。黄梅县知县金崇城，著即革职。署广济县事调补崇阳县知县福昌阿，著交部议处。仍俟退水后，查勘该二县漫溢各堤如有新修溃缺工段，即分别著落赔修，以示惩儆。"

（《宣宗成皇帝实录》卷四七〇）

52. 道光二十九年七月乙丑

又谕："有人奏湖北撤任知县施均，以办灾为由，向本县富室派捐银数千两，并不发赈，致饥民将首事各家房屋全行拆毁，该县竟不敢办等语。地方偶遇偏灾，不肖州县，借捐赈为名，浮冒侵吞，以肥私囊，遂致匪类饥民勾结为患，可恨已极。著裕泰、唐树义即将该撤任知县施均被参各情，确切查明，悉心研究。断不准任其狡展，致有不实不尽。倘稍涉徇纵，经朕访闻，或别经发觉，惟该督等是问，恐不能当此重咎也。懔之。将此谕令知之。"寻奏："施均并无抑勒侵存情弊。惟办理乖方，请交部严议。"从之。

（《宣宗成皇帝实录》卷四七〇）

53. 道光二十九年九月己未

蠲缓贵州桐梓县被水村庄额赋有差，并给灾民一月口粮及房屋修费。

（《宣宗成皇帝实录》卷四七二）

54. 道光二十九年十月戊辰

湖北布政使唐树义因病解任。以广西按察使劳崇光为湖北布政使。陕西督粮道吴鼎昌为广西按察使。

（《宣宗成皇帝实录》卷四七三）

七、文宗显皇帝实录

1. 道光三十年七月己酉

谕内阁："琦善奏续经查出滥借司库银款各员，请分别追赔一折。据查从前办理番案，升任甘肃兰州道唐树义曾详明前督臣富呢扬阿批令借动司库银一万两。经前署藩司王兆琛于暂存粮价内照数借发，至今并未归补。此项银两系应发给各属买粮还仓之款，前司道等率行借用，以致无款可归。前督臣既经批准，又不据实奏明，均属错误。现当清厘库款之际，岂容再任虚悬？著镶红旗满洲都统，贵州、山东各巡抚转饬富呢扬阿家属，并唐树义、王兆琛各员名下，每员各赔交银三千三百三十三两零，即速解甘肃省归款。"

（《文宗显皇帝实录》卷一四）

2. 咸丰元年五月乙巳

蠲免贵州桐梓县因灾缓征银米。

（《文宗显皇帝实录》卷三四）

3. 咸丰元年闰八月壬子

又谕："程裔采等奏现审劳光泰讦告上司案内，查出道光二十八年湖北被水，前藩司唐树义请发该督抚倡捐银一万两。前湖广总督裕泰面谕盐道，以节省岸费解司，所发与所请不符。又二十九年总督衙署被火，裕泰札提岸费五千两，卸事后未经发还。此二款，前次裕泰遵旨回奏折内未将支用缘由声明。著裕泰再行明白回奏。原折著抄给阅看。将此谕令知之。"寻奏："前借岸费放赈，未将筹补缘由札司备案。至衙署被焚，亦借岸费修理，因调任未及筹还。"得旨："著交程裔采、龚裕归案查核办理。"

（《文宗显皇帝实录》卷四二）

4. 咸丰元年九月丙寅

旌表守正被戕贵州桐梓县民戴倡同妻余氏。

（《文宗显皇帝实录》卷四三）

5. 咸丰二年十二月壬辰

谕内阁："张芾奏参派委团练之绅士闻警逃避等语。江西现办防堵，在籍绅士均各奋勉出力，保卫桑梓。前任贵州仁怀厅同知谭炜，系九江城内绅士，服阕到省，经该署抚谕令帮办团练，该员业经遵照回籍，乃复携家远遁。实属畏葸无能，巧于趋避。谭炜著即行革职，以示惩儆。"

（《文宗显皇帝实录》卷七九）

6. 咸丰三年二月甲午

命在籍前任漕运总督朱树、陕西布政使陶廷杰、湖北布政使唐树义等，督办贵州团练事宜。

（《文宗显皇帝实录》卷八五）

7. 咸丰三年二月乙未

命前任湖北布政使唐树义，赴湖北帮办抚辑事宜。

（《文宗显皇帝实录》卷八五）

8. 咸丰三年五月乙酉

前任湖北布政使唐树义奏前往湖北帮办抚辑事宜。得旨："朕虽未识汝面，闻汝官声素好，至湖北时，竭力襄办一切。"

（《文宗显皇帝实录》卷九三）

9. 咸丰三年五月壬子

聂泰、傅寿形、程维清、宗室瑞联、姚亮臣、柳炯、王作孚、赵昌业、童械、谢辅埠，俱著改为翰林院庶吉士。

（《文宗显皇帝实录》卷九三）

10. 咸丰三年六月丁酉

前任湖北布政使唐树义奏报遵办湖北抚辑事宜。得旨："事事会同督抚，振刷为之。"又奏："贼犯中州。以形势而论，河北自可无虞。"批："现在贼已偷渡河北，窜扰怀庆。朕为天下臣民主，何敢先自扰乱惊惶，亦何忍不为民请命于天，置大局于不问也。惟冀速救民劫，迅扫妖氛。彼时汝可来京，晤对有期。"

以前任湖北布政使唐树义署湖北按察使。

（《文宗显皇帝实录》卷九八）

11. 咸丰三年七月己酉

又谕："张亮基奏筹办楚豫交界情形一折。本日据陆应谷奏，汝宁及沈丘、项城、永城等处均有捻匪肆扰。该署督覆奏，探报逆匪分窜新郑、许州一带。土匪捻匪，勾结突起，有取道西平、直逼信阳之耗。信阳与湖北接壤，防堵最关紧要。该署督已调官兵一千七百余名，交唐树义驰赴三关等处，扼要堵剿。并分委官绅，劝谕团练，以为策应。又委罗遵殿驰赴襄阳防堵。所有兵勇，俱由该署司调遣。布置尚属周妥。惟豫省大兵，均在河北，其黄河以南兵力实形单弱。现在各处匪徒窃发，倘与逆党勾结，更恐滋蔓难图。该署督务当严饬交界防堵各员，越境迎剿。与豫省在事文武，不分畛域，合力夹击，以期克日殄灭。万勿自固藩篱，徒事株守，致误事机。如楚北兵勇，有可分拨豫省之处，即著迅派驰往协剿。将此由六百里谕令知之。"

（《文宗显皇帝实录》卷九九）

12. 咸丰三年七月壬子

又谕："本日据陆应谷奏河南零股贼匪窜入楚境一折。前据张亮基奏称，已调官兵一千七百名，交唐树义驰赴三关等处，扼要堵截。又委罗遵殿督带兵勇，驰赴襄阳防堵。著该署督，即饬各该员等相机迎击，勿留余孽。至颍州大股捻匪，聚有数千之多，皖省兵力甚单，他省难于协济。惟周天爵固镇行营有山东兵千余名。又截留汉中陕州兵现在宿州驻扎者一千名，又拨交徐州镇道之山西大同兵一千名，奕经所带密云兵四百余名，均堪就近调拨。著周天爵酌量情形，除留守粮台外，将该处存兵，派往颍州，剿除捻匪。臧纡青所募练勇，并可令带往协剿。并著李嘉端严饬道府各员，督率得力兵勇，与周天爵所派兵勇，会合兜拿，以期及早扑灭。周天爵所派兵勇，尤当迅速启行，庶不致匪党句结，滋蔓难图。将此由六百里各谕令知之。"

（《文宗显皇帝实录》卷九九）

13. 咸丰三年八月癸巳

以剿办湖北黄安、麻城两县贼匪出力，予署按察使唐树义优叙。赏都司许连城花翎。署同知伍煜等蓝翎。余加衔开复升叙有差。

（《文宗显皇帝实录》卷一〇四）

14. 咸丰三年九月壬戌

命前任湖北布政使唐树义，以二品顶带为湖北按察使。

（《文宗显皇帝实录》卷一〇六）

15. 咸丰三年九月癸亥

又谕："据张亮基、崇纶奏逆船窜扑田镇，官兵水陆获胜情形。自八月三十日至九月初二日，三次接仗，计毙贼三百余名，击沉溺毙者甚多。防剿尚属认真。所有南北岸分扰余匪，著即责成唐树义及徐丰玉、张汝瀛等，督率各文武员弁，带领兵勇，无分水陆，扼要堵剿。以期歼除净尽，毋稍疏虞。该司道等，均能深悉贼情，相机堵剿，当可得力。昨有旨，已将江忠源补授安徽巡抚。并命唐树义以二品顶带补授湖北臬司矣。前因贼窜安庆，扰及巢县，窥伺庐州。若不及早扼截，必致纷纷北窜，又成滋蔓之势。叠次飞催江忠源，迅赴皖省援应。现在该抚行抵何处，即著张亮基等飞催速带兵勇，驰赴皖省，剿办贼匪。万不可稍有稽延，致误事机。都司戴文兰等所带兵勇二千名，现已行至田镇。并著饬令先行，兼程赴皖。湖北省新造炮船，仍须驶赴下游，以助江面攻剿。该署督俟吴文镕抵楚后，将现在地方情形，详细告知，即行交卸，赴山东新任。此次击贼出力员弁兵勇，及伤亡弁兵，著即确查，分别奏请奖恤。将此由六百里加紧谕令知之。"

（《文宗显皇帝实录》卷一○七）

16. 咸丰三年九月甲子

又谕："江忠源奏田镇失守，道员同时阵亡一折。该逆自九江窜扰兴国，径扑田镇，势甚猖獗。张亮基、崇纶昨奏，该处兵力不厚，札委同知伍煜、都司周禄带勇前往会剿，且有总兵杨昌泗兵勇，分路迎击，何以此次接仗仅有该道等奋死抵拒，鏖战多时。江忠源亲随楚勇，亦皆血战阵亡，所存无多，未见大兵随后援应。现在南岸兴国一带江面，二千余里，悉经贼船分布，虽候届初冬，东风未必时作，难保该逆不由陆路窥伺省垣。且江面俱是贼船，该署督等所派劳光泰带去之新造殿船十余只，能否不致疏失，其余续造船只，收集何处，均须豫为准备。江忠源现与唐树义会同音德布，驰赴武昌。惟安徽安庆被贼占踞，庐州又在危急，李嘉端既经罢斥，周天爵复值患病，该处近接颍、亳，切须防贼北窜。专待江忠源前赴皖抚新任。该抚所带兵勇，仍酌量绕道，带往安徽，以资剿办。张亮基现未交卸，且熟悉楚省军情，即与崇纶督同唐树义，严饬地方文武员弁，赶紧设法堵截逆船泝流而上。如道士洑、蕲州等处，均可扼守，万不可令其肆意冲突。其南岸陆路有无兵勇堵守，亦著迅速布置。此时贼艘聚集何处，并著迅速查奏。将此由六百里加紧各谕令知之。"

（《文宗显皇帝实录》卷一○七）

17. 咸丰三年九月戊辰

又谕："前据江忠源奏田镇失守，道员同时阵亡。当有旨令张亮基等设法赶紧堵截。兹据吴文镕奏，贼匪扰及蕲州，距省甚近，咨调援兵一折。该督历任封圻，朕所倚赖。现值防剿吃紧之时，著与崇纶安抚省垣居民，劝令协同固守。并著台涌迅调荆州满营官兵二千名，克日至省援应。与唐树义带回广济兵勇，并江忠源收集溃散之兵，先行分拨布置。江西之兵二千名，虽经该督咨调，恐一时不能赶到。仍著就本省情形，酌量远近，于他镇协营，飞札调遣。并咨调湖南兵勇船只自上游驶至汉江，与张亮基购造各船会集迎剿。如探明贼匪尚在蕲州，即于道士洑、西塞山至黄口港一路险窄江面，扼要堵截。黄州为省城屏蔽，不可令该匪窜入，尤不可株守省城，不为迎头截击之计也。该逆既踞安庆，复窥庐州，恐其仍图北窜。其扰湖北之贼，如由蕲水、麻城延入光山、汝阳等处，亦属可虑。张亮基交卸后，自已即赴调任。惟由安徽、江苏一路行走，计惟徐州有奕经带兵，尚可左右策应。而豫省南路空虚，捻匪出没无定，深防窜楚之匪与之句结。张亮基即由豫入东，计程亦不甚纡折。且徐广缙现在归德一带办理团练。舒兴阿又自阌乡沿河而东，确探贼踪会剿。张亮基抵豫时，设贼匪有北窜消息，可就近与舒兴阿、徐广缙等妥筹剿办。至皖省情形危急，周天爵病剧未能兼顾。江忠源亦不能不迅赴新任，兼可于沿途带兵出奇横截。无论江面陆路，能将楚皖之贼隔断，则两处剿堵，均易得手。所有楚北剿贼事宜，即著吴文镕、崇纶，会同台涌，竭力筹办。并可与骆秉章、曾国藩，迅速咨商，接济兵勇饷需。将此由六百里加紧各谕令知之。"

（《文宗显皇帝实录》卷一〇七）

18. 咸丰三年十月丙子

又谕："昨因湖北军情紧急，谕令舒兴阿驰赴楚豫交界，扼贼北窜。本日据江忠源、唐树义等奏，逆匪已至黄冈，府城失守。贼船全泊汉水。复据青麐奏：探闻贼于九月二十三日，窜至孝感放火，德安人民逃徙。贼若由此北窜，逼近豫境，情形万分吃重。总兵柏山及徐广缙所带兵勇，均属单薄，恐难抵御。舒兴阿接奉前旨，想已渡河而南。著即兼程前进，直赴楚境迎击，与江忠源等兵勇，并力堵剿，万不可任贼北窜。郝光甲所带之兵，昨已有旨，令该督调回备用矣。沿途侦探楚匪踪迹，并该督何时可抵楚境，随时奏闻，以慰悬念。将此由六百里加紧谕令知之。"

又谕："本日据青麐、江忠源、唐树义等奏报武昌被围，黄州、汉阳两府失守，孝感县亦有贼匪滋扰。览奏实深焦灼。吴文镕等前奏有带兵勇于附城四面分驻之语。现在是否驻扎城外，抑已入城据守，未据奏报，倍深悬系。著即将近日情形，飞速入奏。该督抚等务当激励绅民兵勇，竭力堵御，坚守待援，以冀转危为安。将此由六百里加紧谕令知之。"

谕："江忠源等奏武昌被围，会兵进剿。并青麐奏贼势逼近德安，设法筹防各折。览奏焦灼实深。贼船布满江路，进泊汉水，湖北武昌危急。而德安、襄阳，紧接河南，尤为吃重。江忠源既不能渡江赴省，只有与唐树义合兵，先为收复汉阳之计。惟汉水贼船，瞬息可到襄阳，青麐所奏，贼踪已至孝感，所有江北各路，关系自楚入豫大局。江忠源等既在北路，即著扼要堵截。一面商同罗遵殿所募义勇，协力夹击。并号召各郡县绅衿民勇，赶紧团集，合力堵御。现已谕令舒兴阿，带兵由河南直赴楚境会剿。江忠源等探知贼踪所向，何处紧急，即飞咨舒兴阿由何路迎截。与该抚等官兵，前后夹攻，庶可得力。总不可令该逆再行扰及豫境为要。将此由六百里加紧谕令知之。"

又谕："昨因武昌兵单，不敷剿办，谕令曾国藩即酌带练勇，驰赴湖北。并著骆秉章筹拨军饷。谅该抚等接奉谕旨，即遵照筹办矣。本日据江忠源、唐树义驰奏田家镇兵溃之后，贼船上驶，武昌被围等语。武昌省垣情形，万分危急。江忠源尚须先赴汉阳，以图收复，未能即抵武昌。著曾国藩遵照前旨，赶紧督带兵勇船炮，驶赴下游会剿，以为武昌策应。所需军饷等项，著骆秉章即设法供支，以资接济，毋稍延误。将此由六百里加紧各谕令知之。"

（《文宗显皇帝实录》卷一〇八）

19. 咸丰三年十月庚辰

又谕："据吴文镕、崇纶奏，严守省城一折。贼船乘风窜泊武昌迤北之塘角江面，旋驶往对江之汉阳府城外及汉口镇两岸，肆行焚掠。该督抚等现已入城坚守。著即督同在省文武，将现到之兵勇，妥为布置。臬司唐树义前已带兵行至黄陂，本日复飞谕该员星速带兵回省，以资堵剿。能否觅船径渡。并著吴文镕等设法派员迎催前进。其从前救援江西之湖南候补道夏廷樾所带兵勇数千名，尚未撤归。著该督等迅即飞咨张芾，饬令该道即日带兵赴援，万勿稍误事机。至所需饷银，已谕知裕瑞，迅由四川省筹拨接济矣。计日援兵齐集，即可将此股逆匪，痛加剿洗。此时武昌省城，情形万分危急，朕南望不胜悬念。该督抚等惟当登陴固守，以待援兵。勉之。张亮基交卸后，是否已启程前赴山东新任，著即查明具奏。将此由六百里加紧谕令知之。"

又谕："吴文镕等奏严守省垣情形一折。前据江忠源等奏称江面梗阻，未能渡江。谕令即在江北扼截贼匪北窜之路。现在该逆已将停泊省城塘角江面之船，全行开至汉阳城外及汉口镇两岸，计船约有六七百只。该督抚等登陴固守，虽经江西赴援兵勇到有二千余名，兵力尚单，省垣危急。唐树义系本省臬司，所带各兵，尚可得力，即著设法迅速绕赴省垣，协同防守。前经叠谕舒兴阿带兵由河南直赴楚境会剿，不日即可赶到。江忠源现系安徽巡抚，皖省现在情形，亦甚吃紧。此时台涌若由荆州带兵，已抵安陆。则江北一带，有大员驻扎，尚可相机策应。著该抚斟酌缓急，仍以速赴新任为是。皖省自集贤关失守后，安庆贼踪，已有北向庐州之意。池州复又被贼占踞。朕心殊深悬系。谅该抚必能统筹全局，先其所急也。将此由六百里加紧谕知江忠源，并传谕唐树义知之。"

（《文宗显皇帝实录》卷一〇八）

20. 咸丰三年十月乙酉

又谕："据吴文镕等奏贼匪盘踞汉阳、汉口，省城危急一折。览奏曷胜焦灼。逆匪占踞汉阳，江面梗阻，此时自应急攻汉阳以掣贼势。江忠源现已谕令暂留湖北，督带兵勇进剿汉阳贼匪。并令唐树义设法渡江，与该督抚等合力守御。台涌自荆州带兵赴援，不知现抵何处。前已叠降谕旨，令舒兴阿由河南驰入楚境，督兵援应。本日复催令前进，计日当可赶到。夏廷樾所带兵勇数千，已谕张芾饬催该员迅赴武昌。曾国藩亦可由湖南带勇赴援。该督等婴城固守，惟有激励将士兵勇，尽力捍御，以待援兵。前谕裕瑞于四川拨饷银数万两，先为接济。该督等即行飞催可也。将此由六百里加紧谕令知之。"

又谕："据吴文镕、崇纶奏逆匪窜踞汉阳一带，江面贼船蚁聚，武昌省城势甚危急。已命江忠源带兵急攻汉阳，唐树义前赴武昌助剿。惟贼势猖獗，兵力甚单。著张芾迅速饬令夏廷樾将前所带兵勇，尽数带往应援武昌。如该员业已启行，无论行抵何处，著即飞催前进，无稍延误。将此由六百里加紧谕令知之。"

又谕："前因安徽地方紧要，谕令江忠源前赴新任。现在安徽集贤关业已收复，巢县贼匪退去，皖省情形较缓。而楚北贼势披猖。江忠源著暂留湖北，统带兵勇迅赴汉阳一带，直捣贼巢，设法克复，以为武昌声援。此时省城望援，万分紧迫。若我兵急攻汉阳，亦可牵制贼势以解省围。唐树义系本省臬司，仍应设法渡江，与该督抚等并力守御。此时德安情形，如不甚吃紧，自应移兵先其所急。舒兴阿由河南带兵入楚，江北诸郡，当可声势联络，遏贼北窜。总以统筹全局，保卫省垣为要。将此由六百里加紧各谕令知之。"

（《文宗显皇帝实录》卷一〇九）

21. 咸丰三年十月壬辰

又谕："据吴文镕等奏贼船下窜，设法追剿各一折。逆匪窜扰汉黄等处，经江忠源等沿江追剿，击获船只，该逆开帆驶去。旋又有贼船数十只，回窜至汉口下数里停泊。现在阳逻以下，黄州一带，均有贼艘来往。江忠源业已赴皖，唐树义势难渡江赴省应援。所有汉阳各处贼匪，即责成该臬司扼要截剿，并杜其北窜之路。将此由六百里加紧传谕知之。"

（《文宗显皇帝实录》卷一一〇）

22. 咸丰三年十月癸巳

又谕："青麐奏湖北、江西、安徽三省大江，均被贼踞，请责成江忠源会剿一折。昨据江忠源奏，贼船下窜，武昌解严，已由黄陂一带取道六安，径赴庐郡。当即谕令该抚抵任后，仍当于湖北、河南交界地方，相机防御。现在逆船虽经下窜，尚在黄州一带往来，不可不严加防范。青麐现在考试德安，著于试毕后，暂驻该府。所有江北等处，即著该学政会同臬司唐树义，督率地方文武员弁，实力防剿。并劝谕绅民，广为团练。仍随时知照英桂、江忠源一体严防，以遏贼匪北窜之路。将此由六百里谕令知之。"

（《文宗显皇帝实录》卷一一〇）

23. 咸丰三年十月辛丑

谕军机大臣等："英桂奏归德府属情形，请留原办之员，一手经理一折。前有旨：谕令徐广缙赴蒙亳一带，剿办土匪。原以归德各属，渐次肃清。该员自可带勇前进。兹据该抚奏称，商丘、永城、虞城、夏邑等处，本年夏间，捻匪肆起。经徐广缙专驻剿办，虽稍知敛迹，而潜伏尚多，势难遽行撤调。且徐广缙素为乡里推服，该员随处劝捐，粗有头绪，即防兵亦再难抽拨。该抚现已驰赴南阳，堵御楚匪，势难兼顾归德，自系实在情形。徐广缙著暂留归德，以资防剿。一俟该处土匪稍清，或南阳、信阳等处情形稍宽，即仍遵前旨，饬令该员赴皖。舒兴阿所带兵勇，刻下应已到齐，著即由信阳一带前赴楚省，督同该臬司唐树义，将阳逻一带逆匪，合力兜擒，迅速剿除，毋稍延误。南阳界连湖北，防剿吃紧，英桂驰抵该处，著即严饬地方文武，督率兵勇，实力巡防，无令逆匪北窜。至黄河各处口岸，自应派委妥员，认真巡查，以防偷渡。应毋待谆谆训饬也。将此由五百里谕令知之。"

（《文宗显皇帝实录》卷一一〇）

24. 咸丰三年十一月癸卯

又谕："前因湖北贼匪滋扰，谕令舒兴阿将所带官兵，由信阳前赴楚省，督同臬司唐树义，迅将阳逻一带逆匪合力兜擒。本日据吴文镕奏，贼已下窜。武汉江面，并无贼船。舒兴阿所带陆路之兵，可毋庸来楚等语。现在贼匪盘踞皖省，非厚集兵力，不足以资剿办。已叠次谕令江忠源星速赴任。皖省情形，实属吃紧。舒兴阿著毋庸赴楚，即日带兵，由豫迅往安徽，与江忠源会合进剿。将安庆郡城，及集贤关、桐城等处贼匪迅速剿除，以期肃清江北。原片著抄给阅看。将此由六百里谕令知之。"

（《文宗显皇帝实录》卷一一一）

25. 咸丰三年十一月壬子

谕军机大臣等："前经叠降谕旨，令舒兴阿驰往安徽，会同江忠源剿办逆匪。未据该督奏报何日抵皖。昨因吕贤基殉节，江忠源因病尚在六安，贼氛逼近庐州。已令福济驰赴该处督办防剿。惟扬州尚未攻克，仪征又复失守，福济之能否分身前往，尚不可知。河南虽界连楚皖，惟楚北贼艘已经下窜，唐树义带兵跟踪追击，该匪必顺流而南，设与皖省匪徒汇为大股，北向奔突，不但庐州可危，即颍、凤、蒙、亳一带，皆系曾被蹂躏之区，兵勇无多，人心未固，捻匪复时常出没，倘经该逆勾结肆扰，势将不可扑灭。惟有趁其未至庐州，迅速带兵前往保卫，力遏贼锋，方可设法收复舒城、桐城、安庆等处。该督前奏以陈州、归德、光州各属，毗连皖境，因请驻守陈州。是藉防堵为名，置兵于无贼之地，于事势缓急，道途险易，绝不一加忖度，是诚何心？贼情剽疾异常，我兵迁延愈甚，近来统兵大臣，率蹈此种恶习。舒兴阿乃亦出此，实所不解。著该督于接奉此旨后，即日兼程驰抵庐州，与江忠源迅筹攻剿。其皖豫交界各处，均在颍、亳后路。大兵经行，便可随处察度兼顾，不得因已派福济带兵应援，遂观望不前，徒糜军饷。倘该督赴皖迟延，以致贼踪北窜，朕岂能置舒兴阿于不问耶？仍著该督将行抵皖境日期，先行迅速具奏。本日据青麐奏，咨商该督拨兵防堵信阳、光州各要隘，已谕知英桂，就近酌量派防矣。将此由六百里加紧谕令知之。"

又谕："前据吴文镕等奏贼船停泊黄州，省城未可撤防。本日复据青麐奏，德安精兵调空，乡勇未尽可恃。是该督与该学政，一则防贼回窜，一则虑贼旁扰，均系就所驻之地而言。此时巴河一带，为贼踪蚁聚之所，自以急剿黄州逆匪为尤要。楚省兵单，即并力进剿，犹恐不能得手，岂可再于无贼之地分布设防。现在青麐已饬副将骆永忠驰赴黄州。本日复传谕唐树义尽力跟剿。著该督等悉心体察，如防城兵勇尚可分拨，即行酌量调往，庶可得力。其德安府城系北连豫省之地，亦关紧要。已谕知青麐，妥为防守。据青麐奏，十月二十三、四日，唐树义获有胜仗。二十八日，复有大股直扑黄州，兵皆溃散，未据该督抚奏报。朕心甚为悬系。又据奏称，潮勇素称顽健，倘散布勾结，尤为可虑。此项潮勇，用之固难，若驱之不用，又恐助逆为患。应如何驾驭弹压，著与青麐妥商办理。将此由六百里加紧谕令知之。"

又谕："青麐奏德安府防兵不敷，乡勇未可尽恃等语。所奏德安各属，处处吃紧，自系实在情形。惟据另折陈奏，黄州较德安尤为吃重，骆永忠之兵不能不令其驰赴，是该学政续接探报，已深悉巴河一带贼情紧急。湖北兵力之单，不独德安一处。当贼扰孝感时，固须严扼该郡，以杜北窜之路。贼已下窜，自应拨兵跟剿。吴文镕若只顾省垣，诚属不知缓急，惟移兵就贼，亦自应先其所急。前据该督奏，唐树义驰抵黄州，击贼获胜。系十月十九日之事。今该学政片奏，二十三、四日，复有胜仗。又有二十八日，贼扑黄州，兵皆溃散之语。所探是否确实？其贼由黄冈逼近光州一节，黄冈距光州二百余里，既有唐树义带兵在彼，谅不至遽行逼近。本日已谕知英桂，于楚豫交界一律严防。南阳、信阳等处均令兼顾。所有楚豫接壤地方，如何防剿贼匪之处，该学政即可随时知照英桂，相机妥办。唐树义剿贼情形，连日未据吴文镕等奏报，骆永忠所带之兵现已调赴黄州。即著唐树义督带兵勇，紧蹑贼踪，尽力追杀，毋使再行回窜。另折奏，盘获奸匪之廪生罗晋象、武童黄金鳌等，恳请鼓励。并审讯匪犯、究出重情之该委员等，著青麐酌量保奏，以奖微劳。将此由六百里加紧谕知青麐，并传谕唐树义知之。"

（《文宗显皇帝实录》卷一一二）

26. 咸丰三年十一月戊午

又谕："据唐树义奏追击逆匪情形，及带兵旋省，另筹剿御一折。逆船蚁聚巴河一带，自二十一日至二十八日，经唐树义叠次攻剿，均不能得力。而该逆彼猖愈甚。现复聚集兰溪、蕲州、田家镇等处，并有添筑土城情事。是黄州一带江面全为贼踞，而下游贼船亦复不少。该处毗连皖豫，关系北路大局，自应迎头截剿，扼其北窜之路。乃该臬司一路尾追，复以省城兵单，遽行带兵折回武昌，竟致置兵于无贼之地，实不可解。著吴文镕、崇纶，传旨谕令该臬司仍即带兵，星夜渡江前进，督同候补知府伍煜等，务将黄州一带逆匪，并力夹击，以挫贼锋，仍兼防北窜之路。断不准借口兵单，致滋贻误。至武昌防守事宜，并如何派拨兵勇协剿之处，即著该督抚等熟筹兼顾，毋误事机。将此由六百里加紧谕令知之。"

（《文宗显皇帝实录》卷一一二）

27. 咸丰三年十一月庚申

又谕："江忠源奏逆匪于十一月十二日，大股攻扑庐州，郡城危急。该抚所带仅止兵七百余名，庐州新募勇亦只二千余名，单弱已极。江忠源前次饬令前赴武昌之楚勇一千余名，湖南兵六百名，云南、四川兵未渡江者亦多留守武昌。此项兵勇，久随江忠源应阵，兵将相习，湖北省城存兵尚不为少，而庐州危急万分，稍有疏虞，致贼北窜，所关非细。著吴文镕、崇纶迅饬原带此项兵勇之都司戴文兰并备弁人等，赶紧将江忠源原带兵勇全数带赴庐州，听候调遣，万勿迟误。其黄州逆匪，即责成唐树义实力追剿，勿得株守省垣，藉词诿卸。将此由六百里加紧谕令知之。"

（《文宗显皇帝实录》卷一一二）

28. 咸丰三年十一月丁卯

又谕："前据台涌奏称应否统兵赴援，请旨遵行一折。朕详阅所奏，先后接据吴文镕、崇纶函咨。一则令其带兵赴省，一则令其不必来省。是该督抚各执一词，意见已属两歧。兹据崇纶奏力筹剿贼各情，并称吴文镕闭城坐守等语。朕以吴文镕老成练达，现当楚北逆氛未靖，一切筹防筹剿，堪资倚任。讵该督一味株守，不图前进，竟置大局于不问，是诚何心？试思贼情紧急，又岂安坐衙斋所能了事？崇纶与吴文镕办事一方，应如何协力同心，迅图攻剿。乃遇事龃龉，先已不能和衷，又安望其于事有济？倘因各怀己见，致误事机，该督抚等厥罪惟均，朕断不能为之曲宥。现既据称该逆于田镇筑垒扎营，显有负隅抗拒情事。其巴河一带，贼船蚁聚尚多，分踞黄州之贼，亦复不少。臬司唐树义曾否遵旨前往，设法兜剿。著吴文镕一面严饬该臬司迅图剿洗，一面亲督官军，出省督战，并察看何路紧要，即驰往何路截剿。不准以守候船炮造齐，致滋延误。所有省城防守事宜，即著责成崇纶妥筹布置。倘有疏虞，亦必重治其罪，决不宽贷。台涌前选满汉官兵，应否饬令带赴下游，会合追击？并著该督抚会商兼顾，不得各执己见，贻误事机。懔之。崇纶因病请假，著即赏假十日调理。一切防剿要务，仍当尽心筹画，毋稍诿卸。将此由六百里加紧谕令知之。"

（《文宗显皇帝实录》卷一一三）

29. 咸丰三年十二月壬申

又谕："据青麐奏沥陈楚北情形一折。现在逆匪窜踞黄州一带，该处为皖豫要冲，关系江北大局，若非并力迎击，何以遏贼北窜之冲。武昌存城官兵将及二万，乃吴文镕等坐拥有用之兵于无贼之地，是徒知株守一隅，置通省全局、天下大局于不问。老成疆吏，何遽出此！吴文镕畏懦形于外而中无布置，深堪痛恨。臬司唐树义前因败退遁回省城，已不可解。而派援黄州之副将骆永忠，又复带兵回省，吴文镕所谓调度者何在？且两旬以来，并未据该督等将紧要军情随时入告，岂徒事闭城坐守，遂足为藏身之固耶？著吴文镕懔遵前旨，迅即督兵出省，迎贼所向，奋力进攻。断不准再事迁延，致干重罪。其省城防剿，仍著崇纶妥筹布置，亦不得藉词诿卸。该督抚身膺重寄，倘因各执一见，致误事机，朕惟知执法从事，决不姑宽也。懔之懔之！将此由六百里加紧谕令知之。"

（《文宗显皇帝实录》卷一一四）

30. 咸丰三年十二月乙亥

湖广总督吴文镕奏参已革总兵官杨昌泗退兵回省，请发往军台效力。得旨："杨昌泗虽迹涉退避，参之固当。唐树义夜遁黄州，何不严参？亦未闻论及。此何时也，尚存一重文轻武之心？尔辈有此习者，即立正典刑，不足蔽辜。"又奏："抚臣崇纶，坚僻自是，将来恐有贻误。请另简重臣，以期事归画一。"批："汝二人厥咎维均，负气诡辞，无耻已极，胆大已极！"

以湖北退军回省，已革总兵官杨昌泗发军台效力。按察使唐树义革职留任。

（《文宗显皇帝实录》卷一一四）

31. 咸丰三年十二月丁亥

又谕："前因黄州一带，为皖豫要冲，关系江北大局，严饬吴文镕亲自统兵进剿。已据吴文镕将遵旨带兵出省各事宜详细具奏矣。兹覆据崇纶奏称，现值饷匮兵微，应先遣唐树义领兵进剿，俟兵饷充足，督臣再行亲往等语。乃吴文镕任性偏执，匆促即行等语。崇纶前以吴文镕闭城坐守参奏。此次奏报各情，何以自相矛盾？殊堪诧异。现在逆匪虽多半下窜皖省，若被我兵剿捕紧急，难保不由江路回窜楚北，吴文镕前奏带兵出省，自应遵照谕旨办理。著即赶紧渡江，亲赴黄州督剿。并著严饬唐树义等迅速前往，水陆会剿，毋许少有迟误。其省城内外防守事宜，仍责成崇纶严密布置，毋稍疏虞。至所调荆州驻防兵二千名，已据吴文镕奏称，令升任凉州副都统魁玉统带赴省。著即催令迅速赶到，协同防堵为要。将此由五百里谕令知之。"

（《文宗显皇帝实录》卷一一五）

32. 咸丰四年正月丁卯

又谕："据崇纶、青麐奏探闻黄州兵勇溃散，营盘被贼焚烧一折。贼船既有上窜阳逻之信，省城重地，关系紧要。著崇纶、青麐督同文武，激励兵民，合力固守。毋得借口人心不齐，稍疏防备。所有魁玉现带之官兵一千名，即著留于省城，勿庸随同台涌前进。汉口一镇，为自江入汉要路，设贼匪逞其故智，扬帆直上，荆襄德安等处，均属可虑。汉阳近在对江，该抚务当设法拨兵防守，勿令贼船闯越。倘有疏失，朕惟该抚等是问。唐树义所带炮船，虽不甚多，惟现在湖南炮船，尚未抵鄂，江面攻剿，尚赖有此利器。已谕知台涌于进攻时，酌量调带，以便水陆夹击，力遏凶锋。至各处土匪，乘间肆抢，必须及早严拿，方免勾结。该抚身任封疆，该学政亦系特派防堵大员，岂能坐视无策，仅以人情险恶，一奏塞责。总之严守省垣，力扼汉阳汉口，皆系该抚等之责。其黄州一带贼匪，仍与台涌会商剿办，不得专待援兵，致成株守。吴文镕现在何处？随营文武，如何下落？均著速查详奏。将此由六百里加紧谕令知之。"

（《文宗显皇帝实录》卷一一九）

33. 咸丰四年正月戊辰

又谕："本日据台涌奏称，贼匪水陆已至汉阳。其德安、襄阳等处，皆与豫省接壤，甚关紧要。台涌遵旨前进，亦未必能多带官兵。黄州溃兵，即收集亦必不甚得力。邻近省分，万无可调。惟有湖南拨兵应援，较为近便。著骆秉章迅即选派精锐官兵一二千名，并派曾经战阵谙悉贼情之将弁，管带前往湖北，交台涌调遣，勿稍延缓。现在贼踪已距武昌甚近。唐树义师船，因岸上官兵溃散，撤回武昌。现已有旨，谕令台涌调遣，水陆堵御，尚形单弱。省城兵勇，合计约有六七千名，仅敷分布要隘。汉阳汉口，恐难兼顾。倘逆匪沂汉而上，窥伺荆襄，攻剿更难得手。此时惟有曾国藩统带炮船兵勇，迅速顺流而下，直抵武汉，可以扼贼之吭。此举关系南北大局，甚为紧要。现已逾正月中旬，船勇当早齐备，广东所购洋炮，谅亦陆续解到。著曾国藩迅即统带，刻日开行。由长江下驶，与台涌会合。并督同唐树义师船，水陆并进，以期力遏凶锋，肃清江汉。此时水路进剿，专恃此军接应。昨据崇纶等奏，业已咨催。谅该侍郎必能深悉紧急情形，兼程赴援。一切机宜，即与台涌会合妥筹，和衷商办，毋失事机。将此由六百里加紧各谕令知之。"

（《文宗显皇帝实录》卷一一九）

34. 咸丰四年二月癸酉

又谕:"武昌为省垣重地,距汉阳仅一江之隔,贼匪窜踞汉阳,势必扰及武昌。崇纶、青麔,守御省城,情形甚属危急。唐树义炮船究在何处逗遛?吴文镕是否查有下落?省城待援甚急,实深悬系。台涌接奉此旨,著即督催官兵,相机进剿。并将近日贼踪动静及武昌情形,迅速奏闻。仍著随时知会英桂、柏山等,于楚豫交界处所,联络声势,力挫贼锋,遏其北窜。其荆襄一带,仍当随时兼顾,督饬员弁,严加防守。布克慎现退至孝感一带地方。已有旨,将该员革职,令其随同该将军带兵进剿。其溃散兵勇应如何分别收集,并著妥筹办理,无误事机。将此由六百里加紧谕令知之。"

湖北学政青麔奏陈武昌紧急情形。得旨:"览奏曷胜愤闷!本日已有旨,催台涌进兵,不知赶得上否?吴文镕丧律遭败,俾贼势复张,深堪痛恨。现在并无下落。至该督能全大节与否,朕实不能许之。"又奏:"唐树义统带炮船,尚无确音。"批:"唐树义真系一无用之辈!前此起用,该员并不知感,惟以高节自居,谓勉强出山,稍酬高厚,屡次抗违,死有余辜。"

(《文宗显皇帝实录》卷一二〇)

35. 咸丰四年二月癸未

谕内阁:"台涌奏遵查督臣临阵捐躯,骆秉章奏湖北臬司殉难各一折。湖广总督吴文镕,历任封圻,均能尽心职守。自调任湖广,即值逆匪复扰武昌、汉阳,当经督率官兵击退。迨该逆窜聚黄州,吴文镕出省迎剿,先经获有胜仗。正月十五日,以力攻堵城,中贼诡计,连营被烧,遂致阵亡。据台涌奏,该督灭贼心急,催战甚严,因而失事。吴文镕此次督兵失利,本属罪有应得。念其临阵捐躯,不亏大节,殊堪矜恻。吴文镕著照总督阵亡例从优赐恤。任内一切处分,悉予开复。应得恤典,该衙门查例具奏。二品顶带湖北臬司唐树义,督带水勇炮船赶赴金口,扼贼上窜,叠次袭击获胜。旋因贼船蚁集,极力督战,被贼将船只击破,落水身死,亦堪悯恻。唐树义著加恩开复革职处分,照臬司例赐恤。寻均予祭葬世职。吴文镕谥文节。"

(《文宗显皇帝实录》卷一二一)

36. 咸丰四年九月壬申

又谕:"蒋霨远奏调兵剿捕桐梓县匪徒一折。贵州桐梓县匪徒杨凤等,胆敢纠伙千余人,拥入县城,打毁衙署监狱。现经该抚调集官兵,前往剿办,著即严饬炳纲,督同参将彭长春,迅速相机扑灭。惟据称匪党仅有千余,何以檄调官兵,至四千余名之多,是否匪党不止此数,该抚不肯遽行入告,留为续奏地步,军务重情,岂可稍有粉饰。著蒋霭远迅将该匪滋事实在情形，究系何起衅，地方官有无办理不善，以致激变之处，及曾否蔓延他处，确切奏闻。该县文武下落，并著速查具奏。将此由六百里谕令知之。"

以贵州桐梓土匪滋事，革知府朱右曾、副将常胜职。

（《文宗显皇帝实录》卷一四四）

37. 咸丰四年九月戊寅

四川总督裕瑞奏："黔匪攻陷桐梓，调派兵勇，前往綦江等县防堵。得旨：览奏改调添调防兵，及万福等驰赴綦江各情，布置尚妥。以后情形，速行驰奏。现在贼数虽多，皆系乌合，不可稍涉张皇。"

（《文宗显皇帝实录》卷一四五）

38. 咸丰四年九月癸未

谕军机大臣等："罗绕典等奏，桐梓逆匪分陷邻县，窜逼郡城一折。此股匪徒，据蒋霭远前奏，伙党不过千余，何至十余日间，连陷两县，旋扑郡城。该地方官平日漫无觉察，临事仓猝，以致文武员弁阵亡，实堪痛恨。该抚前调本省官兵已四千一百名，加以续调各路官兵三千名，兵力不为不厚。赵万春既已先行驰往，蒋霭远说即拟出省，著即督饬各路官兵，四面兜剿，迅速扑灭。此等乌合之众，急则惊溃，缓则负隅，总须乘其未炽，云集环攻，方不致蔓延为患。其蒋霭远请调之云南精兵二千名，即著罗绕典如数调拨，选派得力镇将管带，星速驰往兜截，不得稍有延误。至所称军需无款可筹，请由云南藩盐各库内，拨银二十万两等语。昨据吴振棫奏，滇饷久绌，自系实在情形。惟黔省瘠苦尤甚于滇，他省又断无可拨，著该督与吴振棫妥为筹画，无论何款，速行解往。蒋霭远不可不兼顾两省，坐耗邻疆巨饷也。省城布置事宜，即责成炳纲妥办，毋得过涉张皇，以致人心摇惑。将此由六百里加紧各谕令知之。又谕：前据裕瑞奏，贵州桐梓县城，被匪攻陷，派兵前赴綦江等处严防，并咨行提督万福等，驰往督办。累据蒋霭远等奏，桐梓、仁怀两县失守，并贼匪攻扑遵义府城各情形。现在蒋霭远与提督赵万春，亲带官兵前往剿办，该处与四川之合江、綦江等县，壤地毗连，贼匪系乌合之众，一闻大兵云集，难免纷窜滋扰。著裕瑞知会万福，并饬令曹澍钟，督带前拨官兵，迅速分投驰赴各该处择要堵御，并著探明贼势如果猖獗，必须会剿。即令万福等，带兵出境迎击，以剿为堵，比之株守本省边界更为得力，无得稍存畛域，致误机宜。其现在如何办理之处，即著随时驰奏。将此由六百里加紧谕令知之。"

云南总督罗绕典奏："黔省营兵，现在多调派出征，一时骤难裁汰，请展限办理。"得旨："所奏尚系实情，著照所请，分别办理。"

以贵州桐梓匪徒窜陷仁怀县城，总督罗绕典、巡抚蒋霭远、提督赵万春，下部议处，予阵亡知县陶履诚、容保泰、游击保山、把总王明安，祭葬世职，生员曾占魁，优恤如例。

（《文宗显皇帝实录》卷一四五）

39. 咸丰四年九月庚寅

谕军机大臣等："据乐斌、裕瑞奏，四川防堵紧要，裕瑞拟带兵亲往泸州，堵御黔匪。并片奏，出省后载龄等有应行查询之处，行文至行次咨查各等语。该处与黔省仁怀、桐梓等县毗连，情形均关紧要。惟计现调兵勇已有三千六百余员名，又有万福等驻扎督办，似已足资堵御。裕瑞既经撤任，且有应行询查之件，著载龄等察看情形，如无须裕瑞前往，即著咨行折回，就近查问。倘情形实在吃紧，该侍郎等即会同乐斌斟酌缓急，另派大员前往督办。至裕瑞此次添调懋功等营兵及各练勇，仍饬令原派之参将高克谦等带往泸州等处，听候调遣。其黔匪由九坝入川之信及张贴伪示各情，并现办情形，均著确切查明，迅速具奏。将此由六百里各谕令知之。"

（《文宗显皇帝实录》卷一四六）

40. 咸丰四年十月戊戌

谕军机大臣等："前据罗绕典等奏，桐梓逆匪分陷仁怀，窜近遵义，提督赵万春驰往督剿，蒋霨远亦即亲赴军营，商同剿办，计黔省续调兵已七千六百余名。本日据罗绕典奏，称复由滇省近黔之镇雄东川各协营共调兵八百名，委副将白人鹏与盐道王成璐同往遵义相机剿办。该督又派兵一千二百名为后队以备亲往等语。贵州贼匪初起，均系蚁附乌合，大兵齐集，定可尽数歼除。据奏遵义之干田坝、螺蛳堰、丰乐桥等处，连获胜仗，况加以续调滇兵，数将满万，足敷剿办。蒋霨远已有出省之议，著即将此股贼匪责成该抚与赵万春等迅速殄灭。云南省垣紧要且距黔窵远，罗绕典即著无庸前往，现在东川广南甫经绥靖，更宜持以镇定。该督惟当严催王成璐、白人鹏迅速启程，并将派定之后队兵一千二百名交该副将等带领，听候蒋霨远、赵万春调遣。若谓区区小丑本省不能剿办，动须总督亲往，则该抚等身任地方所司何事，贻误之罪责有所归。谅蒋霨远等不敢迟延干咎也。将此由六百里各谕令知之。"

（《文宗显皇帝实录》卷一四七）

41. 咸丰四年十月己亥

又谕："罗绕典等奏，进剿桐梓逆匪连获胜仗一折。贵州桐梓县匪徒杨凤等，攻破县城，复敢分踞遵义府外之雷台山等处，经官军分路进剿，驰抵螺蛳堰地方，突出贼匪二千余人，分股来扑。提督赵万春等督饬兵勇分头迎击，毙伪元帅富姓，并毙贼匪二百余名，贼势溃败。并据报贼匪分扑遵义府城，经副将彭长春等悉心堵御，轰毙贼匪三百余人，其分踞南门关之贼二千余人，复经游击乌尔滚珠等击毙数百名，贼即溃散。复探知黄泥堡地方屯贼五六千人，赵万春督饬各营兵弁前往迎击，杀贼二三百名，生擒十数名，夺获旗帜炮械无算。该匪杨凤等连陷二县，复扑遵义府城，势甚凶狡。此次攻剿屡获胜仗，尚属得手。著蒋霨远、赵万春等迅即督饬将弁务将此股匪徒，悉数歼除，勿留余孽，以靖地方。"

又谕："罗绕典等奏，八月二十八等日，官军进剿桐梓一带匪徒连获胜仗，剿办尚属得手。惟此股逆匪，现仍盘踞遵义之南门关，郡城尚未解围，虽经官军击毙贼匪不少，而援兵不能即到，著该抚严饬彰长春等激励将弁，竭力堵剿，将此次乌合之众迅筹扑灭。至黄泥堡地方屯贼五六千人，业经官兵迎击获胜，而贼匪分窜山箐藏匿，更恐其潜窜他处阻遏要路。著蒋霨远、赵万春分饬各路官兵堵截要隘，乘胜进攻，或兜剿或分击，总期将奔窜逆匪悉数扫除净尽，迅解遵义郡城之围，并将仁怀、桐梓次第克复，不准稍事迁延致干重咎。其毗连遵义之黔西等处，即责成贵西道福连扼要堵御。仍著罗绕典即饬赴黔之兵，克期启行毋稍迟误。将此由六百里各谕令知之。"

（《文宗显皇帝实录》卷一四七）

42. 咸丰四年十月癸丑

云贵总督罗绕典等奏："遵查桐梓滋事情形，并续获胜仗。得旨：览奏获胜各情，知道了。起事缘由，所奏殊未明晰。"

（《文宗显皇帝实录》卷一四八）

43. 咸丰四年十月甲寅

云贵总督罗绕典奏："统带滇兵，亲往桐梓剿贼，并将总督关防，封交布政使收存，另刊行营钤记，带往备用。"得旨："汝既赴黔督办，自必胸有把握，著相机进止，务期迅速藏事。汝接到上次寄谕，或另有斟酌，惟汝刻木戳一条，实为从来未有之事，太属不晓事。汝为云贵总督，又非出境，著仍用总督关防督办军务，饬藩司用藩篆代拆代行。"

（《文宗显皇帝实录》卷一四八）

44. 咸丰四年十一月庚午

革职留任云贵总督罗绕典奏："带兵抵黔，并调集员弁，会剿遵义逆匪。"得旨："汝既拟赴遵义督剿，著迅速办理，以期地方肃清，勿糜饷糈。"

（《文宗显皇帝实录》卷一五〇）

45. 咸丰四年十一月己卯

谕军机大臣等："蒋霨远奏请饬邻省协济军饷一折。贵州桐梓县逆匪滋事，蔓及仁怀，并攻扑遵义郡城，现经蒋霨远等亲往督剿，征兵云集，需饷孔殷。著乐斌、恒春、王庆云，于各该省无论何款项下，各筹拨银十数万两，派委妥员克日起解前往，毋稍延误。并一面知会蒋霨远等，派员迎提，一面将起解日期驰奏。将此由六百里各谕令知之。"

（《文宗显皇帝实录》卷一五一）

46. 咸丰四年十一月戊子

谕军机大臣等："蒋霨远、赵万春奏安南匪徒滋事，并督臣在营病故等折片。遵义大营，调集滇黔两省官兵为数不少，正当攻剿吃紧之际，而督师大员遽尔出缺，军情不无惶惑。赵万春以本省提督统辖全军责无旁贷，务宜一面镇定军心，一面速筹扑灭。若稍事耽延，致令负隅日久。虽遵义、兴义相距尚遥，未必遽至蔓延勾结，而南北两路同时蠢动。黔省饷绌兵单，势将不可收拾。该抚现驻扎佐，距省城甚近，虽云居中调度，仍不可一味株守。以现在形势而论，遵义一路兵力甚厚，且有川省之兵前后夹击。兴义匪徒亦系乌合初起，金刚保所带兵已有一千五百名，加以前调滇兵七百名，亦尽敷剿办。该抚务须统筹全省大局，以先剿遵义为要，兴义一带即责成金刚保、福建迅速妥办，毋任迁延。将此由六百里谕令知之。"

（《文宗显皇帝实录》卷一五二）

47. 咸丰四年十二月丁酉

又谕："前据裕瑞等奏，綦江等处派拨弁兵练勇，委令提督万福、署臬司曹澍钟前往督办防剿黔匪。兹据吴振棫奏称，请饬四川兵勇合剿等语，现在仁怀、桐梓贼匪尚未歼除，著乐斌即饬万福等将綦江、合江等处防堵之兵统带前进，与贵州兵勇合力进攻，毋得稍分畛域。该提督等带兵出省后，川黔交界处所应如何添派兵勇设防之处，著乐斌妥筹办理，毋误事机。将此由六百里谕令知之。"

又谕："吴振棫奏黔匪逼近滇省，现筹防剿一折。贵州兴义府匪徒滋扰，攻扑兴义郡城，安南、普安二县相继失守。本日据蒋霨远奏，安南、普安县城，业经收复，惟余匪尚多犹虞窜突，且兴义匪党尚未击退，该处距滇甚近，亟宜严加堵御。该抚现调曲靖、寻甸两营，并昭通等兵，派委参将鄂勒霍巴管带，前赴平彝，会同署曲靖府知府贾洪诏妥筹办理，务当严饬该员等择要扼守，毋令黔匪窜越滇境。吴振棫现署总督，两省军务均宜统筹妥办，尤当持以镇静，不可稍涉张皇。再前因黔省军饷紧急，当经蒋霨远奏准，指拨云南藩盐库银二十万两，兹据蒋霨远奏称，滇省只能拨银七万三千两，实属不敷支放，著吴振棫查明前项奏拨银两，除已经起解外，其余未解银十三万两，仍行筹款拨解贵州军营，毋误要需。将此由六百里加紧谕令知之。"

又谕："前以贵州南北两路贼匪蠢动，谕令蒋霨远，不得株守札佐，并谕赵万春

· 255 ·

等先剿遵义匪徒，其兴义一带责成金刚保、福连剿办。本日据吴振棫奏，贼氛逼近滇省，现于平彝等处设防。并据蒋霨远等奏，收复安南、普安两城，金刚保督兵进援兴义。贼锋虽挫，府城尚未解围。至遵义、桐梓、仁怀有无接仗，未据提及。该抚等前后所调官兵为数不少，兹已谕令骆秉章由湖南调派劲兵一千名，迅速赴黔。并谕乐斌将綦江、合江防堵之兵即行前进，合力兜剿。胡林翼现在带兵由湖北追贼东下，未能调回黔省，该抚惟当懔遵前旨，不得株守札佐。即与赵万春等就现有兵力，迅速将遵义等处贼党全数痛歼，勿得专盼援兵迁延时日。其金刚保、福连所带兵勇亦恐单薄，并著分兵协剿。若兴义窜匪扰入滇境，朕惟蒋霨远等是问。有人奏，桐梓之贼起衅根由，并该抚等迁延畏葸，以致贼匪横行。若如所奏，是该巡抚提督纵寇失机，实堪痛恨。著照所参，据实覆奏，勿谓贵州距京窎远，朕无闻知也。原折著钞给阅看。黔省需饷，已令吴振棫赶紧筹解，并有旨谕恒春即赴总督任矣。阖门殉节之已革普安县崇璟，已降旨议恤，惟据吴振棫奏，该革员系自缢殉难，情节不符，著蒋霨远再行确查具奏。将此由六百里加紧谕令知之。"

予贵州普安县殉节知县崇璟，祭葬世职，建立专祠，眷属赏恤如例。

以击贼复仇，克复贵州普安县城，予殉节知县崇璟子于钟毓以知县用。

调湖南兵一千名赴贵州剿贼。

（《文宗显皇帝实录》卷一五三）

48. 咸丰四年十二月乙巳

本日据乐斌奏："川省官兵攻剿黔匪累获胜仗，署臬司曹澍钟、总兵阜陞，拟由石壕等处，分三路进兵。为夹攻桐梓，克复仁怀之计，现又严饬万福迅速前进。加以滇黔两省，前后所调兵数，遵义一带足敷剿办。惟安南、普安虽均收复，兴义贼氛未退，平彝、罗平各要隘，该署督务当劝集乡练，择地设防，毋令匪踪阑入滇境。"

又谕："前因剿办仁怀、桐梓贼匪，谕令乐斌，即饬万福等，集綦江、合江等处防兵统带前进，合力夹攻。兹据吴振棫奏，提督赵万春畏葸迁延，现在雷台山虽小有斩获，并未得手等语。提督统辖全军，现当剿贼吃紧之际，若临事畏缩，何以使将士争先用命。况该抚等先后所调官兵为数不少，各省筹饷亦数逾巨万，若该提督一味退缩，糜饷老师，咎将谁执。著蒋霨远即严查该提督，现在带兵剿贼布置能否周妥，如有畏缩情弊，即著据实严参，不准稍有徇隐。仍一面飞催万福统带川兵至黔合剿，其前调湖南官兵，并著一体飞催，毋稍延误。将此由六百里谕令知之。"

（《文宗显皇帝实录》卷一五四）

49. 咸丰四年十二月庚戌

谕内阁："前因贵州匪徒滋事，攻陷桐梓、仁怀，扰及遵义，其兴义府属亦有贼匪蠢动，谕令该抚蒋霨远，提督赵万春，督兵赴遵义进剿，并谕该巡抚等严饬将弁，赶紧将兴义股匪全数殄除。前据奏报收复普安、安南两处城池，兴义尚未肃清。本日据乐斌奏称，提督万福由合江进剿黔匪，进至大瀍河贼首巢穴，焚其住屋，歼毙五百余名，生擒三十五名，夺获枪炮旗帜不计其数。又于猫鼻岩，经署守备刘华等，追杀四十余名，生擒二十七名，轰死者三四百人，遂即围攻梁村，炮火轰毙及砍毙贼匪七八百名，并砍死伪将军曾六等三名，乘胜直抵贼巢，将火药硝磺米石尽数焚烧。参将高克谦、署守备王伟庭等，复在大雷坡、三峰山、大坪山一带，歼毙贼匪多名，拿获贼首伙贼，一并正法各等语。此股贼匪在贵州北境滋扰，蒋霨远带兵出省，驻守札佐，赵万春驰赴遵义，剿办均未得手，以致余匪窜近四川境者尚复不少。该巡抚提督有统辖全省之责，当该匪初起之时，既未能即时扑灭，及带兵剿捕又不能迅速蒇功，致令蔓延，殊堪痛恨。蒋霨远著革职留任，赵万春著即革职仍留军营，以观后效。现在四川提督万福已带兵由蜀赴黔，所有贵州官兵，均归万福统带。著蒋霨远会同万福，将遵义一带贼匪，迅速歼除。其兴义匪徒，并著该抚严饬带兵文武，克期扑灭，毋再迟延，致干重罪。"

（《文宗显皇帝实录》卷一五四）

50. 咸丰四年十二月壬戌

谕内阁："乐斌奏川兵攻剿贵州下营等处贼匪，续获胜仗一折。贵州贼匪扰及川黔连界，经乐斌派令官兵，逾境攻剿，自温水汛剿洗贼巢获胜后，十一月二十五日，署参将蒋玉龙等兵勇进剿至杨杠台，突有股匪二三千人迎拒，被我兵进击溃散，直扑下营贼巢，枪炮齐施，该匪退守，我兵前后抄击，轰贼无数，当将贼巢焚毁，余匪窜匿。署都司萧声远等，亦在罗汉坝等处，搜杀贼匪数十名，生擒九名。二十六日，蒋玉龙等进剿粮米沟贼巢，贼约三四千人拒敌，我兵施放火器，轰毙贼匪数十名，生擒四十余名，夺获旗帜炮械数十件，该匪窜匿岩洞，我兵用火药柴草熏烧，复毙二三百名，将贼巢焚毁。又署外委陈正顺等，带同绅团攻剿张耳村等处贼匪，杀毙数十名，烧毁贼房数十间，生擒首逆穆绍元子等，当即正法。川兵逾境剿贼，尚属得手，著即督饬赶紧进攻，克复桐梓、仁怀，以免蔓延。所有打仗出力，及生擒贼首官绅兵勇，著该署督等，择尤汇案奏请恩施，以昭激劝。"

（《文宗显皇帝实录》卷一五五）

51. 咸丰五年正月己巳

谕内阁："乐斌奏川省官兵克复桐梓县城一折。四川提督万福，督带川兵抵黔，即能攻克桐梓，剿办尚属得力，即可乘胜进取仁怀。著蒋霨远、万福督饬川黔两省官兵，协力攻剿，尽歼丑类，勿留余孽。所有在事出力官绅兵勇，著乐斌等择尤保奏，候朕施恩。"

谕军机大臣等:"本日据乐斌奏川省官兵克复桐梓县城,并请饬贵州派员驻扎弹压等语。川省官兵,自得温水之后,旋即克复桐梓县城,办理尚属妥速,此时我兵锐气正盛,自宜乘胜攻剿仁怀,以期迅扫贼氛。其业经克复之温水、松坎等处地方,均应拣派文武,妥为抚绥,及搜拿余匪。据奏节次飞咨蒋霨远,尚无一官到彼,黔省匪徒肆扰,该抚既不能迅即剿除,迨川兵克复地方,又未派员前往驻守,殊属懈弛。现在川黔官兵,均归万福统带,著即督饬将弁,迅速攻剿仁怀县城。其桐梓等处善后事宜,著蒋霨远刻即派员前往经理,毋再迟缓。川兵入黔剿办正在吃紧,应需饷银必须宽为筹备。云南欠解银两,前经降旨饬催,现尚未据奏拨。所有官兵需用饷项,蒋霨远务当设法筹拨,毋使缺乏。乐斌亦应不分畛域,源源接济。其兴义府属巴陵一带贼匪,及新城、贞丰等处余匪,仍著严饬金刚保等赶紧剿除,毋任蔓延。将此由六百里加紧各谕令知之。"

(《文宗显皇帝实录》卷一五六)

52. 咸丰五年正月壬申

谕内阁:"蒋霨远等奏,分督兵练连日进攻雷台山,匪众溃逃,生擒贼首陈良模等多名,各处贼巢,概行焚洗,遵义府城,现已解围。此次川省官兵,攻克桐梓、滇黔官兵,攻破雷台山,同在十二月中旬。数日之间,各路获胜,剿办尚属得手。现在进剿官兵,已有旨均归万福统带。即著该提督迅督三省兵勇,克服仁怀,生擒逆首,以期一律肃清。并著蒋霨远速派文武员弁分赴被扰各地方抚辑难民,严搜余匪,毋得再存玩泄。"

(《文宗显皇帝实录》卷一五六)

53. 咸丰五年正月丙子

又谕:"吴振棫、蒋霨远奏,官军收复城池,追剿余匪、并将贼首杨金拿获。此次克复仁怀,余党穷蹙奔溃,该抚等即当督饬文武,会同提督万福,合力兜剿,务尽根株,无留余孽。所有团首雷昭然等,著该抚等查明具奏,候朕施恩。"

(《文宗显皇帝实录》卷一五六)

54. 咸丰五年正月己丑

又谕:"吴振棫、蒋霨远奏,剿办黔西贼匪,州城解围。并蒋霨远奏,遵查被参情节各一折。此次王成璐、白人鹏等,沿途进剿叠获全胜。黔西南北两路股匪势已穷蹙,近城一带已无贼踪,剿办尚属得手,惟首逆杨凤、王三扎巴等,尚未就擒。大定平远交界处所,犹有余匪啸聚,亟应乘胜歼除。河北大小二关虽已夺回,而鸭池沿河各隘,固当防其窜扰，亦须痛加剿洗，以靖边隅。蒋霨远所奏，桐梓匪徒起衅，及贼逼郡城，并赵万春等回守乌江各情，尚无畏葸不前等事。赵万春前已降旨革职，现在会同王成璐等，统领滇黔各兵随后进剿，力解黔西之围。著蒋霨远、万福严饬该革员，务将首伙各要犯悉数擒获，毋使渠魁漏网，余匪脱逃，致酿后患。若再不知奋勉自效，即著蒋霨远等从严参办。黔境现已渐就肃清，蒋霨远自请治罪之处，并著加恩宽免。该抚务当督率带兵文武，克期蒇事，以赎前愆。将此由六百里谕令知之。"

以剿杀黔西贼匪出力，赏参将申有谋巴图鲁名号，道员王成璐、副将特克慎、参将庆连、守备刘攀桂花翎。

（《文宗显皇帝实录》卷一五七）

55. 咸丰五年二月乙未

谕内阁："吴振棫、蒋霨远奏，兴义首要匪徒，歼除净尽，地方肃清，剿办尚属迅速，所有云南会剿官兵，著吴振棫等酌量裁撤归伍。至遵义府属匪徒，窜往黔西，前经官兵叠获胜仗，谅不难克日蒇事，惟首逆杨凤等尚未就获。著蒋霨远严饬文武各员，迅速缉拿务获，毋任漏网稽诛。"

谕军机大臣等："御史伍辅祥奏，黔匪渐就肃清，请饬划清黔蜀疆界，驻扎武弁，以资弹压一折。据称四川之綦江，贵州之桐梓、仁怀，该三县疆界错杂，最易藏奸，应将各处所插之地，分别归并，无许犬牙相错，各于交界要隘，酌驻武弁，其黔蜀本省，有似此夹杂者，亦请一律划清等语。各省交界处所遇有盗贼，地方官互相推诿，原系向来恶习。该御史请明定黔蜀疆界，互相归并，自为巡缉奸宄，使盗贼无可隐匿。著该督抚会同体察情形，如无流弊，即行酌量归并，倘有窒碍难行之处，只可仍照旧章，责成该地方文武，不分畛域，认真缉捕。倘有藉词推诿，捕务废弛者，即著严参惩办，原折著抄给阅看，将此各谕令知之。"

（《文宗显皇帝实录》卷一五八）

56. 咸丰五年二月己未

又谕："四川官兵，自克复桐梓、仁怀以后，搜捕余党，深入黔地，随营粮台，自应贵州承办，以便支应。所有川省粮台，著即裁撤，统归蒋霨远派员督办。黔省饷糈本属不敷，仍著乐斌筹项解往，源源接济，不得意存推诿，致误要需。其军饷报销，统由贵州造报，以归画一。将此由四百里各谕令知之。"

（《文宗显皇帝实录》卷一六〇）

57. 咸丰五年三月壬申

谕内阁："吴振棫、蒋霨远等奏兜剿窜逃贼匪，歼毙黔西首逆一折。此股匪徒，经官军叠加剿洗，犹敢纠集余党，合力死拒。我军追捕，奋力歼擒，并将首逆王三札巴歼毙，办理尚为得手。惟首逆杨凤仍未就获，该抚等务当督饬兵练，搜捕务获，无任漏网，并将窜逃余匪一律搜除净尽，以绝根株。所有在事出力文武员弁人等，著择尤保奏，候朕施恩。"

以剿办贵州桐梓、仁怀等处贼匪出力，赏知县王敬烈、参将庆勋、游击巴哈布、乌尔滚珠等花翎，县丞白人杰等蓝翎，余升叙有差。

（《文宗显皇帝实录》卷一六一）

58. 咸丰五年三月辛卯

谕内阁："吴振棫、蒋霨远、万福奏逆首就歼，官兵陆续凯撤一折。贵州逆匪杨凤等，经官军叠次围剿情势穷蹙，由罗斛地方窜入芦山、搭沟山等处。经参将闪云等督兵堵截，毙贼百数十名，生擒九十余名。该匪复窜扰大塘，并由都匀、独山等地方窜扑麻哈州城。经护贵东道鹿丕宗，并署知州何铤内外夹击，毙贼多名。该匪复由平越、瓮安窜入余庆县属之龙溪场地方，署清江通判韩超云、南盐法道王成璐等督率兵练，四面兜围，于三月初七日分路齐进杀贼无数。贼匪突围败逃，官军奋力追杀，至石阡府属之葛庄司河边，杨凤先已渡河，兵练凫水赶上，立时歼毙，并毙贼二三百名，生擒一百余名，落水死者不计其数。该逆杨凤等聚众倡乱扰害地方，经四川云南官兵会同贵州兵练，悉力剿捕，俾首逆就歼，余党解散，地方渐就肃清，办理尚无贻误。贵州巡抚蒋霨远，著开复革职留任处分，仍著将在逃零匪悉数搜除，毋得稍留余孽，其一切善后事宜，并著督饬各该地方官妥为经理。"

谕军机大臣等："吴振棫、蒋霨远、万福奏，官军追剿贼匪，阵斩首逆歼除匪党地方渐就肃清一折。首逆杨凤经官兵在石阡府地方歼毙，并将匪党叠次剿杀多名，谅不至再有蔓延。所有川滇兵丁，自应酌量裁撤以节糜费，其善后一切事宜并著该抚妥筹办理。至川兵随营粮台，前经谕令蒋霨远派员督办。现在首逆业已伏诛，贵州军务将次告蒇，著照蒋霨远所请，军营兵饷，仍留川省委员支放其报销各事宜，并著责令该委员一手经理以归画一。将此由六百里各谕令知之。"

（《文宗显皇帝实录》卷一六三）

59. 咸丰五年四月壬寅

谕内阁："蒋霨远奏，请将疏防苗匪抢劫之地方官，摘顶勒缉等语。贵州台拱厅属之蓝家沟，黄平州属附近旧州之老里坝等处，有苗匪纠众抢劫重案。该地方文武未能先事预防，非寻常疏忽可比。代理台拱同知候补府经历张礼度、署黄平州知州试用知县杨承照、分防旧州汛恩骑尉龙应贵，均著摘去顶带，勒限一个月将案内赃贼，及该厅州属苗匪，严拿务获究办，毋任漏网，如逾限不获，即著从严参办。"

贵州巡抚蒋霨远奏："在籍检讨但钟良，捐勇防守，乞代父吁恳免罪。"得旨："但钟良捐赀募练，实属踊跃急公，应如何奖励之处，著该部议奏，其所请代父赎罪，著不准行。"

以剿办贵州桐梓等县逆匪出力，予署布政使炳纲、按察使孔庆鏐议叙有差。赏道员王成璐、承龄按察使衔，同知杨书魁、知州邵鸿儒、游击伍勒登额、富忠、守备马连科等花翎，县丞段志伸等蓝领，余升补有差。以办理贵州粮台出力，赏道员承志花翎。

（《文宗显皇帝实录》卷一六四）

60. 咸丰五年四月乙卯

以江苏句容县办理团练剿匪出力，予知县赵廷铭等升用有差。

（《文宗显皇帝实录》卷一六五）

61. 咸丰五年五月丁亥

又谕："恒春等奏兜捕余匪，歼除殆尽一折。贵州逆匪，自杨凤伏诛后，余匪窜至四川边界，复有逆党舒犬、舒组纠结死党，仍图回窜。经贵东道承龄，闻信即由桐梓进剿，并派朱右曾等，由仁怀木方等处旁截，四川参将蒋玉龙等，由九坝绥阳一路搜捕。该匪胁聚五六百人，窜至遵义西乡鸭溪一带。四月十八日，官兵齐集于漆树湾地方，侦知该匪，均于土窑密箐中潜踞。兵勇合力进攻，歼毙贼匪二百余名，坠崖死者不计其数，夺获枪械无算，生擒首匪舒犬等五十余名，遵义等处地方，一律肃清。此次漏网余匪，辄敢煽众回窜，经该处官绅协力，将遗孽立就歼除，办理尚属认真。著蒋霨远等，仍严饬地方官弁，实力搜捕，以净根株。所有在事出力员弁绅勇，均著择尤保奏，候朕施恩。"

又谕："朕闻贵州台拱厅地方，现有苗匪滋事，苗人素称顽梗，倘或不能安戢，恐致贻害地方。况该省桐梓等处匪徒，甫经搜除净尽。若复有苗匪滋事，不及早搜捕，将来必致重烦兵力。著蒋霨远赶紧查办，毋得稍有回护迁延，并将如何滋事情形，迅速具奏。将此谕令知之。"

以剿办贵州遵义等县匪徒出力，赏已革提督赵万春、都司团首王安国等蓝翎，余升叙有差。戊子，旌表城陷捐躯贵州知县朱右贤妻周氏女莲芳。

（《文宗显皇帝实录》卷一六八）

62. 咸丰五年六月丙午

又谕："前据恒春等奏，贵州郎岱夷匪及台拱清平苗匪滋事，当有旨谕令蒋霨远等，就近督办，并令恒春酌调滇兵协剿。览该督抚前奏，夷匪系因桐匪窜扰，乘机抢掠，清平匪徒，则乘台拱、黄平苗匪抢劫同时窃发。本日有人奏，杨凤倡逆之始，即勾结该匪须报、阿保松等，藉闹粮为名，并起滋扰。杨逆虽歼，该匪等仍盘踞镇郡，及清平、施秉各属，并湄潭、瓮安一带，大定、兴义各郡，皆有土匪啸聚，竟有窜攻黄平州城之事。是该夷匪苗匪早与杨逆勾通一气，互相煽惑，与蒋霨远等所奏情形不同。该抚当杨逆起事之日，并未知有各匪勾结情事，已属形同聋聩，若不及早扑灭，致令蔓延，自问当得何罪。著即严饬王承璐、福连、承龄等，赶紧剿办。应添兵力，即著恒春酌拨前往会同剿捕。至该匪首须报等，务即按照单开住址，不动声色，严密查拿，毋令兔脱。其如何起衅根由，并著据实覆奏。原折单均钞给阅看。再御史张骏奏，请实行乡团，以节糜费等语。黔省各匪不靖，此拿彼窜，若果练团有效，亦足以济兵力不及，该督抚等务当实力办理，以期戢暴安良。原折著一并钞给阅看。将此由五百里各谕令知之。"

（《文宗显皇帝实录》卷一六九）

63. 咸丰五年六月丁未

贵州巡抚蒋霨远奏："谢开复革职留任处分恩。得旨：防患未然，尔疆吏之要务，即有莠民煽惑，总应于初起时迅速办理，据实入奏。乃朕闻汝于桐梓之事，有意弥缝，迨不可收拾，犹复不肯据实入奏。近又有人奏，杨逆勾结苗匪，讵汝又分为两事，只图将就目前，不虑贻害匪轻，夜扪心能无愧乎。"

（《文宗显皇帝实录》卷一七〇）

64. 咸丰五年六月己未

又谕："恒春、蒋霨远等奏，官军进剿夷匪，连获胜仗一折。贵州郎岱、镇宁夷匪，以与汉民构衅，遂假复仇为名，肆行滋扰，虽经攻击获胜，现尚恃险负隅，自应痛加惩创。著恒春等，严饬在事文武统带兵勇迅速进剿，务期扫穴擒渠，毋留余孽。"

又谕："蒋霨远奏，军需待用孔亟，请饬催各省迅速拨解一折。据称黔省桐梓军务已竣，善后急需筹款，独山、荔波界连粤西，均应留兵堵御。近日上下游苗匪不靖，调集滇黔官兵剿办，军需待用万分紧急，而库款因连年筹垫，罗掘一空，无可筹画。广东、山东、江西、粤海关等处，尚有部拨未解银一百四十五万九千余两。四川、陕西、山西三省，尚有请拨未解银二十七万两。著黄宗汉、叶名琛、柏贵、陈启迈、崇恩、王庆云、载龄等，将前项部拨及请拨未解各饷银，迅速筹款，饬委干员起解，沿途如有阻碍，亦即改道巡行，解至黔省，以济要需。将此由五百里谕令各该督抚，并传谕粤海关监督恒祺知之。"

（《文宗显皇帝实录》卷一七〇）

65. 咸丰五年九月丙寅

以歼剿贵州桐梓窜匪出力，赏副将佟攀梅、蒋玉龙总兵衔花翎，知府曹兴仁、刘书年、鹿丕宗、汪申禄，同知沈世良，知州周夔，参将庆连、彭寿、闪云，游击巴哈布，都司张才花翎，通判何铤等蓝翎，余升擢有差。以贵州平远、绥阳二州县办团出力，赏在籍翰林院庶吉士王作孚、丁宝桢五品衔花翎。

（《文宗显皇帝实录》卷一七六）

66. 咸丰五年九月壬午

谕军机大臣等："前因蒋霨远奏称，军需孔亟，请催各省拨款，已谕令各该省，将应解黔省各款，迅速拨解。兹据蒋霨远奏，该省上下游滇黔官兵练勇，以及各路防兵口粮，每月所需甚巨，而黔省瘠贫，无法可设。广东、江西、山东、粤海关等处，尚有欠解银一百四十五万九千余两，屡催未解。饷需攸关，万分吃紧，自系实在情形。惟各该省支应各路军营兵饷，不一而足，恐未能将欠解之项全行拨给。著叶名琛、柏贵、文俊、崇恩等于各该省有可筹拨之处，不拘何款，迅即筹拨银各数万两，派委妥员，解交黔省，以应急需。将此由五百里谕知各该督抚，并传谕粤海关监督恒祺知之。"

又谕："四川峨边营参将蒋玉龙，曾经带兵赴黔剿匪。据该督奏称，该员谋勇兼优，于黔省情形极为留心，若令带兵至黔剿办苗匪，可期得力。著黄宗汉饬令蒋玉龙，即日前往贵州，交蒋霨远差遣。至该抚奏，下游苗匪蔓延，请速调川南、川东劲兵四千名，一由思南前赴镇远，一由遵义、平越前赴都匀，藉资会剿。自因贵州兵单之故，惟前经降旨，令黄宗汉酌拨兵勇，赴湖北助剿，尚未据该督覆奏。此时兵力是否足敷调遣，著黄宗汉酌量抽拨，即交蒋玉龙统带前往。至四川省已拨未解黔饷，前经降旨饬催，现据蒋霨远奏，待饷情形急迫。川省距黔较近，能否拨饷数万两，俾资接济，并著黄宗汉筹画办理。将此由五百里谕令知之。"

又谕："寄谕贵州巡抚蒋霨远，贵州上下游苗匪，蔓延滋扰，该抚请调川兵四千，赴黔协剿。本日已谕令黄宗汉酌量抽拨。惟现在楚北逆匪，势其猖獗，荆襄一带，防剿万分吃紧，川省官兵，调赴楚北者已属不少，而夔巫等处，尚须驻兵严防，是川兵能否再行调拨，尚未可定。该抚惟当联络乡团，就现有之兵，妥为布置。至苗寨众多，当此兵单饷绌之时，惟有剿抚兼施。既慑以兵威，使知畏惧，并设法晓谕，予以自新，如能党与解散，渐就肃清，稍省兵力而节饷需。至各省例解黔省饷银，前已有旨饬催，惟各路军营，需饷孔亟，各该省均有协济之款，势难专顾黔省。该抚仍当于本省善为筹画，移缓就急，其有解到之项，尤须撙节动用，不可稍有虚糜。另折保奏出力各员，已明降谕旨，分别加恩。惟该抚自保举黔西出力人员以来，业经十余次之多，未免失诸浮滥。嗣后军营实在出力人员，固当随时奏奖，激励众心，特不可滥竽充数，致开幸进之门。将此由五百里谕令知之。"

以克复贵州仁怀、桐梓二县城，赏知州赵鸿吉、参将鄂清、都司施嘉宾花翎，游击达冲阿等蓝翎，余升赏有差。以剿办贵州夷匪出力，赏守备燕陞云花翎，云骑尉胡万清等蓝翎，余升叙有差。予阵亡把总甘起忠，祭葬世职。予贵州阵亡通判沈世良、千总陈秉哲、外委张玉章、罗映春、从九品刘钟洛，祭葬世职，练勇陈万春，赏恤如例。

（《文宗显皇帝实录》卷一七八）

67. 咸丰五年十月己未

又谕："本日贵州学政鲍源深，由五百里驰奏贵州剿办苗匪，并军营需饷情形，均系巡抚蒋霨远节次奏闻，业经降旨饬办之事，殊觉徒劳驿站。各省学政职司考校地方公事，本不与闻，其或该省大吏废弛不职，措置乖方，原准学政弹劾，然非事机紧迫，亦止专差赍折，岂容辄由驿递。又如编修张金镛，由山西考官简放湖南学政，具折谢恩，亦由三百里驿递，尤属非是。嗣后各省学政，除派办防剿事务，及实有紧要事件，迫不及待者，准其发报外，其余概不准擅用驿道，以示限制，将此通谕知之。"

谕军机大臣等："恒春奏，黔省剿办苗匪，请速拨军饷；并鲍源深奏，苗患紧迫，请于邻省拨兵筹饷；并丹江失守，援兵坐视各折片。前因蒋霨远奏，饷需匮乏，已叠次谕令叶名琛、柏贵、恒祺、黄宗汉、文俊，将应解黔饷，迅速筹拨，该督抚等，自当遵旨陆续解黔，藉资支放矣。黔省苗寨众多，良莠不齐。此次纷纷滋事，除各寨为首顽苗，必应痛加惩治，其余胁从苗人，若能震慑兵威，咸知畏罪，自应设法解散，妥为抚绥。若纷纷征调，拨兵多则筹饷益难，恐办理愈形竭蹶。所有四川官兵，除派蒋玉龙酌量带兵赴黔外，其余无须调拨。仍著恒春、蒋霨远斟酌现在情形，如上游渐就肃清，即可饬令孝顺等移兵下游，会同承龄等实力攻剿，并设法解散，以期迅速蒇事，藉省兵力。至丹江厅被匪窜扰，及王定臣等兵勇阻隔情形，虽经蒋霨远奏称，该员等委因兵力不敷，并非畏葸不进。惟丹江失守，尚未具奏，仍著查明带兵赴援之署都司王定臣，卸署龙泉县知县黄凤、把总黎朝勋、县丞陶文量等，如有坐视不救等情，据实参奏，俾行间员弁，胥知敬惕，不致贻误事机。将此由六百里各谕令知之。至黔省兵单饷绌，情形吃紧，现在都江厅城尚被苗匪窜踞。著该督即饬前调赴黔之参将蒋玉龙，酌带劲兵前进，毋任逗遛。并将前谕该督筹解贵州之饷银十万两，迅速筹拨，解赴该省，俾资接济，毋误急需。将此由六百里加紧谕令知之。"

（《文宗显皇帝实录》卷一八一）

68. 咸丰五年十二月甲午

又谕："黄宗汉奏派兵堵剿黔边贼匪，并续办按粮津贴各一折。前因蒋霨远请调川省兵勇，谕令黄宗汉酌量调拨，交峨边参将蒋玉龙统带前往，业经黄宗汉先派游击傅崐，带兵一千名赴黔听调。嗣因桐梓、仁怀逆匪余党，扬言入川报复，饬傅崐折回仁怀一带剿击。现在酉阳、秀山，又有铜仁匪徒窥伺，该督因蒋玉龙熟悉川省情形，未便遽令赴黔。著即照所奏，饬令蒋玉龙带原派兵丁，前赴秀山，会同阜陞等相机堵剿，俟得手后，再行前进。"

（《文宗显皇帝实录》卷一八五）

69. 咸丰五年十二月癸卯

又谕："文安奏黔省攻扑镇筸镇城，现在堵剿情形一折。据称贵州铜仁逆匪徐廷杰等，裹胁匪徒，攻扑镇城，又有另股分窜黔属思南、石阡、思州三府，先后失守。距该省晃州、沅州甚近，该镇会商护辰沅道翟诰，派拨兵勇，分投堵剿。复调派官兵，赴晃州、沅州一带防守。惟库款支绌，军饷不继，请饬邻省拨银数万赴楚等语。铜仁逆匪，攻扑镇筸，虽经文安督兵堵截，叠次获胜，而逆匪逼近晃州等处，设有疏虞，关系匪细。所请饬拨军饷，已令户部速议具奏矣，惟该处兵勇，需饷孔急，著骆秉章先行筹拨银两，赶紧解交辰沅道，以备支放。并严饬该处文武各员，实力防剿，毋令黔匪肆行窜入，并随时酌量缓急，添调兵勇，以资防守，毋稍疏懈。将此由五百里谕令知之。"

（《文宗显皇帝实录》卷一八六）

70. 咸丰五年十二月丙午

谕军机大臣等："蒋霨远奏下游各匪日炽，请饬川楚两省带饷会剿一折。贵州下游斋匪，与夷苗各匪，势日鸱张，兵力不敷分派。川楚地界毗连，自应以剿为防，庶贼匪不致蔓延为患。现在蒋玉龙、傅崑，剿办黔边窜匪，如已得有头绪，著黄宗汉，饬令该副将等，相机进捣，与黔省官兵协力夹击，毋得区分畛域，专顾本境。并饬提督万福，扼守川省门户，以为蒋玉龙等后路声援。至窥伺楚境之贼，虽经文安击败，惟该总兵探有思南、石阡、思州三府先后失守之信，晃州、沅州相距切近，是否可令文安，督兵由楚入黔，藉资堵剿，并著骆秉章妥筹调派。其思南等三府，是否已被贼扰，此次蒋霨远奏报，未据提及。该抚身任封圻，令各匪日肆猖獗，咎已难辞，岂能专恃客兵，但以办理竭蹶等词入奏。著蒋霨远严饬各属文武，就现有兵力，迅图扑灭。至广东筹备银二十万两，四川筹备银十万两，前已谕令该督抚等，迅速拨解，谅已遵照办理。其山东未解银八万两，已谕户部即行改拨矣。将此由六百里各谕令知之。"

（《文宗显皇帝实录》卷一八六）

71. 咸丰五年十二月丁未

蠲免贵州兴义、大定二府，黔西、遵义、桐梓、仁怀、普安、安南、贞丰、绥阳、正安、毕节、兴义十一州县，被扰地方上年额赋有差。

（《文宗显皇帝实录》卷一八六）

72. 咸丰六年正月丙子

谕内阁："蒋霨远奏拿获教首逆犯等语。贵州正安州等处，有青莲教首刘起得等，纠众滋事，抗官拒捕，经地方官督带兵练，于绥阳县属之丁木坳等处，接仗获胜，歼毙多名，并将谋逆首从各犯，陆续拿获，就地正法。该逆等甫经传教，即被该地方官次等拿获，所有应得失察处分，著加恩宽免，出力团首兵勇，准其择尤保奏。"

又谕："蒋霨远、孝顺奏剿办近省匪徒，叠获胜仗一折。贵州贵定等厅州县匪徒，经蒋霨远派候补道张镇，署镇远镇总兵佟攀梅等，带兵剿办。该署总兵等，自上年十月二十二至十一月初三日，于王寨小虎场等处，分投搜剿，先后擒斩贼匪一千数百人。初六日复扑贵定县城，被兵练内外夹攻，毙贼百余，贼即败退。大塘、罗斛之贼，进逼定番州城，佟攀梅移师往援，毙贼七百余名，立解城围，贼复分股窜扑顺德关，并威远汛城。其顺德关之战，被知县高廷镇等击毙三四百名，立即奔溃。威远汛之贼，经署知州杜琢章等击毙数十名，孝顺自上游驰至，杀贼二三百名，复督兵分路进攻，官军奋勇齐进，轰毙伪元帅、伪都督及伙匪数百人，贼众弃城而逃，城中余匪，搜杀净尽。该匪徒等逼近省垣，官兵叠次剿办，均属得手，所有出力员弁兵勇，著蒋霨远等查明保奏，毋许冒滥。仍著督饬将弁，将平越、贵定匪徒，克日剿洗，毋留余孽。"

又谕："蒋霨远、孝顺奏剿办遵义余匪，连获胜仗一折。贵州桐梓等处余匪，乘苗匪未靖，复敢纠聚贼党，于上年十月间，在遵义所属之红岩头地方屯踞，分出肆扰。署桐梓县知县刘毅、署仁怀县知县江炳琳，各带兵练，四路截剿，杀贼数百名。十月二十八、十一月初十等日，署遵义府知府杨书魁、游击祥福等，督兵夺复娄山关，追至四杠李家湾等处，合力焚剿，连烧贼营五座，焚斩匪徒计共八九百人，夺获炮械无算。江炳琳侦知红岩头贼巢空虚，会同营弁，先将附近贼寨焚毁，团首蔡永清潜在贼巢内应，乘乱夹攻，匪众惊溃，立将红岩头夺回。十二月初四等日，祥福叠将四杠贼匪痛剿，斩枭伪将军一名，沿途追杀者，不计其数，溃匪百余，逃匿岩洞，尽被官兵用火熏毙，现在胁从之贼，大半解散。著蒋霨远等，严饬将弁，迅速将此股廓清，并将在逃贼首徐子容等擒拿务获，此绝根株。"

予贵州阵亡知县塞谔、千总池莲培祭葬世职。

（《文宗显皇帝实录》卷一八九）

73. 咸丰六年二月丁巳

谕内阁："蒋霨远、孝顺奏剿办匪徒，克复府城一折。贵州铜仁匪首徐廷杰，连陷四府一厅，叠经官兵扑剿，收复思南、松桃、思州，该匪尚在石阡及毛家寨等处屯聚。候补同知王敬烈、署余庆县知县彭澜带兵进剿，署知府黄培杰约齐团练，奋力迎击，追抵石阡城下，官兵踊跃齐登，当将府城克复，毛家寨匪党望风而溃，贼巢尽行焚毁。

惟时湖南兵勇越境会剿，业已克复铜仁，余党溃散。著蒋霨远等，严饬各员弁迅速搜剿，务将匪首徐廷杰、毛大先等，悉数擒获，以净根株。署石阡府知府黄培杰，署石阡营都司陈定元，均著开复革职处分，并免其查办。游击鄂清，于楚兵协剿铜仁时，带勇打仗七次，随同克复，尚属愧奋，著免其查办。予贵州阵亡举人刘庆元，赏恤加等。"

（《文宗显皇帝实录》卷一九一）

74. 咸丰六年三月乙亥

又谕："蒋霨远、孝顺奏剿办思南、石阡余匪，生擒匪首一折。贵州思南、石阡二府，前经官军克复后，匪首毛大先等，尚窜逃未获。正月二十等日，署知府福奎等，于邵家桥等处剿贼，踏毁贼营三座，先后毙贼一千八百余名，共生擒二百四十余名，内有伪将军李春贵等十三名，夺获炮械甚多。其龙泉县桶口之匪，经署知县陈世镳等，于正月十九等日，剿毙五百余名，生擒伪将军李老七等十八名，伪先锋谢池滢等二十八名。嗣匪首毛大先窜至江阳沟一带地方，经候补同知王敬烈等管带兵练往剿，将毛大先，及攻破思南之逆匪杨斗洪等四人，一并擒获，夺获旗帜炮械多件，又捕得攻陷石阡之逆匪李春等八名，俱分别正法。现在该处匪党，改悔投诚者已六七千人。惟铜仁匪首徐廷杰，是否业经歼毙，仍著蒋霨远等，严饬在事员弁，迅速追捕，以清余孽。"

（《文宗显皇帝实录》卷一九三）

75. 咸丰六年四月戊申

曾光斗、林庆贻、林式恭、张鼎辅、张德容、黄先瑜、朱学勤、郑守廉、程维清、敖册贤、靳邦庆、郝铎、蔡兆槐、陈兰彬、李鹤龄、包欣芳、刘洪简、王作孚、田景瀛，俱著以部属用。

（《文宗显皇帝实录》卷一九六）

76. 咸丰六年五月庚午

谕军机大臣等："前据恒春奏，黔省贼势鸱张，抚臣剿办未能得手，请亲往督办等语。蒋霨远在黔数年，于地方事务，尚未见其竭蹶。自桐梓等处匪从滋事以来，蔓延各属，未能迅速藏事。前年剿办杨凤一股，全系川滇官兵之力。上年剿办徐廷杰一股，又系湖南援兵出境，始就歼除。而该抚保举出力人员，已至十数次之多，前因其所保过滥，曾于此折内严切指示。特念该省兵单饷绌，不得不勉从所请，以励军心。本日奏报罗斛一带，虽有胜仗，而胜秉等处，伤亡员弁，仍复不少。似此日久耽延，恐致贻误。蒋霨远办理军务，能否调度得宜，若恒春密加访察，如果尚堪胜任，边圉重地，原不必骤易生手。若实在调度无方，难资整顿，即著据实密陈，毋稍徇隐。将此由六百里密谕知之。"

又谕："蒋霨远奏急需川兵会剿苗匪，并恳饬令筹饷接济一折。览所奏各情，自系万分紧急，前调蒋玉龙一军，因秀山一带，松桃余匪未靖，以致赴黔稍迟。现在松桃等城已复，川黔交界亦已肃清，著黄宗汉即饬蒋玉龙，迅速前赴镇远剿办，与黔兵协力夹击，以期节节疏通，城围立解，毋任逗遛。所需军饷，黔省凋敝之余，万难支应，并著黄宗汉设法筹拨，源源接济，庶免饷需匮乏之忧。至黄宗汉身任总督，地方寻常事件，应奏者已属不少，况各省拨兵调饷，关涉军务者，更当由驿驰递，岂容积压迟延。"

又谕："前因贵州需饷，叠经谕令叶名琛，拨银二十万两，解往应用。兹据蒋霨远奏称，广东头批饷银，已由楚迎提至黔。其二批饷银五万两，接据湖南巡抚咨称，暂留截用，俟广东应解南饷到日解还，于黔省停兵待饷情形，意存膜视，应请勒令克日赴解等语。贵州省苗匪蔓延，兵勇待饷甚急，其头批饷银。既经解到，则道路并无梗阻，何以擅将饷银截留。所有广东解黔二批饷银五万两，著骆秉章陆续派员解往贵州，此后粤省再有解黔银两，毋许截留，以免贻误。至黔省匪徒滋事，为日已久，蒋霨远保奏出力人员，几难数计，朕念该省饷绌兵单，亦俱勉从所请，给予奖叙，方谓将士等定知激劝。兹阅该抚所奏，下游滋蔓情形，尚复如故，縻饷老师，肃清何日。蒋霨远身任疆圻，责无旁贷，著督饬在事文武，将各属匪徒，迅速剿除，毋得徒以饷需不继为辞，诿过他人，自干咎戾。将此由六百里各谕令知之。"

予贵州阵亡知县张礼度、把总刘郑胜、李定忠、唐万宾、刘大钰、外委许恩贵、吴华奇、王治兴、游启贵，从九品阳余龄，祭葬世职。以全家殉节，予贵州知县张礼度，于死事地方建立专祠，并以伊母及眷属亲幕等二十三名口附祀。

（《文宗显皇帝实录》卷一九八）

77. 咸丰六年六月辛丑

以江苏句容、溧水二县城被贼窜陷，革候补知府赵廷铭、知县周砚铭职，仍留署任，戴罪效力。

（《文宗显皇帝实录》卷二〇一）

78. 咸丰六年九月壬戌

又谕："有人奏黔省征额加增，并勒令捐派，请饬严行禁革一折。据称贵州州县，征收钱粮，每于正项外加增平数，名曰屉戥费，民甚苦之。前桐梓县革役杨隆喜等倡乱，皆藉口除屉戥之害纠众滋事。铜仁府知府葛景莱，亦以循旧加征，致匪徒戕官踞城。桐梓县知县刘毅，办理善后，诛求未已，以致匪党复行滋事。又该省州县，每勒令苗民捐输，罄其家产，该匪之不靖，实由官吏逼迫等语。州县征收钱粮，均有定额，似此额外加增，无怪民不聊生，激成事变。著恒春、蒋霨远严查各州县，如有前项情弊，即著严参示惩，并将屡戏费名色，永远革除。至苗民情愿捐输，原属不禁，断不准不肖官吏，勒令派捐。即著于各州县通衢村镇，出示晓喻，以安民心而除弊政。将此谕令知之。署四川总督乐斌奏，黔省苗匪纷扰，镇远府城被围，副将蒋玉龙孤军无援，惟有迅拨川兵，裹粮助剿，并严扼窜蜀要路。得旨：览奏，尚系实在情形，惟赴黔官兵，随时解往之，饷糈不可迟误。"

（《文宗显皇帝实录》卷二〇七）

79. 咸丰六年十二月己酉

蠲免贵州贵阳、黎平、安顺、思南、石阡、思州、都匀、镇远、铜仁九府、松桃、郎岱、清江、下江、镇宁、独山、麻哈、黄平、平远、安化、印江、铜仁、玉屏、清溪、施秉、镇远、贵定、龙里、都匀、清平、荔波、余庆、长寨、归化、定番、广顺、开泰、瓮安、开、永宁、贞丰、贵筑、普定、天柱、婺州、龙泉、桐梓三十七厅州县，暨册亨州同、罗斛大塘州判所属，被扰地方，上年额赋有差。

（《文宗显皇帝实录》卷二一六）

80. 咸丰七年七月辛卯

以剿平贵州遵义匪徒，赏知县江炳琳花翎，余升擢有差。予阵亡练目文占雄、翟玉春赏恤如例。以擒获贵州铜仁匪犯，赏练丁毛宗发等六品顶翎。

（《文宗显皇帝实录》卷二三一）

81. 咸丰八年二月丁卯

谕军机大臣等："前因蒋玉龙，已授贵州提督，谕令王庆云于川省将弁内，遴员前赴贵州，接管该提督原带川兵。嗣因思南府城，被匪阑入，复允王庆云所请，令该提督即由镇远，绕出思南之北，相机进剿。本日复据王庆云奏，黔省桐梓等处，匪徒复炽，应否即由蒋玉龙一手剿办等语。蒋玉龙既经简放贵州提督，全省军务，皆归调度。现在下游麻哈等处，正当剿办吃紧之际，佟攀梅既以贻误革职，恐该处统兵乏人，倘王庆云所派接替之员，能即日前往，则桐梓匪徒，即可责成该员剿办。俾蒋玉龙得以回顾下游，若由思南再至桐梓，恐与麻哈、都匀相去渐远。著王庆云酌量情形，应如何分投援剿之处，即行知照该提督，由何路进兵，免致两歧。至协济饷需，据称已解银一万两，此后仍著源源接济。黔省饷项无出，该督当已稔知，即蒋玉龙一军，不在桐梓一路，亦当设法筹解，无使缺乏。将此由五百里谕令知之。"

（《文宗显皇帝实录》卷二四六）

82. 咸丰八年三月壬午

又谕："蒋霨远奏甄别知县一折。贵州余庆县知县章赞清，才不胜任，难期振作，著以原品休致。委用知县吴化嗓才具粗率，拣发知县庆发不谙吏治，惟该二员年力尚壮，均著以府经历县丞改用，归部铨选。"

（《文宗显皇帝实录》卷二四七）

83. 咸丰八年四月辛未

又谕："蒋玉龙奏沥陈黔省军务情形，请饬邻省拨兵济饷一折。贵州苗教各匪，蔓延镇远、黎平、都匀、麻哈、思南各府州，以及近省各州县，分踞险要，出没无常，分兵防剿，兵力已形单薄。加以协饷不敷，饷项口粮，积欠不少，剿办更形棘手，著王庆云筹拨饷糈，迅速解黔，或能分拨兵练，相机助剿，更为得力。并著骆秉章，酌调兵勇赴黔，会合蒋玉龙所带川兵，逐节进剿，以清全黔伏莽，即以固川楚藩篱，是为至要。将此由六百里各谕令知之。"

（《文宗显皇帝实录》卷二五二）

84. 咸丰八年五月丙戌

以江苏句容县团练出力，赏知县赵廷铭花翎，县丞汪汝桂等蓝翎，并升叙有差。

（《文宗显皇帝实录》卷二五四）

85. 咸丰八年六月辛亥

又谕："蒋霨远奏饷项支绌，恳请添拨一折。贵州都匀、思南等处，贼氛未靖，带兵各员，分路进剿，镇远、黎平两府，及独山、荔波各州县，处处防剿，需饷甚巨，虽山陕四川等省，尚有未解银二十一万余两，但积欠过多，解到后亦不敷分拨。著王庆云、恒福、曾望颜再行各筹银五万两，同前未解之项，陆续分起，解往贵州。其湖南欠解贵州协饷，亦著骆秉章，速筹银三万两，就近解交镇远、黎平两府，以济急需。将此由六百里各谕令知之。"

予贵州阵亡知州钱无善，祭葬世职。蠲免贵州都匀、镇远、黎平、安顺四府，平越、独山、麻哈、黄平、都匀、清平、镇远、施秉、永从、开泰、余庆、荔波、龙里、贵定、永宁、普定十六州县，及清江、下江、归化三通判，锦屏乡县丞所属，被扰地方额赋有差。

（《文宗显皇帝实录》卷二五六）

86. 咸丰八年八月丁未

以失守贵州婺川县城，旋即克复，革署知县阮文藻职，仍留任。

（《文宗显皇帝实录》卷二六○）

87. 咸丰八年十一月己卯

蠲免贵州都匀、镇远、黎平、石阡、思南、独山、麻哈、清平、黄平、施秉、永从、开泰、平越、余庆、瓮安、印江、荔波、安化、婺川、龙泉、龙里、贵定、威宁二十三府州县被扰地方额赋有差。

（《文宗显皇帝实录》卷二六九）

88. 咸丰九年正月乙亥

免贵州都匀、镇远、黎平、思南四府，独山、麻哈、都匀、清平、黄平、镇远、施秉、印江、永从、开泰、安化、婺川、平越、余庆、瓮安、龙泉、龙里、贵定、荔波、桐梓、清江二十一厅州县，并锦屏县丞所属被扰地方额赋。

（《文宗显皇帝实录》卷二七三）

89. 咸丰九年三月甲戌

又谕："蒋霨远奏剿办正安等处逆匪获胜一折。贵州正安州等处贼匪，踞洞为巢，时出焚掠。而思南之贼，复由婺川窜扰州境，节经蒋霨远，饬令各该地方官练，分投剿办。由严门洞一带进剿获胜，叠将驻马山等处贼巢营卡，以次攻破，擒戮甚众。并将务川县属上坝及西山贼洞沙窝等处贼巢踏毁。又自蒲家山，直达务川县城，连破贼营十余座，攻破刺猪洞贼巢，杀贼尤多。其马䃳地方贼垒，死力拒守，亦经各队练勇，分路进攻，贼众大败。追击至红溪河洞脑，复毙贼多名。余匪由螺蟈遁逃，仍著该抚督饬各军，务将窜逃余匪，悉数歼除，以靖地方。"

以贵州正安等处剿匪获胜，赏同知江炳琳巴图鲁名号，知州于钟岳花翎。

（《文宗显皇帝实录》卷二七八）

90. 咸丰九年十月丁巳

又谕："有凤奏楚防情形较缓，黔省贼氛复炽，现拟移师进剿一折。据称，粤逆被剿南窜，距川省已远，惟黔省婺川及松桃等处，教匪复炽，逼近川疆各处，恐粤逆潜入勾结，现在到防兵勇，一万有余，足敷调拨，正可乘此兵力厚集之时，出境相机进剿，与黔省官兵，合力夹击，俟婺川等处，一律肃清，即移此得胜之师，前赴西秀，会剿猫猫山教匪。"

（《文宗显皇帝实录》卷二九八）

91. 咸丰九年十月甲子

谕内阁："何桂清奏请将丁忧知县暂留署任一折。江苏署句容县知县、候补知府赵廷铭，现丁母忧，例应回籍守制。兹据该督等奏称，句容地方紧要，该员办团筹防，诸臻妥协。赵廷铭著暂留江苏，于百日后，仍署句容县事。俟军务告竣，即回籍守制，以符定例。"

（《文宗显皇帝实录》卷二九八）

92. 咸丰九年十一月辛巳

以贵州绥阳等处剿匪出力，赏守备全祖凯巴图鲁名号，知府窦奉家，同知高以廉，知州朱百谷，都司全太文、李远成，守备彭兴林等花翎；知县蹇阊等蓝翎，并各加衔升擢有差。

（《文宗显皇帝实录》卷三〇〇）

93. 咸丰九年十二月丙申

又谕："蒋霨远奏，贼匪阑入湄潭县城，请将援剿不力之提督严议一折。贵州思南一带匪徒窜入湄潭县境，经提督蒋玉龙驰往援剿，与署知县廖遇春，分扎要隘，协力堵截，杀贼百余名。十月二十一日，贼复纠集大股，直扑县城，蒋玉龙于山王庙、尖山坪等处接仗，廖遇春亦带练接应，各毙贼数十名。另股悍匪数千，由松烟铺抄至，官兵众寡不敌，以致县城失守。提督蒋玉龙，援剿不力，咎有应得，惟究由饷缺兵单所致。蒋玉龙，著改为交部议处，其廖遇春，及在城文武下落，著该抚查明，分别办理。"

（《文宗显皇帝实录》卷三〇二）

94. 咸丰九年十二月丙午

谕军机大臣等："蒋霨远奏，提督蒋玉龙所部兵练，因粮饷告竭，已多溃散，该提督威令不行，致贼匪闻风上窜，已降旨将蒋玉龙先行革职，留营效力，并命田兴恕署理贵州提督矣。贵州军务吃紧，兵心涣散，蒋玉龙原带兵练，又因招集不至，全行遣撤回川，致瓮安股匪，漫入遵义南乡。近省之开州，亦被贼窜，情形万分吃紧。田兴恕业已令其署理提督，著骆秉章催令带同原队兵勇，星驰赴黔，以资统率，并将由黔入川贼匪，悉力堵遏，毋令蔓延。至萧启江一军，曾降旨仍令暂留粤西，著曹澍钟饬令速赴庆远一带，追剿石逆以保川疆。黔中军务疲敝已极，并饬该署提督力加整顿，复振军威，迅殄贼氛，毋负委任。将此由六百里谕令知之。"

贵州巡抚蒋霨远因病赏假，以布政使海瑛署巡抚。以贵州三渡关兵溃，革提督蒋玉龙职，拔花翎，留营效力，以候补总兵官田兴恕署贵州提督。

（《文宗显皇帝实录》卷三〇三）

95. 咸丰十年二月丙午

谕军机大臣等："海瑛奏，请饬催四川等省协饷各等语。黔省自用兵以来，指拨各省军饷，欠解至五百余万两，其另拨之军饷，亦积欠至七十余万两之多。现在遵义等处，叠经获胜，黔楚官兵，进扎镇远，需费较紧，设因兵饷不继，贻误非轻，四川、山东、山西、湖南、陕西，所欠黔饷，自数万两至二十余万两不等。著曾望颜、文煜、英桂、骆秉章、谭廷襄，迅速设法筹解，毋稍迟误，至江西省协拨贵州兵饷连年积欠，至二百四十余万两，该省现在全境肃清，筹拨较易，若仍以一二万两敷衍塞责，必至愈积愈多。著恽光宸督饬该藩司，迅速筹拨，务以十万两为一批，解黔接济，毋得如前玩忽，致干咎戾，将此由五百里各谕令知之。"

署贵州巡抚海瑛奏报："黔楚官兵，进剿镇远贼匪，收复府卫两城。"得旨："此次收复府卫两城，惟在善抚其后，迅派良员整饬诸务，修缮城隍，不可视为缓图。以收复贵州湄潭县城，革疏防在前知县廖遇春职，免其拿问，责令随同剿贼。予阵亡知府江炳琳祭葬世职加等，并于遵义地方及原籍建立专祠。"

（《文宗显皇帝实录》卷三〇七）

96. 咸丰十年二月壬子

以四川击退滇匪出力，予知县唐炯奖叙。阵亡把总陈全，外委蒲映第、杭在田祭葬世职。

（《文宗显皇帝实录》卷三〇八）

97. 咸丰十年二月壬戌

谕军机大臣等："曾望颜奏，请饬黔省办理善后等语。四川酉秀边界，贼党股数甚多，经曾望颜剿抚兼施，彭涪官军，已将首逆王带周擒获，现在专剿濯水一股，计日当可荡平。惟王带周前踞各寨，均系黔省印江、婺川、正安三县所属地方，川省官员，只能越境进剿，至抚绥地方，安插难民，一切善后事宜，必须黔省地方官妥为经理，方不至再滋事端，重烦兵力。著海瑛，即饬印江等县地方官，将被难居民，认真绥辑，务使闾阎各安生业，倘该地方官不能得力，即行奏参另派贤能之员，前往办理。将此由六百里谕令知之。"

（《文宗显皇帝实录》卷三〇八）

98. 咸丰十年闰三月甲子

以贵州遵义、永宁等处剿匪出力，赏守备涂应泰、包兴等花翎，知县朱文香等蓝翎，知府周夔等加衔，升叙有差。

（《文宗显皇帝实录》卷三一四）

99. 咸丰十年六月乙丑

本日又据刘源灏奏："粤匪窜扰黔境，本地苗教各匪复事鸱张，饷竭师疲，力难兼顾，请饬催拨饷等语。四川省欠解黔饷甚多，著曾望颜无论何款，迅即筹拨银二十万两，就近解黔，以济急需。将此由六百里各谕令知之。"

又谕："刘源灏奏粤匪窜扰黔境，内贼复肆鸱张，沥陈危急情形一折。粤匪拥众万余，由兴义、贞丰、归化，窜陷广顺、永宁两州城，窥伺定番，贵州省城附近苗教各匪，乘间而起，虽经赵德昌等带队驰往击退，而清水江以内数百里，贼踪几遍，广顺甫经收复，其永宁窜踞粤匪，势正狍狂，定番距省仅百余里，省城四面受敌，情形实为危急。著田兴恕，即督大队，由石阡取道遵义，径抵省门，以顾根本。并将粤黔等匪，与刘源灏斟酌缓急，力图剿办，以除丑类而靖地方，毋稍延误。将此由六百里谕令知之。"

（《文宗显皇帝实录》卷三二一）

100. 咸丰十年六月丁卯

又谕："前因粤匪窜陷广顺、永宁，窥伺定番。贵州省城附近苗教各匪，乘间蜂起，省垣危急。当降旨，谕令田兴恕即督大队由石阡取道遵义，径抵省城，力图剿办。兹据曾望颜奏，粤匪石达开分陷永宁、广顺等处，并有大股已破郎岱之说。黔省毕节县，与川省叙永厅毗连，如该逆由遵义窜扰，则必由南川县入川，倘由仁怀假道，则綦江、江津、合江等处，皆属可虞，请饬田兴恕，带兵由西秀一路，直入川境，再分兵一由綦江趋遵义，一由叙永趋大定，如兵力未敷，即于川南、川东，招募团勇，归其统带，饷需亦由川省筹拨各等语。石逆垂涎川省已久，黔省素称瘠苦，该逆未必竟思久踞，恐其声东击西，假道黔疆，以遂入川之计。四川滇匪，尚未剿除，所有该省兵勇，均赴天全、井研两处剿办，未暇分顾川南边防，若令石逆乘间阑入，必致滋蔓难图。著刘源灏、田兴恕，酌量缓急，通盘筹画，如黔省情形稍松，探明果系石逆大股入川。即带兵迅赴西秀，由綦江、叙永，分投迎剿，既可以保川省藩篱，亦可以树黔省声威，毋致顾此失彼。将此由六百里谕令知之。"

（《文宗显皇帝实录》卷三二一）

101. 咸丰十年六月癸未

谕军机大臣等："本日据刘源灏奏，各匪窜陷归化修文等城，逼近省垣，请饬田兴恕迅速援省；并据田兴恕奏，现在筹办防剿情形，及部署下游各军，即行督军赴省各折片。粤匪自攻陷归化厅城后，已至羊昌河一带，距省不及百里，苗教各匪，攻陷修文县城，屯聚省城数十里外，省中存兵无多，三面受敌，异常吃紧。田兴恕虽饬副将沈宏富、刘吉三两军，由湄潭、瓮安赴援，尚恐缓不济急，著田兴恕迅将剿办下游各军，部署完竣，即督所部由婺川取道遵义，驰赴省城，会同巴扬阿等兵练，分投扫荡，勿留余孽。一俟省垣情形稍松，仍即驰回石阡，相机堵剿，以固川省门户。田兴恕所奏，劝捐抽厘，事权未能归一等语，帮办军务贵东道何冠英，著即专办该省劝捐抽厘诸事，以济饷需，其粮台事务，著刘源灏另行拣员襄理，无庸令该道会办，以专责成。至黔中州县，疲玩成风，屡经田兴恕札饬办理捐厘，各州县动以养练为词，任意开销，全无实际，该抚甫经到任，无所用其回护，著即认真查明，严参惩办，以除积弊。将此由六百里谕令知之。"

（《文宗显皇帝实录》卷三二三）

102. 咸丰十年六月丁亥

谕军机大臣等："前因黔省需饷，四川欠解甚多，当谕曾望颜筹银二十万两，就近拨解。兹据刘源灏奏，粤匪窜扰黔境，省城危急，请饬川省筹济饷需等语。粤匪既入黔境，道路纷歧，均可旁窜川境。现在田兴恕一军，取道遵义，赴援省城。会同巴扬阿等，分投剿办，如将粤匪在黔扑灭，蜀中自可无虞，惟军饷支绌，系属实在情形，自应速筹接济。著东纯于行抵四川接署督篆后，即遵前旨先筹银二十万两，迅速解赴田兴恕行营。以资接济，将此由六百里谕令知之。"

又谕："前据曾望颜奏，石逆大股入川，恐假道黔疆，当谕刘源灏、田兴恕，酌量缓急，如黔省情形稍松，即赴西秀一带迎剿。嗣据刘源灏奏，各匪窜陷归化、修文等城，逼近省垣，复经谕令田兴恕迅速援省，俟省垣情形稍松，仍回石阡堵剿。兹据刘源灏奏，黔中防剿吃紧，田兴恕未可赴川等语，自系尚未接奉两次寄谕。现在逆匪欲扑省城，距川尚远，省中待援孔亟，自应先清腹地，以固川楚边防，未便令田兴恕舍黔入蜀，徒守一隅。著刘源灏仍遵前旨，饬令田兴恕迅将下游各军部署完竣，即督所部由婺川取道遵义，驰赴省城。会同巴扬阿等兵练，分投剿办，一俟省垣情形稍松，仍回石阡堵剿，以固川省门户，所请由川省筹拨饷需，本日已寄谕署四川总督东纯筹解矣。将此由六百里谕令知之。"

（《文宗显皇帝实录》卷三二三）

103. 咸丰十年七月庚戌

又谕:"前据刘源灏奏,各匪窜陷归化、修文等城,逼近省垣,叠经谕令田兴恕,取道遵义,驰赴省城剿办。兹据刘源灏奏,粤匪距川较远,提臣仍应就近进剿,未便绕道赴川等语。自系尚未接奉叠次寄谕。现在粤氛既距川尚远,川疆稍松,黔中与贼相持,正当吃紧之际,田兴恕自应仍遵前旨,取道遵义,力图剿办。据刘源灏奏,修文克复,内窜贼匪,大半击退,省城情形亦觉稍缓,著田兴恕探明,省垣如可毋庸赴援,即可先办粤匪,务须迎头截剿,毋庸绕道入川。至应需军饷,前经谕令四川先筹银二十万两,就近拨解,惟川省现办军务,饷源支绌,恐一时不能全数解到,著刘源灏先于本省设法筹措,以济军食,不得专恃邻省筹济,停兵待饷,致误事机。本日据工部奏,黔省应解黑铅,久未批解,请饬催陆续补解等语。黔省应解黑铅,数年未据按批解到,现在库存无多,海防紧要,深恐贻误军需。著刘源灏,将咸丰二年下运起历年应解黑铅,迅即分批解部,以资灌造,毋再耽延。将此由六百里谕令知之。"

(《文宗显皇帝实录》卷三二五)

104. 咸丰十年八月乙酉

督办贵州军务署贵州提督田兴恕奏:"由湄潭、瓮安赴省。"得旨:"赴省应援,无后顾之忧,方为妥善。"

(《文宗显皇帝实录》卷三二九)

105. 咸丰十年八月丙戌

以剿办贵州思南、石阡各属贼匪出力,赏副将周学桂,游击李有恒巴图鲁名号;守备孙殿元、知县章树勋花翎,县丞张致祎等蓝翎,余升叙有差。予阵亡都司沈玉龙、汪得胜,守备秦复陞、郑启万、朱得明,千总符顺兴,把总杨洪利、藤成富、袁得胜,外委田景玉,祭葬世职加等。

(《文宗显皇帝实录》卷三二九)

106. 咸丰十年九月丁酉

又谕:"前因田兴恕奏,请仍由湄潭、瓮安赴省,当经谕知赴省应援,无后顾之忧,方为妥善。本日据刘源灏奏,独山、定番两州均被粤逆攻陷,距省甚近,人心震恐,城市仅有饥疲之兵数百名,万不足恃。请饬田兴恕迅速赴援等语。粤逆纠众数十万,逼近省城,情形岌岌可危,自应先其所急,以固根本。著田兴恕统带得胜之军,径由婺川、遵义赴省救援,此路并无贼阻,迅速可到。其湄潭、瓮安两县贼匪仍可派兵分剿,以顾后路,俟省垣附近一带贼势稍松,再出省以次剿办。该抚请饬催四川各省饷银，已谕令崇实等筹拨矣。将此由六百里各谕令知之。"

命署四川总督崇实，迅筹银二十万两，解赴贵州军营充饷。

（《文宗显皇帝实录》卷三三〇）

107. 咸丰十年十月丁亥

谕内阁："田兴恕奏官军剿贼，连获大捷，克复瓮安县城，现拟督兵赴省一折。逆匪盘踞笼溪，势甚猖獗，田兴恕饬副将沈宏富等，各率所部，相机进剿。八月十二日，杨岩宝等分攻左右各寨，贼匪出营迎敌，我军奋力冲杀，毙贼无算，立将笼溪贼巢攻破。十六十七等日，又将水溪坉、岩门、新土、小泥田、构子坪五处贼营十余座，次第攻克，副将刘吉三等进攻三角庄，杀贼一千余名，参将李有恒进剿大寺顶之贼，三获胜仗，斩擒甚众。八月二十四日，田兴恕亲督长胜军径扎笼溪。逆匪纠约三万余人，分路来扑，我军截住该逆归路，兵勇分头冲出迎敌，穷追二十余里，毙贼二千余名，我兵一无损伤。九月十一日，冒雨进攻，参将罗孝连等，奋不顾身，飞登贼墙，大兵继进，攀附而上，歼除逆贼殆尽，即乘胜直扑松坪，前后夹击，斩馘四千余名，乘势攻克猴坪贼巢。是日三战三捷，踏破贼营七十五座，阵斩伪扶明王石大魁，伪元帅伪将军十余名，救出难民二万余名，解散余党二万有奇。十八日，踏毁红峒堡贼营后，直抵瓮安，杀毙黄衣红衣贼目数名，斩获不计其数，立将县城克复。此次官军进剿，计两旬以来，连获大捷，杀贼二万数千，收复地方三百余里，赴省大路已通，著即乘此声威，歼除余孽。"

（《文宗显皇帝实录》卷三三四）

108. 咸丰十年十二月己巳

命贵州提督田兴恕为钦差大臣，督办全省军务。以收复贵州修文县城，并贞丰、仁怀等处守城出力，赏同知樊希棣巴图鲁名号，主事张辖新、知府沈丙莹、吴德溥、同知戴鹿芝、知州邓尔巽、守备罗德光等花翎，知县湛端模等蓝翎，余升叙有差。

（《文宗显皇帝实录》卷三三七）

109. 咸丰十年十二月己卯

蠲免贵州都匀、镇远、思南、石阡、黎平、平越、独山、清平、黄平、施秉、永从、开泰、安化、印江、婺川、龙泉、余庆、瓮安、贵定、龙里、荔波、天柱，三十三府州县暨清江、下江两厅，锦屏县丞所属及古州左右八寨，台拱、黄施、丹江、凯里、清江左右九卫被扰地方额赋有差。

（《文宗显皇帝实录》卷三三八）

110. 咸丰十一年六月乙酉

以贵州桐梓县奸毙谋逆团首，赏训导赵旭等蓝翎，知府樊希棣等升叙有差；予阵亡知县陈世铦知府衔，建立专祠；知县裴季勋、都司周启祥、守备曾佩麟、千总王化龙、把总唐兴发、康士富、萧必青祭葬世职。

（《文宗显皇帝实录》卷三五五）

八、穆宗毅皇帝实录

1. 咸丰十一年八月己未

引见吏部等衙门保送御史人员。得旨："张景青、陆仁恬、谢赓禧、周辑瑞、贾铎、丁寿昌、吴鼎元、王作孚、刘庆、余光倬、朱澄澜、毕应辰、陈骏、吴台寿、王书瑞，均著记名以御史用。"

（《穆宗毅皇帝实录》卷二）

2. 咸丰十一年八月乙丑

以克复贵州瓮安县城，暨石阡、余庆解围，赏参将田衍炳、都司刘得胜巴图鲁名号，并赏刘得胜花翎。

（《穆宗毅皇帝实录》卷二）

3. 咸丰十一年九月乙未

又谕："骆秉章奏请将不遵节制，并纵勇滋事之文武各官革职查办等语。四川带兵参将尹士超，经骆秉章檄令在花街镇界牌子一带地方，豫行伏兵截击逃匪，辄敢故违节制，延不移营，致令败贼窜逸，无兵拦剿，实属贻误事机。署绵州知州、夔州府知府唐炯，置酒宴客，迟误运送军火，并于该管黔勇戕害楚营弁勇多名，并将游击沈茂胜割去左耳，延不将黔勇查办抵偿，以致楚军未能拔营追剿贼匪，尤属贻误大局。尹士超、唐炯均著即行革职，交骆秉章秉公严行查办，以肃军政。"

（《穆宗毅皇帝实录》卷四）

4. 咸丰十一年十月丁巳

以贵州办理防剿出力，予在籍知府胡廷桂优叙。

以贵州婺川县城解围，赏县丞计远长等蓝翎，余升叙有差。

（《穆宗毅皇帝实录》卷六）

5. 咸丰十一年十月戊寅

追予故云贵总督罗绕典，知县陶履诚、塞谔，游击保山、祥福，千总池莲培，于贵州遵义府地方分别建立专祠。

（《穆宗毅皇帝实录》卷八）

6. 咸丰十一年十一月丁亥

又谕："田兴恕奏石阡等处剿贼获胜等语。苗匪由施秉等处窥伺石阡府城，经总兵刘义方等合力兜剿，攻克滥泥山要隘，蹋毁贼营，该匪窜逸石阡、余庆境内，渐次肃清，剿办尚为得手。著田兴恕乘此声威激励将士，节节扫荡，毋留余孽。"

（《穆宗毅皇帝实录》卷九）

7. 同治元年二月戊辰

又谕："骆秉章奏石逆阑入川境，请饬田兴恕来川援剿一折。石逆由利川僻径，窜越石砫厅，现已至酆都县下游之羊肚溪地方，抢船渡河，势将联合涪州一带滇匪，进窥重庆。该督现饬副将唐友耕一军，由青神驰赴重庆，并已革知府唐炯所带黔勇，驰赴合州策应。著即迅饬前往，毋稍稽迟。刘岳昭、易佩绅两军，前已有旨谕令官文、毛鸿宾饬令驰赴夔州。并著骆秉章飞速催提，前往重庆一带助剿。重庆地方，物阜民殷，商贾云集，石逆势必疾图扑犯，所有该处江面货船，并沿江各州县来往船只，均著该督檄令地方官先期收集，调往别所。毋令该逆抢掳，顺流下窜，回犯荆楚，致成燎原之势。将此由六百里加紧谕令知之。"

（《穆宗毅皇帝实录》卷一九）

8. 同治元年二月甲戌

以贵州绥阳、湄潭等处剿匪获胜，复已革总兵官吴安康职，并赏二品封典知府于钟岳巴图鲁名号，同知达才连花翎，余升叙有差。

（《穆宗毅皇帝实录》卷二○）

9. 同治元年四月庚申

蠲减贵州都匀、镇远、思南、黎平、石阡五府，独山、麻哈、都匀、清平、荔波、清江、黄平、镇远、施秉、安化、印江、下江、永从、开泰、锦屏、平越、余庆、瓮安、湄潭、开、贞丰、贵定、修文、普安、安南、龙泉、大塘、松桃、归化、广明、永宁、龙里、兴义、绥阳、清溪、罗斛三十六厅州县被扰地方积欠额赋有差。

（《穆宗毅皇帝实录》卷二四）

10. 同治元年四月癸亥

婺川县知县胡元英，不恤民隐，舆情未洽；补用知县杨焕章，才具平常，难膺民社，惟皆系举人出身，文理尚优，均著以教职改补，补用知县罗斛州判葛寿增，才识庸懦，办事无能，著以府经历县丞归部铨选。

谕内阁："韩超奏请将道府丞倅县令佐杂各员分别举劾一折。……都匀府知府于钟岳，谋勇兼长，战功卓著，著开缺以道员用。仁怀直隶厅同知章树勋，清洁勤奋，卓著循声，著开缺以知府用，并赏加道衔，以昭激劝。"

（《穆宗毅皇帝实录》卷二五）

11. 同治元年四月乙丑

又谕："骆秉章奏收复青神县城，生擒贼首，余贼剿灭殆尽，并追剿李逆获胜，及攻剿石逆大获胜仗，涪州解围各折。楚军歼除援贼，青神铁山以次收复，生擒首逆解省正法。川省军务，大有起色，惟李逆败窜天洋坪，虽经该处团练围困，难保不抵死冲突，而卯逆拥众近万，败窜宜宾之八角寨。该处自流井、贡井不远，恐其窜扰厂地，该督已飞饬何胜必等先将卯逆一股殄除，再攻天洋坪一股。著即督令速攻，毋任蔓延为患。李逆一股，即严饬该处团练实力围剿，或添兵协助，以防窜逸。石逆围扑涪州，新到各军，力战解围。贼已败窜蔺市镇一带，刘岳昭等驰赴重庆，抄至贼前拦截，防贼北渡。唐炯仍驻涪州，防贼回窜。调度均合机宜。著即饬令该镇等两面夹击，一鼓歼除。涪州与泸州一水可通，若石逆与李逆合并一处，办理又形棘手，并著飞饬江面督带水师各员昼夜梭巡，不可稍有疏失，务将该逆悉数殄灭，以靖地方。陕西阳平关股匪，由川窜入，前已有旨令骆秉章妥筹兼顾，本日复据御史刘庆奏陕省西南与川境毗连，山多径杂，处处可通。现闻陕西宁羌州属之阳平关，颇形紧急，诚恐该处弁兵未能得力，并闻川督骆秉章专顾川东，于川北一带未遑布置等语。著该督仍遵叠次谕旨，调派得力官兵前赴陕境，绕前迎击，并派拨精兵一千名，交藩司毛震寿统带，饬令即赴汉中相机调遣，如兵力不敷，仍著妥筹办理。将此由六百里谕令知之。"

（《穆宗毅皇帝实录》卷二五）

12. 同治元年五月己亥

又谕："田兴恕、韩超奏粤匪由川分股，突窜正安庙堂等处，并窜桐梓之松坎等地方，兴义府城失陷，普安、安南均形紧急等语。前面玉华山尚大坪未据攻克，叠经寄谕田兴恕出省剿办，迅将两山节节扫荡，肃清黔境。现在黔省军务，处处吃紧，如田兴恕所派之吴安康等办理得手，桐梓一带肃清，即令乘胜赴川，实力会剿。倘石逆全股窜黔，尤当驰往督办，会合川楚各师，迅图剿洗。至滇省散练，分起由黔入川，胆敢开炮攻城，即与叛匪无异，著韩超、田兴恕即饬兵练实力截回，如敢仍行抗拒，即著密派兵勇，相机剿办，不必稍存瞻顾；一面飞咨川省边界文武，严行截剿，断不可令其肆行无忌，以致扰及川境。将此由六百里谕令知之。"

（《穆宗毅皇帝实录》卷二八）

13. 同治元年六月己未

又谕："张亮基奏探明云南实在情形，并办理滇练，必须详慎筹画各折片。张亮基自抵蜀以来，筹办滇省事情，毫无把握。所称石逆分陷叙永厅城，现檄饬林自清分堵滇省边境，与川省追剿之兵两面夹攻，亦可藉收其用等语。是张亮基转授之以柄，将来藉词索饷，贻患无穷。此事断不可行。著张亮基仍遵前旨，饬令林自清速回滇省，剿办大理之贼。本日骆秉章奏，川省军务方殷，唐友耕一军，现与曾传理等攻剿石逆，唐炯亦督率所部，规取松潘。该二员剿办正当吃紧，不能抽调。至川省库款，久已支绌，京饷欠至六十余万两。军饷台费等项，积欠逾二百余万两，既不能为滇省宽为筹备，若徒以数万金聊且塞责，何异杯水车薪，于滇省究属无补，自系实在情形。著潘铎、张亮基体察情形，迅即前往滇蜀交界地方，暂时驻扎，俟川省贼匪渐次肃清，饷源日见充裕，潘铎等即统川省得胜之师，大举入滇，尔时剿抚兼施，庶可永杜祸萌，廓清滇境。张亮基奏请饬部查明邻近滇省之积功总兵，请旨简放提督之处，向来无此办法，应俟应署督等到滇后，再行酌量具奏。将此由六百里各谕令知之。"

（《穆宗毅皇帝实录》卷三〇）

14. 同治元年六月己巳

以贵州正安击退窜匪，擢知县罗灿奎以知府用。

（《穆宗毅皇帝实录》卷三一）

15. 同治元年八月庚午

又谕："有人奏黔省之事，坏于田兴恕偏任谢葆龄、张心培、钱登选、冷超儒、赵国澍、吴德溥，朋比为奸。自韩超接署抚篆，所任用者，仍属谢葆龄等六人。韩超之幕友陈昌运籍隶贵州，则为之改籍贯，委署思州府篆。习教王云以船户捐知县，而委署铜仁府。王云到任，挟仇擅杀团首向姓，致团众不服，勾匪犯境。署遵义县于钟岳素性夸诞，韩超引为心腹，不用司详，辄委兼署绥阳、桐梓等县，并办婺川等处军务，于钟岳任意苛敛，几至激成民变。至黔省抽厘章程，名为厘谷，实通省按粮按亩，十取其一。上年收至四十余万两，不知消归何有。其委出官绅，率倚势杀人。于十一抽厘之外，私加至十之四五，民间稍有不遵，即刀割其鼻，用绳穿孔，鱼贯游街示儆。

· 281 ·

上年十二月间，清镇县委员张钟元、钱恭以此刑毒百姓，致激成磔杀委员、抢毁厘局之举。韩超犹为之弥缝其事，仅以民团报仇入奏。其余任性妄为，不可枚举。请饬查明惩究等语。谢葆龄等声名甚劣，曾据骆秉章遵查属实，而该署抚覆奏，则称谢葆龄、张茂萱、钱登选、冷超儒皆系黔省得力人员，于赵国澍一员则称其嫉恶如仇，不徇情面。今谢葆龄等又为人所弹劾，是韩超一味袒护，已属显而易见。其任用非人、苛派敛怨等款，更难保其必无。黔省军务未竣，田兴恕已贻误于前，岂容韩超复贻误于后。著崇实、骆秉章、劳崇光汇入查办田兴恕案内，将韩超被参各款确切查明，据实参奏，不准稍有回护。原片著钞给阅看。将此由四百里各谕令知之。寻劳崇光等奏：遵查韩超有心求治，而才短于虑事、识暗于知人；其开脱谢葆龄等参款，因爱其才而昧其短；其委于钟岳兼署三县，亦志在用才，而不虑其不能兼顾，应请交部议处。谢葆龄、张心培现因另案奏参，王云先经韩超参革，赵国澍已剿贼阵亡，钱登选等查无实在劣迹，其才皆可用，请免置议并送部引见。"从之。

（《穆宗毅皇帝实录》卷三七）

16. 同治元年闰八月戊申

又谕："毛鸿宾奏楚师越境剿抚黔属各寨，攻克汉寨老巢，现筹办理情形一折。逆首姜映芳踞守汉寨，十有余年，勾煽甚众。经楚师越境攻克，尚为得手。汉寨既克，百姓幸复见天日，韩超务饬妥为安抚，毋致再乱。姜逆是否被官兵杀毙，抑系在汉寨垒中被焚，仍著查明具奏。如系脱逃，即饬各营搜捕务获，讯明正法，毋任漏网。石阡张家寨股匪，复有下窥铜仁之势，游击包顺科已分带援军，与铜仁协兵勇联络堵御。该处勇力过单，著即饬周洪印、戈鉴两军移师剿办。石逆由四川窜入仁怀，该处东入酉秀，与黔之松桃、思南、楚南之永绥、龙山、楚北之咸丰、利川在在毗连，前已谕令骆秉章悉心筹画，为一鼓聚歼之计，仍著懔遵前旨，督饬刘岳昭等分投堵剿，毋令乘间窜逸。并著官文、严树森、毛鸿宾、韩超于连界各处，多设侦探，饬令地方官不分畛域，合力剿除，以清积年巨患。赵福元一军，即饬探踪剿击，毋得株守一隅，以资得力。广西莲塘久为贼踞，著张凯嵩督饬易元泰等会合楚军，实力剿办，一鼓殄除，毋再延玩。将此由六百里各谕令知之。"

（《穆宗毅皇帝实录》卷四一）

17. 同治元年九月壬戌

又谕："骆秉章奏石逆被击败窜现在贵州边界等语。前因石逆奔窜糜定，扰及川湘各边境，数年以来，迄未扑灭，叠经谕令该督抚等合兵兜剿，现在被川军截击，不敢接战，由綦江败窜贵州桐梓边界，逆踪飘忽，蔓延数省，若不迅速殄除，势必此击彼窜，疲我兵力。前据毛鸿宾奏石逆由合江窜入仁怀，当经谕令毛鸿宾、韩超等探踪剿击，现由綦江倏至桐梓，是其被击穷蹙，已有骎骎下窜之势，著骆秉章仍饬带兵各员，跟踪追击。毛鸿宾严饬赵福元等迎头截剿，毋得株守一隅，致令兔脱。贼踪已入黔境，韩超尤属责无旁贷，著该署抚迅派兵勇，会合川楚各军，实力攻击，务期一鼓歼除，毋留余孽。倘带兵各员稍分畛域，任令纷窜，惟该督抚等是问。本日据韩超奏官军剿办大定等处贼匪，扫穴擒渠一折。毕节县属之猪拱箐贼巢，现尚负隅未下，即著韩超饬令总兵李有恒督率全队迅速攻剿，尽歼丑类。其湄潭、瓮安、思南、石阡等处，贼窟尚多，防御稍松，难保不复行窜越，并著韩超严饬各地方员弁会同带兵各员节节剿洗，以期迅扫妖氛，奠安疆圉。将此由六百里各谕令知之。"

（《穆宗毅皇帝实录》卷四三）

18. 同治元年九月辛未

又谕："毛鸿宾奏各路防堵情形，韩超等奏粤逆阑入黔境，调兵堵击各折片。石逆大股既不得肆于蜀，又不得逞于黔，势必拚死窜楚。毛鸿宾所称，恐该逆走黔之正安、婺川，取道秀山，窥伺保靖各属等语，自系实在情形。即著饬令赵福元、周洪印等赶赴乾绥之交，相机截剿，并严饬绥靖辰沅各镇道严督兵团，豫筹布置，不得稍有疏懈，致为所乘。此时该逆全股蔓延于桐梓、黔西之间，并有窥伺省城之意，军务万分吃紧，著韩超严饬沈宏富等实力迎剿，并将贼匪纷窜之路妥筹遏截，毋稍疏虞。川省军情稍松，而粤逆如此猖獗，黔楚边防万紧，自应移兵会剿。即著骆秉章恪遵历次谕旨，迅派兵勇出境，会合夹击，务将积年巨憝悉数歼除，是为至要。发捻各逆由襄、郧下窜随州，扰及应山、孝感，逼近黄陂，毛鸿宾已派师船驰赴武汉江面，协同扼防，所办甚是。其岳澧等处，亦应先事筹防，即著妥为办理。至莲塘股匪啸聚多年，不久必成巨患，著张凯嵩严饬在事员弁迅图攻克，毋贻浔州大营后顾之忧。田兴恕屡经饬令赴川，何以日久尚未起身，实属玩泄，即著韩超饬令迅速赴川，毋再稽迟干咎。贵州提督业令江忠义前往署理，现在黔务方急，江忠义岂可以亲兵远出，托病未行，著毛鸿宾传旨令其克日赴黔剿贼，以副委任。黔省兵疲饷匮，饥溃堪虞，著毛鸿宾督同藩司迅速先筹银三十万两分批解黔，不准再事迁延，致误军事。将此由六百里各谕令知之。"

（《穆宗毅皇帝实录》卷四四）

19. 同治元年十月丁亥

谕内阁："都察院代奏贡生黎庶昌条陈时务一疏，所称荐贤才，慎保举，及殿试条陈时务各等语，叠经降旨谕，令中外臣工荐举贤员，并访求山林隐逸之士，及军营保举明定章程，殿试策许敷陈时政，不得专取楷法。现在中外臣工荐举贤才，尚不乏人。而山林隐逸以及末秩下僚，或以德行，或以政事，或以文学，各擅所长，湮没不彰，甚为可惜。允宜及时登用，以副辟门吁俊之典。著京外三品以上各员并直省学政悉心

• 283 •

访察，胪举所长，咨调来京，候旨考试，视其器识，破格录用，不得视为具文。至各省应举孝廉方正，亟当选举名实相副不求闻知之人。著各该督抚秉公荐举，给咨来京候试，不准再涉迁延，虚应故事。军营保举，自上年明定章程后，本日复因严树森之请，停止记名藩臬，极为妥协。黎庶昌所称分为三等叙功，战功为上，理饷次之，防堵团练文案又次之。理饷团练防堵文案，非二三年不准叙功。保举各员，俟军务平复，始令选缺赴任等语，尚属可行。即著各该军营遵照办理。贡士策问，著遵照本年三月间谕旨，准其敷陈政事阙失，无庸避忌，并不准专取楷法。嗣后阅卷大臣，务当悉心校阅，力挽颓风。其余所称京官兼用守令，以进士举人为佐杂，科举罢用制艺，小试分为四场，会试后附试绝学，教职由公举，停止开捐，酌增廉俸，试行钞法，改设营伍等条。是否可行，著各该衙门分别妥议具奏。”

寻吏部等部议奏："所陈各条，或多窒碍，或属缓图，应请无庸置议。惟改设营伍一条，内称同城文员，临事准调营兵，系为因时制宜之策。于城防捕务均有裨益。应请嗣后都司以下，由同城知府调遣；守备以下，由同知调遣；千总以下，由知县调遣。"从之。

又谕："前因贵州贡生黎庶昌条陈时务，由都察院衙门代奏。当经谕令该衙门转饬该贡生将应陈事件详细具呈。兹据都察院据呈代奏，详加披阅。其中虽有更改旧章事多窒碍之处，间亦有可采择，业经另行降旨施行，并交该衙门分别核议外，黎庶昌以边省诸生抒悃陈书，于时务尚见留心。方今延揽人才，如恐不及。黎庶昌著加恩以知县用，发交曾国藩军营差遣委用，以资造就。该员其勉图实践，用副殊恩。"

（《穆宗毅皇帝实录》卷四五）

20. 同治元年十月壬辰

"……前因贵州贡生黎庶昌呈递条陈，言尚可采。当经降旨赏给知县，交曾国藩差遣委用。该员以边省诸生，抒悃上言，颇有见地。其才似堪造就。诚恐年少恃才，言行或未能等合。著俟该员到营后，由该大臣留心察看，是否有裨实用，不至徒托空言，附便据实具奏。将此由六百里各谕令知之。"

谕内阁："前因黎庶昌条陈时事，曾降旨加恩以知县用，发往曾国藩军营差委。兹据都察院奏，该员具呈恳辞官职，愿以诸生从戎等语。黎庶昌著仍以知县用。即赴曾国藩军营听候差委。其所呈原任户部郎中萧时馨行钞管见四条，著户部汇入该员请行钞法条陈内一并妥议具奏议。寻议：萧时馨行钞管见与黎庶昌所陈行钞之法，大略相同。惟现当库款支绌之际，俟筹有钞本，再行酌办。"从之。

（《穆宗毅皇帝实录》卷四六）

21. 同治元年十月癸巳

又谕："骆秉章奏石逆败窜黔境，复逼川疆，暨鹤游坪股匪弃巢出窜，分筹堵御；韩超奏石逆分扑遵义等城，剿办获胜各一折。石逆自川军击败后，沿川黔边境避兵狂窜，经总兵吴安康、臬司刘岳昭等截击于綦江之儿子冈、东溪等处，毙贼甚多。该逆遂由石濠、温水一路，败遁黔境，分扑桐梓、遵义、黔西各城，复经总兵沈宏富及地方文武督率兵练力击，获胜解围，剿办尚为得手。惟此股逆匪凶悍素著，且尚有十余万之众，贼氛并不少衰。现在黔西之贼复已回窜仁怀，川省叙永、綦南等处与黔境犬牙相错，处处可通，非合两省兵力亟图聚歼，必至此剿彼窜，终难藏事。骆秉章现饬刘岳昭全军进剿分窜绥阳之贼，兼顾綦南，饬熊焕章、吴安康等军，夹击黔西、仁怀之贼，并调唐友耕一军驰顾合、纳，布置均尚周妥。著即饬令派出各员会合黔省官军，联络夹击，务于黔省边界尽力剿除，毋使纷窜川省沿边，致剿办又形棘手。并著韩超饬令派出之沈宏富、李有恒等军跟踪追击，毋任蔓延。其湖南辰、沅所属与印江、松桃毗连，即著毛鸿宾豫为防范，以固边圉。至鹤游坪周逆负隅久踞，现知发捻屡挫，弃巢潜遁，奔窜梁垫之间；曹逆复由大竹败窜达县、开县一带。川东为精华所萃，周、曹两逆人数尚多，若不乘其离巢败窜之余及早歼除，诚恐又形滋蔓，著骆秉章督饬道员曾传理等分投兜剿，迅图殄灭，毋得徒事尾追，以期迅速竣事。至川省自李、卯二股全数殄尽后，现在该省何处地方尚为贼扰？贼匪股数尚有若干？其著名贼首系何名目？鹤游坪是否已无贼踪？并著骆秉章一并查明驰奏以慰廑系。将此由六百里各谕令知之。"

（《穆宗毅皇帝实录》卷四六）

22. 同治元年十月乙巳

又谕："前因贵州贡生黎庶昌呈递条陈，尚有可采，当降旨赏给知县，交曾国藩差遣委用。旋复谕令曾国藩留心察看，其才具是否有裨实用，据实具奏。兹据御史吕序程奏，黎庶昌所陈时务。除业已奉旨施行外，其余各条，率多撷拾前史，议更定制。诚恐食古不化，胶固鲜通，请饬曾国藩查察各等语。自系为慎重名器起见，著曾国藩即遵前旨，于该员到营时悉心察看，量材器使。倘或迂拘寡效，徒托空言，即当据实甄核，以示朝廷循名责实之意。"

（《穆宗毅皇帝实录》卷四七）

23. 同治元年十一月己酉

"……贵州提督著沈宏富署理，潘铎就近察看，该员如果胜任，即将提督印务移交，责令会同韩超将黔省军情妥为筹办，石逆股匪现由遵义分股窜走黔西、湄潭等处，即著选派得力之军会同楚省分扼沅、晃各边界之赵福元等军，相机兜剿，并力铲除。并著潘铎、韩超催令田兴恕懔遵前旨，迅即赴川，由骆秉章差遣调度，毋再迁延。"

（《穆宗毅皇帝实录》卷四八）

24. 同治元年十一月丙子

又谕："骆秉章奏石逆回窜川境，筹剿情形；韩超奏粤匪分扑大定、仁怀等城，获胜解围各一折。石逆入黔后，经该处地方文武及总兵沈宏富、李有恒等军节节堵剿，该逆不能逞志，复由云南镇雄州回窜川境，叠陷筠连、高县。并上窜宜宾之横江镇，意图抢渡金沙江，窥伺叙城。虽经总兵熊焕章等督兵将高县城池克复，参将杨发贵带领滇兵及都司徐步云督饬兵团分路堵截，击毁贼船数只，未经抢渡。而该逆凶焰颇张，尚未大受惩创，亟须厚集兵力，以图聚歼。骆秉章现饬萧庆高进扎叙郡南岸，何胜必驰扼屏山，唐友耕疾趋庆符，刘岳昭驰赴长琪，布置均尚严密。即著饬令各军联络声势，务将积年巨憝实力歼除，毋徒以逼贼出境为了事，又为他日边患。其叙郡一城，滨临大江，为川南紧要关键，尤当严密守卫，毋稍疏虞。刘蓉前在龙宪场督军歼擒李、卯等逆，现在该藩司谅已回省，川南军务紧要，石逆又积年悍贼，即著骆秉章传谕刘蓉迅速前往叙郡督师进剿，以期早珍妖氛。其黔省安南分股，著韩超迅图扑灭，并分拨兵勇会合川军以剿为防，毋令该逆被剿穷蹙，再窜黔疆，又成不了之局。至汉南军务紧要，曹灿漳一股前已窜至石泉，郭逆窜陷两当，直扑徽县，现复回窜略阳。陕省兵力不敷，前经谕令骆秉章派兵兜剿，著该督仍遵前旨，力筹兼顾，以靖邻疆。其周绍涌一股，前窜开县、渠口，欲由太平遁出川疆，现在剿办情形若何？并著饬令带兵员弁将此股余匪赶紧扑灭，毋致蔓延。将此由六百里各谕令知之。"

（《穆宗毅皇帝实录》卷五〇）

25. 同治元年十二月庚寅

谕内阁："我朝自列圣以来，于御极之初，令各直省督抚选举孝廉方正，原以振拔幽滞，用端风俗，典至巨也。朕于上年御极后，即诏各直省督抚，秉公选举。并因知县黎庶昌条陈，复谕各督抚等迅速选举。现距上年颁诏之日，已阅年余，而各省选举者甚属寥寥。十室之邑，必有忠信。今各州县大者不下数万户，小者亦万余户，岂无忠信诚悫之士堪膺是选？良由地方有司，视为具文。既不虚心延访，而潜修之士，又不肯干谒公庭，以致应诏无人。是国家登明选公之典，转成具文，其何以振风俗而励人材。著在京四品以上大员及直省督抚学政，无论绅士布衣，其有实在堪膺孝廉方正之选者，各举所知，总以躬行实践为先，不准专取文词藻丽者滥膺盛典，俟送部引见后，俟旨分别录用。其有年登耄耋，或诚朴无华，足为里闾矜式，不愿来京者，即著该地方官岁时存问，赐以酒米，俾后进知所则效，用副朝廷侧席旁求，振兴实行之至意。"

（《穆宗毅皇帝实录》卷五二）

26. 同治二年三月己酉

又谕："张亮基奏苗教各匪窜扰遵义、桐梓，督兵进剿，拟由间道赴黔一折。张亮基由川赴黔，行至松坎，探闻白号教匪及苗匪围攻桐梓县城，分踞元田坝等处。由遵义进省之懒板磴等处，亦有黄号教匪及苗匪扎营阻道。该前督饬杨发贵等带兵一千名，率桐梓各团练丁数千人，并调副将张开友分路攻剿，且战且进。如剿办需时，拟由间道赴省。所筹尚属妥协。著即督饬杨发贵等激励团勇奋力进剿，务将驿路节节疏通，取道前进。贵州地方紧要，韩超一筹莫展，张亮基必须迅赴省城，接署抚篆，将交查交办各案妥速筹办，以副委任。如桐梓等处贼势过众，暂时不能办结，即由小路探踪前进，毋稍迟误。劳崇光现已行抵何处，曾否到省，连日未曾得其奏报，并著张亮基探明驰奏。将此由六百里谕令知之。"

（《穆宗毅皇帝实录》卷六〇）

27. 同治二年三月丙寅

又谕："韩超奏前任思州府知府高振洛、前署玉屏县知县候补同知直隶州陆用康、前署毕节县知县候补同知汪金麟，经田兴恕先后奏参革职。高振洛、陆用康于被参后在思州、镇远一带带团剿匪，叠次获胜，勤奋出力；汪金麟于上年匪窜遵义、黔西时，该革员募练集团赴乌江一带堵击，斩获甚多，尚知愧奋，均请开复原官等语。所奏是否可凭，著张亮基确切查明，详晰具奏。韩超原片著钞给阅看。本日据韩超奏：逆匪何二强盗经官军击退，江内地面一律肃清等语。著张亮基到省后，即将该省现办军务情形迅速详细奏闻。将此由六百里谕令知之。"

（《穆宗毅皇帝实录》卷六一）

28. 同治二年四月己卯

谕议政王军机大臣等："张亮基奏督师击退遵义桐梓等县各匪并出示免抽厘榖一折。另片奏饬令田兴恕前赴四川听候查办等语。"

（《穆宗毅皇帝实录》卷六三）

29. 同治二年四月壬午

谕内阁袁甲三奏："已革贵州遵义府知府高振洛，洁己爱民，恫瘝无华，历任山东知县，循声卓著，嗣在遵义府任内，经田兴恕以厘务奏参，革职回籍，可否饬令该员赴部引见，候旨录用等语。高振洛著张之万饬令来京，交吏部带领引见。"

（《穆宗毅皇帝实录》卷六三）

30. 同治二年五月丁巳

又谕:"张亮基奏请将庸劣不职各员分别革职勒休降调一折。……思州府知府署理正安州知州李咸中,贪酷偾事,几酿大变……均著即行革职。"

寻张亮基奏:"清水塘系遵义县属,木烈铺系大定府属,石逆部下贼目李蓝自云南境窜威宁州,击败后由木烈铺瓢儿井窜四川与石逆合一。贼目李宰甫败窜绥阳,经婺川官兵击退,亦窜四川。黔边肃清。"报闻。

(《穆宗毅皇帝实录》卷六七)

31. 同治二年五月丁巳

又谕:"张亮基奏击退发逆获胜,古州厅城失守,请简贵州提督,遵覆龚自闳办事情形各折片。发逆由清水塘窜扰仁怀县属之鲁班场、遵义县属之松林高坪等处,经总兵沈宏富击败,余匪窜往绥阳县之望巢地方,其窜木烈铺另股,亦经总兵李有恒等于栗树坪等处堵击,贼由瓢儿井逃窜出境。"

(《穆宗毅皇帝实录》卷六七)

32. 同治二年五月乙丑

又谕:"劳崇光奏绕道由川入黔中途击败发逆,并查明正安州官贪役肆办理情形各一折。劳崇光甫抵绥阳,即为石逆余党阻遏,该督仓卒号召分投部勒,遂能以少击众,痛挫凶锋,实堪嘉许。此股窜匪现经田兴恕、沈宏富等击败,屯聚南坪一带,复欲由黔窜蜀,正宜乘胜跟追,亟图歼灭。劳崇光以田兴恕系奉旨赴川差遣之员,饬令带兵二千,跟踪追击,顺道入川,惟田兴恕杀害教民一案,前已寄谕劳崇光、张亮基迅速在黔办结,毋庸饬赴川省,如该革员业已入川,仍由崇实等押令赴黔,该督此次调派,自系尚未接奉前次寄谕,仍著该督等迅将田兴恕调回,听候查办。劳崇光并即赶紧驰赴省垣,会同张亮基将教民等案迅速办结,毋稍迟延。其南坪发逆,仍著调派得力官兵,实力追剿,就地歼除,至正安官役横征暴敛,及弁勇妄杀,几激民变各情,贪暴凶横,实骇物听,该督甫入黔境,尚未接补授云贵总督之命,即能不嫌越俎,遇事留心,并将妄行惨杀之弁目刘沅标等立即正法,舆情翕然,办理甚为妥协,现在该督身任兼圻,地方吏治,尤属责无旁贷,所有加征苛敛,及轻听酿变之署州牧陈铸、李咸中二员,即著会同张亮基提督严讯,切实惩办,毋稍姑容。其差役李菁等并即饬令樊希棣按名拿获,就地正法,以快人心而肃吏治。将此由五百里各谕令知之。"

予贵州绥阳阵亡千总彭玉胜祭葬世职加等。

又谕:"劳崇光奏查明正安州官贪役肆及弁勇妄杀各情形,分别奏参惩办一折。钱粮正供浮收加派,定例綦严,乃该署知州陈铸加至数十倍之多,实属大干功令。接署知州李咸中，轻听差役捏陷之词，妄行具禀，荒谬糊涂，莫此为甚！若不从严惩办，何以肃吏治而儆贪残？陈铸、李咸中二员，前经张亮基奏参，业已革职，著交劳崇光、张亮基提省彻底讯明，从严惩办。副将龙再福约束不严，致合弁勇藉端生事，妄行杀害，实属罪有应得；惟据劳崇光奏称该员打仗尚属奋勉，龙再福著革职留营，以观后效。弁目刘沅标、滕家书任意焚杀，凶恶众著，既经劳崇光拿获，立在军前正法，实足以快人心而泄众愤。其差役李菁、苏荣、余高、李忠、丁顺、曹贵无恶不作，罪不容诛，并著劳崇光等迅即查明，按名拿获，就地正法，以昭炯戒。"

（《穆宗毅皇帝实录》卷六七）

33. 同治二年六月丁亥

谕议政王军机大臣等："石达开在粤逆起事首恶中，最为狡悍善战，此次锐意窥川，其势甚张，其计甚狡。骆秉章知该逆善于乘虚伺隙，豫派兵勇，沿河截剿，用使积年巨憝一鼓铲除，调度合宜，实不愧为封疆重臣。石逆全股虽灭，而李幅猷一股尚在婺川，难保不再作窥川之计。且据石逆供称，李逆深知调度，恐时日迟久，则裹胁愈多，又将不可收拾。骆秉章惟当乘此声威，严饬刘岳昭等速将此股歼灭。"

（《穆宗毅皇帝实录》卷七〇）

34. 同治二年六月辛卯

又谕："毛鸿宾奏辰沅逸匪纠众起事现调兵勇进剿并防剿黔匪各情形一折。匪首唐老九等，由帽子坡溃败后，商同纠众复仇，屯扎于风车巷等处，先后窜扰溆浦、新化等县境，经知府邵绥名、署副将玉宝等，赶募勇丁，督同各该县分防要隘，毛鸿宾饬令记名臬司赵焕联、总兵赵福元前往会剿，并团总萧兆芬等，督勇迎击，颇有斩获。而邵阳司署被焚，土匪日集日多，官军半山营盘复被贼占踞，距新化县城仅二十余里，匪势甚属猖獗，亟宜克期殄灭，以清疆圉。毛鸿宾前已擢升两广总督，计尚未交卸启行，著与恽世临将进剿机宜，会商妥办，一面飞饬赵福元、彭炳武等督率各营，齐赴宝庆郡城，直趋隆回，跟踪追剿，恽世临身膺疆寄，受恩深重，尤当激励诸军，迅将此股匪徒，一鼓歼除，以副委任。至帽子坡余匪，与田兴恕军营革退及溃逃之勇，倡立哥老会与黔匪互通消息，而黔省荆竹园张家寨教匪，勾结逆苗，分攻邛瓦等处，声言下窜晃边，其黎平逆匪，扰及龙安高寨，逼近通道。复有另股，图窜靖通边境，包茅仙股匪，围攻松桃厅城，虽经周洪印派拨田宗营驰往援剿，立解城围，第该逆窜入镇远府属之四十八溪，与凤永各厅，相距不远，是湖南边防，在在吃紧。现在皖北军威大振，发逆全数渡江，所有曾国藩札委黄元龄募勇千人自可暂缓赴皖，即著毛鸿宾、恽世临饬赴辰州驻扎，会同周洪印等搜捕辰、沅余匪，务绝根株，并严防黔匪分窜，毋稍松懈。黔省群盗如毛，若不次第殄除，则蔓延胡底。所有黎平府属逆匪及由松桃窜入镇远府属等处之匪，著劳崇光、张亮基严饬各路带兵员弁尽力兜剿，毋得专恃邻援。石逆悍党李幅猷现在率众数万，出没于黔西、仁怀一带，分窜桐梓、绥阳、正安等处，并著劳崇光等檄饬沈宏富等相机进剿，就地歼除，毋令窜扰楚边、贻患邻境。将此由六百里各谕令知之。"

（《穆宗毅皇帝实录》卷七〇）

35. 同治二年七月壬子

蠲免贵州贵阳、都匀、镇远、思南、黎平、石阡、兴义七府，平越、麻哈、定番、黄平、贞丰、开、贵筑、都匀、清平、荔波、施秉、安化、印江、永从、开泰、余庆、瓮安、湄潭、龙泉、普安、修文、安南、绥阳、婺川、贵定、龙里、遵义、兴义、长寨二十九厅州县暨清江、下江、锦屏通判县丞所属被扰地方新旧额赋有差。

（《穆宗毅皇帝实录》卷七二）

36. 同治二年七月戊午

谕内阁："劳崇光、张亮基奏请将劣员革职审办等语。湖南补用知县张茂萱（即张心培），贵州补用同知、直隶州知州、捐升道员谢葆龄，以幕友滥膺保举，揽权怙势，劣迹昭著。田兴恕被参各款，该由该员等唆使蒙蔽居多。前经畏罪潜逃，现据该督等访获审讯，张茂萱（即张心培）、谢葆龄均著先行革职，交劳崇光、张亮基严行审讯，按律惩办。"

又谕："昨据崇实、骆秉章奏，遵饬田兴恕回黔听候查办，业经谕令该将军、督抚等懔遵前旨迅速办结。兹据劳崇光等奏，田兴恕旧部尚在黔省，若令该员回黔，难保不造作言语，唆诱愚民，别生事端；主教胡缚理必大惊疑等语。田兴恕被参各款，其劣迹均系黔省百姓共见共闻，自应仍在黔省审办。且叠经饬令骆秉章等将田兴恕押回，计不日亦将抵黔。即著劳崇光、张亮基仍遵昨日寄谕，迅将田兴恕撤回黔省，赶紧讯明，定拟奏结，毋得鳃鳃过虑，藉词推诿。田兴恕本一武夫，张茂萱、谢葆龄充当幕友，欺其不谙文理，多方蒙蔽，以致田兴恕任性妄为，肆无忌惮。且谢葆龄前赴遵义办理厘捐，无恶不作；张心培招权纳贿，与钱登选、冷超儒等朋比为奸，均为黔民所切齿。是田兴恕之获咎，皆由该幕友及属员等愚弄所致。谢葆龄等实为黔省罪魁，若不从重究治，何以肃官常而振纲纪！所有就获之张茂萱、谢葆龄等及案内最著之各劣员，著劳崇光、张亮基严切根究，按律定拟具奏。庶士民之积恨获申，中外亦均无异议。至教民一案，亦应持平办理，权衡悉当，方为妥善。韩超参款，既据奏称事属因公，著准其回籍就医，听候部议。惟被参各款，必须认真查办不可迁就了事。黔省抽收厘谷，该抚既以为苛扰累民，著即出示遍行晓谕，永远停止，此外应抽厘金，仍著慎选贤员善为经理，毋许藉端勒索，致滋弊端。婺川、正安等处窜匪，叠经官军剿击，颇有斩擒。

该督抚仍当严饬田庆治等激励兵练，悉数歼除，毋留遗孽。岑起和系马如龙等扎为册亨军民分府，悖谬可恶。虽被总兵罗孝连进剿，穷蹙乞降，该匪犬羊成性，诚伪难知。著劳崇光等密饬罗孝连随时侦察，倘心怀叵测，即决意设法歼除，毋贻后患。将此由六百里各谕令知之。"

(《穆宗毅皇帝实录》卷七三)

37. 同治二年八月丁酉

又谕："劳崇光等奏通筹黔中下游大局，并攻克桐梓县属鼎山城贼巢，黔西州、水城厅肃清各折。贵州黎平之六峒，镇远之张家寨，石阡之荆竹园等处贼匪，负隅老巢，勾结蔓延。虽张家寨、荆竹园窜匪叠经官军堵剿获胜，将火烧桥等处各贼巢先后攻克，惟黎平等府贼匪仍尚不少，亟须痛加剿洗。著劳崇光、张亮基督饬将弁，激励兵勇，实力进攻，务当扫除群丑，迅殄逆氛。所称贵州骁将健卒，尚不乏人，但由湖南拨饷，按月解黔，不难陆续荡平，无须以楚援黔等语。该督抚办理贵州军务，是其专责，今但借资湖南之饷，而不复资其兵力，谅劳崇光等确有把握定能克期扫荡，以慰朝廷廑系。桐梓县属之鼎山城贼巢，现已攻克，黔西、水城，一律肃清。惟贼踪飘忽，时散时聚。从前田兴恕办理军务，于各该地方屡复屡陷，甚不足恃。该督抚务将已复各州县，督饬该地方官严密守备，认真防御，毋令贼匪再行阑入，以期次第廓清。倘业经肃清之地方，复被贼匪窜陷，惟劳崇光、张亮基是问。贵州教民一案，昨因时阅月余，未据该督抚将办理情形覆奏。复谕令劳崇光等查明，如田兴恕之任性妄为，实由劣员谢葆龄等愚弄所致，究竟何员尤为可恶，系属罪魁，该督等即将其愚弄田兴恕及或有挑唆怂恿等情，切实查明，尽法惩办，并将该劣员谢葆龄等罪状奏闻。著劳崇光、张亮基懔遵八月十五日寄谕，妥为办理，设法赶紧了结。该督抚老成练达，素顾大体，谅能不负委任也。将此由六百里各谕令知之。"

以贵州桐梓攻克贼巢，予总兵官沈宏富以提督用，余加衔升叙有差。阵亡副将李明万、游击王永堂、都司张继春、守备唐正位等祭葬，世职加等。

(《穆宗毅皇帝实录》卷七七)

38. 同治二年九月壬申

又谕："骆秉章奏攻剿李幅猷股匪叠获大胜，贼势穷蹙远遁，汉南援军先胜后挫，现筹布置情形各折。发逆李幅猷率党由正安、婺川窜至彭水之周家寨，经官军痛剿，由梅子垭窜西阳之学堂坪、两河口，前队已窜入黔江，复经官军击败，该逆由线坝遁入湖北之咸丰县界，复折窜黔江，由龙潭奔窜秀山，旋败窜平块，至邑梅、滥桥遁入黔境……李幅猷败窜余匪及铜仁土匪，会合川军，分投夹击，实力歼除，毋任蔓延勾结。"

(《穆宗毅皇帝实录》卷八〇)

39. 同治二年十月庚辰

"……发逆李宰辅等,经婺川兵勇击退后,逃往四川彭水县境,复由西、秀等处窜入黔省。经松桃厅同知刘侣鹤等督率兵勇击退,追至湖南边境弭落地方。此股逆匪,往来川黔楚南边境,奔突靡常,非三省合剿,不能杜其纷窜。著劳崇光、张亮基、骆秉章、恽世临各派兵勇,合力攻剿,务将该匪四面兜围迅速殄灭,不得稍分畛域,致令乘隙奔逃,复形滋蔓。署威宁镇总兵李有恒,玩视军务,强截粮饷,著先行革职,勒限两个月,攻克猪拱箐贼巢,以赎前愆。倘再任意迁延,即将该员正法,以肃军律。"

以贵州婺川等处剿匪获胜,赏游击田应祥巴图鲁名号,同知申炳章等花翎,千总聂吉祥蓝翎。余升叙有差。

（《穆宗毅皇帝实录》卷八一）

40. 同治二年十一月戊辰

谕内阁:"前因李鸿章奏请饬部拣发州县二十员,前赴江苏差委,业经批示准行,因思内外臣工所保各员,内有贵州举人郑珍、莫友芝,前奉天知县、安徽进士张保衡,浙江附生朱粲,前广西候补知县陈劢,前浙江桐庐县教谕王引孙,湖南候选训导向师棣,候选知县邓瑶,候选同知朱宗程,江西广丰县进士郑维驹,金溪县举人徐仗祖,庐陵县廪生王其淦,江苏候补县丞赵烈文,即用知县常宁县教谕成果道,十四员,均著发往江苏以知县用,并著吏部查明各该员原籍地方,行令各该督抚,饬令迅即前赴江苏差委,仍著该部照该抚所请,于科甲出身州县内,拣发十员前往。"

（《穆宗毅皇帝实录》卷八六）

41. 同治三年二月壬申

又谕:"劳崇光等奏,黔省下游各属,剿匪获胜,并清镇等各处军情,现在进攻开州各一折。黔省下游各属,被匪滋扰,几无完区。镇远、黎平之苗匪,思南、都匀、思州各府之教匪,蔓延日久。经各该地方文武剿办,或攻破贼巢,或收复村寨,或叠获胜仗,办理尚属得手。惟各该处匪徒,均未全股殄尽,地方尚未肃清。劳崇光等亟宜筹画兵食,督饬在事各员,乘此声威,速将各股匪徒悉数扫除,以期尽绝根株,毋留余孽。其石阡府属之教匪,现在剿办情形若何?未据劳崇光等奏及。著督饬该处官绅,实力剿洗,并将现办情形,随时具奏。"

（《穆宗毅皇帝实录》卷九三）

42. 同治三年三月甲寅

以克复四川叠溪营城,予同知蹇闾优叙,赏县丞王恩榕等蓝翎,余加衔升叙有差,予阵亡守备董占元等祭葬世职加等。

谕："……骆秉章等奏官军攻剿松潘逆番，克复叠溪一折。叠溪营城，业经克复，贼目日吉亦已被歼。该逆首自必闻风丧胆，著骆秉章檄饬塞阗、联昌等，移得胜之师乘机进剿，务将逆首擒斩，以杜后患。并饬该文武员弁严防西北两路，毋令窜入甘肃等处。前据刘蓉奏，川省綦江县复有黔匪窜扰。该督本日奏报，何以尚未提及？著即星速奏闻。仍飞饬刘岳昭督率所部前往截击，毋令阑入蜀境。将此由六百里谕知僧格林沁、多隆阿、雷正绾、穆图善、骆秉章、张之万、沈桂芬、刘蓉、李云麟，并传谕张集馨知之。"

（《穆宗毅皇帝实录》卷九七）

43. 同治三年四月乙亥

谕议政王、军机大臣等："有人奏，前署贵州遵义县知县邓尔巽，在任办理捐输，私置站笼、班卡，数年之久，监毙不可胜计，请饬查参办等语。州县擅用非刑，本干例禁，若如所奏各情，实属任性妄为，草菅人命，亟应彻底根究，以肃吏治。著劳崇光、张亮基确切查明，据实参奏：毋稍徇隐。原片著钞给阅看，将此各谕令知之。"

寻奏："遵查邓尔巽前在署遵义县任内，劝捐助饷，并无私置站笼、班卡等事，惟将抗捐之户管押，办理稍形激切。请交部议处。"从之。

（《穆宗毅皇帝实录》卷九九）

44. 同治三年四月丁酉

又谕："骆秉章奏黔匪阑入边境，调兵剿办，叠获胜仗一折。黔省正安州号匪窜扑四川南川县城，经唐友耕等督饬官军、民团会合夹击，该逆遁回新州老巢。复因巢穴攻破，由桐梓境内绕窜至綦江连界之松坎一带；又败窜扶欢坝，乘间围扑綦江县城。屡经官军击败，仍向温水退走。剿办尚属出力。惟该逆尚游弋于仁怀境内，难保不再图奔突。且黔省桐梓地方尚有另股号匪，亦应防其纷窜川边。骆秉章现留唐友耕在川南等处，居中策应，调刘岳昭果后十二营分顾江合两县边境，并令成耀星等各率所部驻防綦境。所筹甚属周密。即著督饬唐友耕、刘岳昭等认真防剿，毋令贼窜腹地，致成蔓延。"

（《穆宗毅皇帝实录》卷一〇一）

45. 同治三年五月庚子

又谕："劳崇光等奏官军追剿何二逆股获胜，清镇解围，长寨等城被陷即复，下游各属剿匪叠胜各折片。开州逆匪何二纠党复围清镇县城，经林自清等军认真守御，城围立解，贼仍向开州遁去。其被匪窜扰之定番、广顺、长寨等城，亦经赵德昌等先后收复。即著劳崇光、张亮基严督派出各军，乘胜进攻，由朱昌堡、五里桥等处，跟踪追剿，务将此股贼匪聚歼，毋留余孽。下游之龙泉、湄潭，并石阡府、清江厅、思州府等属之匪，虽经官军叠获胜仗，惟该逆并未歼除净尽，亟应分投剿洗，以期早就肃清。著即饬各路官军实力扫除，为一鼓荡平之计。"

（《穆宗毅皇帝实录》卷一〇二）

46. 同治三年九月乙巳

又谕："劳崇光、张亮基奏，兵饥饷竭，请饬酌筹接济，教匪滋扰思南、松、铜各属，委沈宏富募练剿办，请饬周洪印驰往荔波、独山等处会剿，桐梓失陷即复各折片。包、伍等逆，以一股牵掣印江一带徐河清等军，一股窜松桃厅属之大坪场等处，叠扑厅城，经官军击败，该逆退扎距城六七里地方。现在思南朗图等处虽已廓清，而首恶未除，河西贼巢未破，亟宜实力剿办。著劳崇光、张亮基檄令沈宏富统率所部相机进剿。沈宏富现在湖南边界，就近添募勇丁，即著认真训练，以期饷不虚糜，兵归实用。劳崇光、张亮基惟当督饬该署提督迅将松、铜、思南各匪，节节扫荡，剪除巨憝，次第肃清疆圉。松桃等属匪势甚炽，该处均系湖南毗境，黔省兵力本单，亟须邻军援应。著恽世临督饬派出官军，会合黔军，协力剿洗，两面夹攻，以收聚歼之效。该逆前由寨瓦旁窜秀山连界之滥桥、九峰寺一带，虽经秀山兵练击退，难保不再图窥伺。著骆秉章檄饬该县防军，严密堵御，力保完善，毋令匪踪阑入。劳崇光等所称前请饬拨各省协饷，均以空文见覆。黔事尚非不可为，惟饷项奇绌；若再毫无接济，饥军一经哗溃，不独本省不可收拾，即川楚毗境，必至驿驿蔓及。请饬川楚二省按月协济银一二万两，即可稍苏涸辙等语，亦系实在情形。著骆秉章、恽世临无论如何为难，竭力筹措，每月各协解黔饷一二万两，以济要需。"

以贵州桐梓县城被贼窜陷，旋即克复。革署知县徐行、署典史黄道安职，仍留营。赏团总、县丞王大衡等蓝翎。余升叙有差。

予贵州思南阵亡守备谈尧华等祭葬，世职，生员姜应璜等赏恤如例。

（《穆宗毅皇帝实录》卷一一四）

47. 同治三年九月丁巳

谕议政王军机大臣等："骆秉章奏攻剿滇黔股匪获胜一折。伍逆股匪麇聚秀山龙瓮场，经曾志友等进剿，该逆败窜黔境，复纠白号股匪，由麻兔司扰陈家陂等处，大股窜至滥桥。官军分路痛歼，复败由黔境孟溪，逃入铜仁属之三元埂。该处距川虽已较远，难保不复图回窜。著骆秉章檄令曾志友等军，在秀山西南两路严密防守。贼匪现仍逃回铜仁，著劳崇光、张亮基督饬官军、痛加剿洗，迅殄逆氛。……贵州正安、桐梓之匪，窜至涪州之大河坝，经成耀星等越境追剿，余匪由盖了场远窜。著骆秉章、

· 294 ·

劳崇光、张亮基激励派出各军，协力扫荡，两面夹攻，务将此股贼匪歼除净尽。以期渐就肃清。……贵州仁怀号匪，又窜至叙永厅古蔺地方。骆秉章现派许荫棠约会刘岳昭所部前往截剿。即著饬令相机布置，认真剿办。"

（《穆宗毅皇帝实录》卷一一五）

48. 同治三年九月乙丑

谕内阁："前因都察院奏，贵州绅士、内阁中书周之翰等呈控提督沈宏富纵贼殃民及总督劳崇光袒护私人各节，当经谕令张亮基据实查奏。兹据该署抚奏称，查明署提督沈宏富在黔剿贼，叠著战功。其在遵义、瓮安先后买民女二人为妾，访无抢掠妇女确据，惟攻克螺蛳堰贼巢及鼎山城、旺草剿贼后，未免居功。其部将惟全祖凯尚知自爱，余皆漫无纪律，因而土棍游匪皆冒充沈练，抢劫成风。开州之变，实由所部商肇淮、王国荣先后激成，尚非全祖凯等之过。引贼攻开州，实系团首晏景青所为，亦与黄安邦无涉。沈宏富与赵德昌虽积不相能，实无遣卒行刺之事。所称沈练救贼以及劫夺松坎厘金，并烧房助贼各节，皆属传闻无据之词。其哨官蓝文蔚投贼及部将吴正连等通贼各情，亦查无其事。总督劳崇光家丁郭五、郭七，随该督由楚入黔，服役日久，为该督素所亲信。沈宏富曾否与之换帖，无人查悉。现在郭七患病，郭五亦等回籍各等语。沈宏富以统兵大员，当此黔省军务吃紧，应如何激励将弁，力图振作，虽查无纵寇殃民实据，究因不能约束兵勇，以致众议沸腾。本应从严惩办，姑念该总兵打仗素称勇往，在黔亦尚有战功。沈宏富著毋庸署理提督，仍责令带兵剿贼，以观后效。贵州提督，即著赵德昌暂行署理。郭五、郭七，虽查无与沈宏富换帖确据，惟为该督素所亲信，难保不倚势生事，擅作威福。著劳崇光勒令即速回籍，不准在贵州逗遛。"

（《穆宗毅皇帝实录》卷一一六）

49. 同治三年十月己丑

又谕："骆秉章奏，官军攻剿滇黔各匪获胜，并越境克复仁怀县城；恽世临奏楚师肃清天柱各寨，及东西筹防情形各一折。黔滇与川省接壤，隘口纷歧，寇踪时出没叙永之间。骆秉章此次所派刘岳昭等军，剿败仁怀窜匪，并越境攻克县城，实能不分畛域，调度有方。现在，仁怀县城已有黔省兵练驻扎，刘岳旸等以遵义遍地皆贼，回顾边防，所有该处搜剿余匪及遵义各属号匪，均须力筹扫荡。劳崇光、张亮基身任地方，责无旁贷，即著督令该处兵练，乘胜剿洗，毋得专恃客兵，贻误疆事。"

以四川官军攻剿黔滇各匪获胜，并克复贵州仁怀县城，赏副将许荫棠、参将谢茂隆巴图鲁名号、知府刘岳晙等升叙有差。

（《穆宗毅皇帝实录》卷一一九）

50. 同治三年十月壬辰

云贵总督劳崇光等奏："分派官兵，剿办镇远、石阡等府苗教各匪。得旨：著严饬该地方文武及带兵各员，认真剿办。并咨照恽世临派兵会剿，务将余匪一律捕斩净尽，毋留作孽。"

（《穆宗毅皇帝实录》卷一一九）

51. 同治三年十一月庚申

予贵州仁怀被戕知县马钧、阵亡把总艾定国、伤亡典史潘腾芳祭葬世职。

（《穆宗毅皇帝实录》卷一二二）

52. 同治三年十二月己巳

谕议政王、军机大臣等："骆秉章奏，黔省苗号各匪窜扰川边，截剿获胜，请饬贵州派兵夹击一折。贵州苗号各匪，突由赤水窜至叙永属之了叉场。知府刘岳旸等分队直捣，贼殊死战，千总许长发等死之，贼亦溃败，向马蹄滩而奔。该逆复纠约苗杠各匪，分窜黑泥哨，牵缀我师。藩司刘岳昭由合江抽拨两营前往助剿，斩擒悍贼数百名，余悉败遁。其桐梓、绥阳等处，匪势亦尚彼猖。黔省与川省之叙永、合江、江津、綦江、南川，以及彭、涪、酉、秀，在在毗连，群贼环绕窥伺。虽屡经川军击败，而后路无兜剿之师，每由黔疆退遁。若不亟筹截剿，何以戢匪股而靖地方！著劳崇光、张亮基拨兵数千，由遵义扫荡而前，与川军两面夹击。骆秉章仍严饬刘岳昭等，不分畛域，出境会剿，速将盗薮铲除，义安边境。将此由六百里谕令知之。"

（《穆宗毅皇帝实录》卷一二三）

53. 同治四年正月辛酉

刘岳昭一军，亟须抽调赴滇。现因黔省贼踪纷扰，黔西、定番失守后，大定府旋陷，遵义府势亦危急。黄白号匪窜近川南之永宁、川东之綦江等境。刘岳昭所部各军，分防川东各边隘，一时未能檄调，必须将黔省毗境贼匪先事剿除，始能抽赴滇省。劳崇光现驻黔省，责无旁贷，著即会同张亮基，檄饬在黔诸军，会合刘岳昭之军，实力剿洗迅复黔西等城。如黔省军务不能速了，致有蔓延勾结，惟劳崇光等是问。前经谕令恽世临，俟江楚边防静谧，即饬赵焕联率所部由黔入滇。现在，该臬司能否驰赴黔楚边界，会剿黔匪，并著劳崇光、张亮基、林鸿年咨商恽世临，妥筹迅调。

（《穆宗毅皇帝实录》卷一二八）

54. 同治四年正月甲子

又谕："劳崇光、张亮基奏、定番州城被陷，旋复，并击退罗斛窜匪，及发匪回窜古州厅属地方，请催湘粤两省拨兵会剿各折。黔省军务甚急，城外贼匪纵横肆扰，黔西、定番失守后，大定府亦陷，遵义势亦甚危，黄白号匪已窜近川南之永宁，川东之綦江、南川、彭水、涪州各边境。此等情形，朝廷早有所闻。本日，据该督抚所奏，仅将黔西、定番失守情形入告，其余军务概未言及。著劳崇光、张亮基即将各路军情贼情迅速奏闻。并令派出兵弁，将黔西迅筹克复；大定、遵义必须早为绥靖，方可与川省通气。著憬遵二十五日寄谕，檄饬诸军，与刘岳昭之军实力剿洗，不得含糊粉饰，再致贻误。定番已失旋复，善后事宜，务当饬地方文武妥为办理。罗斛贼匪虽经击退，仍当严防窜突以免滋扰。"

（《穆宗毅皇帝实录》卷一二八）

55. 同治四年二月戊寅

现在，黔西、大定等郡先后沦陷，遵义府势亦甚危。黄白号匪又窜近川南之永宁、川东之綦江等境。蜀军分防要隘，更有何力分拨赴滇！是欲平滇逆，必须先平黔匪。劳崇光、张亮基身任封圻，于地方军务一味粉饰，毫无措置，以致贼势蔓延，全省几无完土，实堪痛恨。若再不振刷精神，力图补救，自问当得何罪！劳崇光现驻黔省，著即会同张亮基遴派兵勇，将黔西、大定等城迅图克复，并将黄白号匪次第扫荡，不得再有稽延。骆秉章督饬川东各军，越境会剿，务将黔边巨寇，合力歼除。

张凯嵩即饬杨廷桂一军驰赴古州，会合黔师，认真剿办。李瀚章已简授湖南巡抚，著即驰赴新任。督饬援黔之周洪印等军，迅速进兵夹击。李瀚章未到任以前，仍由恽世临檄饬前进，毋失事机。该督抚等务当同心协力，将贵州各匪克期殄灭，庶可腾出兵力，专意进剿滇匪，底定边隅。

（《穆宗毅皇帝实录》卷一三〇）

56. 同治四年二月壬辰

又谕："劳崇光、张亮基奏筹办黔省各属军务情形，天柱县城复失各折片。定番之匪，由罗斛旁窜大塘，直逼汛城，经邓尔巽等击败，该逆窜回坝芒老巢。遵义号匪勾结苗匪，扰及正安州境，官军次第扫荡，余匪现仍退回兴义，逆首张凌翔、马河图业经正法，郡城内外肃清。新城、贞丰，匪势已孤，现经兴义等府厅集练进攻。该省到处皆贼，虽据该督等奏称各路叠有斩获，亦止小有胜仗，并未痛殄逆氛。著劳崇光、张亮基督饬派出官军，分路进攻，次第肃清疆圉。惟当实力剿办，底定边陲，不得一味敷衍，粉饰养痈，致贻无穷之患。平远、镇宁、郎岱等处窜匪，勾结黔西之贼，阑入大定府城。著劳崇光、张亮基严檄知府毕大锡等军，将此股逆匪迅就歼除，一面将该城文武下落，迅速查明具奏。清江、台拱苗匪，复出巢窜陷天柱县城。分为四股：以两股扰楚边，以两股窜黎平。古州发匪又逸入永从。楚军以贼已出境，全数撤回；惟广西杨廷桂一军，由古宜带队援剿，兵力实形单薄。著李瀚章、石赞清抽拨劲旅，前赴天柱一带，协力会攻，迅歼群丑，毋得稍分畛域。劳崇光本日已谕令赴滇督办军务，黔省剿匪事宜，即责成张亮基认真办理，以副委任。"

又谕："张亮基奏，滇黔全局攸关，吁请酌拨江浙劲兵、楚粤厘税，以图大举一折。据称：滇黔十年兵燹，民命倒悬，以现在而论，滇匪猜携自构，机有可乘；黔匪胁从日多，势将转炽。惟及时而大举，庶息焰于燎原，请抽拨东南得胜之师，选择将领，力加扫荡。其广东特设督办之厘金，与湖南东征局之饷款，请分润滇黔，先为酌拨，俟东南军务告竣，再以尽赡边军。并派良将劲兵速抵黔省，将苗教之匪次第剪除，然后并合黔师，分临滇境，示以祸福，喻以恩威，自可觊觎潜消、乂安永庆等语。滇黔惨遭蹂躏，十有余年，谁非朝廷赤子，岂忍坐视其颠危而不一拯救！惟以东南未尽荡平，西北尤关紧要，是以征兵筹饷，不得不先清腹地，再顾边陲。兹幸江浙肃清，东南底定。张亮基身任黔抚，不得不为滇黔筹画。曾国藩等前奏遣撤楚勇，能否派员酌带赴黔，交张亮基调遣，及各省厘金，能否酌量先为分拨若干，以资接济之处。著曾国藩、李鸿章妥为区画。该大臣等向能不分畛域，谅不以地属边陲稍存漠视。原折著抄给阅看。将此由六百里谕令知之。"

（《穆宗毅皇帝实录》卷一三一）

57.同治四年四月丁亥

补铸贵州仁怀县知县印信。从云贵总督劳崇光请也。

（《穆宗毅皇帝实录》卷一三七）

58.同治四年五月己酉

又谕："骆秉章奏，官军越剿黔匪，叠获胜仗一折。黔匪伪朱王聚众二万余人盘踞正安州城，总兵李家福等督率所部进攻，歼贼甚夥，立将安顺场、老鹰关攻克。遵义府城被围甚急，仁怀、桐梓、绥阳、正安等州县遍地皆贼，亟应实力进剿，以靖寇氛。刘岳昭现在已抵松林，著骆秉章督同该藩司会同李家福等乘胜进攻，将正安州城迅图克复，节节进逼，扫荡而前，力解遵义之围以期次第廓清疆圉。黔省匪势甚张，若仅恃川军越境剿办，此拿彼窜，尚不足以制其奔突。著李瀚章抽拨劲旅，由铜仁、松桃一带进兵，与川省所派之军分途进剿，则贼势为我牵制，剿办较易得手。劳崇光、张亮基当就黔省现有兵力，会同湘蜀官军，协力剿洗，殄除逆氛，毋得专待客兵辄以兵饷两绌为词，致误戎机，自干咎戾。将此由六百里各谕令知之。"

（《穆宗毅皇帝实录》卷一三九）

59. 同治四年五月癸丑

云贵总督劳崇光等奏："请调江南得胜之师分道来黔，以图大举。得旨，著该督抚先饬本省之全祖凯、张文德等军，尽力剿除。其进剿遵义之军，若能与川军并力廓清遵属，亦可通川黔之气，藉佐声援。该督抚当力为其难，毋得畏难思阻，致负委任。"又奏：剿办遵义、大定等属踞匪，因兵单饷乏，猝难成功。批著仍督饬莫超宗、邓尔巽等将遵义大定等属踞匪次第翦除。省南屯军扼贼，尤当严为布置。黔省固属瘠区，该督抚亦当就现有兵力，联络乡团，力图补救，毋得以饷绌兵单稍存诿卸！"

以贵州广顺州城暨归化营被贼窜陷，旋即收复，予提督赵德光优叙，赏还已革副将卢希恒顶带，革通判范显谟，游击胡现龙、张樑职，仍留任留营。予阵亡道员于钟岳祭葬，世职加等。建专祠，员弁兵勇一例附祀。并追予于钟岳父殉难知县崇璟于省城建立专祠，钟岳附祀。

（《穆宗毅皇帝实录》卷一三九）

60. 同治四年五月庚申

刘岳昭等现在进规正安州城，并著该督严饬诸军节节扫荡，务令滇黔两省声息相通，则剿办自易得手。

（《穆宗毅皇帝实录》卷一四○）

61. 同治四年闰五月戊辰

以克复贵州正安州城，赏布政使刘岳昭头品顶带，总兵官谢景春一品封典，参将谢景星、杨广顺巴图鲁名号，军功贺国璧等蓝翎，余加衔升叙有差。予阵亡都司成茂清等四十五员祭葬世职加等。

又谕："骆秉章奏，……刘岳昭之军，越境攻克正安州。正当乘此声威，节节扫荡，著骆秉章迅即檄调阶州得胜之军，分赴黔边，会合刘岳昭所部，力解遵义之围，次第歼除踞匪，俾滇黔声息相通，即可饬刘岳昭赴云南东路。劳崇光、张亮基亦当督饬黔军，会同川兵实力剿洗，岂得专待援师，一筹莫展，贻误事机！正安州城新复，亟须公正廉明之员前往抚绥及办理善后一切事宜。并著张亮基遴委妥员署理正安州缺，以资治理。"

（《穆宗毅皇帝实录》卷一四一）

62. 同治四年闰五月丙戌

以贵州绥阳县城被贼窜陷，革知府张日崙职，仍留营。予阵亡副将张万书、知府邵维新祭葬，世职加等，建专祠。千总徐鼎标、外委田立勋一并附祀。

（《穆宗毅皇帝实录》卷一四三）

63. 同治四年六月甲辰

又谕："有人奏参四川署太平县知县姚元霍贪缘得缺，贪酷性成，与参将唐大有借驻兵为由，勒捐多款。唐大有复致书署知府唐炯为之揄扬，滥报胜仗，屡膺保奖。新宁县知县陆有荣与署典史等在署聚赌，声名狼藉，请饬严查参办等语。所陈姚元霍等贪酷营私各情是否属实，著骆秉章确切查明，据实参奏，毋得稍涉瞻徇，原折著钞给阅看。将此谕令知之。寻崇实等奏，查明署太平县知县姚元霍并非贪缘得缺，亦无与参将唐大有借故勒捐滥报胜仗之事，惟该员派捐防费，不洽舆情，已于甄别案内奏请革职，应请免其置议。又查新宁县知县陆有荣抵任两年，尚无劣迹，未闻其在署聚赌。典史黄振源、叶树桐，汛弁陈栋材，亦皆安分，并无同赌情事。报闻。"

（《穆宗毅皇帝实录》卷一四五）

64. 同治四年六月乙巳

又谕："有人奏，黔省吏治败坏，由于督臣劳崇光、抚臣张亮基各存意见，措置乖方所致。劳崇光以黔事非其专责，徒事颟顸。张亮基治兵治吏，忌刻多私，任听其子张胪寿及湖南降补通判陆传之之子陆佑勤朋比为奸，专擅威福；以林自清为义子，诸事徇庇。林自清穷凶极恶，所带之练，奸淫掳掠，无所不至。商绍祖系劳崇光巡捕，委署仁怀厅缺，纵令门丁周添源奸淫苛索，并不参撤。定番州缺出，张亮基则以失守城池之德庆委署，到任后复两次失守。沈西序于大定失守，弃城脱逃，张亮基辄准其养病回籍等语。劳崇光、张亮基膺朝廷简任之重，宜如何勉竭公忠，力图报称。若如所奏各节，殊属大负委任。贵州教民一案，劳崇光前已办结，著即懔遵叠次谕旨，赶紧驰赴滇省，会同林鸿年筹画进取，毋得观望迁延；并不准以守候银两、勇丁为词，稽留黔省，自干罪戾。劳崇光前因任用私人获咎，岂可复蹈故辙！所有商绍祖前在仁怀厅劣迹，即著据实查参，毋稍徇隐。林自清前由川省遣撤回黔，解其兵柄，藉杜乱萌。张亮基因系义子复用林自清招聚练勇。该总兵本系犷悍之徒，所部练勇又不谙纪律，扰害居民。张亮基既能招之使来，自不难麾之使去。著即饬令林自清将所带各练妥为遣散，悉数归农。如敢滋生事端，或日复一日，不能遣散，惟张亮基是问。并著传谕该总兵，破除积习，勉为良将。现在军务未竣，需材甚殷，毋得自暴自弃，致不能保全始终也。疆吏子侄，干预公事，最足滋流弊而坏官常。张胪寿既招物议，岂可仍留黔省，著张亮基迅即饬令回籍。陆佑勤如非该省职官，即著驱逐出境。德庆、沈西序失守情形，并著查明参奏。……将此由六百里各谕令知之。"

又谕："骆秉章奏，遵覆臬司赴黔，碍难查办，并被参督抚情形确实一折。本日已有寄谕，先令劳崇光速行赴滇，并责令张亮基将林自清练勇先行遣散矣。大定、遵义既多阻隔，著骆秉章即饬刘岳昭援黔之军，疏通道路，实力进剿，将遵义、大定等处匪徒一律歼除，以期与贵州省城消息相通。刘岳昭兵力饷需不足，均著该督力筹协济，毋任缺乏。赵长龄即准其暂缓赴黔。贵州近日情形，骆秉章随时探奏以闻。劳崇光前已覆奏筹兵赴滇，今又有旨严催，自不敢稍事耽延。"

（《穆宗毅皇帝实录》卷一四五）

65. 同治四年六月己酉

又谕："张亮基奏请拨各省厘金，以抵协饷一折。据称，黔省攻剿绥阳、大定等处，现正得手，而饷需已竭，请饬湖南于东征项下每月定拨三万两，按月解黔。广东于厘金项下每月先解黔一万两，四川于沪州、重庆两处厘局，每月各提五千两，均于历欠协饷内扣数划抵等语。黔省军需，前据曾国藩奏请专责湖南供给，嗣以楚东防务正急，尚未定议。惟黔省现在窘迫情形日甚一日，必须亟为筹解，以免哗溃之虞。著瑞麟、骆秉章、李瀚章、郭嵩焘按照该署抚指拨各款数目，赶紧筹解，不得藉词延宕。湖南东征局名目，业已裁撤，即著李瀚章于本省厘金项下按数拨给。以上各省协款，均著按月源源解济，统俟湖南专力济黔之议定有章程，届时可否停止，再行奏明办理。其刘岳昭援黔一军月需饷项，仍著骆秉章力筹兼顾。湖南防务已松，地方渐就安谧。所有该省饷需，应如何专力谋黔之处，即著李瀚章悉心斟酌，请旨遵行。该省与黔省唇齿相依，廓清黔贼，即所以安靖楚疆。李瀚章尤当畛域不分，共支危局。将此由五百里各谕令知之。"

云贵总督劳崇光等奏报川黔官军会同收复正安州。得旨："仍著该督抚严饬在事文武，会合川军，迅将绥阳、大定一带贼氛扫荡，毋稍松劲。"

（《穆宗毅皇帝实录》卷一四五）

66. 同治四年六月乙卯

又谕："骆秉章奏官军攻剿滇黔各匪，续获胜仗一折。……副将许荫棠迎剿黔省苗号各匪，屡挫贼锋，剿办甚属得手。所有在事出力员弁、团勇，著骆秉章查明汇案保奏，候旨施恩。黔匪旋灭旋起，必应次第勘定，方能永绝乱萌。现在，刘岳昭已统所部入黔，攻克正安州城，进规桐梓、绥阳等处，冀解遵义之围。著骆秉章即饬该藩司乘胜进兵，节节扫荡。张亮基恪遵叠次谕旨，迅速派兵会剿，以收夹击之效，不得专恃川兵，自甘颓靡。骆秉章仍当于阶州撤回各军内，酌量调遣，分道出师，先清黔边之患。其许荫棠一军，应由何处进剿黔匪之处，并著妥筹调度，毋失机宜。劳崇光前已有旨催令赴滇，即著迅速起程，毋稍延缓。将此由五百里各谕令知之。"

（《穆宗毅皇帝实录》卷一四六）

67. 同治四年七月丁卯

云贵总督劳崇光奏苗教各匪窜扰余庆，署知县黄启兰剿贼获胜。得旨："仍著饬该署令等激励绅团，严密防剿，毋稍松劲。"

以贵州石阡府城被贼窜陷，旋即收复。免府经历李云昇查办。予阵亡署知府严谨、署都司陈定元、从九品严诚祭葬，世职加等，均建专祠。

（《穆宗毅皇帝实录》卷一四七）

68. 同治四年七月甲戌

谕军机大臣等："骆秉章奏官军进攻黔匪叠获胜仗一折。官军自攻克正安州城后，由松坎趋娄山关，转战而前，进扼绥阳后路。一面分兵由正安直进，以击绥阳之前，两路夹攻。刘岳昭一军，连克绥阳西路之观牛峒、杉坝并厚水、金鸡寨、小白岩各处贼巢；续将七宝寨、回龙寺、菩萨庙等处贼营攻破，歼戮殆尽。其东路之磨坝、蔡缸峒贼巢，亦经李家福一军攻毁，剿办尚为得手。著骆秉章即饬刘岳昭等军，乘此声势，速将绥阳城池克复，疏通川黔道路。并著劳崇光、张亮基迅速派兵，会同川军，合力夹击，将遵义一带匪巢悉数扫除，毋稍松劲。此次出力员弁，准骆秉章择尤保奏。将此由五百里各谕令知之。"

予贵州绥阳等处阵亡都司刘立瑞等十二员祭葬，世职加等。

（《穆宗毅皇帝实录》卷一四八）

69. 同治四年七月甲申

又谕："劳崇光等奏官军克复大定府城一折。贵州遵义号匪，窜陷黔西州后，于上年十一月间，分股阑入大定府城。经劳崇光等檄饬邓尔巽等带兵驰往，集练会击，先后殄贼无算。本年闰五月间，署提督赵德昌等收复黔西州城，乘胜进规大定，会合邓尔巽等分路进取。该匪出城抗拒，官军合力兜剿，贼众败退。二十七等日，赵德光在城外塔山扎营，断贼粮道，赵德昌等复督队围攻，贼势穷蹙。六月初八日，邓尔巽分军设伏，并派莫云青等同赵德昌等在西门截杀，赵德光率众斫开东门，麾军并进。贼犹拌死抵拒，官军分投掩杀，余匪狂奔。夺获旗帜器械无数，救出难民一千余名，当将大定府城收复。其由瓢儿井来援贼众，亦经该文武派队蹑击，擒斩甚多，剿办尚属得手。所有尤为出力之总兵赵德昌、赵德光，均著交军机处记名，遇有提督缺出，先提奏。"

又谕："劳崇光等奏，官军克复大定府城一折。大定府城攻克，贼踪由黔西等处分窜，复有瓢儿井援贼数千伺隙欲逞。著劳崇光、张亮基、裕麟严檄赵德昌、邓尔巽等实力进攻，将黔西、遵义等境踞贼次第扫除，并飞饬川省援黔之刘岳昭等军合力夹击，尽歼丑类……"

又谕："裕麟奏，黔省军务大概情形，请饬四川等省协拨饷需一折。据称：黔省苗教各匪蜂起，日成负隅之势，皆由官军饷匮兵饥，不能捣穴擒渠所致。而士卒尚为可用，将领不尽无能。诚得粮足饷充，以次规取贵定等处，可收事半功倍之效。请饬各该省将协饷源源报解，得及时剿贼，以维大局等语。黔省饷需匮乏，亟应迅筹协解。著骆秉章照张亮基原请在泸州、重庆两处厘金内按月拨解黔省银一万两，如数赶紧筹解。湖南东征局现已裁撤，裕麟所请在该局按月先拨黔省银三万两，著李瀚章悉心酌度。该省于援黔尤属责无旁贷。如可以指拨，无论何项，迅即筹解，以济要需。并著官文、瑞麟、李鸿章、马新贻、郑敦谨、郭嵩焘、刘郁膏、孙长绂，将广东、湖北、江西、浙江、江苏历年积欠奉拨协黔兵饷银两，陆续筹解，毋得稍分畛域，置黔事于不顾。将此由五百里谕知官文、瑞麟、骆秉章、李鸿章、马新贻、郑敦谨、李瀚章、郭嵩焘，并传谕刘郁膏、孙长绂知之。"

（《穆宗毅皇帝实录》卷一四九）

70. 同治四年七月乙酉

谕军机大臣等："骆秉章奏筹拨滇饷及清将道员仍留川省，并探闻贵州知县勒派团民各折片。四川筹办滇省惟唐友耕、刘岳昭两军。现在，刘岳昭克复正安。昨复据劳崇光等奏报克复大定府城。唐友耕分布綦江要隘，一俟攻拔绥阳，进解遵义之围，将大定一带肃清，则川黔边境即固，该两军即可合力图滇事。缓急情形，自应如此办理。刘岳昭入黔境后，连战皆捷，自可功收破竹，扫荡而前。著骆秉章即饬该藩司迅速进兵，赶将遵义、大定一带军事办竣，即与唐友耕会合进兵滇境。其川黔境，届时仍著骆秉章另派劲兵严防要隘，以备不虞。至滇饷一节，据骆秉章奏，唐友耕、刘岳昭两军，每月饷项军火，不下六万余两，入滇后仍由川省支发。贵州署仁怀县知县洪姓，任听书吏蒙蔽，纠约会匪王幺大、任志邦等数百人，在寨坝拆毁民房，搜拿粮户，勒派需索，民不聊生。览该团民贺廷羽等所呈该知县告示，殊堪骇异。该知县既称详明各大宪，何以该抚等于此等劣员不行参奏，竟毫无闻见至此！该知县究系何名？著骆秉章会同张亮基、裕麟迅即将其撤任，确切提讯，从严参办。不准该抚等稍涉回护！将此由五百里谕知骆秉章、张亮基、林鸿年，并传谕裕麟知之。"

寻裕麟奏："遵查，署知县洪用懋，前因办理不善，业已撤任。其纠约会匪搜拿粮户，尚未据绅团具控。该县因剿贼劝捐军粮，藉端抑勒，任性横行，应请革职查办。"从之。

补铸安徽广德州、贵州正安州知州、施秉县知县、邛水县丞、福建海门社巡检各印信、条记。从总督劳崇光、巡抚乔松年、徐宗幹请也。

（《穆宗毅皇帝实录》卷一四九）

71. 同治四年八月丁未

又谕："骆秉章奏叙永官军，越剿滇黔各匪叠胜；劳崇光、裕麟奏定番州属土匪谋逆，督军攻破贼巢，生擒首逆，并陈遵义地方官绅为仇，委员就近查办；张亮基奏钦奉谕旨，据实沥陈各折片。滇黔各匪，注意川疆，欲图饱掠。经总兵李有恒等将滇匪叠次剿胜，并擒斩贼首萧大扁刀，军前正法。副将许荫棠一军，攻剿黔匪亦屡获胜仗，办理甚为得手。仍著骆秉章督饬各军以剿为防，力固边圉。定番州属土匪程尚汶等，以与吴宝斋睚眦微嫌，胆敢聚众谋仇，乘机谋逆，实属罪大恶极。该文武等督兵剿捕，兼旬之内，捣穴擒渠，不至酿成巨患，办理尚属妥速，搜捕余匪及善后事宜，并著饬属妥协布置。遵义地方，据劳崇光等奏，称士习甚坏，官绅为仇，恐川军凯撤之后，内外交讧。现饬藩司刘岳昭就近查办等语。劣绅固须惩创，亦必须地方官办事秉公，方能折服其心，格顽化梗。该督抚惟当持平妥办，不可稍有偏倚。或择其劣迹昭著者，参办数人，则惩一儆百，其余自知敛迹。张亮基覆陈黔省情形，折内语多过当，殊属非是。该抚于地方军务，果能事事妥协，何至致谤招尤！即局外之人不知局内之苦，亦当引咎刻责，方合止谤自修之义。而乃哓哓渎辩，历叙衰病，自请罢斥，欲以负气之词，作乞身之计。此等伎俩，岂能逃朝廷洞鉴耶！张亮基既于黔省情形言之凿凿，即著于假满后实心任事，力为其难，不得稍涉推诿！劳崇光现在逗遛何处？即著懔遵前旨，克期赴滇，毋再托故迟延，致干咎戾。将此由五百里谕知骆秉章、劳崇光、张亮基，并传谕裕麟知之。"

（《穆宗毅皇帝实录》卷一五一）

72. 同治四年九月辛卯

补铸广西梧州协副将、贵州遵义协副将，湄潭、绥阳等县知县，江苏瓜洲营守备各关防信印、条记。从总督劳崇光、巡抚李鸿章、张凯嵩请也。

（《穆宗毅皇帝实录》卷一五五）

73. 同治四年十月辛酉

谕军机大臣等："崇实奏援黔官军获胜，并攻克逆巢一折。刘岳昭一军进剿黔匪，连日将牛角坉、元音寺等处贼巢攻拔，擒斩贼目甚多，遂乘胜驰抵遵义府城，进解火石坎民寨之围，连战皆捷。附近胁从各寨，均已就抚。刘岳昭复督饬诸军，将绥阳城外之天台山贼巢攻拔，剿办尚属训真。惟遵郡四面皆贼，虽经官军叠次击败，仍在绥阳一带负隅抗拒，亟应次第扫荡，以靖地方。著崇实、骆秉章督饬刘岳昭速统各军，进克绥城，赴援遵郡。并著劳崇光、张亮基、裕麟檄饬署遵义府知府张日嵩及绥阳县官兵团练，合力进攻，迅歼丑党，毋得专恃客兵应援，一筹莫展，坐失事机。将此由五百里谕知崇实、骆秉章、劳崇光、张亮基，并传谕裕麟知之。”

予贵州绥阳阵亡参将李方元等五十七员祭葬，世职加等。

（《穆宗毅皇帝实录》卷一五八）

74. 同治四年十一月乙亥

谕军机大臣等："张亮基奏，逆匪窜扑思州等城，均经兵练击退，并沥陈黔省夷情，及劳崇光随带林自清赴滇各折片。苗教各匪，阑入思州府境，攻扑城垣。经知府梁金诰等督兵击败，贼匪退归铺田。其荆竹园教匪，纠众攻扑石阡府城，亦经署知府田宗超等督练击退殨贼数百名。龙泉县知县李廷璧等督率绅团，将围扑龙泉之贼击败，剿办均尚得手。著张亮基督饬思州、石阡在事文武，激励兵练，妥筹防剿。并令龙泉令迅将彰教坝踞匪悉数歼除，毋稍延缓。"

又谕："本日据张亮基奏，各省历年欠拨黔省军饷、铅本等项，开单呈览，请饬分年补还一折。据称：贵州岁需兵饷、铅本等项，无不仰给邻封。自咸丰四年杨逆倡乱，各省拨款概停，所入岁减百余万，而防剿之需岁增。屡经奏请拨款，奉旨严催，仍属毫无实际，仅赖湖南劝捐一项苟延旦夕。本年粮价陡昂，数倍于前，又值防剿吃紧，练费军火，在在均须筹备。即湖南、四川偶拨一二万两，亦属杯水车薪，万难足用。深恐兵溃援绝，贻误大局。查自咸丰三年起至同治四年止，各省欠解兵饷银八百八十九万三千七百三十两，咸丰四年起至咸丰九年止，各省欠解军饷银四十三万四千两，咸丰三年起至咸丰六年止，各省欠解铅本银一百四万八千三百四十两，湖南省欠解文职不敷养廉银，及兵粮米价等银十三万五千三百三十二两。统计欠解银一千零五十一万余两。如按月拨解半成，即可得银五十万两。请饬各该省迅即拨解，以济急需各等所奏自系实在情形。该省地方瘠苦，需饷紧迫。若不赶为筹解，恐军务益形决裂。即著四川、湖北、湖南、广东、江西、浙江、福建、山东、山西、河南、陕西各该督抚，暨福州将军、粤海关监督，迅将单开积欠黔省兵饷、铅本，及文武不敷养廉、兵粮米价等项，分作二十年清款，各照所欠总数，以奉旨之日为始，按年拨还半成，不准稍涉延玩。原单著分别抄给阅看。此将由五百里谕知福州将军、四川、湖北、湖南、广东、江西、浙江、福建、山东、山西、河南、陕西各督抚，并传谕粤海关监督知之。"

（《穆宗毅皇帝实录》卷一六○）

75. 同治四年十一月辛巳

云贵总督劳崇光奏："遵覆贵州公事，惟与张亮基和衷共济；如有不合，亦必据理直言，不肯迁就。巡捕商绍祖于署仁怀同知任内，因家丁周顺劣迹，业已撤任提审。林自清虽年少好动，打仗尚属奋勇，拟请将该镇随带行营差遣。"得旨："林自清从前在滇滋事，该督岂无闻见？何以复欲令其带练入滇！在该督止思藉以自卫，而于滇省则贻祸无穷，颠倒谬妄，莫此为甚！著懔遵十一月十四谕旨，不准檄调随营，仍交张亮基严加管束。"

（《穆宗毅皇帝实录》卷一六〇）

76. 同治四年十一月己丑

又谕："崇实、骆秉章奏，攻剿滇黔各匪，现筹分兵布置情形一折。川省东南隘口纷歧，黔匪屡次窜至叙永边境。其綦江边界黔匪，并图扰犯果后各营后路，虽经川军分路进剿，迭有斩擒，而官军伤亡亦复不少。现在，窜扰叙永之匪，仍踞川黔交界洗脚溪等处。綦江之匪，仍在铧尖山凭垒死拒。滇境苗匪陶伪元帅，复拥众窜至牛街。土匪漆新大等，分股逼近叙南、筠连一带，防务诸形吃紧。崇实等现添调总兵成耀星等军，前赴绥阳，留胡中和七营分防叙南，严扼滇匪。并檄饬周达武亲带六营赴南路叙永、綦江一带，视何路军情紧急，即赴何路截击。布置尚属周妥。即著崇实、骆秉章督饬派出各军，严密防剿，毋任滇黔沿边各匪阑入川疆。并著劳崇光、张亮基、林鸿年飞檄滇黔边防诸军，与川军合力夹击，迅歼丑类，毋得专恃客兵，一筹莫展，贻祸邻封。劳崇光已据奏报由黔起程，现在行抵何处，林鸿年屡奉谕旨严催入滇。何时起程？进扎何处？并著迅速驰奏。将此由五百里各谕令知之。"

（《穆宗毅皇帝实录》卷一六一）

77. 同治五年正月乙丑

以四川官军历年防剿滇黔窜匪，并克复贵州仁怀县城出力，赏总兵官胡尊贤、王聚兰一品封典；总兵官胡福荣、贺玉贵，副将干万青、辜胜九、何乃辉、罗荣贵、胡芝瑞、陈均山、邓绩寅、苏传堂、钟福俊、王与仁、成鼎臣、成复清，参将周新二、谭太和、李堂秀巴图鲁名号；游击谭迎全等花翎，知县赵鸿藻等蓝翎，余加衔升叙开复有差。

（《穆宗毅皇帝实录》卷一六五）

78. 同治五年二月辛卯

又谕："张亮基奏，川军攻克天台山贼巢，并会同黔军击退遵义袭城号匪，及贞丰州逆回出巢，攻陷永宁州城各一折。贞丰新城回匪，以伪降缓我军心，各处官绅团练，皆以剿回为讳，致该匪得逞狡谋，乘隙窜陷永宁州城。凶狡情形，实堪发指。张亮基当督饬赵德光、罗孝连、毕大锡等，各率所部分路进剿；并饬兴义等属厚集团勇，直取贞丰州城，尽歼丑类，毋得再行议抚，稍事迁就。至号匪虽经击退，难保不去而复来。著仍饬倪应复等严密防范，毋稍疏虞。刘岳昭业经简放云南巡抚，已令其节节扫荡，疏通道路。张亮基当严檄黔军，会合该抚所统川军实力攻击，肃清北路，是为至要。将此由五百里谕令知之。"

79. 同治五年四月甲午

又谕："刘蓉奏办理垦荒事宜，请酌定考课举劾章程一折。陕西当兵燹之后，沃土久荒，民力重困，地方官自应以招徕开垦为急务。乃该署抚于上年设局刊发章程以来，各州县非有意含混，冀便私图，即假手吏胥，虚应故事。若非严行考核，何以昭劝惩而收实效。刘蓉所拟勒定限期，赶紧办理，查明该地方被灾之重轻，荒产之多少，垦种之成数，分别劝惩，及责成该管府州督率考课各章程，尚属周妥，即著照所拟办理。该署抚务当督饬所属，实力奉行，严密考察，秉公举劾，期于实惠及民，历久无弊。另片奏，筹办营田，事体繁重，请调员襄办等语。四川候补知府唐炯，著准其调赴陕西，襄办营田事务，以资得力。"

80. 同治五年四月癸卯

又谕："崇实、骆秉章奏，请留云南巡抚督军暂扎遵义，会剿黔匪一折。所称劳崇光现已进省，滇事似宜缓图，而黔寇亟应剿办。兆琛将带楚军由贵东长驱大进，刘岳昭即督各营扫荡贵西贼匪，两面夹击。黔事既定，则声威远播，滇事亦易措手。请饬刘岳昭仍扎遵绥，俟贵州军务渐松再赴云南等语。固属兵贵先声，当务为急。惟劳崇光已入云南省城，非刘岳昭督军继进，不足以壮声援而资震慑。前经谕令刘岳昭疏通道路，驰赴黔省，仍著该抚遵奉前旨，督饬各军节节进剿，将黔西、大定、毕节一带土匪歼除，即带果后各营相机赴任，毋稍迟延。刘岳昭赴滇后，即著崇实、骆秉章另派知兵大员统带成耀星、潘长青、何行保等军，约会楚军，剿办黔匪。仍饬边防各军，严备兜剿。如此办法，黔事既有起色，滇事亦不至置为缓图，似较周密。戡定滇黔，即所以保卫川疆，想崇实、骆秉章必能通筹全局，不至顾此失彼也。兆琛规画贵东一切军情，曾谕令自行奏报，以免迟滞。现在进兵机宜，尚未据该藩司驰奏，即著统率各军，相机前进，迅将贵东肃清，分路进剿，期与川黔各军会合夹击，以收廓清之效。绥阳业经收复，惟收降人众过多，必须妥筹安插，方免后患。仍著刘岳昭慎重筹办，毋稍大意。将此由六百里谕知崇实、骆秉章、刘岳昭，并传谕兆琛知之。"

以四川官军援剿贵州踞匪，克复绥阳县城，赏总兵官潘桂堂巴图鲁名号，提督李家福等升叙有差。革不守营规守备彭廷珍职。予阵亡参将彭万俊等祭葬，世职加等。

81. 同治五年五月壬戌

前据刘岳昭奏请回川筹商军事，当经谕令，俟遵绥军务事定，即行驰赴新任，无庸折回四川省。张亮基惟当与刘岳昭会商熟计，务将绥阳一带克日肃清，则黔省军声日振，即可力图自强，正不得专恃援兵，自甘颓靡。将此由六百里谕令知之。

（《穆宗毅皇帝实录》卷一七六）

82. 同治五年五月丁亥

以贵州克复绥阳县城出力，赏知府倪应复都司，廖熙麟等花翎，知州刘应升等蓝翎，余加衔升叙有差。

又谕："张亮基奏川军剿办遵义号匪情形，请留刘岳昭专办黔中军事；并收复荔波县城，饬李元度等赴黔，催解湖南欠饷，暂留赵德昌在黔各折片。荔波为省城往来通衢，必须派拨得力兵勇驻守。张亮基务当妥筹布置，不可稍涉大意。黔省饷绌兵单，防剿不敷分布，并著兆琛恪遵前旨，会同周洪印天柱之师，由镇远等处迅速进兵仍严饬李元度一军由铜仁进取，期与黔省各营声息相通，并力会剿。应需饷银，即著李瀚章于欠解黔饷内源源拨解。刘岳昭于克复绥阳后，曾经谕令该抚由黔西一带节节扫荡，疏通道路，直抵滇省。该抚何以不候谕旨，辄行回至川省？殊属粗率，不晓事体！现既带兵回川。若再令回黔，不免徒劳往返。刘岳昭当懔遵叠次谕旨，迅即统率所部赴滇任事，毋得在川逗留，致负委任。黔省军务，张亮基责无旁贷，即著妥筹办理，不准稍涉推诿。赵德昌前经张亮基奏请饬令赴川，听候崇实、骆秉章差委，并令赵德光暂署贵州提督，当照所请降旨施行。兹据张基奏称赵德光因带兵剿贼，未能兼办提督事务，并以绅士杨光菜等向该抚恳留赵德昌，遂请将该总兵留办平远军务，实属毫无主见，自相矛盾。张亮基著传旨严行申饬。赵德昌前此带兵时，久经署理提督，何以赵德光即不能兼顾？所有贵州提督印务仍著饬令赵德光接署，毋得任意违误！并著崇实、骆秉章迅饬周达武赶紧赴黔接篆，以重职守。赵德昌已据崇实等奏请无庸赴川，著即暂准张亮基所请，留于平远等处剿办苗教各匪。如再不知奋勉，即著张亮基据实参奏，毋稍瞻徇。特此由六百里谕知崇实、骆秉章、李瀚章、刘岳昭、张亮基，并传谕兆琛知之。"

又谕："张亮基奏拿获赍送逆书之教匪，讯明分别核办一折。据称，思南府属塘头地方拿获贼匪侯守发、邓光见二名，讯系教匪刘汉忠令其至川黔交界访明伊父、匪首刘祖祖面投；并称湖北随州及湖南近河各府从教人多，四川灌县有周添云接应，其余与逆书情节相同。查刘祖祖即刘仪顺，四川涪州人。先因传教事败，逃入黔省白号贼巢，纠合号匪，叠次扑城。经官军痛击溃逃。闻在四川灌县潜踪，又闻为瓮安县玉华山号匪接去。至刘汉忠踪迹，据供，向在湖北沙市贩运桐油、棉花，时住沙市中街张姓店内各等语。刘仪顺稔恶有年，为教匪中著名巨憝。兹复令其子刘汉忠托足江湖，借贸易为名，到处勾结党与，意图倡乱，直犯楚蜀，实属狡黠异常。若不认真搜捕，及早歼除，必至酿成巨患。著张亮基严饬各属探明刘逆踪迹，严密兜剿。并著官文、崇实、骆秉章、曾国荃、李瀚章各饬所属，将匪首刘仪顺及其子刘汉忠并接应贼匪之周添云等一体严密查拿，不准一名漏网。此事关系甚重，倘该地方官有意弥缝，敷衍了事，不能认真查办，即著各该督抚据实严参，治以应得之罪。如能破获巨案，消患未形，亦著核实保奏，量予恩施。从前川楚教匪滋事及粤匪倡乱，皆因地方有司颟顸粉饰，酿成事端。涓涓不塞，将成江河。各该督等务当引为前鉴也。逆书一件，供词一件，著抄给官文等阅看。将此由五百里各谕令知之。"

予阵亡署知县候补知府彭培垣祭葬世职加等，建专祠。知州吴江、参将范定邦、训导赵旭、典史寿其仁等，祭葬世职加等，一并附祀。

（《穆宗毅皇帝实录》卷一七七）

83. 同治五年六月辛丑

又谕："崇实等奏会筹进兵机宜一折。刘岳昭简授云南巡抚后，时遵义军务方殷，乃不候谕旨，率行回川，前已有旨饬令径由川省驰赴滇南。此旨尚未接到，该抚又由川省驰赴贵州。封疆大吏，举动未可轻率。即使川黔连界有交涉事件，该抚不妨与崇实、骆秉章函商办理，何必亲自赴川，徒劳往返。该抚现已驰赴遵义，即著遵照四月十五日所奉谕旨，将黔西、大定、毕节一带土匪克日歼除，疏通道途，迅赴新任，以重职守，毋再轻率从事，致干咎戾。嗣后滇黔军情即由刘岳昭专折奏报，仍随时与崇实、骆秉章筹商妥办，以期周密。将此由六百里各谕令知之。"

（《穆宗毅皇帝实录》卷一七八）

84. 同治五年七月戊午

又谕："崇实、骆秉章奏，遵复黔省防剿事宜，请仍留周达武在川带兵一折；另片奏署遵义令冯澍贪婪，请饬撤省查办等语。前据崇实等奏、刘岳昭于发折后即驰赴遵义行营。此次所发折报相距二十日，而刘岳昭尚未定期赴黔，殊属任意迁延，不知缓急轻重。刘岳昭身受厚恩，务当懔遵叠次谕旨，迅将黔西、大定、毕节一带土匪，歼除净尽，速赴新任，以重职守，毋再迟误干咎。崇实、骆秉章恐黔西等处匪徒被剿，窜突川疆，拟留周达武暂行在川带兵，系为保卫边圉起见。现在刘岳昭仍回遵义办贼，足资统摄，周达武著准其暂留川省，一俟边防稍松，即行前赴贵州提督本任，毋得藉端奏留。遵义各寨甫经就抚，必得地方官妥为绥辑，方能渐次安定。若如崇实、骆秉章所称，署知县冯澍赋性贪婪，惟事搜刮，近复藉招练为名，横加苛派，是该处之民既死于贼，复死于官，倘复激成事端，又将重烦兵力。著张亮基即将冯澍撤省，严行查办，另委贤员接署，以苏民困。将此由五百里各谕令知之。"

（《穆宗毅皇帝实录》卷一八〇）

85. 同治五年七月己卯

张亮基另片奏："仁怀县官绅办理团练，克复县城，并将城外各寨余匪剿平，请保出力等语。著准其择尤保奏，毋许冒滥。将此由五百里各谕令知之。"

（《穆宗毅皇帝实录》卷一八一）

86. 同治五年八月甲午

谕军机大臣等："李瀚章奏，汇报援黔胜仗，并添勇筹防情形，请饬川省会剿一折。李元度一军攻克大小屯并附近贼寨多处，距荆竹园教匪老巢甚近。其苗匪一股，亦经兆琛、周洪印两军由思州、天柱等处节节进剿，沿途叠获胜仗，直抵镇远、邛水。现在黎平股匪纠约各苗，欲由古州进扑王寨、天柱。该处与湖南之靖州会同毗连。李瀚章现拟月拨楚饷三千两，檄交兆琛，就地练勇堵御；并由兆琛拨营协守。著即饬令兆琛实力办理，毋令苗匪窜入楚疆。李元度一军，不敷分布，现拟添募水陆新勇，并添设三板战船，扼守江路。惟江外教匪，上抵遵义、绥阳、桐梓、正安，下抵湄潭、龙泉、思南、安化、务川。贼巢甚多，与荆竹园股匪，处处皆可援应。该处与川省毗连，必须川东合力会剿，方可断绝内江援应。著崇实、骆秉章即饬令防边之师，由秀山、酉阳一带建瓴而下，将外江各匪实力扫荡，与李元度声势联络，以期迅殄逆氛毋稍延误。将此由五百里各谕令知之。"

蠲免贵州都匀、镇远、思南、黎平、兴义、贵阳六府，麻哈、都匀、清平、荔波、黄平、施秉、永从、开泰、贞丰、普安、安南、兴义、平越、余庆、瓮安、湄潭、开、贵定、修文、龙泉、贵筑、独山、镇远、婺川二十四州县，暨古州左右、清江左右、八寨、台拱、黄施、丹江、凯里九卫，普安同知，清江、下江归化通判，册亨州同，锦屏乡县丞所属被扰地方额赋有差。

（《穆宗毅皇帝实录》卷一八二）

87. 同治五年八月辛丑

谕军机大臣等："刘岳昭奏筹剿仁怀号匪布置情形一折。刘岳昭现在折回黔边，因黔西、大定、毕节一带贼股尚多，拟先将仁怀之大小坭寺等处号匪扑灭，再入黔西，庶免后顾之虑。该抚已饬各营拔队，进攻大坭寺等处，而自带数营横出仁怀，会合夹击。所筹尚妥，著即督饬所部迅将此股号匪尽数歼除；即由大定一带，节节扫荡，直抵滇省，用副委任。"

另片奏："克复地方，请饬黔抚委员妥办善后等语。黔中群盗如毛，刘岳昭由黔进兵，沿途剿平贼寨，断不能留兵代守，倘地方官不得其人。则兵去贼来，劳而无益，即刘岳昭入滇之军，复为牵掣。著张亮基随时体察所属贤否，遇有军务地方，贼平之后，即慎选贤能牧令，将该处善后各事宜妥筹办理，以靖地方。毋得专恃客兵，置分所应办之事于不顾也。将此由五百里各谕令知之。"

（《穆宗毅皇帝实录》卷一八二）

88. 同治五年九月己巳

又谕："崇实、骆秉章奏会剿黔匪，无兵可拨，请令刘岳昭先平黔寇；严树森奏行抵重庆，请拨兵统带入黔，并陈黔省事宜，贼情大概，绘图呈览；请饬席宝田由上游会剿各折片。川黔毗连境地二千余里，上自叙永，下至西、秀时虞窜突。若再分兵出疆，专谋荆竹园一路，则边隘处处空虚，防兵愈形单薄，自系实情。刘岳昭现尚未出黔境，著即暂缓赴滇，先将黔西、大定之贼，节节扫荡，严扼遵义一带，与湖南援黔之师，上下夹击，使贼首尾不能相顾，以冀先清黔境；但不得旷日持久，师老无功，致赴滇更无时日。并著李瀚章、兆琛督饬李元度等军迅将黔省下游实力剿洗，该逆兼顾不遑，必更易于得手。其西、秀一带边隘，即由崇实等严饬川东沿边防军，扼要截击，以防该逆伺隙奔轶，扰及完善。严树森由重庆入黔道梗，所请拨兵三四千，由该臬司统带赴黔，川省亦无可再拨。著严树森即行驰赴刘岳昭军营，会同该抚，将遵义、大定之贼妥筹剿洗，疏通省路，该臬司即可设法入省，妥为查办，以副委任。严树森所陈黔事，以选大将、审地势、扼要津、除巨逆、筹协拨、卫饷源六大端为目前要务，实为动中肯綮。现在黔省上游既责之刘岳昭，下游贵东军务并责之李瀚章、兆琛，自可毋庸另派大员督办。即著该抚藩等将严树森所陈六条及另折查明黔省贼情，尽心筹画，总期平一股再办一股，以冀次第廓清，毋为贼所牵掣。严树森现赴刘岳昭军营，正可将所陈黔事办法及上游贼势，与该抚妥商办理。席宝田前经赏假省亲，现计假期已满，严树森请令统带旧部，由水路取道荆、宜、施、利以达重庆，赴遵义进取，以期上下游合力夹击，所筹亦妥。该臬司所部业已遣散，著李瀚章迅拨数营交其统带，迅赴遵义，毋稍延缓。所需饷项不敷银二万两，并著崇实、骆秉章、李瀚章妥筹协拨；其军火器械，并由崇实、骆秉章就近解济，毋任缺乏。将此由六百里谕知崇实、骆秉章、李瀚章、刘岳昭，并传谕兆琛、严树森知之。"

（《穆宗毅皇帝实录》卷一八四）

89. 同治五年九月戊寅

又谕："张亮基奏称仁怀县踞匪，业经署知县汪丽金率团铲平贼垒多座，仅余木城一带未靖。猪拱箐苗匪，岑毓英已由滇属镇雄州进攻，大定府境现已肃清；黔西苗教各匪，业经练众击溃，并由该地方文武搜剿，连破贼垒五处，请饬刘岳昭改道安顺等处进剿等语。大定、黔西等处贼势既衰，本省兵练足敷剿办，自可毋庸借助邻援。其安顺贼氛，延蔓郎岱厅之各股仲苗号匪，及盘踞兴义府城之回匪，势均猖獗。黔省饷绌兵单，难于兼顾。著刘岳昭即率劲旅由遵义驰赴安顺、兴义、郎岱一带，将各匪节节剿洗，并将兴义府城克复，肃清黔省，用竟全功。刘岳昭现在遵义，所有仁怀县属木城一带余匪，即著该抚于起程时先行剿除，再行驰赴安顺等处。其黔西州余匪，即著张亮基饬令该地方文武实力搜剿，务须殄除净尽，毋留余孽。猪拱箐苗匪，仍著劳崇光督饬岑毓英越境攻剿，不可稍分畛域。酉、秀边境，即著崇实、骆秉章严密防堵。将此由六百里各谕令知之。"

90. 同治五年十一月丙辰

又谕："严树森奏统筹全局，请分东、西、中三路进兵一折。前有旨谕令刘岳昭先将黔西、大定之贼节节扫荡，严扼遵义一带。席宝田由水路取道荆、宜、施、利以达重庆，赴遵义进取；严树森赴刘岳昭军营会筹剿办。兹据严树森奏请，仍以东、西、中三路进兵为稳。以下游贵东各路为东路，责成李瀚章、兆琛办理；以大定为西路，责成刘岳昭办理；以遵义为中路，责成席宝田办理等语。严树森所筹现在情形，计时虽稍迟缓，而策画较为稳妥。著李瀚章督同藩司兆琛将东路之匪节节进攻，并将剿办情形随时知会遵义军营，俾资联络声援。著刘岳昭由温水进兵，专剿黔西、大定所属之匪；俟肃清大定后，移师剿办猪拱箐贼塞，并督同岑毓英相机会剿，以收两面夹攻之效，毋庸分兵遵义，致形单弱。著李瀚章催令席宝田赶紧招集旧部，或十营或十二营，统带迅速前进，取道常德、辰州、酉阳、秀山，直趋黔省正安、绥阳以达遵义，勿庸绕由重庆行走。席宝田一军，需饷甚迫。著刘坤一懔遵前旨，按月协解该营饷银四万两，毋令缺乏。席宝田营不敷饷银二万两，著崇实、骆秉章李瀚章遵旨迅筹协拨。其军火器械，崇实、骆秉章仍当就近筹画，源源接济。严树森尚须赴省查办事件，著即趱程前进，设法晋省，毋庸等候席宝田同赴遵义，以归径捷。严树森原折著抄给李瀚章、刘岳昭、兆琛阅看。将此由六百里谕知崇实、骆秉章、李瀚章、刘岳昭、刘坤一并传谕兆琛、严树森知之。"

拨江苏大小炮位六十尊，洋火药一万斤，洋枪四百杆，解赴贵州布政使严树森行营备用。

91. 同治五年十一月辛酉

又谕："刘岳昭奏攻克号匪老巢，仁怀渐就肃清，并进剿黔西贼匪获胜一折。仁怀号匪屯踞马滚坡等处，经官军先后进攻，将贼垒一律蹯平，黔西来苏场之匪，复经官军擒斩殆尽。仁怀渐就廓清。虽经刘岳昭派拨吴安康等两营驻守弹压，仍著激励将士，将败窜余匪悉数搜捕，务绝根株。惟该县甫经收复，亟须贤有司妥为拊循，招集流亡，俾得及时归业。即著张亮基速派贤员前往接署，将善后事宜妥为经理。黔西贼势已蹙，刘岳昭务当严饬邹复胜统率所部进攻平坝，并令谢景春移营进攻荣竹山，联络声援，节节扫荡，为肃清黔西东路之计，张亮基即督饬本省官军，会同刘岳昭各营，通力合作，协同剿洗，迅殄逆氛，毋得专恃客兵，致误戎机。将此由六百里各谕令知之。"

云南巡抚刘岳昭奏请：调通员梁硕钊、知府吴仰贤赴贵州军营差委，允之。

以贵州仁怀攻克号匪老巢，予副将邹复胜等加衔升叙有差。投诚贼目吴奇忠、刘奇义均以千总补用，赏蓝翎。阵亡千总唐桢祥等祭葬，世职加等。

（《穆宗毅皇帝实录》卷一八八）

92. 同治五年十一月丁卯

又谕："崇实、骆秉章奏官军越剿黔匪，攻拔贼巢一折。贵州桐梓县匪首何沅易啸聚油萝口地方，屡次出扰黔川边境。经崇实等派令成耀星等带兵进剿，破其巢穴，生擒逆首何沅易等，余贼歼灭无遗。所办尚属认真。所有此次出力员弁，著准其查明酌量保奏，候旨施恩。正安州黔匪，现又窜近川界，即著饬令成耀星驰抵南川后，实力防剿，以靖寇氛。将此由五百里各谕令知之。"

予贵州桐梓阵亡游击朱云亮等祭葬，世职加等。

（《穆宗毅皇帝实录》卷一八九）

93. 同治五年十一月癸酉

谕军机大臣等："前据刘蓉奏，捻股窜至华渭一带，该署抚已调集各军进剿，并令唐炯等总理营务粮台。"

（《穆宗毅皇帝实录》卷一八九）

94. 同治五年十一月戊寅

又谕："刘岳昭奏，沥陈现在贼势军情，并攻克平坝屯山等处各一折。前因贵州大定贼匪鸱张，叠经谕令刘岳昭由黔西一路节节进剿。嗣据严树森奏请分三路进兵，复谕该抚由温水进扎，专剿黔西、大定之匪。兹据刘岳昭奏称，该抚已由温水拔营前进，黔西悍贼甚多，黔兵不敷剿办，贵阳文报不通，势成孤立。以现在贼势军情而论，如治病者先治咽喉，自应先办黔西。如黔西肃清，即保清镇以达贵阳，兼顾大定，为节节扫除之计。与前次叠降谕旨相符。即著由黔西一路实力进剿，毋庸分兵遵义，致形单弱。其平坝屯山等处贼垒，业经官军竭力攻克，毙匪多名，并将篆竹山援贼击败，剿办尚属出力。即著督饬萧浚兰、邹复胜等先将篆竹山贼垒攻克，再行分兵剿洗，毋稍松劲。省城四郊多垒，著张亮基派兵堵剿、实力筹防。将此由五百里各谕令知之。"

（《穆宗毅皇帝实录》卷一九〇）

95. 同治五年十二月丁酉

又谕："传谕贵州布政使严树森。严树森奏沿途访查张亮基大概情形，并将黔捐局文开单呈览一折。贵州遵义等处道路虽多梗阻，惟张亮基被参各节，既据该藩司访有端倪，自应赶紧进省严查，以期水落石出。著严树森仍遵前旨设法巡行，趱程进省将张亮基被参各款确切查明，据实具奏。有人奏：开复道员邓尔巽为黔中著名劣员，初任绥阳时，假劝捐为名，肆行搜括，调任遵义，虐焰愈张，每闻贼警，并未带练出城，贼去纵练殃民，杀掠百姓；及前赴威宁等处，所部到处骚扰，视贼尤酷，逃至大定激变团众，情罪擢发难数。张亮基徇情率请开复，欺罔莫此为甚！请将邓尔巽开复保案撤销，永不叙用等语。邓尔巽贪酷狼藉，至于此极，亟应严行查办，以儆官邪。著严树森一并查明，迅速具奏。原折著抄给阅看。"

（《穆宗毅皇帝实录》卷一九二）

96. 同治五年十二月丁未

谕军机大臣等："刘岳昭奏官军攻克箓竹山贼巢，现办情形一折。箓竹山踞匪负隅抗拒，经刘岳昭派兵进攻，将老巢平毁，擒斩首逆聂登岸、曹应潆，收降铁匠坪、九仓坝并被胁岩洞二十余处难民。办理尚为认真。著刘岳昭即饬令谢景春等，将滥泥沟等处贼众，乘势歼灭，毋稍延缓。黔西距贵阳较近，省城声息可通。张亮基自应派兵由省城驰赴该处，与刘岳昭一军表里夹击，以期肃清西南要路。打鼓新场既有宋华美一军进扎，即著刘岳昭饬令该将士兼顾遵义，相机防剿，疏通省北道路。将此由五百里各谕令知之。"

以贵州箓竹山剿贼出力，赏已革云南布政使萧浚兰四品顶带，并赏还花翎。

（《穆宗毅皇帝实录》卷一九三）

97. 同治六年正月癸酉

又谕："刘岳昭奏官军攻克沙窝等处贼巢，黔西境内肃清，并疏通省路一折。黔西沙窝踞贼围困州城，经刘岳昭、张亮基派令副将邹复胜、李忠恕等督队进攻，焚毁贼巢，毙贼无算，州城得以解围；其由凹脚围攻衙院股匪，亦经总兵宋华美等奋力追杀，贼向白果坪窜去，各寨率众投诚。黔西境内均已肃清，办理尚属得手。所有在事文武员弁绅勇，著刘岳昭择尤汇案保奏，毋许冒滥。黔西滥泥沟、鸭池河等处为入省必由之路，而沿河一带，小路分歧，贼匪易于藏匿，仍著刘岳昭檄饬邹复胜、谢景春等随时搜捕，择要进扎，以为贵阳声援。张亮基亦当责令各该地方官会同刘岳昭各营协力严防，不得以地方稍定辄形松懈。其平远州情形若何？并著刘岳昭等派员确加侦探，相机办理。刘岳昭另片奏粮米支绌，拟分咨川、黔设法采办等语。仁、黔、清镇等处，野尽榛芜，粮米无从接济，自系实在情形。著崇实、骆秉章、张亮基按照刘岳昭所咨迅筹米石，委员解赴该抚行营，以资军食。刘岳昭仍一面乘势渡江，力图剿办，毋得停兵待粮，致滋贻误。该抚又片称，患痢甚剧，仍在仁怀调理等语。现在黔中军务稍有起色，所望于该抚者方殷，著即赶紧调治，克期前行，以副委任。将此由六百里各谕令知之。"

（《穆宗毅皇帝实录》卷一九五）

98. 同治六年二月壬子

谕内阁："张亮基奏，黔省乡试停科过久，请举行本年丁卯科，及补行乙卯、戊午两科一折。向来各省乡试定例，止准补行一科，惟念贵州自军兴以来，已逾十载，停科最久。该处山川险阻，筹费艰难，该士子等志切观光，自应俯如所请。所有贵州省举行本年丁卯科乡试，著准其补行乙卯科，并加恩准补戊午科，按照定广各额，并数取中，以作士气。张亮基另片奏买铜售铅，拟派员赴仁怀厅相度地势，设局招商，垫本试办，借商本以铸钱，即因铸钱以销铅等语。即著认真兴办，厘剔弊端。总期有益于公，无害于民，方为妥善。将此由六百里各谕令知之。"

（《穆宗毅皇帝实录》卷一九七）

99. 同治六年三月戊寅

又谕："刘岳昭奏剿平黔西大坉、朵朵坝各贼垒，并平远解围，及请催席宝田赴遵义各折片。马如龙奏，起程赴地西剿贼，请催抚臣来滇一折。刘岳昭进攻黔西、大定贼匪，虽剿平大坉、朵朵坝两处贼垒，究未能直抵猪拱箐，办理殊属延缓。现在席宝田已准其开缺，留于湖南办理防务。而总督劳崇光又复病故，滇南省城空虚，本日已严催张凯嵩迅赴新任，但到任恐需时日。著刘岳昭督同岑毓英迅即攻克猪拱箐贼巢，疏通川黔边境，驰赴滇省镇摄调度，以资表率。"

（《穆宗毅皇帝实录》卷一九九）

100. 同治六年四月丁未

又谕："前有旨令刘岳昭由温水进剿黔西、大定，俟肃清后，移师剿办猪拱箐，毋庸分兵遵义。兹据张亮基奏：请仍饬刘岳昭暂驻贵阳，剿办附省各匪等语。黔省龙、贵、坝芒、尚大坪各股逆匪，逼近省垣，凶焰甚炽，省城情形益困，若再无兵剿办，势将不可复问，自系实在情形。惟刘岳昭已将黔西、大定一带肃清，猪拱箐苗匪亦经岑毓

• 315 •

英进攻，连获大捷，苗匪老巢指日可拔，刘岳昭一军似未便移就贵阳，致失机会。且滇省现无大吏弹压，张凯嵩到滇尚需时日，刘岳昭自应迅筹赴任，或先能肃清贵阳附近一带，再行统兵赴滇，著刘岳昭斟酌办理。黔省饷匮兵单，实深忧系。骆秉章于张亮基所请协黔饷需，总应不分畛域，力为筹济，谅不至固执成见，任听黔省呼吁，漠不关心。著即竭力措解，以拯贵阳大局，毋许再事推延，致负委任。张亮基原片一件，著抄给骆秉章、刘岳昭阅看。将此由六百里各谕令知之。"

（《穆宗毅皇帝实录》卷二〇一）

101. 同治六年五月辛巳

以贵州克复正安等城出力，赏道员梁硕钊二品封典，知州彭绪环、游击李盛灿等花翎，守备张恒元等蓝翎，余加衔升叙有差。

（《穆宗毅皇帝实录》卷二〇四）

102. 同治六年七月壬子

又谕："左宗棠奏各军分道入秦，抵关后妥筹办理一折。左宗棠所率各军冒暑遄征，颇形劳瘁，而于函谷仓卒之际，得以从容镇定。览奏甚慰。捻逆叠经追剿，其势已衰，正可乘机剿灭。著左宗棠即督饬刘典各军，严密兜拿，悉数歼除，肃清陕境，毋令出窜豫鄂，复肆蔓延。高连陞所部，已沂汉西上，并著该大臣及早迎提，以厚兵力。至所称陕回及兵勇土匪扰害情形，均著随时妥筹办理。另片奏请调员差遣等语，直隶候补道祝垲，已谕知刘长佑催令前往，如尚在李鸿章军营，著即饬令赴陕。四川即补知府唐炯，著骆秉章饬赴左宗棠军营，听候差委。将此由五百里各谕令知之。"

（《穆宗毅皇帝实录》卷二〇七）

103. 同治六年七月丙寅

以贵州思州府城解围，并攻破玛瑙山等处贼寨，予副将周东江以总兵官简放。余升叙、开复有差。阵亡副将刘烈等十三员祭葬，世职加等。

（《穆宗毅皇帝实录》卷二〇七）

104. 同治六年八月庚寅

谕内阁："……骆秉章、刘崐、张亮基当督饬各军会合剿击，所请由四川、湖南配兵分抄思南、遵义等处一节，亦毋庸议。"

（《穆宗毅皇帝实录》卷二〇九）

105. 同治六年八月戊戌

前据詹事府少詹事景其濬奏参贵州开复道员邓尔巽纵练殃民，肆行贪酷，张亮基徇情，率行奏请开复，请将邓尔巽撤销保案，永不叙用等语。当经谕令严树森确切查明具奏。兹据严树森奏称，邓尔巽于署理遵义府绥阳县时，勒逼民捐，不输者以香炙背，并添班卡勒捐，设立木站笼制人死命。河南沈丘县知县丁士选之父，家不中赀，因勒捐不遂，一家五人均毙囹圄。调任遵义县知县后，将生员文新元勒捐押入站笼，令其倾家以赎。并信用劣绅，纵练扰民，以致枫香坝、螺丝堰一带地方，激变从贼。计任遵义、绥阳两邑，弊政酷刑，酿成大乱，且屡冒军功，升任道府。其署大定府篆兼署贵西道任内，又激变民团。迨贼攻城时，该员潜遁，以致大定府城失陷等语。似此种种贪酷，肆虐残民，激成变端，若仅照严树森所请，发往军台，不足蔽辜。开复道员邓尔巽，著拔去花翎，撤销勇号，革职，永不叙用。从重发征新疆效力赎罪，以示惩儆。张亮基徇情率请开复，亦难辞咎，著交部议处。

（《穆宗毅皇帝实录》卷二一〇）

106. 同治六年九月辛酉

又谕："兆琛奏三路官军接获胜仗，并攻克、招抚河西各寨情形一折。贵州寨头苗逆环攻官军前敌各营，经总兵黎得盛等击败后，复分扰邛城、青溪，均被剿逃窜。该逆纠同教匪攻扑余庆县城，兆琛派令龙武军前往救援，守备敖禄魁等突围入城，人心镇定。李元度所部在一碗水地方获胜，并攻克万福坻等处贼寨。该逆势蹙乞降，缴械剃发。河西九寨悉平，其二十九寨亦皆就抚。"

予贵州余庆等处阵亡游击邹逢源、都司黄茂林、署千总杨开云、把总孔裕银、外委颜升发等祭葬，世职加等。

（《穆宗毅皇帝实录》卷二一一）

107. 同治六年九月辛未

以贵州余庆县城解围，予知县刘侣鹤以同知、直隶州知州用，与守备敖禄魁均赏花翎。余升叙、开复有差。阵亡都司杨再兴、守备王炳焯、千总王国爱、把总张宏魁等祭葬、世职。

（《穆宗毅皇帝实录》卷二一二）

108. 同治六年十一月甲寅

又谕："骆秉章奏援黔宜择将帅一折。黔省下游各匪，兆琛、李元度等剿办一年，并无成效。刘崐前已令席宝田募勇万人，赴黔接替，并拟将前派援黔各营分别撤留。

曾经谕令照办。现据骆秉章奏，请饬令总兵王永章、已革提督成大吉，与席宝田各募勇五千人赴黔，著刘崐斟酌情形办理。或令王永章、成大吉各增募数千，或于席宝田所募万人中，分交王永章管带，共成一万五千之数，由席宝田等分统入黔。先将荆竹园贼巢攻拔，以次进至贵阳。所有援军攻剿情形，仍由刘崐奏报，以一事权。李元度等各营应如何分别撤留，以节饷需之处，仍著刘崐遵奉前谕办理。遵义一带贼巢，即著骆秉章饬令川防之安、吉、忠字各营，由綦南入黔，与遵义防兵合力，先将庙坝等处匪窟攻拔，与楚师夹攻荆竹园老巢。并著增调川兵数营，以厚兵力。刘岳昭业已肃清黔西，现在移军大定。惟滇省杜逆鸱张，省城军情甚急。著仍遵前谕，俟大定军事稍竣，即统率所部赴滇，以顾大局。贵阳附近贼巢，骆秉章当饬川省援军由遵义一带兼顾。曾璧光亦当筹兵与川军两面夹击，并严防省垣，毋稍疏懈。"

（《穆宗毅皇帝实录》卷二一五）

109. 同治七年正月甲子

又谕："崇实奏统筹川黔防务，请留周达武暂缓赴任。宋延春奏迤西剿匪情形，并请催督抚赴任各折片。前因贵阳军务吃紧，谕令周达武迅赴贵州提督之任。兹据崇实奏称，现已抽募兵勇，派知府唐炯统带，由綦南出境援剿，并派道员刘岳曙等分路援应，而蜀北边防，亦亟宜豫筹，自是实在情形。贵州提督周达武著准其暂缓赴任，仍令统带所部分布川北，以固蜀省门户。黔省既有川兵赴援，著曾璧光振刷精神，力图进剿，不得借口兵单。并著刘岳昭懔遵叠次谕旨，将龙里贵定各匪迅速扫荡。现在迤西军务吃紧，刘岳昭著俟黔省蒇事，即赴云南新任。张凯嵩现计假期将满，并著迅赴新任，毋稍迟延。宋延春当慎固封守，筹扫逆氛，毋得专待张凯嵩等到任，致滋贻误。将此由六百里谕知崇实、张凯嵩、刘岳昭、曾璧光，并传谕宋延春知之。"

（《穆宗毅皇帝实录》卷二二二）

110. 同治七年正月癸酉

又谕："刘岳昭奏滇省变乱废弛情形，派军赴援平远肃清，白泥坉苗匪投诚各折片。滇省罗次、楚雄等城先后被陷，贼势狓猖，亟应力筹剿办。著刘岳昭抽调遵义等处防兵，遴选得力将领统带，迅速赴滇，相机进剿。刘岳昭将黔省军事克期料理完竣，即进驻曲靖，通筹全局，妥为布置。该抚所陈用兵、筹饷、内患、西征四端，即著振刷精神，实心筹办。总期实事求是，毋得徒托空言。……刘岳昭移师滇境，所有黔省剿匪机宜，著曾璧光橄饬各军妥为调度，务将苗教各匪节节扫荡，以期次第廓清。白泥坉苗匪求抚，是否可靠？著刘岳昭会商曾璧光，督饬属员详察真伪，妥为办理，毋为该逆所绐。将此由六百里各谕令知之。"

（《穆宗毅皇帝实录》卷二二三）

111. 同治七年三月癸丑

以四川官军克复贵州绥阳等城出力，赏总兵官谭翊襄、副将易得森、李致辉、李鸿基、何保，都司黎佐清、邬德全巴图鲁名号；知州李兆祺、都司罗长盛等花翎，把总张希文等蓝翎余加衔升叙有差。

（《穆宗毅皇帝实录》卷二二六）

112. 同治七年三月丁卯

谕军机大臣等："刘崐奏楚军攻克轿顶山等寨，防剿边境。请饬川军会办上游教匪各折片。曾璧光奏楚军攻克荆竹园贼巢，黔军防剿开修一带，并防剿安顺情形各折。席宝田督率楚勇，将大小轿顶山贼巢，先后攻拔。阵斩伪帅宋玉山等，生擒逆首石廷士、马汶组正法。黄号教匪，全股荡平。李元度一军，于攻克荆竹园后，复将秦家寨攻拔，生擒逆匪秦恩恩，剿办均属出力。逆首刘仪顺，遁回偏刀水寨。李元度现在进攻该处贼寨。著刘崐即饬令该臬司迅速攻克，并将刘仪顺擒获，毋任旁窜。其余各处匪寨，并著分别剿抚，早行蒇事。沅晃靖一带，屡为黔边苗匪滋扰，刘崐当饬令席宝田，将贵东苗匪实力剿洗，以净根株。荆竹园溃散余匪，即著曾璧光商同张文德，在开修沿江一带搜剿，务期珍灭净尽以免蔓延。现在贵东等处匪势日衰，楚军于肃清下游后，即当进规尚大坪等处贼巢。崇实当饬川省援黔各军，与楚师会合夹攻，将上游踞贼次第扫荡，以除积患，并著饬令唐炯在贵东一带筹办善后事宜。"

（《穆宗毅皇帝实录》卷二二七）

113. 同治七年四月己卯

以贵州仁怀等处剿灭苗号各匪出力，予副将杨正高以总兵官简放。赏副将刘万胜、胡凤歧、廖永福、李志高巴图鲁名号，同知孙宝书、都司彭福顺等花翎，守备邓桂林等蓝翎。余加衔升叙有差。

（《穆宗毅皇帝实录》卷二二八）

114. 同治七年四月己丑

又谕："曾璧光奏，请饬四川、湖南督抚转饬援黔各军赴援，并鼎照山贼首投诚各一折。贵州平远、遵义各属匪巢，与瓮、开、黄、越等处毗连，并与龙里、贵定各逆响应。镇宁踞匪亦未剿尽。现在刘岳昭移师入滇，上游无人夹击，自应迅集援兵，以资攻剿。著崇实、刘崐即饬刘岳昭、席宝田、李元度、唐炯、蹇訚、曾志友、熊英豪、贺连级各军，由秀山等处迅赴安顺，进持瓮安、平越及龙、贵苗疆各贼巢，以期廓清黔境，毋任迁延不进，致误事机。各军未到以前，仍著曾璧光督同张文德严饬各营将士实力防维。其白泥坉投诚苗匪，该署抚务饬知府马应锽妥为办理，不可掉以轻心。所称张文德剿办鼎照山贼匪各情，是江内渐可肃清，已准将何正观免罪矣。惟何正观倡乱多年，此次慑于兵威，率众乞降，是否真心可恃，仍著曾璧光妥筹安插，毋令日后再生事端。所有沿江营垒，并著饬令驻扎开州之戴荣宗认真防范俾免疏虞。将此由五百里谕令知之。"

以贵州鼎照山剿贼获胜，赏参将戴荣宗、都司周有龄巴图鲁名号，同知用知县刘培琳花翎，副将林从太等升叙有差。免投诚贼目何正观罪。予阵亡游击冯成龙、舒善选祭葬、世职加等。

（《穆宗毅皇帝实录》卷二二九）

115. 同治七年四月戊戌

又谕："刘崐奏楚军攻克觉林寺贼巢，并截击苗匪获胜，现筹进剿，暨查办浏阳、醴陵会匪情形各折。李元度一军，自攻克轿顶山等老巢后，招抚毛家棚各寨，并剿抚三角山、白茅铺等三十六寨，将偏刀水前路略定，焚毁朱村，收复觉林寺后路之高台等处，攻克拖尾营，并与统带川军之道员蹇闿等会合堵剿，将觉林寺前垒力行攻拔，生擒逆首朱明月，剿办甚属得手，著刘崐即饬令李元度乘此声威，将偏场踞逆悉心扫除，务将逆首刘仪顺擒斩，以靖教匪根株。至分犯晃州、沅州、麻阳等处苗匪，经该处文武各员并席宝田所部分路堵击，力加剿洗，叠获胜仗，歼毙极多，著刘崐即饬令席宝田等军，将黎平苗匪速行击退，进剿寨头并其余苗巢，务期悉行殄除，毋任牵掣援军西进之路。现在川省援军，业已入黔，即著崇实责成带兵之道员蹇闿、知府唐炯等将尚大坪、玉华山教匪老巢攻拔。并著曾璧光督派黔军，会合剿办，肃清附省肘腋之患。此次李元度等并各营出力员弁勇丁，著刘崐择尤分案保奖，毋许冒滥。至湖南会匪，屡在浏阳、醴陵滋事，现复经该处兵勇团练，将起事匪犯剿杀多名，惟未获余党，潜伏尚多，仍虑散而复聚，著刘崐即严檄该地方文武，会督绅团，设法认真搜捕，务当净绝根株，毋任一名漏网。将此由五百里各谕令知之。"

予贵州觉林寺阵亡参将周君耀等十六员祭葬，世职加等。军功蒲秀智、黄国崇、赏恤如把总例。

（《穆宗毅皇帝实录》卷二二九）

116. 同治七年闰四月甲子

又谕："崇实奏川师援黔屡胜，现在添派防兵出境助剿一折。刘岳曙、蹇闿、唐炯等军抵黔境后，收抚降众，叠下松烟铺等处贼巢，并会楚军，生擒首逆张保山及贼目多人。唐炯复乘胜驰抵湄潭之偏刀水，与蹇闿等约期进取，于牛矢溪连获大捷，现已进规水源沟桤木园，会同楚军分取龚家营、观音营，声势尚觉联络。崇实复添派川兵，分出涪南，以趋正安、婺川，即著檄饬唐炯等督率各军，分投进攻，迅图扫荡，并著刘崐饬令席宝田等，与川军并力夹击，毋得互相观望，致隳前功。曾璧光亦当严饬黔中将士及各属绅团，联络声援，廓清黔境。崇实另片奏，唐炯一军，攻剿正当吃紧，未能兼办善后等语。唐炯现在督军围攻偏刀水老巢，将来尚须渡江而南，进规玉华山、尚大坪等处，所有善后事宜，自未能一人兼顾，著刘崐迅派廉明勤干之员，专办贵东善后事宜，以期周妥。其川师平定处所，抚辑亦关紧要，并著曾璧光另派妥员，次第经理。唐炯即责令专事进剿，痛殄逆氛。将此由五百里各谕令知之。”

又谕：“崇实奏川师援黔屡胜，现在添派防兵出境助剿一折。刘岳曙、蹇訚、唐炯等军抵黔境后，收抚降众，叠下松烟铺等处贼巢，并会楚军，生擒首逆张保山及贼目多人。唐炯复乘胜驰抵湄潭之偏刀水，与蹇訚等约期进取，于牛矢溪连获大捷。现已进规水源沟恺木园，会同楚军，分取龚家营、观音营，声势尚觉联络。崇实复添派川兵，分出涪南，以趋正安、婺川。即著檄饬唐炯等督率各军，分投进攻，迅图扫荡；并著刘崐饬令席宝田等，与川军并力夹击，毋得互相观望致隳前功。曾璧光亦当严饬黔中将士及各属绅团，联络声援，廓清黔境。崇实另片奏唐炯一军，攻剿正当吃紧，未能兼办善后等语。唐炯现在督军围攻偏刀水老巢，将来尚须渡江而南，进规玉华山、尚大坪等处。所有善后事宜，自未能一人兼顾。著刘崐迅派廉明勤干之员，专办贵东善后事宜，以期周妥。其川师平定处所，抚辑亦关紧要。并著曾璧光另派妥员次第经理。唐炯即责令专事进剿，痛殄逆氛。将此由五百里各谕令知之。”

（《穆宗毅皇帝实录》卷二三二）

117. 同治七年五月辛巳

以四川官军攻克贵州偏刀水贼巢，赏知府唐炯道衔。

（《穆宗毅皇帝实录》卷二三三）

118. 同治七年五月戊子

谕军机大臣等：“刘崐奏援黔官军攻克偏刀水贼巢，肃清河西，并叠克苗寨，及剿抚后山各坉峒情形一折。贵州偏刀水地方，经李元度等会合川军，攻克贼巢，擒斩首逆各情，业据崇实奏报。楚军攻剿黔省教匪，叠获胜捷，贵东渐可肃清。惟教中头目，尚有刘仪顺一犯至今未获。是否乘间潜逃？仍著饬令李元度切实查明禀报，毋稍含混。老团岩柯秦家寨等处，即著严檄彭芝亮督率所部，择要驻扎。如该提督不甚得力，该抚务选结实可靠之员，前往管带，以资镇抚……将此由五百里各谕令知之。”

以湖南官军攻克贵州偏刀水贼巢，赏提督黄开榜、总兵官池中和、彭楚宥巴图鲁名号，都司邓第武花翎，提督彭芝亮等奖叙有差。予阵亡把总李积蕃祭葬、世职。

（《穆宗毅皇帝实录》卷二三三）

119. 同治七年五月壬寅

谕军机大臣等："曾璧光奏川楚各军攻克偏刀水贼巢，黔军现规龙、贵，并请饬川楚督抚派员分办善后，川省按月协饷各折片。川楚各军攻拔偏刀水贼巢，剿抚兼施，贵东渐次可望肃清。著崇实、刘崐饬令川楚各军乘此声威，将岩阿庙坝余匪扫荡，即行移师进拔玉华山、尚大坪等处贼巢，以清积年巨患。龙、贵教匪，党与众多。曾璧光现商令张文德亲统黔军，由谷脚、巴乡、龙山一带，分投进剿，为捣穴擒渠之计，俾该逆有所牵制，不至与尚大坪等处踞匪援应。著该署抚即行妥筹饷需，饬令该署提督迅督将士，克期将此股积匪殄灭。不可失此机会。李元度业经因病赏假，前已有旨令该臬司假满即赴云南新任，并将遣撤兵勇挑选精壮，带赴云南剿贼。所有贵东善后事宜，即著崇实派令宣维礼会同署贵东道妥为办理。并著刘崐酌派楚营可靠之员，会同川黔各员一体妥办。曾璧光原片，著抄给崇实、刘崐阅看。至黔省饷源，枯竭已久。现值防剿吃紧，需用尤急。著崇实按照曾璧光所奏，无论何款，每月拨解银数万两，不可稍有间断。黔省军务，正当顺利之时，该署督谅能统顾全局，不至推诿迟延，坐失机宜也。曾璧光原片，并著抄给崇实阅看。将此由五百里各谕令知之。"

（《穆宗毅皇帝实录》卷二三四）

120. 同治七年七月丁丑

又谕："刘崐奏，苗股扑犯寨头，官军叠击获胜，并分剿黎平、思州审苗情形，暨请催江西协济饷银，教首刘仪顺现已逃逸各折片。席宝田一军踏毁岑松等处贼卡，逆首潘老冒等聚踞坉洲，经荣维善各军分路攻击，叠将鬼总牛尾坡等处贼巢焚毁净尽。其稿荣贼匪，突由寨头、西山图扑官军营盘，亦经谢兰阶、邓子垣等督军追剿，毙贼甚多。楚边业已安谧。惟贵东近楚苗巢以寨头为最险，自应于攻克后筹画进兵。即著刘崐饬令叶兆兰等暂行驻扎寨头，遇贼即击，毋弃前功。席宝田业经给假两月，并著饬知该臬司，假满后迅速回营，以图进取思南、石阡一带；善后事宜，该抚务当檄令彭芝亮妥为经理，并派营分驻，以资镇抚，不准稍涉疏虞。湖南饷需，久形支绌。前议由江西每月协济银一万八千两，藉资接济。现在李元度、席宝田两军，兵数有增无减，需饷尤亟。著刘坤一将每月拨解李元度饷银一万八千两，改为协济湖南援黔军饷，按月委员解往，以赡军食。李元度假满在即，著刘崐传知该臬司懔遵前旨，挑带劲旅，赶紧赴滇剿贼，毋许藉词逗留。教首刘仪顺稔恶已深。现虽将朱明月等先后擒斩，而该逆改装远飏，其诡谲已可概见。据奏，年已昏耄，不能为祸将来。第该逆身为教首，狼子野心，安知不复行煽惑？现既逃入贵西麻哈州地境，则自有踪迹可寻。仍著刘崐密饬各防将士随时搜拿，毋任元凶漏网。将此由五百里各谕令知之。"

以湖南官军攻克贵州荆竹园等处贼巢，赏副将泰飞龙、游击曾新发巴图鲁名号，同知黄启兰、参将王华封等花翎，守备叶玉成等蓝翎。余加衔、升叙有差。阵亡参将彭莨勋、游击戴万胜、把总涂连陞祭葬，世职加等，都司羊炳森祭葬、世职。

（《穆宗毅皇帝实录》卷二三七）

121. 同治七年七月辛卯

以贵州克复湄潭县城，暨攻克荆竹园等处贼巢出力，赏知府纪煐选，同知胡乃钧等花翎，州判罗峰等蓝翎。余加衔、升叙、开复有差。

（《穆宗毅皇帝实录》卷二三八）

122. 同治七年七月庚子

又谕："曾璧光奏，请饬四川湖南等省，严督席宝田各军分进剿办，以竟全功等语。现在龙里、贵定两城，均经克复，黔省军务，渐有转机。若川楚援剿各军，遽行撤退，不惟前功尽废，必至后祸尤烈。据曾璧光奏，石阡、思南因撤兵太速，余匪已有百十为群渐肆掳劫者，且由龙、贵东下，直至镇远清黄施秉一路。苗教各匪林立，非川军、楚军分途进击，黔局殊属难支。所奏均系实情。唐炯、蹇阆、刘岳曙所带川军，现已进取玉华山、轿顶山、尚大坪等处，著崇实迅饬唐炯等，由北而南，纵横奋击，不可稍涉迁延。臬司席宝田，前已给假两月，现计假期将满，著刘崐檄令该臬司仍率所部，由黔省下游取道前进，期与川黔各军三面夹击，使苗教各匪首尾不能相顾，以壮声威。崇实等素顾大局，谅不至以得胜即止，恝视邻封。所有席宝田、唐炯各军，并著崇实等懔遵前旨，将各该军饬归曾璧光节制，其各营饷项军火，仍由该省源源接济，用资饱腾。曾璧光亦当饬令张文德，督率黔中将弁，乘此声势，奋力追剿，并随时与川楚各军互相策应，逐渐搜除，以清余孽。本日据崇实奏，生擒越巂厅酋勒乌立兹，现饬越巂厅监禁等语。该夷酋攻城掳掠，叠拒官军，实属异常凶悍，俟将历年所掳汉人尽行交出后，著即尽法处治，毋稍姑容。西昌、冕宁等处攻剿事宜，并著遵奉本日谕旨，妥筹办理。将此由五百里各谕令知之。"

（《穆宗毅皇帝实录》卷二三九）

123. 同治七年七月甲辰

谕军机大臣等："崇实奏川师克复瓮安县城，叠破贼巢，生擒首逆，现进规尚大坪一折。贵州自瓮安县城失陷后，玉华轿顶诸山，均为贼匪巢穴，势甚狼狈，经唐炯督率同知邓锜、总兵刘鹤龄等军，由袁家渡龙坑江界河三路，渡江前进，克复瓮安县城，并将玉华山大小轿顶山贼巢，焚毁净尽，逆首何双富、王超凡等，均擒拿正法，开瓮余庆各境，一律肃清，惟尚大坪贼巢尚未攻破，现已督军进规。该处为开州平越通途，地方紧要，仍著崇实饬令唐炯，乘此声势，激励各军，先将尚大坪老巢规复，并会同黔楚各军，将下游苗教各匪节节扫荡，以靖黔疆。将此由五百里谕令知之。"

以四川官军克复贵州瓮安县城，并叠破贼巢，予知府唐炯以道员用，总兵官刘鹤龄以提督简放，知县刘鸿龄以知州用并赏花翎，府经历赵彝凭蓝翎，投诚贼目向秉忠等擢用有差。

（《穆宗毅皇帝实录》卷二三九）

124. 同治七年八月戊申

谕军机大臣等："崇实奏川师援黔，攻克尚大坪，生擒首逆，余贼剿抚净尽一折。唐炯入黔后，节节扫荡，竟将积年难拔之尚大坪攻克，生擒倡乱之教首刘仪顺、号匪秦崟崟，余匪剿抚净尽，办理甚为得手。著崇实仍饬该员等乘胜会同黔楚各军，进规平越、黄平等处，务期一鼓歼除，以清余孽。总兵刘鹤龄等晓畅戎机，已交军机处分别存记。将此由五百里谕令知之。"

以四川官军攻克贵州尚大坪贼巢，生擒逆首，署总督崇实得旨嘉奖，赏总兵官刘鹤龄黄马褂，道员唐炯巴图鲁名号，县丞于德楷以同知用，并赏花翎。余升叙有差。投诚贼目刘俊民等分别以都司、守备补用。

（《穆宗毅皇帝实录》卷二四○）

125. 同治七年八月壬申

谕军机大臣等："曾璧光奏黔军攻拔王卡，川师收复玉华山等处及瓮安县城一折。黔省王卡踞匪，经该抚督饬唐天佑进攻，剿抚兼施，当经王卡克复，在事出力人员，准曾璧光择尤保奏，毋许冒滥。至克复轿顶山、尚大坪等处，前已据崇实奏报，情形大略相同。曾璧光当檄饬兵勇会合川军，节节扫荡，迅殄逆氛。张文德现由贵定进剿，著曾璧光即饬该署提督实力搜捕，务将潘逆迅图擒获，以绝根株，并一面分军进规麻哈等处，俾牵贼势。黔省事机，极为顺手，亟盼添军协助。席宝田假期已满，著刘崐催令统率所部，从清江、台拱等处西上，克日进攻，毋再迁延观望。克复平越州城详细情形，曾璧光迅即查明具奏。将此由六百里各谕令知之。"

（《穆宗毅皇帝实录》卷二四一）

126. 同治七年八月甲戌

又谕："崇实奏讯取匪首确供正法，抄录供词呈览一折。教匪首犯刘仪顺习教传徒，谋反倡乱；秦崟崟相助为逆，受其伪职。经官军擒获，解送成都省城，崇实亲提研讯，供认谋逆不讳。该二犯罪大恶极，业经凌迟处死，传首倡乱地方，以昭炯戒。该犯刘仪顺供称，由湖南宝庆迁居四川宜宾，又有四川丰都人徐大川等代为传教，是其丑类散布，实繁有徒，若不悉数歼除，诚恐死灰复燃，致贻后患。仍著崇实督饬所属严密捕拿，毋任漏网。至所供两湖、江西、浙江、河南、山东、广西、云、贵、陕、甘等省皆有党与，互相勾结。此时首逆既诛，人心涣散，亟应乘时速为剪灭，免致散而复聚。著左宗棠等按照该逆犯所供情节，并各人犯住址、姓名，严饬所属认真搜缉，不得含混了事，致留乱萌。供词著各钞给阅看。将此谕知左宗棠、崇实、穆图善、刘岳昭、郭柏荫、丁宝桢、李鹤年、李瀚章、刘坤一、刘崐、苏凤文、岑毓英、曾璧光、刘典并传谕何璟知之。"

（《穆宗毅皇帝实录》卷二四一）

127. 同治七年九月乙酉

又谕："崇实奏川军攻克苗寨，会同黔军收复平越州城一折。官军自攻拔尚大坪贼巢后，伪苗王杨阿九纠约苗党，于牛场、祁山坨等处结寨抗拒，道员唐炯饬降人莫抢元随黔军乘间入据平越州城，提督刘鹤龄、知府邓锜派兵剿击，叠次获胜，阵斩伪苗王杨阿九，贼弃祁山坨窜去。其牛场乌云山贼寨，亦经刘鹤龄及总兵何行保等先后攻拔，剿办均属得手，即著崇实督饬唐炯等乘此声威，由牛场上塘进规清平、黄平两城，回击都匀、麻哈，以收破竹之势。安平、安顺，尚有号匪余党及溃散黔勇为害，亟应及早歼尽，以绝根株，并著崇实檄饬提督陈希祥、成耀星等力图扫荡，毋令余烬复然。现在黔省军事，日有起色，尤宜通力合作，用竟全功。前有旨令刘崐催席宝田由清江台拱西上进攻，即著严檄该臬司克日拔队，毋得迁延贻误。曾璧光亦当檄饬黔军，分道会合兜击，以期全境廓清，并将收复平越州城详细情形迅查具奏。再行军必须熟悉地势，著曾璧光将黔省进兵道路，及贼匪盘踞处所绘图呈览。将此由六百里各谕令知之。"

（《穆宗毅皇帝实录》卷二四二）

128. 同治七年九月丙戌

又谕："刘崐奏筹画进剿黔苗机宜，并请饬拨饷需一折。黔楚交界之区，苗寨林立，自应会合各省兵力，分道并进，方可收夹击之效。席宝田已假满抵省，著刘崐饬令该臬司懔遵前旨，克日拔队，会商唐炯、张文德等，相机进剿，毋稍延延。该抚所称湖南现兵二万余人，剿苗不敷分布，必须添募十余营，方可大举深入。所奏自系实在情形，惟饷糈支绌，增兵则力不能给，尤赖各省协济，方克集事。江南湖北两省，著每月各协济湖南援黔军饷银二万两。湖南督销局原有应解江南盐课厘金，即可就近拨解湖南。又督销局有鄂厘一款，湖北协济湖南之款，亦可于此项内划拨，所有不敷之数，再由各该省委解。设此两项内尚有赢余，仍由督销局分拨各省，一转移闲，两有裨益，即著曾国藩、马新贻、郭柏荫、何璟、遵照办理。现在捻逆肃清，亟盼贵州军务早平，

· 325 ·

进图滇省，以清南服。各该督抚等素顾大局，谅必合力同心，朕公迅奏也。将此由五百里谕知曾国藩、马新贻、郭柏荫、刘崐并传谕何璟知之。"

（《穆宗毅皇帝实录》卷二四二）

129. 同治七年九月壬辰

又谕："曾璧光奏官军克复平越州城，暨署提督请假，派员暂护提篆各折片。逆首金大五与清黄苗匪勾结，久踞平越州城，经游击唐天佑督同孔茂槐等攻破各门，四面掩杀，该匪夺路奔窜。当将州城克复，此次官军于收复王卡后，兼克坚城，剿办尚属得力，所有在事出力员弁绅团，著曾璧光择尤汇案保奖，毋许冒滥。惟该城与清平麻哈为邻，守御极关紧要，该抚当严饬马树清会同唐天佑将善后事宜悉心筹办，毋稍疏虞。并一面咨令唐炯，将平越未投各寨协同剿抚，以期一劳永逸。署提督张文德伤病既称属实，著准其回籍调治，因便葬亲，以示体恤。黔省军事，现正得手，著传知该署提督于回籍后赶紧料理，仍驰回贵定一带，督军进剿，毋庸泥定三个月假期，藉词延宕。所有贵州提督篆务，即著林从太暂行护理，督饬各军，妥慎进取，毋稍松劲。将此由五百里谕令知之。"

（《穆宗毅皇帝实录》卷二四三）

130. 同治七年十一月甲戌

以四川官军克复贵州麻哈州城，道员唐炯得旨嘉奖，赏道员张玉文三代二品封典，参将唐天佑巴图鲁名号，余升叙有差。投诚贼目黄子刚以守备用，并赏花翎，姚天元等以蓝翎守备用。

（《穆宗毅皇帝实录》卷二四六）

131. 同治七年十一月戊子

又谕："曾璧光奏川黔各军攻克麻哈州城一折。贼踞贵州麻哈州城，经曾璧光派兵会同川师剿抚兼施。当将州城克复，与崇实等前奏大略相同，现在署提督张文德力疾亲督诸军，进扎王都保，并分军规复都匀。著曾璧光传谕该署提督，乘此声威，鼓行而进，并著崇实、吴棠饬令道员唐炯联络黔军，进规清平旧州，节节进剿，务将都匀踞逆一律歼除，并力下游，以期肃清黔境。将此由五百里各谕令知之。"

（《穆宗毅皇帝实录》卷二四六）

132. 同治七年十二月壬戌

又谕："崇实、吴棠奏川军援黔，克复黄平、旧州两城，并牛场剿贼情形各折片。黄平、旧州两城居镇远、都匀之中，纵横数百里，悉为苗逆占踞，现经唐炯督军深入，叠破关隘，克复城池，剿办甚为奋勉。该逆以屡经惩创，复敢纠党图袭牛场瓮安，扰我后路，虽经官军驰救击退，而现在进规清平，地险贼众，必应厚集兵力，稳扎稳进，以期节节扫荡。崇实、吴棠现已调陈希祥一军驰赴下游，著即饬令会合唐炯等军，并力进剿，迅扫逆氛，俾苗疆早得勘定。安平股匪，奔窜郎岱，并著檄饬成耀星严扼各隘，如遇贼匪回窜，即行探踪截击，毋稍松劲。张文德一军，克复都匀后，曾否将毛坡贼巢攻拔，著曾璧光饬令联络川楚各军，迅速进兵，以资厚集。将此由六百里各谕令知之。"

以四川官军克复贵州黄平、旧州两城，赏副将周万顺、都司杨继春巴图鲁名号，知县赵彝凭以同知用，千总田泰时以守备用，均赏花翎。余加衔升叙有差。投诚贼目石占扬等以守备用，并赏蓝翎。予阵亡副将石万和、知府马树清等祭葬，世职加等。

（《穆宗毅皇帝实录》卷二四九）

133. 同治八年三月丁亥

又谕："崇实、吴棠奏援黔各军获胜一折。川省陈希祥一军，援剿贵州上游，克复定南城后，招抚七十余堡，收降贼党三千余人，乘胜荡平郎岱所属各贼巢，斩馘甚众。下游唐炯悬军深入，叠破苦竹等苗寨。提督刘鹤龄复分军跟踪掩击，连下重拜等数十寨，收复重安要隘。各军同出，清平县城，不难即下，惟下游环境皆苗，彼众我寡。前本令陈希祥移师下游，会同唐炯进剿，现在陈希祥办理上游军务，正在得手。黔省兵单，若将该军移赴下游，转致松劲，著曾璧光饬令陈希祥，即由安顺扫荡直前，务将首恶岩黄各逆悉数歼除，肃清上游各境，以专责成。至下游诸苗，必须痛加剿洗。陈希祥既不能移师合剿，唐大有所部又调赴滇中，唐炯兵力过单，不敷分布，著崇实、吴棠檄饬该道增募五营，以资厚集，仍饬令迅速图功，毋得虚縻饷项。刘崐亦当严饬楚军，会同川军早勘黔乱，毋稍观望。其上游下游两路军情，并著曾璧光随时妥筹兼顾。将此由五百里各谕令知之。"

（《穆宗毅皇帝实录》卷二五四）

134. 同治八年四月己未

以四川官军克复贵州清平县城，道员唐炯、提督刘鹤龄得旨嘉奖，并赏白玉翎管各一支，白玉搬指各一个，大荷包各一对，小荷包各两个，提督陈希祥一品封典，参将田应豪、守备王成忠、向秉忠，同知于德楷、知县王恩榕巴图鲁名号，同知张之濂、守备刘舜臣等花翎。余加衔升叙有差。投诚贼目潘名杰以守备用，并赏花翎。予阵亡把总陈炳山，外委舒大有等祭葬、世职。

（《穆宗毅皇帝实录》卷二五七）

135. 同治八年八月辛酉

又谕："崇实、吴棠奏援黔官军叠胜，阵斩苗酋，现筹进取一折。黔省下游自楚军黄飘失利后，苗酋张老熊等纠集各股苗匪，窥扑牛场、瓮安。经唐炯檄饬副将向长曙等军分路进剿，将该匪金干干等击败，阵斩逆首多名。张老熊仍率党由翁巴而来，官军突起，即将该逆枪毙，余贼由罗坳、五里桥等处回巢，复为伏兵要杀。其出扑重安之贼，现已退至河外，擦耳崖、王家牌各处苗匪，亦经官军先后击退。此次川军进剿黔苗，屡歼贼首，实足以壮声援。惟黔境下游处处皆贼，非各路官军合力剿办，不能痛扫逆氛。崇实等仍当饬令唐炯稳固后路，一面檄催总兵李有恒迅率所部前往会击。刘崐亦当分饬席宝田等军探踪前进，与川黔各军联络声势，乘胜规取。并著曾璧光统筹全局调拨黔中将士，分投兜剿，不得专藉客援，坐失机会。"

以四川官军援剿贵州牛场等处苗匪获胜，予副将向长曙以总兵官简放，并赏巴图鲁名号。投诚贼目韦文蔚以守备用，并赏花翎。

（《穆宗毅皇帝实录》卷二六五）

136. 同治八年九月癸酉

又谕："总理各国事务衙门奏遵义教士被伤殒命，请饬查明妥办一折。贵州遵义县教士与平民相争。据法国公使则称，遵义县民打毁经堂、学堂、医馆，抢掳什物。其启衅由于勒令跨越十字架，跪写出教甘结，以致教士三人收入县署，赵教士被伤殒命，梅教士恐亦被杀死。而曾璧光函致该衙门，则称教民杨希伯挟嫌启衅，众怀不平，将经堂、医馆打毁；其教士不肯回省，并非遵义县收入署中。其情形与该公使所称大相径庭。该公使在京哓哓饶舌，情甚激切。且打毁经堂、医馆，已授该教士以口实。若有勒令跨越十字架等情，则是显背条约，更使有所藉口。事关中外交涉要件，必应持平办理，方能维持大局。李鸿章于此中机宜素能洞悉，著即派委通晓时务之员驰赴贵州，会同曾璧光迅速查明，秉公办理，据实具奏，不得稍有迁延袒护，以致别生事端。其遵义现在情形，并著曾璧光先行查明奏闻，以凭办理。原折均著抄给阅看。将此由六百里各谕令知之。"

（《穆宗毅皇帝实录》卷二六六）

137. 同治八年九月辛巳

又谕："前因总理各国事务衙门具奏贵州遵义县教民互争一案，尚未办结，谕令李鸿章派委干员前赴贵州，会同曾璧光妥为办理。谅李鸿章接奉前旨，自当派员前往矣。本日复据该衙门奏称，赵教士被伤一案，法国使臣罗淑亚自缮封折呈请代递，且另拟办法三条，详加酌度，俱与中国体制不符，断难允准。业经该衙门王大臣据理斥驳，自应如此办理。朝廷抚驭寰区，一视同仁，况关系中外交涉要件，岂可听其案悬不结！著李鸿章仍遵前旨，派员赴黔，会同曾璧光迅速查明，持平办理，以息争端，不得任意延宕。至法国使臣所递折件内称四川、贵州两省大吏有嫉恨条约、陵虐教士等情，固由该使臣情急所致，惟此等情节，该衙门均经陈奏，业已谕令李鸿章等秉公核办，该使臣何又呈请代奏？自系该衙门不能详细开导，殊属不合。嗣后遇有交涉事件，仍应按条约妥为办理，毋得纷纷代递封折，以符体制。此案除已谕令李鸿章等迅速查办外，仍著总理各国事务衙门随时咨催李鸿章、曾璧光妥速办结。其四川酉阳州教民相争一案，并著李鸿章会同崇实、吴棠憛遵前旨，秉公办理。总理各国事务衙门原折均著抄给阅看。将此由六百里各谕令知之。"

（《穆宗毅皇帝实录》卷二六六）

138. 同治八年十月辛丑

又谕："前因四川酉阳州民教仇杀，贵州遵义县民教互争两案，叠谕李鸿章等迅速查办，谅该督等业已分别办理。兹据总理各国事务衙门奏称，法国使臣以酉阳、遵义两案未结，胪列湖北、山西、河南、广东未结各案，藉词要挟，并声称会同该国提督携带兵船前赴江西等处急求各案了结等语。中外定约以来，各督抚于民教争讼案件，每以正凶未获、人证未齐为词，累月经年，案悬莫结，以致该使臣从而生心砌词寻衅。朝廷抚驭中外，原以诚信相孚，岂得授人以隙，转遂其虚声恫吓之谋！所有酉阳、遵义两案，著李鸿章、崇实、吴棠、曾璧光憛遵前旨，将酉阳案内刘幅、张佩超等究系何人正凶，按律惩办。遵义案内教士身死是否该县保护、因伤殒命，抑系另有别情，赶紧查明审结，不可稍涉含糊，亦不得再事迟延，致生枝节。……李鸿章等身膺疆寄，皆为国家倚任之人。嗣后遇有中外交涉事宜，务须持平办理，不可预存歧视之心，尤不可尽诿之总理各国事务衙门，而令该使臣等晓晓置辩，迄无了期也……将此由六百里各谕令知之。"

予贵州各属阵亡殉难岁贡生王慕青等绅民妇女三千三百四十五名口分别旌恤如例。

（《穆宗毅皇帝实录》卷二六八）

139. 同治八年十月甲寅

又谕："李鸿章奏遵查川黔民教各案大概情形，并派员赴黔会查一折。……遵义教士被伤殒命一案，李鸿章现派道员余思枢驰往查访，并著曾璧光饬令黔省委员会同余思枢，督饬官绅妥速筹办，毋稍稽延。现在，法国使臣罗淑亚业带兵船起身前赴四川等处，虽不致遽启衅端，第川黔教案不能迅速完结，必致枝节横生，愈难措手。李鸿章等务当持平妥办克期结案，不得再有迟误。其宣维礼参案，即著李鸿章咨明曾璧光查明参办。将此由六百里各谕令知之。"

(《穆宗毅皇帝实录》卷二六九)

140. 同治八年十月戊午

又谕:"前因川黔教案未结,法国使臣欲带兵船入川,当经谕令李鸿章赶紧查明审结。兹据总理各国事务衙门奏,罗淑亚行抵天津,闻知安庆复有拆毁天主教堂、耶稣书院之事,即行登舟赴沪等语。该使此次出京,称欲带兵赴川,实因川黔教案日久未结,故为此胁制之计。若不迅速办结,必致激成事端,办理愈形棘手……遵义一案,李鸿章已派余思枢前往查访,并著速为结案,毋稍迁延。李鸿章前奏,拟往重庆就近体察各情,如事机稍松,即行回鄂等语。朝廷以此事关系紧要,故特令该督会同查办。李鸿章行抵重庆后,必须将川黔两案如何办结奏明,候有谕旨,再行回鄂。"

(《穆宗毅皇帝实录》卷二六九)

141. 同治八年十一月辛未

又谕:"前因贵州遵义教士因伤殒命,叠经谕令曾璧光妥速筹办,并令李鸿章会同办结。李鸿章前派道员余思枢驰往查访,计早抵黔,曾璧光谅已派员会办。此案总以教士因何身死为最要关键,必须质证明确,断不可稍涉含糊。现在法国使臣罗淑亚业已出京赴沪,声言欲带兵船赴川。实因川、黔教案未结,故为此胁制之计,若再迁延,必至枝节丛生,愈难办理。著曾璧光懔遵叠次谕旨,严饬委员会同余思枢速将此案设法了结,不得稍有延宕。将此由六百里谕令知之。"

以贵州仁怀剿办土匪出力,赏同知衔知县张廷垲花翎,教谕赵世煊等蓝翎,知府周秉正等加衔升叙有差。

(《穆宗毅皇帝实录》卷二七〇)

142. 同治八年十一月戊寅

又谕:"曾璧光奏覆陈教务情形一折。据称,遵义府城民教争斗,业委道员陈昌运驰往查办。先将藉事抢掳之民人傅有沅讯明正法,民教悉已解散;并将教士三人于六月十三日护送到省。七月初七日,据代办主教任司铎照会赵教士到省后,于初六日因伤身死。该抚委员往验,而任主教复以业经殡厝,未便开棺相验拦阻。至梅教士在仁怀被杀一语,有无其事,已派员往查等语。此案既据曾璧光查明赵教士并非因伤身死,该主教又有拦验情事,即可从此设法了结,折服其心。梅教士是否被杀,亦应确切查明。现在,李鸿章所派之道员余思枢,计早抵黔,即著李鸿章、曾璧光饬令余思枢并该省委员等,迅速持平办理,及早结案,免致罗淑亚到后另生枝节。将此由六百里各谕令知之。"

(《穆宗毅皇帝实录》卷二七〇)

143. 同治八年十二月甲辰

遵义民教各案，前据李鸿章奏派道员余思枢赴黔会办，至今尚未具奏。李鸿章现赴贵州，即著就近会同曾璧光迅速持平审结，以弭衅端。……将此由六百里谕知李鸿章、崇实、吴棠、李瀚章、刘崐、曾璧光，并传谕杨昌浚知之。

（《穆宗毅皇帝实录》卷二七二）

144. 同治八年十二月丙辰

谕军机大臣等："李鸿章、崇实、吴棠奏议结酉阳教案，李鸿章奏遵义教案，派员会办，暨起程回鄂各折片。……遵义一案，前经李鸿章派令道员余思枢驰往查办。兹据奏称，四川候补道塞闾，籍隶遵义，乡望所归。遵民于打毁教堂后，亦知悔惧，请饬曾璧光责成遵义府县会同筹办等语。著曾璧光即将遵义团练事宜，委令塞闾悉心经理，以便会同余思枢及该处府县各官，将教案赶紧筹办，毋稍牵掣。其梅教士有无被杀情事，并著饬令该员等彻底查明，毋稍含混。嗣后该省遇有教民涉讼，务须责令各地方官查照约章，持平核办，并将教士干预把持及书差搕索拖累等弊，严为禁止，以消后患。前因曾璧光奏称黔省军情紧急，请派大员筹办。当经谕令李鸿章驰赴贵州督办军务，原以四川、湖南、贵州各军，无知兵大员节制，必至观望不前。李鸿章现以酉阳教案已结，天门教案初起，即由川省起程东下，自系未奉到本月初七日谕旨。天门一案，前经郭柏荫查明奏结。罗淑亚所带兵船，自不至驶赴汉口，再图滋扰。黔中地方糜烂，非得该督前往督办，断难净扫寇氛。著即懔遵前旨，赶紧折回。应由何路入黔督军进剿之处，均著该督斟酌情形，妥为筹办。并著于接奉此旨后，将应办事宜，先行驰奏，以慰厪盼。将此由六百里各谕令知之。"

（《穆宗毅皇帝实录》卷二七三）

145. 同治八年十二月丁巳

谕军机大臣等："崇实、吴棠奏援黔官军剿苗获胜，请饬楚黔振旅会剿，刘崐奏，湖南援黔官军叠次攻剿苗巢获胜，苏凤文奏，苗匪窜入粤境，防军击退各折片。四川援黔之军经道员唐炯、提督刘鹤龄等攻克铁厂坡木城石垒，复经提督陈希祥等叠斩苗逆，军声颇振。道员唐炯拟专力进剿，锐意灭贼，已经崇实、吴棠筹给买米银十万两，并改拨月饷以资接济。湖南官军，自十月以后，于镇远、思州、台拱等处截剿苗匪，削平坚寨，苗地日蹙，粮食缺乏。席宝田业经抵营，萧荣芳新募之勇亦已起程。正当乘此机会，合力夹击，使川楚两军声势联络，则苗逆不敢狡逞，剿办易于得手。但恐川楚两军各分畛域，以致复蹈前辙，功败垂成。著李鸿章懔遵前旨，迅赴黔省，体察情形，妥为调度，以期川楚各军踊跃用命，肃清黔境。该省夏秋之交，瘴疠盛行，冬后雪岭凌崖，一望无际。尤当及时大举，不可稍涉迁延。曾璧光职任封圻，责无旁贷，当随时会同李鸿章悉心经理，不得因有督兵大员稍存推诿。崇实、吴棠、刘崐于派出各军应给饷糈，务宜源源拨解，不得稍有缺乏，以致停兵待饷，贻误戎机。"

（《穆宗毅皇帝实录》卷二七三）

146. 同治九年正月戊寅

又谕："李鸿章奏法国使臣罗淑亚驶至汉口，由川赶回与之商办定议一折。……贵州遵义一案，李鸿章当咨催曾璧光赴筹办结。黔中地方糜烂，非有知兵大员前往督办，断难扫荡寇氛。教案现已办竣，著李鸿章懔遵前旨，迅速起程。应由何路入黔督军进剿之处，均著该督斟酌情形，妥为筹办。将此由六百里各谕令知之。"

（《穆宗毅皇帝实录》卷二七四）

147. 同治九年三月乙未

又谕："总理各国事务衙门奏贵州遵义教案，请饬迅结一折。黔省遵义教案，前经李鸿章派令道员余思枢前往筹办，迄今尚无端倪，该使臣罗淑亚以李鸿章改赴陕西，恐贵州教案又复延阁，屡次催请迅结，自应妥速办竣，以弭衅端。李鸿章系原派查办大臣，现虽未能入黔，此案仍须该督一手经理。著即饬令道员余思枢会同黔省派出各员，迅将应行查办事件，认真查核，但能折服其心，自不至仍前狡执。该使臣罗淑亚亦有不令教士任意婪索之语，并因新使臣兰盟将到，亟望此案速结。乘此机会，易于转圜；若再迁延，又恐别生枝节。一切筹办机宜，该督即可密饬余思枢妥为办理。至此案虽由李鸿章派员往办，曾璧光系该省大吏，岂得置身事外！著即严督派出各员，悉心会办，逐层确查，核实持平，以自立于不败之地，毋任教士肆意索赔，转授该使臣以口实。原折均著抄给阅看。将此由五百里各谕令知之。"

（《穆宗毅皇帝实录》卷二七九）

148. 同治九年四月丁巳

谕军机大臣等："曾璧光奏黔省军务紧迫，粮饷两空，现在筹办情形一折。黔省苗教各匪虽经川楚黔各军分路防剿，而贼众兵单，总未大张挞伐。曾璧光现令总兵李荣春、毛际惠等分由安顺、水城募练前进，剿洗土匪，即赴兴、普合攻回巢。其大定属之杠匪、滥练，遵义属之漏网余匪，即饬马宗骏、塞闿等会同府县各官认真搜剿，并力保开、修等县，以顾饷道。派兵驻扎定广，以遏贼氛。所筹均尚周密。即著该抚督饬在事员弁，实力防剿，毋稍玩误。独山、荔波等州县界连粤西，自都匀失后，定、广贼炽，省军鞭长莫及，援助为难。曾璧光请饬广西各军由独荔一带扫荡而前，亦是正办。惟冯子材督兵剿办越南匪徒，尚未蒇事，能否分兵援黔之处，著苏凤文、冯子材酌度情形，妥筹办理。遵义教案，叠经寄谕曾璧光迅速办结。乃该抚并不妥为筹办，辄将李鸿章派出之道员余思枢派赴贵定办理军务，殊属延玩。现在法国在京公使日以黔省教案未结，向总理各国事务衙门晓晓催问，多方要挟，若不赶紧竣事，必至枝节横生。著曾璧光迅饬余思枢克日驰赴遵义，会同黔省人员，将教民一案办结，不得再涉迁延。其贵定、羊场等处，即著责成提督刘士奇统筹防剿，不准藉词托病，贻误戎机。崇实、吴棠、刘崐当督饬川楚各军，将黔省苗匪痛加剿办，毋稍懈弛。贵州地瘠民贫，用兵日久，粮饷两空，困苦情形实深厪系。著崇实、吴棠、刘崐按照户部奏定协黔饷数，按月源源解济，以拯饥军。并著户部查明应解黔饷省分，飞速咨催；一面另筹有著之款，奏明动拨，解赴黔省，俾士马饱腾，早收廓清之效。曾璧光请将黔省各局收捐正印五项指省分发展限。著准其再展一年，仍照部议编号汇咨以免混淆而昭慎重。将此由六百里各谕令知之。"

（《穆宗毅皇帝实录》卷二八一）

149. 同治九年四月辛酉

又谕："前因遵义教案未结，叠谕李鸿章等持平筹办。昨因曾璧光将李鸿章派出之道员余思枢派赴贵定办理军务，复谕该抚迅饬余思枢克日驰赴遵义，会同黔省人员，将教案办结。兹据总理各国事务衙门奏称，法国使臣罗淑亚因教案未结，拟由天津一带往见李鸿章商办。并与崇厚晤，称教案有两种办法：一照议赔偿；一如不能赔偿，或将地方官吏更调。该使臣近闻黔省业已赶办，遂即回京，旋又赴该衙门面称：按贵州任教士来信，以前案不但不为了结而教士罗伯恩又被团勇欺陵。所言均出情理之外，当经该衙门驳斥，复遣翻译官呈递照会，牵涉他案，并求为据情奏闻，请仍饬原派查办大臣及贵州巡抚督饬各员筹结等语。遵义教案，日久未结，其中固有棘手情形。而罗淑亚性情躁妄，动辄归咎于地方大吏者，实欲遂其牟利之心。虽带兵船驻扎汉口，虚实均难预料。惟在京终日晓晓，亦属不成事体。李鸿章现虽带兵赴陕，而奉命查办之时，于此案谅有办法。仍著迅饬余思枢会同该省官员，妥速筹办，不得以他省派往人员意存推诿。曾璧光身任黔抚，责无旁贷。著即懔遵前旨，迅余思枢驰回遵义，并饬承办各员会商讯结，以期早息衅端。教士罗伯恩有无被团勇欺陵情事，亦著曾璧光切实查明，随时约束，毋得故置不问，致生枝节。总理各国事务衙门原折，均著抄给阅看。将此由六百里各谕令知之。"

（《穆宗毅皇帝实录》卷二八一）

150. 同治九年五月庚午

谕军机大臣等："前因贵州遵义民教滋事，据法国使臣声称，赵教士被伤殒命，梅教士恐亦被杀死等情，当以事关中外交涉要件，特命李鸿章派员前往，会同曾璧光查明办理。旋经李鸿章派令道员余思枢赴黔查办。时逾半载，仍未办结。法国使臣罗淑亚以此案日久未了，屡向总理各国事务衙门哓哓催办，意图寻衅。若再不迅速了结，恐致激成事端。现在李鸿章业已带兵赴陕，距黔较远，诚恐鞭长莫及。曾璧光身任黔抚，于此案本无可推诿，但该省军事方殷，亦恐未能专心办理。因思崇实前经派办理贵州教务，情形较为熟悉。著即带印驰赴贵州，会同曾璧光秉公筹商，务将此案赶紧完结。李鸿章仍当飞饬余思枢，会同黔省委员妥速筹办，禀由崇实等酌夺，即行奏结，毋再稍涉迁延。将此由六百里各谕令知之。"

（《穆宗毅皇帝实录》卷二八二）

151. 同治九年五月甲戌

谕军机大臣等："崇实、吴棠奏援黔官军攻克苗寨，现筹会击一折。贵州黄飘白保等处苗寨，经道员唐炯等督队攻克，军声大振，提督陈希祥等复将笔架山六角基等寨踏平。现拟进取螃蟹，并约会楚军合击，商同黔军助剿。即著崇实、吴棠，饬令唐炯等督率兵勇，乘胜进攻，毋稍松劲。并著刘崐饬令席宝田，由新城会剿瓮谷笼岩门司等处，以收夹击之效。曾璧光亦当严檄本省官军，由贵定之罗坪谷洞进扎灰坡，牵制都匀麻哈贼势，使川楚各军得以深入，迅歼丑类，不可专恃援军，致失机宜。将此由五百里各谕令知之。"

（《穆宗毅皇帝实录》卷二八二）

152. 同治九年五月己卯

谕军机大臣等："刘崐奏援黔各军攻拔新城，现约川军会剿一折。席宝田一军自攻克施洞口等处逆巢后，先将凉伞坉攻破，乘势直薄新城，贼众奔溃，立将新城克复。各路援贼，叠被官军击败，并焚毁瓮板等处贼垒。萧荣芳亦督军叠破苗寨多处。剿办尚为得手。席宝田现已约会川军会师岩门，合力夹击。即著崇实、吴棠饬令道员唐炯迅督所部由滥桥前进，与席宝田各军声势联络。并著刘崐檄令席宝田克期会同进剿，扫荡清江北岸，以次规取台拱，毋稍松劲。前据刘崐奏，川军须由重安江下击，肃清施、黄；又据崇实等奏，攻克黄飘、白保，已约楚军会击瓮谷笼、岩门司等处。现在新城既克，川楚两军声气渐通，正当乘此声威，通力合作，不得彼此观望迁延，致失机会。曾璧光亦当就黔省兵力，会合川楚各军迅速剿办，尽殄苗氛。将此由五百里各谕令知之。"

（《穆宗毅皇帝实录》卷二八二）

153. 同治九年六月乙巳

谕军机大臣等："崇实奏遵旨查办遵义教案，陈明平日访察情形及现筹办理一折。据称，遵义团民自打毁洋人教堂后，川省久未得其消息。前据余思枢禀称，此案已议给银三万两，而洋人要挟不情，直至无从下手。该将军现难径赴遵义，先派同知杨荫棠等驰赴该处设法劝导，以通民情；又派知州湛溥先赴重庆，密购线索，以通教情；并拟以巡阅川黔边界为名顺道查办，由重庆相机前进；仍一面檄令塞阗晓谕绅耆，以图结案等语。所奏民教仇构各节，亦系实在情形。惟此案日久未结，崇实既已悉其大概，自不至畏难思阻。即著赶紧料理起程，驰抵遵义，督饬杨荫棠等，会同余思枢、塞阗各员，反复开导，持平审办，使该处绅民帖然相安，而洋人无所藉口。曾璧光身任黔抚，责无旁贷，仍著懔遵叠次谕旨，将余思枢调赴遵义，协同塞阗等悉心筹办；并饬令各该员将随时办理情形呈报崇实，以凭核办。该抚尤不得以查办有人，稍涉瞻顾。将此由六百里各谕令知之。"

（《穆宗毅皇帝实录》卷二八四）

154. 同治九年六月辛酉

又谕："刘崐奏官军叠克苗寨，收复岩门司城池，北岸大致肃清一折。援黔各军，自踏平凉伞坉贼巢及拔取新城后，即约川军会师岩门，经席宝田督饬邓真发等军分路进攻，将亮摆高山各寨焚毁，官军乘胜转战，阵斩逆酋多名，并将白洗等处援贼痛击，先后计毁平数十苗寨。五月初十日，席宝田饬唐本有等分攻岩门，贼匪大败，立将岩门司城池克复，适川军亦克瓮谷笼川楚两军，势已联络。现自岩门以下，白洗以上，数百里间悍苗斩除净尽，大致肃清。其高碑花滩等处岩洞，亦经席宝田饬军进剿，清平所属之螃蟹数寨，川军亦可进取。所有此次援黔出力人员，著准其附于攻克施洞口案内汇请奖叙，毋许冒滥。刻下北岸各军，虽属得手，而南岸地势袤广，苗寨尚多，即使攻拔台拱，其丹江八寨一带，贼巢林立，且去贵阳省垣犹远，必须合军进剿，方无后竭之虞。仍著刘崐檄饬席宝田，将未克岩洞迅速攻拔。一面督令唐本有等及果毅各营，与川军并力南图，毋稍松劲。川军既与楚军会合，著吴棠饬令唐炯迅率所部，相机夹击，以期扫穴擒渠，并著将各该军饷项源源拨给，毋令稍形困乏。黔边援军四集，曾璧光亦当振刷精神，就该省现有兵力，督饬在事将士分投剿击，共殄寇氛。将此由五百里各谕令知之。"

（《穆宗毅皇帝实录》卷二八五）

155. 同治九年七月辛未

又谕："崇实奏查办遵义教案起程日期一折。贵州遵义教案日久未结，自应迅速审办。崇实现于六月十六日自省起程，先赴重庆驻扎，将遵郡绅民开导，再密与曾璧光相机妥筹。虽系慎重办法，惟重庆与遵义界分两省，查办大员未入黔境，转使洋人有所藉口，此案终难早结。著崇实体察情形，仍遵前次谕旨，驰抵遵义，督饬杨荫棠、余思枢等持平妥办，以期民教相安，免生枝节。现在直隶天津地方又有焚毁教堂、殴伤领事之案，办理正当吃紧。若外省教案早日完结，亦足以折服其心。崇实务当悉心筹画，以副委任。将此由五百里谕令知之。”

（《穆宗毅皇帝实录》卷二八六）

156. 同治九年七月己卯

谕内阁：“曾璧光奏夹板被拆，请饬稽查以杜弊端等语。据称，本年正月间，接到兵部同治八年十二月二十一日封发夹板一副，查看黄布包印花内外封筒钉封，均有拆损，上有隆桥驿黏签，声明前途拆损字样，显系隆桥驿以前各站私行拆阅等情。夹板公文最关紧要，竟敢中途私拆，实属胆大已极。若不严行根究，何以重邮政而昭慎密！著四川总督迅饬臬司确切查明此项夹板究系何站拆动，从严惩办，不得含糊了事。至各省驿站亦往往有私拆公文之弊。嗣后著各该督抚责成臬司妥议章程，于上下站接递详细稽察，以杜弊端。如查有拆损情事，即将私拆之人加等治罪，并将管驿之各该地方官从严参处，以儆效尤。将此通谕知之。寻吴棠奏，遵查川省接递夹板并无私拆，业经飞咨曾璧光确查黔省何处拆动，从严惩办。报闻。”

又谕：“曾璧光奏黔省教案全行议结，开单呈览，暨咨会崇实会同核办各折片。贵州遵义等处教案共有九起，现经曾璧光派委司道各员会同该教士逐案查明，一律归结拟即出示晓谕各属，以后遇有民教交涉事件，均照条约办理。所筹甚为妥协。著曾璧光即将各案如何议结详细根由，迅速咨明总理各国事务衙门，以凭查核。黔省教案虽已全结，而设堂行教等事尚须妥筹办法。该抚务当饬令余思枢、塞阃会同杨荫棠等体察民情，设法开导，毋令再生枝节。仍随时咨商崇实酌核办理，免致歧误。并檄饬地方官，嗣后务当持平办理，毋任再滋事端。前有旨令崇实驰赴遵义就近督办，此时遵义教案已结，尚有设堂行教事务，亦须督率委员逐一经理操纵，方合机宜。崇实应否仍赴遵义，著即酌量情形以定行止。将此由五百里各谕令知之。以贵州攻克钟华山贼巢，赏在籍郎中丁体常等花翎，练目石有才蓝翎。余升叙有差。”

（《穆宗毅皇帝实录》卷二八六）

157. 同治九年八月戊戌

又谕：“崇实、吴棠奏裁汰援黔兵丁，并通筹全局办理一折。据称川军自援黔以来，阅时三载，增兵增饷，民力难支，现在贵州驿路已通，荒土重开，厘金自有起色，而川东之重庆、夔州等属，均被水灾，饷事实难支持，已饬唐炯先将羸卒疲兵大加裁汰，并通筹全局，从长办理等语。黔省军务，自川楚各军协剿后，清江北岸，业已肃清，正宜乘胜进攻台拱，将南岸各苗寨次第荡平。若遽行松劲，必至贼势复张，前功尽弃。崇实等以天气暑热，士卒多病，不能不暂为休息。现交秋令，正可及时进剿。著崇实、吴棠，饬令唐炯斟酌情形，裁汰疲弱，督率精锐，迅速会同席实田等军合力进攻，一面咨会曾璧光，派拨黔省兵勇协同防剿，不可久事迁延。将此由五百里各谕令知之。"

（《穆宗毅皇帝实录》卷二八八）

158. 同治九年九月己巳

又谕："曾璧光奏川军退扎牛场，黔省军务紧迫，请饬川楚两省仍前进取各折片。川楚援黔历有年所。今夏，两军剿匪得手，营垒相望，声息渐通。曾经谕令乘胜进取，以竟前功。何以唐炯当声威正盛之时，不候咨会，不俟接防，遽将全军撤退？致苗匪势复猖獗。提督陈希祥以孤军无援，退扎贵定等处。实属贻误事机。著崇实、吴棠查明该道擅退情形，据实参奏。曾璧光折内称，唐炯本拟移师杨老以图下司，分规都匀、凯里。续闻川督有裁撤安定、果毅两营之议，已具禀听候遣撤，遂移扎平、瓮就粮，以待批示等语。是崇实、吴棠于叠次谆谆谕旨并未实力奉行，惟以节省饷需为事，殊属不知缓急。况近防不如远剿，援黔即以保川，岂可畛域攸分，不顾大局！仍著崇实、吴棠严饬唐炯迅速进兵，与楚黔各军联络声援，以收夹击之效，不得再涉迁延，致干重咎。现在秋气已深，刘岳当懔遵前旨，督饬席宝田等军仍前进取，期与川兵势成犄角，迅奏廓清，毋稍观望。曾璧光身任黔抚，责无旁贷，务当督饬各营分剿上下两游，以与援军会合，绥靖岩疆。将此由六百里各谕令知之。以贵州遵义等处剿平土匪，赏道员寒阃布政使衔，同知徐培元等花翎，知县耿光祺等蓝翎。余加衔升叙有差。"

又谕："崇实奏遵义教案办理就绪，请将出力官绅酌保。总理各国事务衙门奏贵州教案未结，请饬崇实仍赴遵义筹办各折片。前据曾璧光奏，黔省教案九起，全行议结，并未将如何议结之处详细声叙。此次崇实折内所称设堂行教一事，业经开导就绪，而教士迟久并无出省日期，是民教两面尚未切实议结，不得遽谓完案。据法国使臣罗淑亚照会内开，转遵任教士函称，贵州各案入奏之后，并无会同甘结，且胪列遵义等处教案，亦未设法办理等语。可见该教士并未贴服。是否各案本未议妥，含糊了结？抑系该教士之言不实不尽？若不赶紧办妥，必至另生枝节，仍为不了之局。崇实现已起程回省，著即迅速折回，驰赴遵义，会同曾璧光督饬余思枢等妥速筹办，总须民教两面各无异词，实有完案确据，方不至再滋口实。所有此案办理出力官绅，著俟全案完结后，准由崇实会同曾璧光择尤酌保。总理各国事务衙门折，著抄给阅看。将此由六百里各谕令知之。"

（《穆宗毅皇帝实录》卷二九〇）

159. 同治九年九月壬申

又谕："刘岳奏援黔各军荡平苗寨，暨川军撤退，仍请饬令进兵各折片。湖南援黔各军自攻克亮摆、岩门司等城寨后，提督唐本有等复督队攻毁花滩各岩洞及四星各寨。李光燎等又将朗洞城池攻克，附近数十里贼寨一律荡平。八寨诸苗已有畏威乞抚者。

楚军方拟乘胜进规台拱。若川军通力合作进剿凯里诸寨，不难将逆苗丑类次第扫除。乃崇实、吴棠不知顾持大局，辄因省饷撤兵，唐炯一军遂回牛场、瓮安候撤，以致瓮、谷陇已有贼踪，重安、黄平复为贼踞，实属贻误事机！前据该将军等奏，请裁汰援黔兵丁，即谕令汰弱留强，仍饬唐炯会合席宝田等军合力进攻，不可遽行松劲，何以不候谕旨，竟撤援军，弃已成之功，贻将来之患，不知缓急，一至于此！曾璧光前次奏到，已严谕崇实等迅饬唐炯进兵，不得迁延干咎。著即懔遵前旨，檄令唐炯克期拔队，迅赴戎机。时已秋凉，刘岳即当催令席宝田督兵迅平台拱，毋令贼势复张。唐炯此时应否进扎黄平，抑或即会楚军兜剿清江南岸，著斟酌情形办理。台拱若平，苗疆善后及进取事宜，尚须悉习经理。席宝田未可遽行离营、届时仍著刘岳酌度奏闻。刘岳所奏唐炯致席宝田函内有川省函商黔中全撤川师，月协饷五万归黔自办。闻黔中意甚欣然等语。黔省兵力岂能不须协助即敷剿办！曾璧光果允其议，何以前奏又请饬催川军。唐炯所言，恐非确实。著曾璧光详细具奏。戈鉴一军出力员弁，准刘岳先行酌保，其余各营出力人员，著暂行存记，俟攻克台拱，并案请奖。将此由六百里各谕令知之。"

（《穆宗毅皇帝实录》卷二九〇）

160. 同治九年九月戊寅

又谕："崇实、吴棠奏请将统兵道员摘顶，并通筹川黔大局一折。黔省军务，自清水江北岸肃清，事机顺利，正宜乘此声威，合力进剿，以竟全功。乃唐炯因川楚两省有减兵节饷之议，并不妥议禀覆，听候批示，辄将所部川军擅自撤回平、瓮，实属贻误事机。姑念前次克复地方著有微劳，著先行摘去顶带，以示薄惩。前据曾璧光、刘岳先后奏到川军撤退情形，叠经谕令崇实、吴棠严饬唐炯迅速进兵，与楚黔各军联络夹击。刘岳前奏并有楚师进规台拱，川军进剿凯里诸寨之议。著崇实等体察情形，悉心筹画，应否改由都匀、八寨进规凯里，或仍由重安江派兵南渡，饬令唐炯克期拔队前进，实力剿办，以赎前愆。并著刘岳檄催席宝田迅督所部会合进攻，以收夹击之效。至疲弱兵勇，本不应滥竽充数，岂待饷需支绌，始议裁汰！又岂可因裁汰疲弱停兵不进，坐失机宜！崇实、吴棠、刘岳，务当懔遵叠次谕旨，妥速筹办，以维全局。总须饬令各军彼此联络策应，立于不败之地，断不可意存畛域，各怀观望，致误戎机。倘不以大局为重，进止不齐，以致日久糜饷老师，办无成效，定将统兵各员从严惩治，即该督抚等亦不能辞咎也。曾璧光身任巡抚，责无旁贷，亦当督饬黔军，力图进剿，不得专恃援军，自甘颓靡。贵州教案未结，崇实著仍遵九月初七日谕旨，前赴遵义会办，赶紧结案。将此由六百里各谕令知之。"

成都将军崇实等奏请将丁忧提督陈希祥留营帮办军务。允之。

（《穆宗毅皇帝实录》卷二九〇）

161. 同治九年九月乙酉

谕军机大臣等："前据总理各国事务衙门奏，贵州教案未结，当谕崇实折回遵义筹办。总须民教两面各无异词，实有完案确据，方不至再滋口实。兹据崇实奏，议结遵义教案，新定善后章程十二条，士民均皆悦服，自愿出具听从设堂行教。彼此相安甘结等语。惟所称出具甘结，仅系中国士民，至教士是否贴服，曾否会同出具甘结，未据崇实奏及，难称所议条规于教士并无牵碍，终属一面之词。著崇实懔遵前旨，迅将民教两面切实议结，如该教士尚未贴服出具甘结，不得遽谓完案，仍须折回遵义，赶紧妥办，以免另生枝节。其杨希伯等应得罪名，即著知照曾璧光归案定拟具奏。将此由五百里谕令知之。"

（《穆宗毅皇帝实录》卷二九一）

162. 同治九年十月丁酉

减免贵州兴义、都匀、镇远、思南、黎平、贵阳、石阡、思州、大定、安顺十府，平越、贞丰、麻哈、黄平、开、广顺、永宁、黔西、正安、独山、平远、威宁、定番、镇宁、普安、安南、兴义、都匀、清平、施秉、天柱、安化、印江、龙泉、永从、开泰、贵定、龙里、修文、余庆、瓮安、湄潭、贵筑、遵义、绥阳、镇远、婺川、青溪、桐梓、仁怀、安平、清镇、毕节、玉屏四十四州县，暨普安、长寨两同知，清江、下江、归化、水城四通判，册亨州同，罗斛州判，锦屏乡县丞所属，并古州左右，清江左右，八寨、台拱、黄施、丹江、凯里九卫被扰地方旧欠额赋有差。

（《穆宗毅皇帝实录》卷二九二）

163. 同治九年十月己亥

谕军机大臣等："崇实、吴棠奏改拨协黔的饷，请饬提督赴任接办军务一折。贵州提督周达武，在川带兵，素称得力。现在川省援黔一军，久未得手。崇实等请饬该提督驰赴本任，接办军务，以一事权。所筹尚妥。即著崇实、吴棠传知周达武，即赴贵州提督本任，接办军务。遇有军营紧要机宜，准该提督就近会同曾璧光列衔具奏。唐炯各营，即著分别裁撤，妥为安置。周达武所需饷银五万八千两，著照崇实等所拟，由川按月筹拨，解赴贵州省城，专供周达武马步全军之用，不得短少。崇实、吴棠务当传知该提督，赴黔后，迅率所部克期进兵，与楚黔各军联络夹击。周达武本系贵州提督，著曾璧光饬令黔省带兵各员，遇有应剿应防事宜，悉听周达武调遣。席宝田一军，并著刘崐檄令该员迅督所部会同周达武等合力进攻。此次贵州壁垒一新，该将军、督抚等务当懔遵叠次谕旨，严饬带兵各员，迅图会剿，毋再推诿迁延。周达武原部达字新字各营，崇实等已令回川填扎，即著饬令提督陈希祥等妥为布置，以图边防。将此由五百里各谕令知之。"

164. 同治九年十月己酉

谕军机大臣等："崇实奏密陈贵州教案情形，设法筹办一折。前谕崇实驰赴遵义筹办教案必民教各无异词，实有完案确据，方不至再滋口实。原恐含糊了事，难免枝节复生。乃该教士果米帖然意图翻悔，崇实自应迅赴遵义，督饬各委员悉心筹画，以期民教相安，及早藏事。兹该将军以遵义民情犷悍，教士又意存要挟，一入其境，转难着手。所虑亦不为无见。惟当体察实在情形，妥速结案。如所派之员不能得力，必须崇实亲身前往，仍著该将军懔遵叠次谕旨，力疾起程，以便就近斟酌机宜，切实办结。崇实现在派员前往遵郡，著曾璧光饬令该地方官会同该委员认真访查，务得确情，并将该教士如何翻悔根由，详细咨明崇实，以凭核办，毋许稍涉含混。崇实另片奏，已革贵东道多文熟悉情形，派令前赴黔省设法开导等语。多文系曾经偾事之员，恐不可靠。崇实当随时留心访察，不得稍有迁就，致误事机。将此由五百里各谕令知之。"

165. 同治九年闰十月甲申

又谕："曾璧光奏提督赴任，分别筹办军务一折。提督周达武奉旨接办援黔军务，曾璧光拟俟该提督到黔接印后，即令驰赴下游，与席宝田筹商机宜，或进规凯里，或由重安南渡，以收夹击之效。酌派提督林从太管带兵练二千，接防贵定，总兵何雄辉带领所部由定番出剿，期与刘士奇等军分归都匀、八寨。所筹均尚妥协。即著崇实、吴棠催令周达武克期驰赴本任，接办下游军务，会同楚省各营，将梗化逆苗次第扫除，以靖疆圉。前已有旨，军营紧要机宜，准周达武会同曾璧光列衔具奏。黔省带兵各员，遇有应剿应防事宜，悉听周达武调遣，业已优予事权。曾璧光此次所陈虑及下游各属意见参差，所见亦是。并著照所请，周达武著帮同曾璧光办理军务，所有下游府、厅、州、县，悉归该提督节制。所带原部兵勇及将来酌留唐炯等营文武各官，即由周达武咨明崇实、吴棠查核奏报。其林从太等防剿各营，系属黔省自募之军，其营制饷需，即照曾璧光所议，仍按该省旧章办理。该抚惟当力筹接济，毋令缺乏，并檄令联络川楚援军，通力合作，以壮声势。经此次布置后，崇实、吴棠、刘崐、曾璧光务当分饬各营妥为防剿，以竟全功，毋再如前观望，致滋贻误。唐炯前致席宝田函内，有川中月协黔饷五万，归黔自办，闻黔中意甚欣然等语。曾璧光谓当时并无此意。唐炯之言从何而来，必须各还根据。著崇实、吴棠饬令唐炯明白登复，即行查核具奏，以惩虚诬。嗣后，该将军、督抚等总当力顾大局，不得惑于浮言，致军务稍涉松劲。将此由五百里各谕令知之。"

寻奏："唐炯以传闻之语，形诸函牍，殊属非是。惟系私函往来，且该道已于移师平、瓮案内摘去顶带，此次可否免其置议？"得旨："唐炯著免其置议。"

（《穆宗毅皇帝实录》卷二九五）

166. 同治九年十一月乙卯

又谕："周达武奏筹议剿办情形一折。前因唐炯一军裁撤，谕令贵州提督周达武迅速赴任，接办军务，现在该提督已抵贵州，据称所部兵勇仅五千九百人，益以挑募唐炯旧部，拟暂驻：平瓮，然后整顿黔师，次第肃清定、广等处，会合楚师进击等语。即著曾璧光、周达武饬令带兵各员，认真扼守乌江北岸，毋使苗匪得扰遵义府属，侵轶川边，以顾省北大道。一面整顿黔师，先清定广，俟省门无警，再由龙贵、平瓮两路规取都匀，以次由凯里八寨，会同楚师，协力进剿。至所请添募兵勇一节，即著周达武与曾璧光妥为筹画。该提督在川日久，有无可调之兵，谅所深悉。或楚省勇丁可以招募，均著周达武分别咨商，以助攻剿。该提督所称带兵员弁，非隶部下，诚恐呼应不灵。前已有旨令周达武会同曾璧光列衔奏事，带兵各员悉归调遣，事权不为不专。即著周达武迅将黔省军务认真整顿，力除积习。该提督以川省月协饷银五万八千两，一经添军，不敷支放，恳请宽筹饷项。著户部将各省协黔饷需，先行分催拨解，俟曾璧光、周达武等商定添兵若干后，再行宽为筹拨，俾济要需。将此由五百里谕知崇实、吴棠、刘崐、曾璧光，并传谕周达武知之。"

（《穆宗毅皇帝实录》卷二九八）

167. 同治九年十二月戊寅

予贵州故婺川县教谕李蹇臣入祀乡贤祠。从……曾璧光请也。

（《穆宗毅皇帝实录》卷三〇〇）

168. 同治十年正月癸丑

谕军机大臣等："崇实、曾璧光奏，黔省教案，仍照原议归结一折。黔省教案九起，经在事各员与教士李万美等商议妥协，一律议结，并由该教士出具甘结，照会销案。是民教两面各无异词，实有完案确据。此后遇有中外交涉事件，曾璧光务当督饬地方官秉公持平办理，以期永远相安。在事出力之道员余思枢，著赏加布政使衔，知府马应镗，著赏加三品衔，同知张鸿绩，著赏加盐运使衔，州同汤中，著候补缺后以知州用，章绍滨，著不论双单月选用，副贡生华国辉著赏给五品衔。前署遵义府知府汪炳璈，前署遵义县知县刘肇观，前署遵义协副将梁正春，于民教仓卒滋事，未能即时解散，实难辞咎，均著交部议处。外委范玉芳、把总陈云龙，著一并斥革。前署永宁州知州尹树棠，著摘去顶带，一年无过，方准开复。前署绥阳县知县杨嘉禾，前署独山州知州钱埙，前署桐梓县知县耿光祺，均著交部察议，以示劝惩。至赔款银七万两，已由黔省筹发三千两，其余六万七千两，崇实等分咨各省，于协黔军饷内划拨。固因黔省饷需支绌，无可应付，惟与其令该教士自行走领，易滋事端，不如由川省先行筹款垫发，一面咨催各省，于协黔饷内照数提出，解还四川较为直捷。著崇实、吴棠、曾璧光斟酌情形设法筹办。将此由五百里各谕令知之。"

（《穆宗毅皇帝实录》卷三○三）

169. 同治十年二月戊子

成都将军崇实等奏："遵查黔省教案赔款，上年议结时，将应拨协饷银两，飞咨各省照数动支，一面饬令该教士持文请领，似无庸再事筹拨，致多缪辂。"得旨："著仍遵正月二十三日谕旨，将黔省教案应发银两，除各该省业已付给咨照川省有案外，余银仍由四川筹款垫给，再由各省照数解川，以清款项。"

（《穆宗毅皇帝实录》卷三○六）

170. 同治十一年四月戊午

减免贵州兴义、都匀、镇远、思南、石阡、黎平、贵阳、安顺、大定九府，郎岱、清江、下江、归化、水城、平越、贞丰、独山、麻哈、黄平、开、黔西、广顺、永宁、威宁、平远、正安、定番、普安、安南、兴义、都匀、清平、荔波、施秉、天柱、安化、印江、龙泉、永从、开泰、贵定、龙里、修文、清镇、绥阳、仁怀、余庆、瓮安、湄潭、贵筑、安平、毕节、桐梓、镇远、婺川、玉屏、青溪、普定、遵义五十厅州县，暨册亨州同、大塘州判，锦屏乡县丞所属，并古州等卫被扰地方节年额赋有差。

（《穆宗毅皇帝实录》卷三三一）

171. 同治十一年六月乙亥

以贵州桐梓等处剿除逆匪，予提督胡国珍优叙，赏总兵官文德盛、李攀桂，参将王安邦巴图鲁名号，副将萧茂亭、知州傅大亨等花翎，知县曾士璠等蓝羽，余加衔升叙有差。

（《穆宗毅皇帝实录》卷三三五）

172. 同治十一年十一月丙戌

以故贵州余庆县土主簿杨茂元侄春鸿袭职。

（《穆宗毅皇帝实录》卷三四四）

173. 同治十二年十月辛巳

补铸贵州都匀府知府，青溪县知县，贵定、绥阳二县儒学，大定协副将、都司各印信、关防条记。从巡抚曾璧光请也。

（《穆宗毅皇帝实录》卷三五八）

174. 同治十三年八月庚辰

又谕："周达武奏，川省议筹楚军欠饷，缓不济急一折。川省欠解周达武所部楚军协饷，昨据吴棠奏称，在于省库凑拨银二十万两解往。先将武字营楚勇截去五六营，其余银二十八万两。在于富荣局按月拨解。该提督拨用过贵州司局银十一万余两，即由贵州设法弥补。当经谕令吴棠等妥为办理。兹据周达武奏，川省凑拨二十万两，实难先裁五六营，其余专指富荣局按月拨解，而众勇丁停饷守候，亦属为难，请将各营由吴棠遣撤等语。川省库款支绌，势不能立筹巨款，自当设法通融。惟楚军月饷业已停止，势难日久守候，亦属实在情形。但川省业经凑拨二十万两，其余亦有专指款项，则各营自可陆续遣裁。仍著吴棠与周达武妥为筹商，设法办理。该提督所请于富荣局、夔关等处分拨，共凑成五十万之数，是否可行？并该军欠饷，除拨用黔局一项外，其余三十余万两作何弥补之处，统由吴棠通盘筹画。至遣撤勇丁，系该提督专责，岂可以饷项为难，即欲置身事外！万一营勇聚而生变，则吴棠、周达武均不能当此重咎。周达武与吴棠会商筹定后，著一面联衔具奏，一面将各营分别陆续遣撤。统俟撤勇事竣，再行来京陛见。当此经费支绌，该督等宜如何和衷商榷，共济时艰，岂得各存意见，致干咎戾。将此由五百里谕知吴棠，并传谕周达武知之。"

（《穆宗毅皇帝实录》卷三七〇）

175. 同治十三年十二月癸酉

以遗爱在民，予故四川彭山县知县升任道员蹇闿建立专祠。

（《穆宗毅皇帝实录》卷三七四）

九、德宗景皇帝实录

1. 光绪元年五月丙午

蠲缓贵州兴义、都匀、镇远、贵阳、安顺、思南、石阡、思州、铜仁、黎平、大定等十一府，普安、松桃、平越、长寨、郎岱、清江、下江、归化、水城、贞丰、麻哈、黄平、开、永宁、平远、黔西、定番、广顺、镇宁、威宁、独山、普安、安南、兴义、都匀、清平、荔波、镇远、施秉、贵定、龙里、修文、清镇、安平、青溪、玉屏、永从、瓮安、湄潭、贵筑、普定、天柱、安化、印江、婺川、龙泉、开泰四十七厅州县，并归并锦屏乡县丞，遵义、绥阳、仁怀、余庆、毕节、册亨、罗斛、大塘暨古州等，被扰地方节年未完钱粮，及旧欠银米有差。

（《德宗景皇帝实录》卷九）

2. 光绪二年二月癸未

谕内阁："黎培敬奏特参贪鄙不职各员请旨革职一折。……绥阳县教谕颜正敏行止有乖，不堪训迪，均著即行革职，以肃官常。"

（《德宗景皇帝实录》卷二六）

3. 光绪三年二月癸丑

谕内阁："黎培敬奏特参贪劣不职及人地不宜各员一折。贵州候补知府景时旸，性情浮躁，能谄能骄；彭澜，居心险诈，性尤贪婪；唐日华，嗜利忘公，屡有控案；陈龄，遇事招摇，不知检束；候补同知直隶州知州洪寿锟，貌似有才，心实贪诈；候补同知束灿南，巧于夤缘，有坏风气；郝映奎，植品不端，才亦庸俗；谢允贵，巧诈不驯，官声甚坏；候补通判冯宝森，举止乖张，不安本分；候补知州何光祖，性行横暴，胆大妄为；候补知县林发棠，贪污庸劣，有玷官常；王启贤，才识昏庸，行为乖谬；李琼林，出身不正，物议颇多，均著即行革职。候补同知直隶州知州郑鹄，办事任性，未能持平；候补同知曾清传，才短识暗，展布豪无；试用通判夏承恩，人本平庸，不谙政体；候补知县史晨耀，行近卑污，难膺民社；熊其光，性情粗率，志趣亦卑，均著以府经历降补。开泰县知县陈世堃才劣品卑，嗜好太重；龙泉县知县胡大桢精神疲软，办事颟顸；大塘州判潘际恩遇事操切，才亦平常，均著勒令休致。平越直隶州知州傅大亨，年力就衰，两耳重听；古州同知李世依，赋性迁缓，久病未痊，均著以原品休致。清镇县知县唐开运、镇宁州知州李昶元，才具均欠开展，人地亦有未宜，均著开缺留省，另行酌量补用。另片奏参佐杂教职等语。贵州候补县丞唐时中，性情狡猾；补用府经历唐立堃，贪鄙任性；候补从九品蔡本忠，举动狂妄；候补从九品贺富畴，糊涂乖谬；试用训导罗维屏，行止有亏，均著即行革职，以肃官常。又谕：黎培敬奏特参武职各员等语。贵州总兵叶正雄，玩法营私，不知自爱；补用副将陈治道，居心险诈，败坏官常，均著革职，永不叙用。补用副将罗鹏飞，卑鄙钻营，声名甚劣；总兵童三元，人甚卑污，且好滋事；荔波营游击毛长春，行止荒谬，任性自由；仁怀营都司何其仁，贪污陋劣，嗜好尤深；平越营游击王恩贵，年轻昏聩，纪律未谙，均著即行革职。大定协都司陈万镒，性情柔滑，工于逢迎；思南营守备汤志纯，赋性轻浮，罔知检束，均著开缺，以千总降补，以肃戎行。"

（《德宗景皇帝实录》卷四八）

4. 光绪四年正月甲寅

以剿办四川马边厅匪徒，攻克沙匪贼巢，全境肃清……赏同知塞诜等花翎。余升叙加衔有差。

（《德宗景皇帝实录》卷六五）

5. 光绪四年八月丁酉

又谕："李鸿章奏已故大员功绩卓著，请宣付史馆立传一折。前署贵州巡抚韩超，于咸丰年间署理贵州巡抚，值饷匮兵疲之际，卒能击退石达开大股逆匪，并攻克尚大坪等处贼巢，肃清大定、安顺、遵义、思南、铜仁诸郡，洵属战功卓著。嗣因患病，回籍调理。兹闻病殁，轸惜殊深，著将该故员生平事迹，宣付史馆立传，并加恩予谥，以彰茂绩，寻赐祭葬，谥果靖。"

（《德宗景皇帝实录》卷七七）

6. 光绪四年十月丙戌

谕内阁："丁宝桢奏拿获谋逆匪徒，请将出力各员奖励等语。匪首吴才标纠合伙党，在四川贵州湖南边界处所往来滋扰，复敢妄造逆书，谋为不轨。经丁宝桢饬令道员唐炯等，督军围捕，当将该匪等擒获。湖南龙山县属八面山，有匪徒杨大郎等勾结扰掠，署四川西阳州知州李承郴，调带团练兵勇，前往捕拿，歼擒匪党多名。仍著丁宝桢督饬各该员弁，务将在逃余匪，搜捕净尽，毋任漏网。所有此次出力之道员唐炯，著赏加随带军功二级，提督周万顺、游击彭成泰、署西阳州知州李承郴，均著赏加军功三级，以示鼓励。"

（《德宗景皇帝实录》卷七九）

7. 光绪四年十月戊戌

蠲免贵州贵阳、安顺、兴义、都匀、镇远、思南、石阡、思、黎平、大定、普安、松桃、长寨、郎岱、归化、水城、平越、永宁、麻哈、黄平、平远、定番、广顺、开、镇宁、贞丰、独山、黔西、威宁、修文、清平、施秉、贵筑、贵定、龙里、普定、清镇、兴义、安南、荔波、天柱、安化、印江、龙泉、玉屏、青溪、永从、开泰、毕节、余庆、湄潭、瓮安、安平、绥阳、仁怀、遵义、铜仁五十七府厅州县，并册亨、罗斛、大塘、锦屏乡暨古州、台拱、黄施、丹江、凯里、清江、石岘七卫被扰地方新旧租赋银米有差。

（《德宗景皇帝实录》卷八〇）

8. 光绪四年十一月庚申

又奏："川省盐务，黔边运销，已著成效，拟于十一月内，开办滇边盐务，仍委候补道唐炯就近在泸局兼行总理。"下部知之。

（《德宗景皇帝实录》卷八一）

9. 光绪四年十二月庚子

准已故四川候补道塞阃于贵州本籍捐建专祠，并将吏治战功宣付史馆立传，从贵州巡抚黎培敬请也。

（《德宗景皇帝实录》卷八四）

10. 光绪五年二月壬寅

谕军机大臣等："恩承童华奏遵查川盐改归官运，设局募勇，开销糜费，请饬该督确查收支各数，据实覆陈等语。前叠据丁宝桢奏四川盐务改归官运，道员唐炯办理得宜，每年收数有赢，必能集成巨款。兹据恩承等所奏各情，究竟川盐自改官运后，发收成本及生息银各若干两，每年除去各项开支，较之旧章，赢绌若何。丁宝桢历次所陈，是否实在情形，仍著恩承童华，确切查明，详细具奏。所请令该督查奏之处，著毋庸议。丁宝桢原折片单十一件，均著钞给阅看。另片奏，灶民呈控官运局多款，请饬该督妥为区画等语，已谕令丁宝桢据实具奏矣。将此由四百里各谕令知之。"

（《德宗景皇帝实录》卷八八）

11. 光绪六年二月戊申

以出洋参赞人员三年期满，予江苏直隶州知州黎庶昌等升叙加衔有差。

（《德宗景皇帝实录》卷一○九）

12. 光绪六年四月乙巳

谕内阁："河南开归陈许道贵珊，广东高廉道孙楫，湖南宝庆府知府侯晟，衡州府知府武廷珍，辰州府知府刘曾撰，贵州遵义府知府倪应复，均著开缺送部引见。"

（《德宗景皇帝实录》卷一一二）

13. 光绪六年十一月癸酉

谕军机大臣等："岑毓英奏会匪窃发攻城，旋经扑灭一折。贵州桐梓县境有会匪纠集党与多人，攻扑县城，经该督派提督何秀林等带练驰往剿办，当将老厂杨村坝贼巢攻毁，匪党歼除净尽，并将伪元帅毕香亭等擒获正法，办理尚为迅速。逆首朱洪祚及未获匪犯，现在逃匿何处，该抚已咨会邻省访拿，仍著饬属一体严缉务获，并搜捕伏莽，以净根株。被害各村寨著即查明，妥为抚恤，毋令失所。所有前次剿除梵净山等处匪徒及此次出力各员弁等，著准其择尤分案汇保，毋许冒滥。将此由四百里谕令知之。"

（《德宗景皇帝实录》卷一二三）

14. 光绪七年二月丁酉

以攻克贵州桐梓县暨剿办梵净山、董倒寨会匪出力，提督何秀林、吴永安、蔡标，优旨存记，赏副将唐发荣等巴图鲁勇号，知府杨熙瑞等花翎，知县魏暄等蓝翎，余升叙加衔，开复有差。予故贵州提督赵德光专祠，列入祀典，从贵州巡抚岑毓英请也。

（《德宗景皇帝实录》卷一二七）

15. 光绪七年三月己巳

命二品顶戴记名道黎庶昌为出使日本大臣。

（《德宗景皇帝实录》卷一二八）

16. 光绪七年五月甲申

以擒获贵州桐梓县匪首朱洪祚、赏副将蒋柏胜巴图鲁名号，并加总兵衔。

（《德宗景皇帝实录》卷一三〇）

17. 光绪八年二月甲申

又谕："唐炯现已简放云南布政使，其四川官运局盐务关系紧要，向系唐炯一手经理，颇著成效，现须交卸赴任，所遗差务著丁宝桢遴选妥员，奏委接办。仍著该督随时督饬认真办理，毋任日久废弛。将此谕令知之。寻丁宝桢奏，查有候补道夏时，操守廉正，才敏心精，允堪胜任。该道丁忧，五月应行起复，请饬严催回川。得旨。即著咨行湖南巡抚，饬令夏时迅赴四川，接办官运盐务，毋稍延迟。"

以四川建昌道唐炯为云南布政使。

（《德宗景皇帝实录》卷一四三）

18. 光绪八年三月戊子

又谕："丁宝桢奏保举人才请破格录用等语。拣选知县华联辉，著以知府留于四川补用。"

（《德宗景皇帝实录》卷一四四）

19. 光绪八年三月庚戌

又谕:"前有旨将唐炯补授云南布政使,著丁宝桢传知该藩司迅赴新任,毋庸来京请训,并将起程日期奏闻。将此由五百里谕令知之。"

(《德宗景皇帝实录》卷一四四)

20. 光绪八年四月己巳

谕军机大臣等:"张树声奏遵旨通筹边备一折。法人图占越南北圻,已于二月中攻破东京,又将城池交还南官,意殊诡谲。恐复用占据南圻故智,修改新约,迫越南以必从,事机甚为紧急。张树声所称中国备边之策,惟有令滇粤防军,守于城外,仍以剿办土匪为名,藉图进步。即当乘时合力经营,毋落后着。广东兵轮各船,应克期整顿出洋,藉壮声势。著裕宽迅将该省兵轮各船,挑选齐备,即派吴全美统带驶赴廉琼一带驻扎,认真操练,作为防剿黎匪巡缉重洋之师,仍不时驶往越南洋面游弋,确探消息。随时知照裕宽,妥筹因应之方,相机调度,闽厂兵轮,并著黎兆棠择其尤为得力者,迅速拨调前往,统归吴全美督带,以资厚集。黄桂兰一军,现已节节前进,逼近越南东京,办理甚合机宜。该军所需炮械,已据张树声拨给,仍著倪文蔚檄令妥筹布置,藉固藩篱,并添调关内防军,出关进扎,联络声势。前谕刘长佑等增军备边,业由四川每年拨给饷银二十万两,俾资应用,该督等谅已办有就绪。富良江上游保胜一带,防务最为紧要,所有筹防各军,即当选派将领,统带进发,扼要分布,遥为保胜声援,毋仅作闭关自守之计。滇粤边防事宜,佐理需人,前已有旨催令唐炯、徐延旭迅赴新任矣。将此由五百里密谕张树声、刘长佑、裕宽、倪文蔚、杜瑞联,并传谕黎兆棠知之。"

(《德宗景皇帝实录》卷一四五)

21. 光绪八年五月甲辰

谕军机大臣等:"丁宝桢奏遵旨饬催,藩司赴任,并令酌带旧部两营入滇一折。滇省边防紧要,前据刘长佑等奏,已派道员沈寿榕带兵出境,相机筹办。唐炯素称知兵,著准其酌带旧部两营赴任。该藩司经朝廷特简所有滇省一切应办事宜,著刘长佑、岑毓英、杜瑞联饬令悉心规画,妥为经理,以期固圉安边,藉杜外人窥伺。其带往两营应如何布置扼扎,著刘长佑等体察情形,随时商酌办理。将此由四百里各谕令知之。"

(《德宗景皇帝实录》卷一四六)

22. 光绪八年六月戊寅

谕军机大臣等:"总理各国事务衙门奏朝鲜乱党滋事,筹议派兵援护一折。据称张树声函报，叠接黎庶昌电信，朝鲜乱党滋事，突围日本使馆，并劫朝鲜王宫。日本现有水兵七百余，步兵七百，前往朝鲜。中国似宜派兵前往察看情形，相机办理等语。朝鲜乱党突起滋事，既围日本使馆，兼劫朝鲜王宫，其意不但与日本为难……"

(《德宗景皇帝实录》卷一四八)

23. 光绪八年八月甲子

谕军机大臣等："刘长佑等奏藩司出省察看边防，并布置关外各军情形，探悉法人意在尽据北圻各折片。沈寿榕等关外水陆各营，业已分布驻扎。此次唐炯酌带小队出关，前赴保胜察看情形，由川带往旧部，计日可到。著刘长佑、岑毓英、杜瑞联饬令该藩司审度机宜，妥慎办理。所有在防各将领，一体听候该藩司调遣，毋误事机，并与广西派出各军，联络声势，互为应援。法人意在尽据北圻，殊为叵测，著刘长佑等懔遵叠次谕旨，酌量情形，相机因应。刘永福一军，可为防军声援，亦应设法笼络，俾为我用总期预杜外人窥伺，亦不致启衅端，如能保护北圻，即以固吾疆域。前据吏部主事唐景崧条陈筹护藩邦事宜，已将该员发往云南交岑毓英差遣。原折一件，著抄给阅看，并著该署督察其才具，酌量委用。将此由五百里各谕令知之。"

(《德宗景皇帝实录》卷一五〇)

24. 光绪八年十月己未

谕军机大臣等："岑毓英等奏会筹边防事务，并将新募各营裁并更换一折。滇省边防，前经刘长佑等妥筹布置，岑毓英等现拟将临安等府汉回夷各择绅耆酋长，编查约束，笼络为用，并将沿边各营，择要调驻。唐炯旧部两营，及岑毓英奏调之黔军，均已到滇。新招各营，裁并更换，以节饷需，所筹尚妥。即著岑毓英、杜瑞联、督饬唐炯，察看关外情形，随时斟酌妥办，以固边圉。岑毓英另片奏，请饬唐景崧回京供职等语。唐景崧现已起程赴滇，著俟到省后，酌量差委，察其才具是否可用，再行具奏。将此各谕令知之。"

(《德宗景皇帝实录》卷一五三)

25. 光绪八年十一月丙戌

署云贵总督岑毓英等奏："藩司唐炯查看边防旋省，面商分兵换防情形，拟将开化、广南、蒙自边地，分为三路。以开化镇总兵蔡标、同记名提督吴永安、督带黔军及练军四营，分守开、广二路。以唐炯所部记名提督周万顺督带安、定二营，并练军二营，分守蒙自一路。各专责成，其余各营练军，汰弱留强，分驻省城及各要隘，养精蓄锐，与边军轮流更换，以期持久不懈。"下所司知之。

(《德宗景皇帝实录》卷一五四)

26. 光绪八年十一月辛亥

谕内阁："林肇元奏参劾不职各员等语……仁怀厅学训导宋扬芳居心近利，有惭训迪，均著即行革职，以肃官方。"贵州巡抚林肇元奏黔省事宜筹办情形。得旨："即著该抚将应办事宜，实心实力妥为经理以期地方日有起色，毋得徒托空言。又奏：防剿云南昭通窜匪并擒斩遵义各府属谋逆会匪，地方肃清，请将出力文武官绅予奖，下部议。"

（《德宗景皇帝实录》卷一五五）

27. 光绪九年三月乙未

又谕："前据总理各国事务衙门奏：法兵攻越之南定，当谕令该督抚等，将防务密筹布置。现闻法人在越南境内，势更猖獗，滇越边防，尤属吃紧。前谕徐延旭出关现在谅已前往，著倪文蔚饬令会商黄桂兰、赵沃相度机宜，速筹防御，滇省边境，亦应酌派大员，带兵驻扎。著岑毓英、杜瑞联饬令唐炯迅速出省，统率防军，择要扼守，兵力如有不敷，即著酌量添拨。总期滇粤两省，互相联络，力保越南北圻，即以固吾边围，广东琼、廉一带，前派吴全美统带兵轮船，认真操练。该处洋面，近接越境，必应极力整饬水师，以壮声势，著曾国荃、裕宽饬令吴全美，移近越洋巡哨，藉资援应。法人意极狡谲，目前越南事机，其为紧迫，必须防务确有把握，方可相机因应，该督抚等，接奉叠次谕旨，当已实力妥筹，著将办理情形，速即奏闻，以纾廑系。将此由五百里各密谕知之。"

（《德宗景皇帝实录》卷一六一）

28. 光绪九年四月己未

又谕："岑毓英等奏越南南定失守情形一折。越南南定失守，该国局势愈危，滇省边防尤为吃紧。前谕岑毓英等饬令唐炯出省，统率防军，著即催令迅速前往开化，督军进扎，相机备御，务使滇粤两省，互为联络，以壮声威而固边围。浪穹县民教构衅一案，于时局关系紧要，务当缉获要犯，妥速办理，免致法人借口，另生枝节。将此由五百里各密谕知之。"

（《德宗景皇帝实录》卷一六二）

29. 光绪九年四月甲戌

谕军机大臣等："岑毓英等奏密筹防务布置情形一折。滇省防务，现经岑毓英等添派参将张永清等挑带练军，前往兴化山西一带驻扎，即著督令派出各员，实力防守，毋稍疏虞。法人攻破越之南定后，现在局势未定，必须滇粤兵势互相联络，方足以壮声威。徐延旭出关后布置情形如何，著倪文蔚随时具奏，以慰廑系。前谕唐炯出省统率防军，目下当已起程，总期扼要驻守，足资备御，使彼族有所顾忌，不至遽逞狡谋。吴全美所带轮船水师，前经驶回虎门，著曾国荃、裕宽督饬将各轮船赶紧修竣，仍令该提督驶进越南洋面，认真巡防，廉琼一带兵力单弱，总兵方耀带兵向称勇往，如令统带数营，前往扼扎，是否相宜？并著悉心酌度，奏明办理。将此由五百里各密谕知之。"

（《德宗景皇帝实录》卷一六二）

30. 光绪九年五月辛巳

云贵总督岑毓英等奏："遵饬藩司唐炯驰往蒙自开化边界择要防守。"得旨："即著岑毓英等督饬唐炯，体察情形，妥筹布置，以固边防。"

（《德宗景皇帝实录》卷一六三）

31. 光绪九年五月庚子

谕军机大臣等："法人近为越南所败，其蓄谋报复，自在意中。现据李鸿章电称中国宜添兵增势等语。本日已谕令倪文蔚等，添募数营，坚守北宁一带，滇边防务，同关紧要，亟应厚集兵力，以壮声援。著岑毓英、杜瑞联督同唐炯，就近选募边民之能耐炎瘴者，迅速成营，与现有队伍择要扼扎，如法之援兵到后，切不可与之挑战，惟当深沟高垒，掘断来路，严密堵守，使彼日久计穷，或可就我范围，所需饷项，著丁宝桢于每年拨款外，无论何款，即行拨解银二十万两，以济要需，现在饷项支绌，因事机紧要，特予添拨，岑毓英等务当妥为筹办，力求实济，不得稍涉虚糜。将此由六百里各密谕知之。"

（《德宗景皇帝实录》卷一六三）

32. 光绪九年六月辛亥

谕军机大臣等："岑毓英等奏越军进攻河内连获胜仗一折。越将刘永福击败法兵情形，前经李鸿章、倪文蔚先后具奏，大略相同。法人经此挫败，势必添兵报复，越兵能否久持，殊难逆料。前经谕令岑毓英等选募边民，添营扼扎，并由四川添拨银二十万两，以济要需。著岑毓英、杜瑞联懔遵五月二十一日谕旨督同唐炯妥为筹办，力求实济，总期严密堵守，并与粤军互相联络，以壮声威，第不可衅自我开，转滋口实，此后越南战守情形，仍著随时探明具奏。将此由五百里各密谕知之。"

（《德宗景皇帝实录》卷一六四）

33. 光绪九年六月丙辰

以捐银助赈，予山东济东泰武临道王作孚之父母王昌绪、王陈氏，四川提督宋庆之父宋兆铎，户部员外郎杜恩荣之祖母杜张氏，于本籍建坊。

（《德宗景皇帝实录》卷一六四）

34. 光绪九年六月庚午

以云南布政使唐炯为云南巡抚。

（《德宗景皇帝实录》卷一六五）

35. 光绪九年七月戊子

又谕："云南素产五金，乃天地自然之利。该省铜政久经废弛，本应整顿规复，以资鼓铸，而利民用。此外金、银、铅、铁各矿，亦复不少，均为外人觊觎，自宜早筹开采，以广中土之利源，即以杜他族之窥伺，实为裕国筹边至计。惟经费较巨，筹款维艰。近来各处开采煤矿，皆系招商集股，举办较易，若仿照办理，广招各省殷实商民，按股出资，与官本相辅而行，则众擎易举，事乃克成。前据岑毓英等奏整顿铜政章程五条，业经户部议覆准行。昨据署左副都御史张佩纶奏称，招集商股，开采滇矿，为富强本计，不为无见。岑毓英、唐炯身膺疆寄，于滇省矿务，必能留意讲求，实心经画，著即详细会商，妥速筹办。新任藩司龚易图到后，并著饬令将筹款招商等事，妥为经理，总期事在必行，毋得视为不急之务，日久办无成效，坐失事机，至各处矿苗，应如何先行相度，或仍应购买外洋机器，以利开采，均著预为筹议，一俟款项集有成数，即可克期兴办，不至迟误，张佩纶原片，著钞给阅看。将此由四百里各谕令知之。"

（《德宗景皇帝实录》卷一六六）

36. 光绪九年七月辛卯

谕军机大臣等："岑毓英等奏添募勇营扼扎越南要隘一折。据称参将张永清等二营，现扎山西，并添募二营，分守山西大滩两处，与北宁之粤军。怀德之越军，联络驻防等语。法越构兵未已，滇边防军，自应加意扼守。第法人并未与我失和，我军总以剿办土匪为名，未可显露助战之迹，致启衅端。据奏山西城逼近江边，轮船在江中炮弹可及，万一法船上驶，彼时我军进止，殊多窒碍。岑毓英、唐炯务当统筹全局，相机布置，俾法人有所顾忌，而不敢藉为口实，方为妥善。韦二等投诚就抚，仍著随时察看，妥为约束，以资得力。将此由五百里各密谕令知之。"

（《德宗景皇帝实录》卷一六六）

37. 光绪九年八月庚戌

又谕："法越构兵，久未定局，现闻越南通顺化之河路两岸炮台，被法兵攻克，越兵死伤甚众，越人已请法停战议和。法遣使赴越京商议，似此情形，越南近日更属岌炭可危,滇粤防军,前经进扎越境,与刘永福一军,声息相通,目前北圻地方,尤形吃紧,必宜加意布置,互为声援。著岑毓英、唐炯、倪文蔚、徐延旭懔遵叠次谕旨督饬防军,严密扼守,务须声势联络,俾法人有所顾忌,庶可折其凶锋。广东廉琼一带,形势尤为紧要,张树声前有添练水师之奏,应如何筹款整顿之处,著该督等悉心妥议,迅速奏明办理。法人既有赴越京商议之说,将来迫胁要挟,如何立约,正难逆料。刘永福一军,果能始终扼扎,越南尚可图存。该督抚等随时斟酌,相机应付,以顾全局。将此由五百里谕知张树声、曾国荃、岑毓英、裕宽、倪文蔚、唐炯并传谕徐延旭知之。"

(《德宗景皇帝实录》卷一六八)

38. 光绪九年八月辛酉

谕军机大臣等:"法越构兵一事。法人自攻占顺化河岸炮台后,迫胁越南议约十三条,该国情形,炭炭可危,边事孔棘。防务尤形吃紧。近闻越南黑旗各营,复经接仗获胜。滇粤防军皆须严密布置,联络声势,不可稍涉松劲,粤西各营,相距较近,更宜加意预备。所有粮饷,关系最要。军火器械,尤须择其精利者,力筹接济,毋任缺乏,但能坚持日久,彼族不得逞志,或可徐就范围,该督抚藩司等务当悉心妥筹,相机办理,以维大局。将此由五百里密谕张树声、曾国荃、岑毓英、裕宽、倪文蔚、唐炯并传谕徐延旭知之。"

(《德宗景皇帝实录》卷一六八)

39. 光绪九年八月辛未

又谕:"法越构兵以来,北圻越兵,虽叠次获胜,而河内未经克复,法人据此要害之区,北圻终难自固,现在法人直逼顺化,迫胁越南议约,法使脱利古已至天津,并有以兵船至广东寻衅之说,无非意存恫吓,肆其要求,惟有坚持定见,以折其谋,但彼族诡诈多端,非空言所能慑服,全视边防之能否得力,以为操纵。近日河内一带军情若何?越军有无战事?著岑毓英、倪文蔚、唐炯、徐延旭确探情形,督饬在防各军,严密扼守,不可稍涉松劲。法人若以兵船驶赴广东,断不可听其进口,张树声、裕宽务当速筹布置,以备不虞,并催调方耀回省,妥商筹办。将此由六百里密谕张树声、岑毓英、裕宽、倪文蔚并传谕徐延旭知之。"

(《德宗景皇帝实录》卷一六九)

40. 光绪九年九月辛巳

谕军机大臣等:"倪文蔚奏法越议和一折。七月内即闻法人攻占顺化炮台,越王为所逼胁,立新约十三条,将该国所有政权,尽归掌握,所顾忌者惟黑旗一军,必欲设法除之。法使脱利古在津,与李鸿章面议,意在划界撤兵,共剿土匪,及蛮耗地方通商，无非肆意要。已饬李鸿章、曾纪泽等，坚持定见，概毋允许。仍著倪文蔚、徐延旭督饬防营，严密布置，所有粮饷军火，务当力筹接济，并著唐景崧设法激励，不可因彼国议和，稍形退沮。日来电报，有黑旗进攻河内颇为得手之说，是否确实？著随时探明，迅速具奏。云南防军军火器械，是否足用？著岑毓英、唐炯添拨劲旅，严申儆备，以壮声援，毋致贻误事机。将此由六百里密谕岑毓英、倪文蔚、唐炯并传谕徐延旭知之。"

（《德宗景皇帝实录》卷一七〇）

41. 光绪九年九月甲申

又谕："岑毓英奏据报越南刘团获胜及移营退守情形一折。所陈刘永福获胜等情，与倪文蔚等前奏相同。滇军驻扎越境，为中外所共知，以剿办土匪为名，令彼族有所顾忌，杜其狡谋。据奏将各防营旗帜号衣收回，勇丁交刘永福管带，听其调度，是滇省竟无兵驻防矣，办理殊属非是。现在法人迫胁越南，议立新约。北圻防务，尤形吃紧，著岑毓英、唐炯督饬防军，严密扼守，妥筹布置，并懔遵前旨，添调劲旅，俾壮声援，不得稍涉疏懈。将此由五百里密谕知之。"

（《德宗景皇帝实录》卷一七〇）

42. 光绪九年九月壬辰

谕军机大臣等："法人胁越议约，尽攘该国权利，果如所议，越南无以图存，大局所关甚重。法使脱利古来京，在总理各国事务衙门，并未提及此事，意殊叵测。刘永福一军，屡获胜仗，当不因彼国议和，稍形退沮，现在进规河内，如能克期攻克，以固北圻门户，办理自易得手。前有旨谕倪文蔚等令唐景崧设法激励，著该抚等密速妥筹。徐延旭著懔遵前旨，星速出关，相机调度所有滇粤防军。岑毓英、倪文蔚、徐延旭、唐炯务当督饬将领，严密布置，俾壮声援，勿稍松劲。粮饷军火，必须力筹接济，朝廷惟恐该两省饷需不继，致失事机，谕令户部筹拨有着之款。兹据该部奏称：截拨湖北应解京饷银十五万两，解广西应用；四川应解京饷银九万两、湖南应解京饷银六万两，解云南应用；此外另由江西拨银五万两、湖北拨银五万两，解交广西；四川拨银四万两、湖南拨银六万两解交云南等语。已谕令各该督抚分别迅速拨解，本年京饷，屡有截留，部库益形支绌，兹因边情紧要，特予添拨，该督抚等务当深体时艰，极力筹办，俾越事及早挽回，以维大局。将此由六百里各密谕知之。"

（《德宗景皇帝实录》卷一七〇）

43. 光绪九年九月甲午

谕军机大臣等："唐炯奏密陈法越构兵及布置情形一折。据称法人围攻丹凤，经刘永福击退，法兵悉数退回河内，与倪文蔚等前奏，大略相同。法越构兵，迄未定局，叠经谕令唐炯督率防军，妥筹布置，自应亲驻防所，随时相机调度。现闻刘永福进规河内，倘能攻拔，尚可固守北圻门户，滇军尤须加意严防，以资策应，并将粮饷妥为运济。乃该抚并未奉有谕旨，率行回省，置边事于不顾，殊属不知缓急。著即迅速出省，驰赴防所，懔遵叠次寄谕，认真筹办，不得稍涉松劲，滇军退扎大滩，与刘永福军能否联络，仍当察看前敌军情，随宜因应。将此由六百里各密谕知之。"

（《德宗景皇帝实录》卷一七〇）

44. 光绪九年九月丁酉

谕军机大臣等："岑毓英、唐炯奏密筹越南边防、倪文蔚奏探报边情防务愈棘各一折。法人胁越议约，果如所议，越已无以立国，大局所关甚重。独以刘永福一军，屡次获胜，进规河内，如能克期攻拔，办理得手，则越事尚可挽回。乃滇军遽行退扎，以致刘团解体，有回驻保胜之议，彼族将益思狂逞，边事尚可问耶？岑毓英、唐炯调度乖方，贻误大局，著传旨严行申饬，即著懔遵前旨，督饬防军，扼要进扎，严密布置，倘仍怠缓从事，定将该督抚治罪。唐炯著星速出省，驰赴防所，徐延旭谅已出关，法人现由丹凤攻扑山西，黑旗各营，恐难抵御，岑毓英、倪文蔚、徐延旭、唐炯务当饬令各军，严申儆备，联络声势，相机援应，不得稍涉疏虞。将此由六百里各密谕知之。"

（《德宗景皇帝实录》卷一七〇）

45. 光绪九年九月己亥

谕军机大臣等："徐延旭奏法与越和、仍向刘团寻衅、粤军照常扼守并刘军需饷情形各折片。法越议和，诸多挟制，越几无以自立。刘团素为法所顾忌，若复撤退，法人势必深入，大局更属可虞。昨据岑毓英等奏驻守山西之滇军，已经退扎大滩，当此大势变更之际，遽行撤兵，实属调度乖方，业经传旨严行申饬。谕令唐炯驰赴防所，督军进扎。现在刘团扼守山西，断不可退扎一步，刘永福矢志效忠，奋勇可嘉。唐景崧多方激励，亦甚得力，如能将河内攻拔，保全北圻门户，定当破格施恩，以奖劳勋。徐延旭接奉前旨，谅即出关，著即激励该团，固结兵心，相机进扎。刘军饷需，恐越人不能供给，设有缺乏，关系匪轻，前已先后拨给广西饷银六十五万两，恐一时未能解到，著倪文蔚、徐延旭即于藩库内，先行措拨银十万两，迅速发给刘永福军营，俾应急需，俟各省解到归款。军火器械，尤应多为筹拨，该军得此接济，定能士饱马腾，踊跃用命。北圻屡经粤军剿办土匪，经营有年，徐延旭所称我所设防之处，即我应保护之处，所见甚是，刻下驻扎北宁一带官军，务当联络刘团，严密防守，如果兵力不敷，酌量添募得力勇丁，以资厚集。将此由六百里各密谕知之。"

（《德宗景皇帝实录》卷一七〇）

46. 光绪九年九月丁未

又谕:"法人既与越南立约,必将以驱逐刘团为名,专力于北圻,滇粤门户,岂可任令侵逼,现经总理各国事务衙门照会法使,告以越南久列藩封,历经中国用兵剿匪,力为保护,为天下各国所共知,今乃侵陵无已,岂能受此蔑视,倘竟侵及我军驻扎之地,惟有开仗,不能坐视等语。如此后法人仍欲逞志于北圻,则我之用兵,固属名正言顺。刘团素称奋勇,现在退扎山西,距河内稍远,著徐延旭饬令刘永福整军进扎,相机规复河内省城,不可稍有退沮。北宁为我军驻防之所,如果法人前来攻逼,即著督饬官军竭力捍御,毋稍松劲。前据左宗棠奏拟饬王德榜调募广勇数营,驻扎滇粤边界,并在广东捐输筹饷等语。当经谕令听候谕旨遵行,现在广西边防紧要,诚恐兵力尚单,闻王德榜现在永州,已召募勇营听调,倘已成军,著左宗棠即饬该藩司,迅速带赴广西关外扼扎,归徐延旭节制,所需饷项,若待广东捐输,恐缓不济急,著左宗棠预为筹定,仍由江南极力筹拨,俾无缺乏。岑毓英等前奏滇军驻扎山西,轮船炮弹,可及城中,防守不易,惟该城与北宁相距较近,必应固守,以成掎角之势,唐炯亲驻防所,自应随时相机调度。乃该抚并未奉有谕旨,率行回省,致边防松懈,咎实难辞,著摘去顶戴,革职留任,以观后效,如再退缩不前,定行从重治罪。滇省防营无多,难资策应,著岑毓英、唐炯添募数营,以厚兵力,此举系为法人侵我藩属,逼近边境,不得不力筹防御。至内地各国通商地方,及法之商人,仍当随时保护,免滋口实,倘法人竟以兵船来华寻衅,必应先事戒备,著李鸿章、左宗棠、张树声、倪文蔚、裕宽迅筹布置,不可视为缓图,天津密迩京师,关系尤重。李鸿章筹办海防有年,为朝廷所倚任,天下所责备,尤应勉力图维,不得意存诿卸。将此由六百里各密谕知之。"

(《德宗景皇帝实录》卷一七〇)

47. 光绪九年十月甲寅

谕军机大臣等:"张树声奏法越和议既成、北圻人心将涣、密陈愚虑、岑毓英、唐炯奏法越近无战事筹商布置情形、倪文蔚奏据探近日边情各折。法人逼越订约,全据该国权利,中国保护藩服,断非口舌所能争。张树声所筹深合机宜,与倪文蔚所请宣谕滇粤两边各节,均与朝廷之意吻合。昨彭玉麟奏报起程,业经谕令俟到粤后,将该省防守事宜,与张树声会商筹办,广东防守紧要,地方营伍,及中外交涉各事,均须该督随时妥筹办理。所请驰赴广西,添募劲旅,出关调度之处,著听候谕旨,现在惟以保守北圻,固我滇粤门户,联络刘军不至涣散,最为紧要。唐炯务当懔遵叠次谕旨,迅赴前敌,不准稍涉迟延。徐延旭尤当宽筹接济,激励刘团,进规河内,毋任松劲。将此由六百里各密谕知之。"

(《德宗景皇帝实录》卷一七一)

48. 光绪九年冬十月己未

云贵总督岑毓英等奏法越现无战事及刘团防守山西情形。得旨："著唐炯懔遵前旨，速赴前敌，相机调度，与刘团联络策应，力保北圻，不得以现无战事，稍涉松劲。"

（《德宗景皇帝实录》卷一七一）

49. 光绪九年十月戊辰

谕军机大臣等："法人逼胁越南立约，越几无以自立，北圻屏蔽滇粤，久为中国保护，断难听其侵逼。已叠谕徐延旭、唐炯驰赴前敌，督率各营，联络刘永福一军，严密防守，以固门户。并据张树声、彭玉麟、倪文蔚及在廷臣工，先后陈奏宜先正属国之名，我之用兵，乃为理直，正与朝廷之意吻合，现在业已给予照会，告以法如侵及我军驻扎之地，不能坐视，经此次明白布告，倘法人不顾名义，仍欲逞兵，则开衅即在意中。法既屡挫于刘团，不无顾忌，或以不能逞志于北圻，竟以兵船内犯，冀图牵掣，则沿海各口，难免惊扰之虞，若待事势紧急，始谋备御，必至贻误戎机……"

（《德宗景皇帝实录》卷一七二）

50. 光绪九年十月丙子

又谕："岑毓英奏遵筹越南事宜拟由该督统兵出关筹办请旨遵行一折。岑毓英以越事现正吃紧，拟挑带所部二十营，亲赴前敌，相机调度，实属勇于任事，该督威望素著，驰赴防所，镇抚其间自可振军威而维大局。著照所请，克日带兵出关，前往山西择要驻扎，前由总理各国事务衙门照会法使，如法人侵及我军驻扎之地，不能坐视，目前事势，总以保守北圻，力固滇粤门户为最要。该督所奏令南将刘永福、黄佐炎等分道进取，大军驻扎山西，仍步步谨慎，不稍轻率，所筹深合机宜，即著随时妥筹调度，与粤西防军联络声势，严密布置，力杜彼族狡谋。唐炯即著回省，所有筹济饷需及吏治厂务各事宜，均责成该抚实力经理，毋稍疏懈。将此由六百里各密谕知之。"

云南巡抚唐炯奏清查库款、酌拟分晰归拨，划清交代界限。从之。

（《德宗景皇帝实录》卷一七二）

51. 光绪九年十一月壬午

云南巡抚唐炯奏："遵旨驰赴新安防所，督率各军，妥筹布置。得旨，滇省边防，已令岑毓英出关调度，该抚当懔遵十月二十九日寄谕，将饷需厂务，实力经理，以专责成。"

（《德宗景皇帝实录》卷一七三）

52. 光绪九年十一月戊子

云贵总督岑毓英、云南巡抚唐炯奏:"越南刘团退守山西,添派官兵出关,驻扎兴化山西,以备援应。"得旨:"据称河内猝难攻拔,所虑亦尚周密,前已有旨令岑毓英带兵出关,即著督饬各营,力保山西,稳慎进扎,与徐延旭随时和衷商办,联络粤军,妥筹布置,以固边圉而裨大局。"

又奏:"请饬催云南布政使龚易图迅速赴滇。"得旨:"龚易图到任尚需时日。著岑毓英、唐炯、饬该署藩司将应办事宜。认真经理。毋得稍有疏懈。"

(《德宗景皇帝实录》卷一七三)

53. 光绪九年十一月癸巳

又谕:"倪文蔚奏近日边情并前敌各军筹备情形、徐延旭奏遵旨出关日期、现饬分别进窥严防各一折。法人于山西之丹凤,北宁之嘉林设险严备情形与从前不同,在防官军,必须稳慎进扎严密布置不可稍形轻忽,著岑毓英、倪文蔚、徐延旭、唐炯督饬各营,妥筹调度。刘永福添募营勇,渐次到齐,惟系新集之军能否得力?越南义兵恐不可恃,法人此番极意经营,若任其侵逼则边事益棘,所关于大局者甚重,务当饬令刘永福等妥慎进取尽力抵御,勿稍退缩,河内设守已严,猝难攻拔,应如何避坚攻瑕,诱敌制胜并宜相机妥筹。徐延旭现在出关,岑毓英接奉前旨谅已部署起程,当此事机紧要,该督抚尤宜和衷共济,随时悉心会商,妥筹方略以副委任断不可稍存意见,致误机宜。将此由六百里各密谕知之。"

(《德宗景皇帝实录》卷一七四)

54. 光绪九年十一月丁酉

谕内阁:"唐炯奏特参庸劣不职各员一折。云南候补道刘凤苞,居心鄙诈,惟利是图。候补知府萧锡龄,行同市侩有玷官箴。候补同知直隶州知州陈鹍,盘踞要局,舞弊营私。署威远同知候补同知马维翰,贪婪厉民,众怨腾沸。试用同知顾宗煒,藉端索诈,剥商扰民。周聘贤声名最劣,行检不修。试用通判萧开熙,性喜钻营,久滋物议。试用知县邓炳尧,居心巧滑,办事糊涂。调补顺宁县知县杨炳垣,性情暴戾,举动乖张。试用州同黄体乾,习染最恶,遇事欺罔。试用州判余良佐,不知检束,声名恶劣。均著予行革职,以肃官方。"

云南巡抚唐炯奏驰抵新安防所现在布置情形。得旨:"前已谕令岑毓英带兵出关,并令该抚回省筹办饷需厂务等事宜,即著懔遵前旨,实力经理,毋稍疏懈。"

(《德宗景皇帝实录》卷一七四)

55. 光绪九年十二月壬申

谕军机大臣等："唐炯奏俟督臣出关起程回滇暨探报越南山西失守情形各折片。岑毓英计可到防，现在军情紧要，著该督饬令所部各营，择要扼扎，相度机宜，妥筹调度，以振军威而固边境。前据徐延旭奏，唐景崧、刘永福暨滇粤各营管带，均至兴化。兹据唐炯奏探无下落，该抚近在保胜何以于前敌情形，并未深悉，滇省后路饷运事宜，关系紧要，著责成该抚实力经理，俾岑毓英得以专意军事，无虞分顾，不得稍有贻误。将此由六百里各密谕知之。"

56. 光绪十年正月戊子

革贵州湄潭县知县周启江职，并讯办。

57. 光绪十年正月辛丑

四川总督丁宝桢奏："请饬驻日使臣黎庶昌，密探日本情形，倘法人与之勾结，宜迅为调度，预伐其谋。"下总理各国事务衙门知之。

58. 光绪十年二月丁巳

孝康章皇后忌辰，遣官祭孝陵，早事谕内阁。本年轮应查阅湖北、湖南、云南、贵州四省营伍之期，湖北即派卞宝第、湖南即派潘鼎新、云南即派唐炯、贵州即派张凯嵩逐一查阅，认真简校，如有训练不精军实不齐者，即将废弛之将弁，据实奏参，毋得视为具文。

59. 光绪十年二月己未

又谕："唐炯奏请饬四川等省拨解外洋军火等语。岑毓英现统各营赴越，所需洋枪等件，亟应预为筹备，以利军行，著丁宝桢迅饬机器局赶紧代造后膛枪二千枝，逼码二百万颗，随时委员解往应用，所有价值运脚，即于旧协饷内划扣，并著李鸿章、左宗棠、曾国荃将前次拨发逼码，迅速如数解赴云南，再拨大小水雷四十枚，俾资接济。将此由六百里各谕令知之。"

云南巡抚唐炯奏回省筹解粮饷军火及沿边布置情形。得旨："岑毓英现已驰赴兴化附近驻扎，需用粮饷军火，该抚务当源源筹解，以资接济，所奏拨发银两，交南官黄佐炎，采办米粮，是否可靠著会商岑毓英酌度办理。"

（《德宗景皇帝实录》卷一七八）

60. 光绪十年二月乙亥

又谕："前派唐炯督带滇军防守越南山西等处，乃该抚并未奉有谕旨，率行回省，以致边防松懈，当经摘去顶戴，革职留任，以示薄惩。近日山西、北宁、太原相继被陷，皆由唐炯退缩于前，以致军心怠玩，相率效尤，殊堪痛恨，著张凯嵩驰赴云南，传旨将唐炯革职拿问，派员解交刑部治罪。云南巡抚，著张凯嵩署理。贵州巡抚，著李用清暂行护理。将此由六百里密谕知之。"

（《德宗景皇帝实录》卷一七八）

61. 光绪十年三月癸未

谕军机大臣等林肇元奏："婺川县土匪滋事，现筹剿捕等语。贵州思南府属婺川县天井山地方，于上年十二月闻有土匪陈鹞子四等纠众滋事。经林肇元饬派兵团前往掩捕，陈鹞子四与张明僖率众逃往独树井覃鸭公头寨内，并与匪徒苏冬狗、张狗老八等勾结，党与益众。亟应迅速剿办。即著李用清督饬地方官，及派出队伍，务将著名匪首悉数歼除。毋任窜逸。一面解散胁从，以靖地方。寻李用清覆奏首要擒获，已由前抚臣张凯嵩奏报。现在地方平靖，堪以仰慰宸廑，仍饬将逸犯严拿务获。得旨即著李用清督饬张连爽等将匪首陈鹞子四等迅速弋获，毋任漏网。并著该署抚将善后事宜妥为筹办，以靖地方。"

（《德宗景皇帝实录》卷一七九）

62. 光绪十年三月丁亥

旌表节妇贵州湄潭县江陈氏。

（《德宗景皇帝实录》卷一七九）

63. 光绪十年三月辛卯

谕内阁："唐炯奏办铜委员亏短铜片、请革职讯究等语。补用知州林禧，经理铜务，亏短铜片一万四千余斤，辄敢藉词延宕，私行回籍，并据知府蔡元燮禀讦该员有私卖余铜情事，亟应确切讯究，运同衔补用知州林禧，著暂行革职，并著广东巡抚勒提该员，押解云南，归案究办，以儆官邪。"

谕军机大臣等："唐炯奏缅甸所属夷匪滋事现饬沿边防范一折。缅甸夷官，激生民变，该国往剿失利，以致夷匪乘乱蜂起，新街势甚危急，该处为自缅入滇大路，亟应严行防范，著张凯嵩严饬张松林督带兵勇，实力防御，并饬属联络沿边民夷，择要扼守。据奏恐英人乘乱占据新街，勾结夷匪尤应密速筹防，以免后患，倘将领不能得力，即行从严参办，毋稍姑容。将此由五百里谕令知之。寻张凯嵩奏称查夷匪败溃，沿途戒严，续经前抚臣会同督臣陈奏，惟闻夷官政事苛虐，难保不另生他变，现仍饬沿边文武确侦严防。"

（《德宗景皇帝实录》卷一八〇）

64. 光绪十年三月壬辰

又谕："前因法国越南构衅交兵，云南边防紧要。叠经谕令唐炯出关督率防军固守边疆门户，乃该抚并未奉有谕旨，率行回省，置边事于不顾，以致官军退扎，山西失守，唐炯不知缓急，遇事退缩，殊堪痛恨，前已密谕张凯嵩驰赴云南，传旨将唐炯革职拿问，现计张凯嵩应已至滇，即著派员将该革员迅速解京，交刑部治罪。云南巡抚，著张凯嵩补授。贵州巡抚，著李用清署理。"

（《德宗景皇帝实录》卷一八〇）

65. 光绪十年四月戊申

贵州巡抚张凯嵩奏："遵义府属匪徒谋为不轨，业将首逆朱洪竹及伪军师多名弋获解省。并设法严拿未获要犯。解散胁从，以安反侧。"报闻。

（《德宗景皇帝实录》卷一八一）

66. 光绪十年四月甲寅

谕内阁："张凯嵩奏剿办逆匪，扑灭殆尽一折。上年冬，闻贵州婺川县地方莠民陈鹞子四，与号匪覃鸭公头纠党肆扰，谋为不轨。经林肇元、张凯嵩先后督饬参将张连襄带兵往剿。叠将贼寨平毁。毙匪多名，并将覃鸭公头等生擒正法。办理尚为妥速，惟陈鹞子四现尚在逃，亟应认真搜捕，以净根株。著李用清饬令该参将严拿务获，毋任漏网。所有剿匪出力之参将张连襄，著免补参将以副将尽先补用，并赏加总兵衔，以示鼓励。其余出力员弁绅团及伤亡人等，著该抚查明奏请奖恤。"

（《德宗景皇帝实录》卷一八一）

67. 光绪十年五月丁丑

云南巡抚唐炯奏："缅属夷匪败溃、腾越、永昌一带，沿边解严，仍饬团结滇土民练，联络野人，以免煽动。"

（《德宗景皇帝实录》卷一八三）

68. 光绪十年闰五月庚戌

谕内阁都察院奏："已革云南补用道刘凤苞遣抱以被参冤抑等词。赴该衙门呈诉，据称该革员，在滇服官十有余年，毫无贻误，上年告病后，唐炯以居心鄙诈，惟利是图参劾，名节所关，不得不辨等语。著岑毓英、张凯嵩确切查明，该革员是否有鄙诈、图利实迹，奏明办理。嗣后各督抚甄别属员，务当据实纠参，不得仅以空言弹劾，至被参人员，纷纷呈诉，亦属不成事体，如查无冤抑，定当照例惩办。"

（《德宗景皇帝实录》卷一八五）

69. 光绪十年闰五月丙寅

谕内阁都察院奏："已革云南试用知县邓炳尧屡次遣抱以被参冤抑等词。赴该衙门呈诉，据称该革员因被谗谮，致唐炯以空言参劾等语。是否实有冤抑，抑系挟忿逞刁，著岑毓英、张凯嵩确切查明，据实具奏。"

（《德宗景皇帝实录》卷一八六）

70. 光绪十年八月己亥

以拿办贵州婺川县匪徒出力，赏署知府程荣寿花翎、副将华耀武等巴图鲁名号，余升叙加衔有差。以比匪贻害，革贵州副将王世昌职。予贵州剿匪在营积劳病故副将张连爽优恤，阵亡外委周绍春等议恤。

（《德宗景皇帝实录》卷一九一）

71. 光绪十年九月癸卯

谕内阁："刑部奏已革云南巡抚唐炯押解到部请派大员会同审讯一折。著派军机大臣大学士会同刑部审讯，按律定拟具奏。"

（《德宗景皇帝实录》卷一九三）

72. 光绪十年九月辛未

署贵州巡抚李用清奏请暂缓出省校阅营伍。得旨："著准其缓至来春查阅。遵义等处民、教不和，该抚务当督饬印委各员速即认真弹压，毋任滋生事端。"

（《德宗景皇帝实录》卷一九四）

73. 光绪十年十月乙未

又谕："电寄黎庶昌等。据李鸿章电称，朝鲜盗杀大臣，迁王他处，日人拥王回宫，外署皆换日党，仁川日轮开行，恐回渡兵等语。此次朝鲜启衅之由，日本必有消息。及日人近日如何举动，著黎庶昌、徐承祖密探实情，随时电闻。"

（《德宗景皇帝实录》卷一九六）

74. 光绪十年十月己亥

此次朝鲜之变，由于该国乱民肇端，焚毁日馆，原与中国无涉。总署与榎本武扬屡次问答，均系此意。现在惟有弹压解散，以期速结。李昰应为日人所恶，若遽释回，至别生枝节，此事本非中国意料。若如黎庶昌所称，电日本外务，转启其疑。总之目下办法，以查办乱民，保护朝王，安日人之心，并剖析中倭误会打架以释衅端，为第一要义。驻朝委员等所禀请兵救援，此事本未与日国开衅，何援之有？所禀殊未可尽信。著吴大澂克日前往，熟审机宜，悉心办理。一面迅速奏闻，并与李鸿章会商妥办。李昰应俟事定后，再降谕旨。

（《德宗景皇帝实录》卷一九六）

75. 光绪十年十一月庚戌

又谕："电寄黎庶昌。据电称徐承祖已到，拟十一交代等语。现在朝鲜与日本有事，黎庶昌著于交代后，暂留三月，会同徐承祖商办一切。"

（《德宗景皇帝实录》卷一九七）

76. 光绪十年十一月壬子

谕军机大臣等："总理各国事务衙门接到李鸿章信函等件，均已览悉。据朝鲜国王及提督吴兆有等所述各情，是此次朝鲜之事，系由该国乱党勾结日人，致有此变。日本心怀叵测，其为伺隙生衅，以图狡逞，情节显然。吴大澂、续昌、现已乘轮启行，俟登岸后，著驰赴该国都城，查明确实情形，妥为筹办，督饬各营，捕除匪党，弹压地方，务期迅速戡定。俾日人措手不及，慑我兵威，自可折狡谋而杜衅端，万勿稍事迟回，致落后着。但使乱事已定，朝日徐议交涉之事，彼或不至，别起波澜。朝王暗弱，措置一切，能否得宜，吴大澂等并应设法维持。据黎庶昌电称倭备兵数千，在熊本雇船十二号待发等语。现赴朝鲜官军，甚为单薄，著李鸿章于就近队伍，刻即调派，分起进发。庆军两营，可否调往以资得力，并即奏闻，藉纾廑系。……将此由六百里密谕李鸿章、吴大澂并传谕续昌知之。"

又谕："电寄黎庶昌等。来电已悉，黎庶昌于日本情形熟悉，著仍遵前旨，暂留三月，毋庸赴朝。金玉均系朝鲜乱党，著黎庶昌、徐承祖告知日人，勿听播弄，免生枝节。仍确探该国动静，随时电闻。"

（《德宗景皇帝实录》卷一九七）

77. 光绪十年十一月甲寅

又谕："电寄黎庶昌等。据徐承祖电称，黎庶昌赴朝，较留有益等语。朝日事务紧要，黎庶昌即不能向外务部等官论事，应将平日一切情形，告知徐承祖。此次朝事，并可随时会商，以期周密。著仍遵前旨暂留三月。所请赴朝或回籍之处，著不准行。"

（《德宗景皇帝实录》卷一九七）

78. 光绪十年十一月甲子

署贵州巡抚李用清奏遵义等处民、教滋事现办情形。得旨："所筹均妥。即著该署抚督饬地方官妥为办理，随时认真弹压，毋任滋生事端。"

（《德宗景皇帝实录》卷一九八）

79. 光绪十年十一月己巳

又谕："电寄吴大澂：闻朝日已定约，情节若何？吴大澂等何以未电奏？彼约与中国有无关碍？吴大澂等曾否与井上馨面议？诸加慎重，弭衅防弊，并即电闻。黎庶昌等电称金玉均逃在东京，似宜密属朝王执约，责日政府查拿交朝等语。著吴大澂等酌办。"

（《德宗景皇帝实录》卷一九八）

80. 光绪十年十二月戊寅

又谕："已革云南巡抚唐炯、已革广西巡抚徐延旭应得罪名，著军机大臣大学士会同刑部，即行定拟具奏。"

（《德宗景皇帝实录》卷一九九）

81. 光绪十年十二月己卯

又谕："电寄黎庶昌等。据电称晤井上馨欲中日将驻朝兵丁撤回，黎庶昌无事求归等语。华兵驻朝保护属藩，业已有年。又经朝王屡请留防，义难膜视。令该国乱党未靖，尤不能撤。著徐承祖据理辩论，以释其疑。黎庶昌既无应办之事，著准其回籍。"

（《德宗景皇帝实录》卷一九九）

82. 光绪十年十二月壬午

谕内阁："军机大臣、大学士、会同刑部定拟已革巡抚唐炯、徐延旭罪名各一折。已革云南巡抚唐炯，出关督师，并不听候谕旨，率行回省，以致军心怠玩，越南之山西北宁等处，相继失陷，实属罪无可逭。已革广西巡抚徐延旭，督办广西关外防务，始终株守谅山，迁延不进，所统各军，毫无纪律，又复任用非人，相率溃败，律以失误军机，尚复何词以解。唐炯、徐延旭均著照所拟斩监候，秋后处决。李鸿章、左宗棠于唐炯罪名未定之先，辄以人才废弃可惜，奏请录用，殊属冒昧。丁宝桢以唐炯人才可惜，代为乞恩，且于陈奏所部官弁殉难，恳请建祠折内，胪举唐炯从前战迹，尤属有意铺张，李鸿章、左宗棠、丁宝桢著交部分别议处。涂宗瀛前经荐举徐延旭，系于属员内遴才保奏，厥咎尚轻，著交部察议。张之洞保荐徐延旭兼资文武，实属失当，惟该督于简任两广后，征兵筹饷，颇著勤劳，著从宽交部察议。陈宝琛、张佩纶力举唐炯、徐延旭堪任军事，请饬分统滇、粤各军，出境防剿，卒至偾事，贻误非轻。张佩纶会办闽省防务，马尾一役，尤属调度乖方，陈宝琛著交部严加议处。张佩纶著即行革职，该员尚有被参之案，即著来京听候查办。前军机大臣恭亲王宝鋆、李鸿藻、景廉于带兵大员，未能详细遴选，辄行请旨擢用，实属昧于知人，业于本年三月间，降旨惩儆，所有应得处分，著加恩宽免，寻吏部奏遵议处分。得旨，大学士直隶总督李鸿章、钦差大臣大学士左宗棠均著照部议降二级留任。四川总督丁宝桢应得降三级调用处分，著加恩改为降三级留任。前湖广总督涂宗瀛、两广总督张之洞均著照部议降一级留任。前内阁学士陈宝琛著照部议降五级调用。”

（《德宗景皇帝实录》卷一九九）

83. 光绪十年十二月甲申

谕军机大臣等：“曾纪泽电奏缅甸王昏国乱。有华人据八募城，倘云南官派去，固宜商英廷，倘系乱民，似宜招降该华人，因拓云南界，据通海之江，以固围而防患，拓界事亦宜早商英廷等语。前据唐炯、张凯嵩先后具奏，缅匪滋事，被剿败溃，仍饬沿边地方官，结民练，联络野人，严加防范。兹据曾纪泽所奏各情，是否仍系此股缅匪滋扰，抑另有在缅华人，纠众据城之事，著岑毓英、张凯嵩迅速查明详确情形，即行奏闻，并将该侍郎所奏，妥慎筹画，一面督饬沿边地方文武，严密筹防，以固边围不得稍涉大意，致启边衅。将此由六百里各谕令知之。”

（《德宗景皇帝实录》卷一九九）

84. 光绪十一年五月庚戌

又谕：“岑毓英奏，已革云南巡抚唐炯，前官四川，办事认真，操守廉洁，此次身罹重辟，可否贷其一死等语。唐炯失误军机，罪由自取，刑赏大权，操之自上，岂臣下所得渎请。岑毓英代为乞恩，实属冒昧，著交部严加议处。寻吏部议云贵总督岑毓英照不应重公罪降二级留任例，从严加等，议以革职留任。得旨：著加恩改为降二级留任。”

（《德宗景皇帝实录》卷二〇七）

85. 光绪十一年六月辛卯

钦差大臣督办福建军务左宗棠奏覆陈刘铭传退弃基隆实在情形。得旨：“刘铭传仓猝赴台，兵单饷绌，虽失基隆，尚能勉支危局，功罪自不相掩。该大臣辄谓其罪远过于徐延旭、唐炯，实属意存周内，拟不于伦。左宗棠著传旨申饬，原折掷还。"

（《德宗景皇帝实录》卷二一〇）

86. 光绪十一年七月己亥

出使日本国大臣徐承祖奏："使署肄习东文学生卢永铭、刘庆汾……"

（《德宗景皇帝实录》卷二一一）

87. 光绪十二年五月壬寅

唐树誉、王皋、滕尚诚……俱著交吏部掣签分发各省以知县即用。

（《德宗景皇帝实录》卷二二八）

88. 光绪十二年十一月乙巳

谕军机大臣等："徐延旭、赵沃著发往新疆效力赎罪，唐炯著发往云南交岑毓英差遣效力赎罪，张诚著发往台湾交刘铭传差遣效力赎罪。"

（《德宗景皇帝实录》卷二三五）

89. 光绪十三年二月辛巳

赏已革云南巡抚唐炯巡抚衔，督办云南矿务。

（《德宗景皇帝实录》卷二三九）

90. 光绪十三年三月癸巳

谕军机大臣等："户部奏，遵议张之洞奏广东购办机器试铸制钱银元并拟令督办矿务大臣兼理泸州铸钱事宜各一折。现议规复制钱，必应广筹鼓铸，变通办理，以辅京局之不足。张之洞拟于广东购用机器制造制钱，自系因地制宜之策，惟创办之始，应将工本一切，确切估计，方免将来掣肘。该督折内始称价本及火耗等项，与铸成所值银数不致亏折，又有目前粤铸兼用中外铜铅亏折过巨等语，究竟铸钱一千，所值银数有无亏折，仍著详细核算，据实覆奏。至所称兼铸银元一节，事关创始，尚须详慎筹画，未便率尔兴办，著听候谕旨遵行。该督折内所称弛禁商人，酌议挪借，究系何项商人，并著明晰具奏。矿务与钱法互相表里，云南之铜、贵州之铅向来解京，必须经过四川泸州，是泸州设局鼓铸，最为相宜。唐炯于四川情形素熟，前已派令督办云南矿务，即可兼筹泸州鼓铸事宜，著将矿务迅速筹画，实心经理铜斤一项，务期于解京外兼备川省鼓铸之用，泸州设局各事，应如何先行筹议，并著专折具奏。需用铜铅等项，如何采办著刘秉璋、岑毓英、卞宝第、谭钧培、潘霨与唐炯随时会商，悉心规画。唐炯系弃瑕录用之员，必应激发天良，尽心竭力，为国家裕此利源。该督抚等均当体念时艰，通力合作，以副朝廷整顿圜法之至意，户部折著分别钞给张之洞、刘秉璋、唐炯阅看。将此由四百里谕知张之洞、刘秉璋、岑毓英、卞宝第、谭钧培、潘霨并传谕唐炯知之。"

谕军机大臣等："户部奏，遵议张之洞奏，……矿务与钱法互相表里，云南之铜，贵州之铅，向来解京必须经过四川泸州，是泸州设局鼓铸，最为相宜。唐炯于四川情形素熟，前已派令督办云南矿务，即可兼筹泸州鼓铸事宜。著将矿务迅速筹画，实心经理铜斤一项，务期于解京外兼备川省鼓铸之用，泸州设局各事，应如何先行筹议，并著专折具奏。需用铜、铅等项，如何采办，著刘秉璋、岑毓英、卞宝第、谭钧培、潘霨与唐炯随时会商，悉心规画。"

（《德宗景皇帝实录》卷二四〇）

91. 光绪十三年五月癸亥

谕内阁："唐炯奏调员办理矿务等语。候选知县濮文曦、四川机器局委员巡检高启文、前四川越嶲厅同知邓林，著吏部及四川总督、江西巡抚，饬令该员等，迅赴云南交唐炯差遣委用。"

谕军机大臣等："电寄徐承祖，著饬令随员知县于德懋，延聘东洋上等矿师二人，议订三年。即令于德懋伴送，由四川叙州府入滇，交唐炯委用。"

（《德宗景皇帝实录》卷二四三）

92. 光绪十三年七月辛巳

出使日本国大臣李兴锐因病解职，命记名道黎庶昌充出使日本国大臣。

（《德宗景皇帝实录》卷二四五）

93. 光绪十四年四月辛亥

督办云南矿务唐炯奏："贵州铅厂困敝，黑白铅课，恳分别减免以广招来。"从之。

随手又奏："矿务拟变通章程，不预发底本，以杜厂欠；宽准通商成数，以杜私毁。"从之。

随手又奏："请饬严禁贵州铅务婪索规费。"得旨："所称收买铅斤积弊，自应认真剔除。著唐炯咨商潘霨，将此项章程核实酌定。并将一切规费名目严行禁革，以杜中饱。"

（《德宗景皇帝实录》卷二五四）

94. 光绪十四年八月甲辰

总理各国事务衙门奏："黎庶昌以轻视祀典，得降调处分。可否准以二品顶戴仍留使任？"得旨："黎庶昌著准以二品顶戴，仍留出使日本大臣之任。"

（《德宗景皇帝实录》卷二五八）

95. 光绪十四年九月丁巳

谕军机大臣等："有人奏前出使大臣徐承祖贪劣侵欺，列款纠参，请饬查办一折。据称徐承祖采购日本铜斤，浮冒侵渔，长崎一案，办理失体，并浮销经费，擅刻功牌，索贿把持，奏调私人，狡诈取巧，保举欺罔各节，如果属实，亟应严行惩办。著总理各国事务衙门王大臣将所参各款详细确查。其在日本查讯各节，密咨黎庶昌逐一查明，据实声覆，不准稍涉含混。俟查覆到日，由该衙门一并具奏。原折单二件，均著抄给阅看。将此谕令知之。"

（《德宗景皇帝实录》卷二五九）

96. 光绪十四年十月壬午

陈明远现有被参案件，著饬迅赴日本，听候黎庶昌查办，不准逗留。

（《德宗景皇帝实录》卷二六〇）

97. 光绪十四年十一月丁巳

出使日本国大臣黎庶昌奏："东文翻译人员，请仍照异常劳绩核奖。"得旨："刘庆汾等均著照原保奖励，嗣后各口翻译人员，一并准照异常劳绩给奖。"

（《德宗景皇帝实录》卷二六一）

98. 光绪十四年十二月辛丑

谕军机大臣等："前有人奏，前出使大臣徐承祖，贪劣侵欺，列款纠参，请饬查办。当经谕令总理各国事务衙门，详细确查。兹据该衙门奏称，分别行查户部、南北洋大臣、出使日本大臣，严密查覆。业经先后覆到。原参徐承祖各款中，以浮冒铜价，及浮开运费为最重。李鸿章覆函，及黎庶昌咨覆内，所称各节，显有浮冒情弊等语。徐承祖经朝廷特简，派令出使日本，复以部局需用铜斤，责成购办，宜如何洁己奉公，核实经理。乃竟营私肥己，种种侵渔。即就铜价一项而论，据黎庶昌所查，已浮冒银三万余两之多。其余运费余铜各节均有弊窦。……将此由四百里密谕知之。"

（《德宗景皇帝实录》卷二六三）

99. 光绪十五年二月辛卯

谕军机大臣等："上年四月间据唐炯奏督同东洋矿师开办昭通等处铜铅各厂，迄今将及一年未据续行陈奏。该前抚督办矿务，专司其事自应竭力筹划，并将办理情形，随时奏闻何以久无奏报，殊不可解。永善等属铜厂，威宁属铅厂，据称苗脉丰盛。究竟开采情形若何，东洋矿师能否得力，所称必须深入四五百丈，始得连堂大矿，非八九个月不能见功。现距设厂之期，计已逾时，究竟有无成效？即著一一详晰覆奏。京师改铸制钱，需用铜铅甚巨，前经该部奏催办解，必须逐渐增运，规复旧额。该前抚务当督饬公司，实力采办，次第推广，以期矿务日有起色，毋得日久宕延，糜费旷时，致负委任。将此由四百里谕令知之。"

（《德宗景皇帝实录》卷二六六）

100. 光绪十五年二月壬辰

巡抚衔督办云南矿务唐炯奏："厂务废弛以后、商货不能流通、民闲养马之户。大都歇业。现运铜日多。需用多马。拟筹借银一万两。分发东川、昭通两府殷实马户。使多购马匹。以供驮运。所借之款，每次于应给脚价内，分成扣收。"如所请行。

（《德宗景皇帝实录》卷二六七）

101. 光绪十五年二月癸巳

巡抚衔督办云南矿务唐炯奏："东川昭通两府铜厂，渐次见功，本年可得铜一百数十万斤起解，以后必能逐年加增。请饬部筹拨铜本一百万两，以资采买发价。"得旨："据奏云南矿务渐有起色，著照所请，由户部指拨的款一百万两，限期分解，以应急需。"

（《德宗景皇帝实录》卷二六七）

102. 光绪十五年三月乙丑

谕军机大臣等："前据唐炯奏，云南矿务渐有起色，请拨铜本银一百万两。当谕令户部如数指拨。兹据该部详议覆奏：请于欠解项下，令江西解银十五万两，浙江解银二十七万两。共银四十二万两。江苏、湖北、福建、广东、于加放俸饷项下。各改解银十二万两。浙江改解银十万两。共银五十八万两。以上两项。已足一百万两之数。著各该督抚饬藩司于本年六月间解到一半。年底全数解清。云南铜本关系紧要。江西浙江前已任意拖欠。此次如再延宕。即著该部将该二省藩司指名奏参。其余各省。均不得诿卸迟延。致干参处。其同治十二年、暨光绪三年两次部拨各省关铜本银二百万两。及历年云南司库借用银两、应行提还各款。未还银四十余万两。江西、浙江、广东省并太平关、广西、四川等省。尚未解清。著各该省关督抚监督等、各将应还应解银两。迅即解滇应用。至云南历年欠解铜斤，为数甚巨。唐炯督办矿务。责无旁贷。务当实力煎采。源源解运。不得仍前短欠。致糜巨款。本年煎获铜斤。即行提前起解。以资鼓铸。其贵州各铅厂并著督饬尽力开采。现在已获铅斤若干。年内可解若干。迅速覆奏。原折抄给唐炯阅看。将此谕知曾国荃、裕禄、卞宝第、张之洞、刘秉璋、德馨、崧骏、奎斌、沈秉成、高崇基、唐炯、并传谕黄彭年知之。"

(《德宗景皇帝实录》卷二六八)

103. 光绪十五年四月辛巳

唐炯奏："办理矿务应购开凿、通风、泄水三种机器，现已派员前往东洋购办，请准免征税厘等语。此项机器准其免纳税厘。即著曾国荃转饬各关一体遵照办理。"

巡抚衔督办云南矿务唐炯奏："滇矿开采，渐著成效，巧家白锡蜡山产铜尤富。迤南所属宁州，及曲靖府属之平彝，昭通府属之大关等处，铜苗甚旺，请推广采办。并续延日本矿师，购贸机器。"下部知之。

(《德宗景皇帝实录》卷二六九)

104. 光绪十五年四月甲午

巡抚衔督办云南矿务唐炯奏："蒙自通商在即，滇省矿产应先事防闲，不许外人置买开采，请增入通商条约，下所司议。寻总理各国事务衙门奏：外人开采矿产，条约所无，可不必虑。请饬下云贵总督等妥议章程，无论绅商士庶，必须呈报地方官给照，方准开采。至运锡出蛮耗税少费轻，恐华商受困，势必影射。然欲照洋药例，加征锡厘，势属难行。所请添改条约之处，均请毋庸置议。"从之。

(《德宗景皇帝实录》卷二六九)

105. 光绪十五年七月己酉

巡抚衔督办云南矿务唐炯奏："贵州西良山铜矿甚佳，现拟开办。请将应纳铜课，自光绪十七年为始，以示体恤。"从之。

(《德宗景皇帝实录》卷二七二)

106. 光绪十五年八月辛丑

蠲免贵州贵阳、安顺、兴义、都匀、大定、镇远、思南、石阡、思州、铜仁十府；平越直隶一州、普安直隶一同知，罗斛、郎岱二同知；归化、水城二通判所属；定番、广顺、开、镇宁、永宁、威宁、平远、独山、麻哈、黄平、贞丰十一州；贵筑、贵定、龙里、修文、普定、清镇、安平、兴义、普安、安南、遵义、仁怀、都匀、清平、荔波、镇远、施秉、天柱、安化、印江、开泰、余庆、瓮安、湄潭二十四县；大塘、长寨二州判；册亨州同；锦屏乡、县丞所属；台拱、黄施、丹江、凯里、清江、古州，左、右八卫被贼地方，未征暨民欠丁粮银米有差。

(《德宗景皇帝实录》卷二七四)

107. 光绪十五年十一月甲寅

谕军机大臣等："铜铅为鼓铸要需，前派唐炯督办矿务，并谕户部筹拨巨款，源源解济，原期事有专责，日起有功，乃数年以来。并未办有成效。即如从前云南解京铜数。每年尚有解至百余万斤之时。近则年解铜数。不过五十万斤。前据奏称本年可解百数十万。及迟之又久。覆奏称不能照办。辄以铜老山空等词。藉口搪塞。至铅务则毫无起色。数年未解分毫。该大臣到滇之时。据奏情形。似觉确有把握。迨叠降谕旨。饬催该大臣覆奏。一味支吾。与前奏种种不符。经户部缕晰议驳。近数月来。又无奏报。现在京局需用铜铅甚急。屡次购之外洋。断非常策。该大臣从前获咎甚重。经朝廷弃瑕录用。应如何激发天良。竭力筹办。以图报称。似此任意玩误。日久无效。实属大负委任。即著懔遵叠次谕旨。督饬公司。实力攻采。次第推广。务期力复旧额。不准仍前延宕。空言塞责。并将现办情形。及以后每年究可办解若干。迅速覆奏。倘再不知振作。旷时糜费。致误要需。定当重治其罪。毋谓宽典可再邀也。将此谕令知之。"

(《德宗景皇帝实录》卷二七六)

108. 光绪十六年二月壬申

谕军机大臣等："户部奏京局鼓铸制钱，近年大半采用洋铅。现在洋铅亦形短绌，专待黔铅应用。贵州产铅处所，叠据潘霨、唐炯陈奏情形，矿苗并非不旺，现值整顿圜法需铅紧迫之时，请饬切实攻采办解等语。著潘霨、唐炯，迅饬公司局员及地方各官赶紧筹办，并将本年究可运解京铅若干，据实陈奏。其应如何会筹官商合办推广开采之处，悉心妥议，详晰奏报，务期解京铅数，逐渐加增，不得意存观望，并不准委员等稍有懈弛偷漏情弊。所需工本应拨若干，即著核定具奏。潘霨身任地方，所有开采督催等事，务当不分畛域，会商妥办，毋稍诿卸。原折均著钞给阅看。将此由四百里各谕令知之。"

(《德宗景皇帝实录》卷二八一)

109. 光绪十六年闰二月乙卯

云南矿务唐炯奏："京铜例价，遽难规复旧章，请仍照前督岑毓英同治十三年原奏，免抽课铜，加增本脚，变通办理。"如所请行。

(《德宗景皇帝实录》卷二八二)

110. 光绪十六年七月壬午

巡抚衔督办云南矿务唐炯奏："改铸铜砖，赔累甚巨，请仍照旧办理。"下部知之。

(《德宗景皇帝实录》卷二八七)

111. 光绪十七年正月丙子

贵州巡抚潘霨奏："婺川县案犯申保等抗官拒捕，现经悉数拿获，解省惩办。民情安贴。"下部知之。

（《德宗景皇帝实录》卷二九三）

112. 光绪十七年二月庚子

前出使日本国大臣黎庶昌奏："日本近年事事讲求，海陆两军，扩张整饬，工商技艺，日异月新。中国与之唇齿相依，宜将琉球一案，彼此说明。别定一亲密往来互助之约，用备缓急。"下所司知之。

（《德宗景皇帝实录》卷二九四）

113. 光绪十七年二月戊午

以捐助直赈，予同知华国英奖叙。

（《德宗景皇帝实录》卷二九四）

114. 光绪十七年七月乙亥

云贵总督王文韶等奏："审明婺川县属抗官拒捕，行同谋叛，夏友复各犯按律定拟，并请将出力员弁副将杨国宝等奖叙。"下部议。

（《德宗景皇帝实录》卷二九九）

115. 光绪十七年九月戊子

署布政使盐运使王作孚、署按察使候补道赵国华、署盐运使候补道梅启熙等优叙。

（《德宗景皇帝实录》卷三〇一）

116. 光绪十八年三月乙酉

巡抚衔督办云南矿务唐炯奏："巧家厂碯碙工少，威宁无马，兼运棘手。唯公司交办黑白铅斤，仍无延误。"下部知之。

（《德宗景皇帝实录》卷三〇九）

117. 光绪十八年五月辛未

引见新科进士。得旨："……蹇念典……俱著交吏部掣签分发各省，以知县即用。"

（《德宗景皇帝实录》卷三一一）

118. 光绪十八年闰六月庚辰

以捐助赈银，予贵州绥阳县文童王文新为其故母建坊。

（《德宗景皇帝实录》卷三一三）

119. 光绪十八年七月癸丑

谕军机大臣等："本日户部奏核覆云南铜本运费，请照唐炯所奏，每百斤暂加银一两。已依议行矣。"

另片奏："请饬整顿铜运等语。唐炯系弃瑕录用之员，宜如何力图报称。乃自到云南以来，前后奏报铜厂渐有成效。迄今已阅三四年，办运之数，每年不过两批，毫无起色，实属有负委任。现值宽为加价之时，务当激发天良，力筹办法，逐岁加批。倘再空言搪塞，任意铺张，著户部据实严参，从重治罪。其前请加借工本银两，分年缴还，暨迤西矿务暂免课耗，现已奏限届满，均著唐炯迅速清结，毋任迟延。至该省近年所解铜斤，夹杂铁砂低铜，多至八九万或十余万斤，实属不成事体。著唐炯严饬该公司等，嗣后不得再有低潮挽和情事，并随时稽查，如有此等弊混，即著将该厂员严参示惩。原片著钞给唐炯阅看。将此谕知户部，并谕令唐炯知之。"

（《德宗景皇帝实录》卷三一四）

120. 光绪十八年八月甲子

巡抚衔督办云南矿务唐炯奏："铜厂雨水为灾，厂情停顿，本年黑铅仅能加办二十万斤。"下部知之。

（《德宗景皇帝实录》卷三一五）

121. 光绪十八年十月乙巳

巡抚衔督办云南矿务唐炯奏："遵旨饬办厂铜情形，请将未缴工本银两，宽至明年呈缴。"允之。

（《德宗景皇帝实录》卷三一七）

122. 光绪十八年十二月甲午

以捐赈巨款，予四川同知华国英以道员补用。

（《德宗景皇帝实录》卷三一九）

123. 光绪十九年二月乙巳

巡抚衔督办云南矿务唐炯奏："川东、昭通两府，驮马稀少，京铜积滞。拟照贵州

· 373 ·

威宁运铅旧章，试立短铺，夫马并运。"下部知之。

（《德宗景皇帝实录》卷三二一）

124. 光绪十九年三月壬辰

予贵州殉节提督孝顺，佟攀梅，古州镇总兵桂林，都匀府知府鹿丕宗，署开州知州戴鹿芝、石虎臣，署遵义县知县江炳琳，署普定县知县崇璟，及其子道员于钟岳，候补同知直隶州知州石均，署麻哈州知州何铤，总祠列入祀典，并将事迹宣付史馆立传。从贵州巡抚崧蕃请也。

（《德宗景皇帝实录》卷三二二）

125. 光绪十九年六月甲寅

巡抚衔督办云南矿务唐炯奏："增设短铺夫运京铜，酌拟章程，请饬立案。"下户部知之。

（《德宗景皇帝实录》卷三二五）

126. 光绪二十年二月壬子

谕内阁："崧蕃奏整饬吏治秉公举劾一折。贵州婺川县知县贾翙梧、龙里县知县郑寅亮、湄潭县知县王人文、候补同知直隶州张正烽、应补班知县吴成熙等五员，据崧蕃奏均堪备循良之选，即著传旨嘉奖，仍饬令该员等益加奋勉，毋得始终异辙。"

（《德宗景皇帝实录》卷三三四）

127. 光绪二十年三月己丑

谕军机大臣等："户部奏遵拨铜本银两一折。云南铜本银两，鼓铸攸关。现经户部遵旨筹拨，由河南、江西、湖北、湖南、广东五省，于二十、二十一两年，应解部库旗兵加饷项下，每年各划拨银五万两。福建省于二十、二十一两年，应解部库西征洋款改为加放俸饷项下，每年划银五万两。湖北广东两省，于二十、二十一两年，应解部库西征洋款改为加放俸饷项下，每年各划拨银十万两。著谭钟麟、张之洞、裕宽、德馨、吴大澄、刚毅，即饬各该藩司，务须分年迅速筹拨，不准稍有蒂欠。其云南军需借动铜本，尚欠银三十万两，著王文韶、谭钧培，严饬藩司，于收到各省协饷，迅速提还归款。公司借饷底本银三十万两，著唐炯严饬该公司分年依限扣清。至户部四次指拨铜本银两，各省已解及划解共银三百万有零，与唐炯所奏收到银二百九十六万零数目不符。并著王文韶、谭钧培、唐炯，查明报部，以凭核办。现在京局鼓铸，需铜孔殷，必须宽为筹备，俾资接济。此项所拨，皆系的款，唐炯务当认真筹办，加批运京，勿稍延误。将此各谕令知之。"

（《德宗景皇帝实录》卷三三六）

128. 光绪二十年五月丙戌

引见新科进士。得旨："……赵怡……俱著交吏部掣签分发各省，以知县即用。"

（《德宗景皇帝实录》卷三四〇）

129. 光绪二十年六月己酉

谕军机大臣等："前因唐炯办理铜运，每年不过两批，已谕令力筹办法，逐岁加批。乃迄今又近两年，起运到京综计共只五批。按从前每年两批之数。所增无几。办理仍无起色。实属有负委任。现在需用铜斤。不能稍缓。务当赶紧筹办。加批起解。以期渐复旧额。毋再空言搪塞。任意耽延。致干咎戾。将此由四百里谕令知之。"

（《德宗景皇帝实录》卷三四二）

130. 光绪二十年六月乙卯

二品顶戴江苏补用道莫绳孙，才具平庸，性情矜躁。委办堤工，敷衍塞责。及至撤回省垣，犹复哓哓渎辩。并敢指求差使，语多荒谬。原请革去二品顶戴，以同知归部铨选，尚觉轻纵。著改为革职。

（《德宗景皇帝实录》卷三四二）

131. 光绪二十年九月壬寅

谕军机大臣等："户部奏遵议云南办运京铜情形一折。据称滇省办铜。每年解到两批。本年虽据报解两批。而能否运到一批。尚难预定。至所报米价。则与该省月报之案。加至二十倍。所称矿质。则与从前出铜之数。减去十数倍。显有不符。请旨严饬整顿等语。京局鼓铸。需铜万紧。叠经严谕唐炯增批办运。现在洋铜停购。专恃滇铜解京应用。唐炯自当竭力经营。何得托词诿卸。著即懔遵叠次谕旨。认真整顿。设法采炼。务使京铜按年增批起运。以供鼓铸。倘有延误。即著户部奏明请旨。从严惩处。决不宽贷。至本年所拨各省铜本银两。或尚未解齐。或未据报解。并著户部严行咨催。如各该藩司任意迟延。即著指名参处。原折著抄给唐炯阅看。将此谕知户部，并谕令唐炯知之。"

（《德宗景皇帝实录》卷三五〇）

132. 光绪二十年九月癸卯

以失察家丁诈赃毙命，革山东济宁直隶州知州蹇念猷职，并讯办。

（《德宗景皇帝实录》卷三五〇）

133. 光绪二十年十月辛酉

谕内阁："吏部奏遵议处分一折。督办云南矿务唐炯，著革去巡抚衔，加恩赏给三品顶戴，仍留云南督办矿务。"

（《德宗景皇帝实录》卷三五二）

134. 光绪二十年十一月戊寅

又谕："电寄唐炯，电已悉。唐炯办理矿务，久无起色。惟当认真经理。所请驰赴天津效力之处。著不准行。"

（《德宗景皇帝实录》卷三五三）

135. 光绪二十一年正月乙未

刘秉璋奏："请将代理秀山县知县教习知县郑子元革职永不叙用等语。该员贪鄙妄为，系据川东道黎庶昌禀揭，并未将实在劣迹，详细声叙。该督遽以革职永不叙用奏请，语意殊属简率。究竟郑子元有无赃私实迹，著刘秉璋确切查明具奏，再降谕旨。片内两见黎道字样，亦属不合。著饬行。将此谕令知之。"

（《德宗景皇帝实录》卷三六〇）

136. 光绪二十一年四月壬子

三品顶戴督办云南矿务唐炯奏："开办龙街等铅厂，请免课三年，以广招来。下户部议。"

（《德宗景皇帝实录》卷三六五）

137. 光绪二十一年五月庚辰

引见新科进士。得旨："……康有为……周沆……俱著交吏部掣签，分发各省，以知县即用。"

（《德宗景皇帝实录》卷三六七）

138. 光绪二十一年闰五月癸丑

又谕："电寄鹿传霖等，四川川东道黎庶昌。著鹿传霖、刘秉璋给咨送部引见。川东道员缺紧要，且现在办理教案尤宜详慎。著鹿传霖等遴派妥员前往署理。"

（《德宗景皇帝实录》卷三六九）

139. 光绪二十一年闰五月戊午

又谕电寄鹿传霖等:"川东道黎庶昌。著鹿传霖等传知该员仍留本任办理教案,办结后再行送部引见。"

(《德宗景皇帝实录》卷三六九)

140. 光绪二十一年七月丁未

英美教案,仍著饬令黎庶昌妥议速了。

(《德宗景皇帝实录》卷三七二)

141. 光绪二十一年十月庚午

谕内阁:"……贵州贵阳、遵义等府属被旱,均经该督抚等委员查勘,即著迅速办理,并将来春应否接济之处一并查明,于封印前奏到。此外各省有无被灾地方,应行调剂抚恤之处,著该将军督抚等一并查奏,候旨施恩。将此各谕令知之。"

(《德宗景皇帝实录》卷三七七)

142. 光绪二十一年十二月己丑

又谕:"户部奏,遵议御史胡景桂奏请严定限期改用制钱详陈办理窒碍情形一折。已依议行矣。该部折内奏称禁用当十大钱,非多铸制钱不可,多铸制钱,非广筹铜斤不可,现在洋铜既难订购,滇铜骤难复额,钱局鼓铸,已递减卯数,八旗兵饷,搭放制钱,亦经暂停等语。京局鼓铸,需铜甚亟,洋铜既无可购,全赖滇铜为来源。前此户部议加铜价,及运夫脚价,并叠次奏催唐炯督办矿务,宜如何激发天良,尽力办解,乃运京铜数,每年止有两批,毫无起色,疲玩已极。即著迅饬公司局员,赶紧筹办,务期解京批数,逐渐加增。委员在泸州逗遛,即著参办。倘仍前玩泄,致误急需,定惟唐炯是问。将此由四百里谕令知之。"

(《德宗景皇帝实录》卷三八二)

143. 光绪二十一年十二月庚寅

予临阵伤亡,陕西副将唐焕文优恤。妻符氏,恸夫殉节,并予旌表。

(《德宗景皇帝实录》卷三八二)

144. 光绪二十二年三月丁巳

三品顶戴督办云南矿务唐炯奏:"遵饬公司赶办京铜,沥陈转运停滞实在情形,现拟由盐井渡水陆分运。"下部知之。

(《德宗景皇帝实录》卷三八七)

145. 光绪二十二年四月辛未

驻藏办事大臣文海奏："黔藩任内督办遵义等六处十年未结之教案，现已就绪，俟与洋人换约竣事，即行束装赴藏。"下所司知之。

（《德宗景皇帝实录》卷三八八）

146. 光绪二十二年四月丙戌

巡抚衔督办云南矿务唐炯奏："龙街小街二厂白铅价值，碍难核减，运脚仍请照原议发给，以恤厂艰。"下部议行。

（《德宗景皇帝实录》卷三八九）

147. 光绪二十二年五月庚申

谕军机大臣等："户部奏滇省办解京铜不敷鼓铸，请严饬设法赶办加批起运一折。前因唐炯办解滇铜，每年止有两批，毫无起色，叠经饬令赶紧认真筹办，源源解京，毋得仍前疲玩。兹据户部奏，唐炯于奉旨严催之后历陈水陆转运之难，即按年两批尚难解到，又安望有加批之日，仍请严饬加批起运等语。唐炯督办滇铜已阅十年，所有运泸程途，皆系当年故道，岂得借口运途阻滞，即获铜丰旺，亦永远不能加批。似此玩泄情形，必致贻误鼓铸。仍著赶紧设法，务将每年办运京铜遵照部章限期，加批起运，倘饰词搪塞，即著户部据实奏参，定将唐炯从严惩处，决不宽贷。将此由四百里谕令知之。"

（《德宗景皇帝实录》卷三九一）

148. 光绪二十二年八月甲申

谕军机大臣等："有人奏疆吏溺职列款纠参一折。据称：贵州巡抚嵩崑，前在藩司任内需索供应遗失库银，饬令官吏摊赔。自升任巡抚后，动支官项修理衙署；地方官报灾辄被严饬；遵义府属办理平粜扣发款项；瓮安等县被旱，入奏迟延；遵义县灾情文武禀报两歧，并不委员查勘；并私添营勇，积压公牍，信任家丁，请饬查办等语。著崧蕃、黄槐森按照所参各节确切查明，据实具奏。原折均著抄给阅看。将此各谕令知之。"

（《德宗景皇帝实录》卷三九四）

149. 光绪二十二年八月己丑

三品顶戴巡抚衔督办云南矿务唐炯奏："遵旨。设法赶运京铜。"下部知之。

（《德宗景皇帝实录》卷三九四）

150. 光绪二十二年十月己巳

贵州巡抚嵩崑奏："黔省遵义等属焚毁教堂，失去什物。现已帮贴银三万两，一律完结。"下所司知之。

（《德宗景皇帝实录》卷三九六）

151. 光绪二十三年正月乙丑

谕内阁："前据御史彭述奏参贵州巡抚嵩崑需索供应各节，当经谕令崧蕃、黄槐森确查具奏。兹据查明奏称，嵩崑虽无需索供应，讳灾不报等情，惟二十一年间，贵州地方秋收歉薄，前藩司唐树森并不据禀委勘，嵩崑亦未严行催司赶办详奏。遵义被灾最重，不将直隶拨赈银两，全数给发赈济，又纵令门丁和龄与县丞梁秉钧往来交结，致滋物议，殊属疏于觉察。嵩崑著交部议处。前贵州藩司唐树森，年老昏愦，不恤民艰，虽经病故，仍著革职。遵义县知县刘保厚，欺罔上司，玩视民瘼。丙妹县丞梁秉钧，结交门丁，不知自爱。均著即行革职，以肃吏治。"寻吏部议上。得旨："贵州巡抚嵩崑著照部议，即行革职。"

（《德宗景皇帝实录》卷四〇〇）

152. 光绪二十三年三月癸巳

谕内阁："嵩崑奏考核属员分别举劾一折。贵州镇远府知府全楸绩，洁己爱民，器识远大。思州知府恩纶，精明稳练，措置裕如。正安州知州李士珍，善政宜民，在任有声。黄平州知州瞿鸿锡，尽民事，裨益地方。天柱县教谕王维恪，品学兼优，勤于训士。镇远县教谕王琪林，年健学优，课士得法。以上各员，均著交部从优议叙。候补知府李树人，心术不正，行止有亏。凯里卫千总彭宗鸿，不知检束，藉端需索，均著即行革职，以示惩儆。"

（《德宗景皇帝实录》卷四〇二）

153. 光绪二十三年八月丙子

三品顶戴督办云南矿务唐炯奏："暂加铜价一两，现届期满，厂情困苦，请展缓三年，以恤民艰而广招来。"下户部议。

（《德宗景皇帝实录》卷四〇九）

154. 光绪二十三年九月壬子

贵州巡抚王毓藻奏仁怀、婺川等县被灾赈抚。得旨："即著查明被灾轻重，分别办理。"

（《德宗景皇帝实录》卷四一〇）

155. 光绪二十三年十一月丙申

又谕："王毓藻奏特参文武不职各员一折。贵州思南府知府保谦昏懦无能，著即行开缺。试用通判施泽广，习惯荒唐，著以县丞降补。正安州知州李上珍、独山州知州伍恩桂，纵差毒民；署荔波县方村县丞田书文、试用州吏目刘树谦，不知检束；补用副将夏魁元，罢软不振，补用副将马定邦，师行骚扰；均著即行革职，以肃官方。候补知府吴厚恩、陈善藩，不惜声名，均著驱逐回籍。至折内所参余庆县知县刘钧贪黩无厌，其应如何惩处之处，何以漏未声叙，著王毓藻明白回奏。"寻奏前参余庆县知县刘钧漏叙革职字样，自请议处。得旨："刘钧著即革职，王毓藻著交部察议。"

（《德宗景皇帝实录》卷四一二）

156. 光绪二十四年正月乙未

三品顶戴督办云南矿务唐炯奏："通商镰铅，援案恳予免税。"又奏："铜价请仍按现行定章实发，免扣六分平。"均下部议。

（《德宗景皇帝实录》卷四一四）

157. 光绪二十四年三月丁酉

三品顶戴督办云南矿务唐炯奏："河南等省欠解铜本，请饬催令如数迅解，以济要需。"得旨："著户部转咨各该省从速批解。"

（《德宗景皇帝实录》卷四一六）

158. 光绪二十四年六月乙酉

又谕电寄奎俊："江苏候补道志钧、候补知府刘庆汾，著传知该二员迅速来京，豫备召见。"

（《德宗景皇帝实录》卷四二一）

159. 光绪二十四年六月丁亥

缓征贵州仁怀、婺川、独山、桐梓四县被水田亩光绪二十三年分丁银米石有差。

（《德宗景皇帝实录》卷四二一）

160. 光绪二十四年七月壬申

又谕："总理各国事务衙门奏章京刘庆汾请仿照成法，印造铜钱，通饬各省筹办据呈代奏一折。著总理各国事……"

（《德宗景皇帝实录》卷四二五）

161. 光绪二十四年七月乙亥

又谕:"端方等奏请用机器铸造铜钱银圆等语。著总理各国事务王大臣归入刘庆汾条陈内一并议奏。"

(《德宗景皇帝实录》卷四二五)

162. 光绪二十四年七月丁丑

又谕:"本日岑春煊奏银圆铜钱,请广为鼓铸等语。著总理各国事务衙门归入刘庆汾等前奏内一并议奏。"

(《德宗景皇帝实录》卷四二五)

163. 光绪二十四年十月壬午

先是章京刘庆汾条奏:"请仿照成法印造银钱,通饬各省筹办,下总理各国事务衙门妥定章程,奏明办理。寻端方等、岑春煊、傅云龙、秦绶章,各陈奏圜法。得旨:归入刘庆汾前奏内一并议奏。至是会同户部奏:刘庆汾所拟钱制三种,略仿日本,而钱质尤轻。端方等所拟为略重,皆属不便施行。拟就广东原有铸钱机器,试铸重五分黄铜钱文,著有成效,再行推广。刘庆汾所请将一切正杂各款,凡例纳库平一两者,折为龙洋一圆五角,事多窒碍,应毋庸议。端方等各奏请广铸大小银元,藉维圜法,尤重在京师设局鼓铸。查局厂外省已多设立,银圆畅行后足供应用。在京设局一节,应暂缓办理。"得旨:"仍著总理各国事务衙门王大臣再行妥议具奏。"

江苏巡抚德寿奏:"总理各国事务衙门章京知府刘庆汾,在苏办理通商事宜,现请假回省交代,恳暂留经理诸务。"得旨:"著仍遵前旨,即行来京。"

(《德宗景皇帝实录》卷四三一)

164. 光绪二十四年十月乙未

以庸劣不职,革贵州前署仁怀厅同知、候补同知直隶州张正煌等职。

(《德宗景皇帝实录》卷四三一)

165. 光绪二十四年十一月癸丑

又谕:"京师鼓铸钱文,需用铜斤较多,著唐炯速就云南各处铜厂,认真开采,务须按年加批解京,以资鼓铸,毋得藉词延宕,致误要需。将此谕令知之。"

(《德宗景皇帝实录》卷四三三)

166. 光绪二十五年正月戊午

三品顶戴督办云南矿务唐炯奏:"部议滇厂脚价,仍令核扣减平,滇民亏本,停厂十八起。二批应解铜斤,年内恐难赶解。"得旨:"仍著饬催赶紧起运,毋任迟延。"

(《德宗景皇帝实录》卷四三七)

167. 光绪二十五年二月壬辰

谕军机大臣等:"前因京城制钱短少,曾经谕令沿江沿海及近畿省分,于应解部库款项,搭解一成制钱,原期逐渐流通,便民利用。因思云贵每年解京铜铅,本备鼓铸之用,若令改铸制钱,分批运解,既省京局鼓铸之烦,于运脚费用,当亦无甚出入。著崧蕃、王毓藻、唐炯体察情形,或全行铸钱解京,或分作数成,以若干成鼓铸制钱,分起运解,以资挹注。务即迅速筹议,奏明办理。将此各谕令知之。"

(《德宗景皇帝实录》卷四三九)

168. 光绪二十五年四月癸卯

谕内阁:"前因总理各国事务衙门章京刘庆汾,呈请印造铜钱,并通用大小银圆。当经两次交总理各国事务衙门议奏。兹据该衙门奏称,叠向该员考察,仍称改用铜钱,使用银圆,有利无弊等语。现在圜法,未能整饬。亟应变通利用。著派庆亲王奕劻,军机大臣,会同户部试办,以机器制造银元铜钱。"

(《德宗景皇帝实录》卷四四三)

169. 光绪二十五年六月戊寅

江苏候补知府刘庆汾,发交四川总督奎俊差遣委用。

(《德宗景皇帝实录》卷四四六)

170. 光绪二十五年六月甲辰

三品顶戴督办云南矿务唐炯奏:"遵旨铸钱,需铅甚夥,于铜本内提银二万两,发交矿务公司采办,请免扣减平,以示体恤。"又奏:"矿务公司,承借底本三十万两,均于限内分次缴清。"并下户部知之。

(《德宗景皇帝实录》卷四四七)

171. 光绪二十五年十月辛巳

三品顶戴督办云南矿务唐炯奏:"厂困民穷,开采不广,请加给铜价,以保利源而杜外患。"下部议。

（《德宗景皇帝实录》卷四五二）

172. 光绪二十五年十月辛卯

谕军机大臣等："户部奏户、工两局改铸当十大钱，滇铜解京，不敷甚巨，请饬加批办解等语。滇省办运京铜，关系京局鼓铸，现在该省解京铜斤，年仅两批，自应先事预筹，方免停工待料。著崧蕃、丁振铎、唐炯督饬承办各员，实力攻采，按年办解三批，实运到京。毋得稍涉延诿，致误要需。原片均著钞给阅看，将此各谕令知之。"

三品顶戴督办云南矿务唐炯奏："滇省试铸开炉日期，并呈进样钱。"得旨："著即督饬委员认真鼓铸，毋稍停待。"

又奏："酌加炉头等工费。"允之。

（《德宗景皇帝实录》卷四五三）

173. 光绪二十五年十一月戊午

三品顶戴督办云南矿务唐炯奏："本年雨水过多，磡洞被淹，柴炭缺乏，厂铜不旺。"得旨："即著督饬公司设法赶办，尽数起运。"

（《德宗景皇帝实录》卷四五四）

174. 光绪二十六年三月丁巳

护理贵州巡抚邵积诚奏："仁怀贼匪仇教滋事，闯入县城，抢署劫狱，派营务处道员张胜严等剿办完竣，出力人员请奖。"得旨："准其酌保数员，毋许冒滥。张胜严著赏给二品顶戴。"

（《德宗景皇帝实录》卷四六一）

175. 光绪二十六年三月甲子

三品顶戴督办云南矿务唐炯奏："滇省铸钱运京，甚不合算，应即停止。所有铜斤尽数运京，庶济要需而免糜费。"下部知之。

（《德宗景皇帝实录》卷四六一）

176. 光绪二十六年六月甲申

三品顶戴督办云南矿务唐炯奏："铜本支绌，请饬部拨银五十万两，并饬催广东欠款，以应急需。"下户部议。

（《德宗景皇帝实录》卷四六五）

177. 光绪二十六年九月己卯

三品顶戴督办云南矿务唐炯奏："恭慰圣慈。"得旨："朕奉慈舆驻跸陕省，均安。"

（《德宗景皇帝实录》卷四七二）

178. 光绪二十七年二月乙丑

又谕电寄邓华熙："据奕劻等奏，惩办外省教案各员单开之贵州署思南府张济辉，龙泉县继文仇视西教，任令罗芳林带匪入境，抢毁戕杀。教民求其弹压，伊不肯保护。罗芳林系思南府被革武员，攻击教民被害多名之案，系其主谋。是否属实，著邓华熙确切查明，迅即电奏。"

（《德宗景皇帝实录》卷四八〇）

179. 光绪二十七年六月戊申

三品顶戴督办云南矿务唐炯奏："法员弥乐石来滇开厂，拟与矿务公司合办，行否请饬核议。下政务处速议。寻奏：应准如所请办理，惟以后续行勘办各矿，必须妥订合同，自宜先行查勘。确有矿苗处所，详载合同，不得任意开采，仍专立公司名目，以杜含混，并请饬下魏光焘、李经羲会同唐炯将合办章程，悉心妥议。"从之。

（《德宗景皇帝实录》卷四八四）

180. 光绪二十七年十月乙卯

三品顶戴督办云南矿务唐炯奏："铜本需用甚亟，恳准就近于蒙自关征收税项下酌量提拨。"下部知之。

（《德宗景皇帝实录》卷四八八）

181. 光绪二十七年十月己未

以解清协甘新饷，予前署四川布政使候补道赖鹤年、总办官运局候补道华国英优叙。

（《德宗景皇帝实录》卷四八八）

182. 光绪二十八年二月庚子

以短解盐厘，革广东知府黎汝谦职。

（《德宗景皇帝实录》卷四九五）

183. 光绪二十八年三月丁亥

贵州巡抚邓华熙奏："拿获桐梓县拳匪陈秀俊等，解讯得旨，著即查拿逸匪，务获归案惩办，并严禁习拳，以遏乱萌。"

（《德宗景皇帝实录》卷四九七）

184. 光绪二十八年八月丁巳

有人奏四川督办盐局候补道华国英，纵兵于重地，伤及绅民。并胪列该员营私肥己，私买民田，侵蚀公项各情一折。著岑春煊按照所参各节，切实查明。如果属实，即行参奏，毋稍徇隐。原折著抄给阅看，将此谕令知之。

（《德宗景皇帝实录》卷五〇四）

185. 光绪二十八年十月己酉

召见已革二品顶戴江苏候补道莫绳孙。得旨："加恩著开复原官原衔。"

（《德宗景皇帝实录》卷五〇六）

186. 光绪二十九年二月甲辰

复引见京察一等铨出人员。得旨："……袁玉锡……均著交军机处记名以道府用。"

（《德宗景皇帝实录》卷五一二）

187. 光绪二十九年四月乙酉

又谕："前据御史高楠奏参道员纵兵伤民，并胪列该员营私肥己各节，当经谕令岑春煊确查。兹据查明覆奏：四川督办盐局候补道华国英，虽无私买民田侵蚀公项实据，惟于勇练交讧一节，治军不严，无可宽贷。华国英仍著交部议处。其所报效川赈银六万两，著户部另行核给奖叙。"

（《德宗景皇帝实录》卷五一四）

188. 光绪二十九年五月壬午

上御太和殿传胪。授一甲三人王寿彭为翰林院修撰。左霈、杨兆麟为编修，赐进士及第。二甲黎湛枝等一百三十八人赐进士出身。三甲牛兰等一百七十四人赐同进士出身。考试应开列试差满汉二品以下京堂各官于上书房。

（《德宗景皇帝实录》卷五一六）

189. 光绪二十九年闰五月丁亥

谕军机大臣等："有人奏道员贪横昭著，请再饬查一折。四川道员华国英，前次被人参劾。经岑春煊查覆，当即交部议处。兹据奏称：查覆牵强，请再严查，以儆贪邪等语。著锡良按照所参各节，确查具奏，毋稍徇隐。原折著抄给阅看。将此谕令知之。寻奏：覆查原参各节，与岑春煊所奏，无甚出入。且开设盐号，并非始自今日，未足为该道之罪。惟该道平日恃才任性，近且耽于麹蘖，致招物议。现已因病请假回籍，并经部议降级。应请免再置议。报闻。"

（《德宗景皇帝实录》卷五一七）

190. 光绪二十九年闰五月癸巳

引见新科进士。得旨："王寿彭、左霈、杨兆麟业经授职外，黎湛枝、胡嗣瑗、朱国桢、胡炳益、金兆丰……俱著改为翰林院庶吉士。"

（《德宗景皇帝实录》卷五一七）

191. 光绪二十九年七月癸卯

谕内阁："曹鸿勋奏分别举劾属员一折。贵州兴义府知府石廷栋，著仍交军机处存记，遵义府知府王联璧著送部引见；铜仁府知府陈廷梁，署遵义县知县、候补直隶州知州张藻，署贵筑县知县方峻，调署清镇县、龙里县知县陈价，调署仁怀厅同知、永宁州知州涂步衢，调署独山州知州、下江通判张镐，署贞丰州知州、试用知县徐德修，麻哈州知州杨绍宗，均著传旨嘉奖。石阡府知府福志，心地颠顸，听断不明，著勒令休致。候补知府吴光銮，轻躁喜事，难资表率，著以同知降补。试用同知联魁，纵用亲丁，行止污下；候补同知王安澜，体弱性懒，难期振作；候补同知范希溥，声名鄙劣，才具平庸，均著即行革职。镇宁州知州张世瑶，性情委靡，约束不严，著开缺另补。署瓮安县知县、候补知县马懋修，年老性愞，民事疏忽，惟文理尚优，著以教职归部铨选。另片奏，署丹江营参将侯玉春，任性妄为，被控有案；管带中路新前营候补参将王思安，营务废弛，积习甚深，著一并革职，以肃军政。"

（《德宗景皇帝实录》卷五一九）

192. 光绪三十年四月丁卯

三品顶戴督办云南矿务唐炯奏："京铅免课加价限满，厂情困苦，恳展限三年，以恤厂商。"下户部议。

（《德宗景皇帝实录》卷五二九）

193. 光绪三十年八月庚戌

命四川补用道刘庆汾，前往南洋听候署两江总督李兴锐差遣。

（《德宗景皇帝实录》卷五三四）

194. 光绪三十年十二月庚申

三品顶戴督办云南矿务唐炯奏："赶办京铜，常年铜本不敷，请饬添筹有著的款，予限解滇，以济要需。"下部议。

（《德宗景皇帝实录》卷五四〇）

195. 光绪三十一年六月甲子

三品顶戴督办云南矿务唐炯奏："威宁妈姑镰铅厂，仅敷工本，碍难遽行征课，请展限免课三年。其价值仍照原定银数发给，照章核扣减平，俾纾厂困。"下户部知之。

（《德宗景皇帝实录》卷五四六）

196. 光绪三十一年十月丁未

谕内阁："林绍年奏特参庸劣不职各员一折。贵州松桃同知陈沄，讳匿重案，民怨滋深；绥阳县知县崔凤昌，怠玩异常，罔知振作……均著即行革职。"

（《德宗景皇帝实录》卷五五〇）

197. 光绪三十二年正月癸巳

以捐款兴学，赏贵州遵义县在籍道员华之骑二品顶戴……

（《德宗景皇帝实录》卷五五四）

198. 光绪三十二年闰四月戊子

谕内阁："唐炯奏年衰病剧，恳请开去矿务差使一折。唐炯办理云南矿务多年，运解无误，尚有微劳，著加恩赏还巡抚衔，准其开去差使。所有该省矿务，著责成丁振铎督饬藩司，妥为筹办。"

（《德宗景皇帝实录》卷五五九）

199. 光绪三十二年闰四月辛卯

署贵州巡抚岑春蓂奏："遵义、大定二府境内，有川省红镫教匪余党聚众滋事，获案讯明惩办。"得旨："著即督饬切实筹办，毋稍疏懈；仍严拿逸犯徐二喜等，务获惩办。"

（《德宗景皇帝实录》卷五五九）

200. 光绪三十二年九月乙巳

引见游学毕业生。得旨："陈锦涛、施肇基、李方、张煜全，著赏给法政科进士。

颜惠庆，赏给译学进士。谢天福、徐锦文，赏给医科进士。颜德庆，赏给工科进士。田书年、黎渊、王鸿年、胡振平、薛锡成、周宏业、陈威、董鸿祎、嵇镜、富士英，赏给法政科举人。"

（《德宗景皇帝实录》卷五六四）

201.光绪三十二年九月丙辰

署贵州巡抚岑春蓂奏："黔省插花各地，经前抚臣林绍年拨定过半，请续将兴义府属之兴义、普安、安南、贞丰等州县毗连之普安直隶同知，永宁州及大定府属与毕节县，黔西、平远二州水地通判所辖应拨各地，分别厘定。此外，古州同知、水城通判、绥阳县、清江通判、丹江通判、桐梓县、毕节县等各地，亦酌拨办理。惟苗民间有不愿改隶者，如松桃直隶同知归思南府管辖之宽坪等四硐，未便勉强改拨，以顺民心。"下所司知之。

（《德宗景皇帝实录》卷五六四）

202.光绪三十二年九月丁巳

署贵州巡抚岑春蓂奏："石仒河等处地非瓯脱，民情不愿改隶，毋庸拨归仁怀同知管辖。"下所司知之。……以侵蚀捐款革前署贵州遵义县知县张镐职，并讯办。

另片奏："遵义协副将余孝安，语言妄诞，昏愦无知；提标前营游击王洲，庸懦无能，难期得力；凯里营都司吕阁珍，性嗜赌博，声名甚劣；云骑尉世职刘相皋，性情狡诈，肆无忌惮，著一并革职。"

（《德宗景皇帝实录》卷五六四）

203.光绪三十三年八月庚申

贵州巡抚庞鸿书奏："已故仁怀县知县朱毓文遗爱在民，请入祀该县名宦祠。下一部议。以捐助戒烟局费，赏候选道向步瀛从二品封典。"

（《德宗景皇帝实录》卷五七七）

204.光绪三十三年八月辛酉

谕内阁："庞鸿书奏查明庸劣不职各员严加甄别一折。……仁怀同知谢廷佐，性情巧滑，信任丁书……均著即行革职。余庆县知县李淑民，才庸识短，治术未谙……均著以县丞归部铨选。"

（《德宗景皇帝实录》卷五七七）

205. 光绪三十三年十二月壬戌

又谕："此次验看进士馆游学毕业学员所有考列最优等之编修杨兆麟、朱汝珍均著记名，遇缺题奏。"

（《德宗景皇帝实录》卷五八四）

206. 光绪三十四年三月庚寅

以乡举重逢，赏前督办云南矿务大臣唐炯太子少保衔。

（《德宗景皇帝实录》卷五八八）

207. 光绪三十四年四月戊辰

以贵州粮储、贵西两道裁撤，改所辖仁怀直隶同知为赤水厅同知，隶遵义府；普安直隶同知为盘州厅同知，隶兴义府，均另铸印信，从贵州巡抚庞鸿书请也。

（《德宗景皇帝实录》卷五八九）

208. 光绪三十四年九月丙午

日本毕业生蹇念益，著以七品小京官分部补用。

（《德宗景皇帝实录》卷五九六）

十、宣统政纪

1. 光绪三十四年十一月辛卯

贵州巡抚庞鸿书奏："遵裁绿营，将臣标及提镇各标酌裁一营，定广等处十协，各裁都司一员；永安、遵义两协，各裁守备一员；共裁副将五员，参将二员，游击六员，都司五员，守备八员，千总一员，把总五员，外委四员。"下陆军部议。

（《宣统政纪》卷二）

2. 宣统元年二月丁卯

福建兴泉永道刘庆汾，吉林依兰府知府王嘉禾，江西瑞州府知府吴祖椿，云南楚雄府知府尹肇熙，贵州思南府知府余云焕，均著开缺，送部引见。

（《宣统政纪》卷八）

3. 宣统元年闰二月丁亥

予故太子少保衔前云南巡抚督办云南矿务大臣唐炯祭葬，如巡抚例。

（《宣统政纪》卷九）

4. 宣统元年五月辛亥

引见廷试游学毕业生。得旨："……黎渊……均著以七品小京官按照所学科目分部补用。"

（《宣统政纪》卷一三）

5. 宣统元年五月戊午

京察一等引见钤出人员，召见完竣。得旨："……杨兆麟……均著交军机处记名以道府用。"

（《宣统政纪》卷一三）

6. 宣统元年十月戊戌

贵州巡抚庞鸿书奏："贵州禁种烟土，叠经通饬各属改种杂粮，惟利之所在，终难尽绝根株，并以厘税照常征收，民间误会公家借此筹款，相率观望。前准度支部咨催征收吸户牌照捐款，而乡农均系自种自吸，购买既属无多，牌照几同虚设，况征收厘税，民间尚多怀疑，若再加捐，益将启其口实。为今之计，惟有拔本塞源，毫无瞻顾。将土厘一项先行停止，使民间晓然于禁令之必行，而后能收其效。现拟仿照云南办法，截至本年年底止，即将土药厘税停收，所有存土，限期出境，过期由厘卡搜获，即报明总局全行焚毁，一面将办法通饬府厅州县及各厘局，剀切出示晓谕庶几种烟吸烟贩烟之人，无可希冀，及早改图，数十年沉痼，自不难一旦廓清。"下部议。

又奏："遵义等属股匪拒毙，巡防队第三营管带张功成并弁兵五人，旋派队缉捕，获匪熊吉安等，尽法惩办。"报闻。

（《宣统政纪》卷二四）

7. 宣统二年五月乙巳

毛邦伟、孙德泰、赵保泰、郭玉清、易翔均著以内阁中书补用。

（《宣统政纪》卷三六）

8. 宣统二年七月癸丑

谕内阁："庞鸿书奏，特参庸劣不职各员一折……署绥阳县训导试用训导冯之俊行止卑污，被挖有案，均著行革职。"

（《宣统政纪》卷三八）

9. 宣统三年六月壬辰

以遗爱在民，予故四川川东兵备道黎庶昌国史馆立传，并准于川东建祠。从护理总督王人文请也。

（《宣统政纪》卷五六）